GAOTH AN FHOCAIL

Gaoth an Fhocail

FOCLÓIR ANALÓGACH

BREANDÁN Ó DOIBHLIN

Arna fhoilsiú i gcomhar ag

SÁIRSÉAL Ó MARCAIGH

COISCÉIM

An Chéad Chló 1998
An Dara cló 1999
An Dara hEagrán (leasaithe agus méadaithe) 2008

© Breandán Ó Doibhlin 1998, 2008

ISBN (Sáirséal · Ó Marcaigh): 0-86289-074-8

Buíochas

Tá an t-údar buíoch de Choiste Foilseacháin, Choláiste Mhá Nuad, agus de Sheán Ó Fógartaigh a rinne an ríomhaireacht.

Gach ceart ar cosnamh. Ní ceadmhach aon chuid den fhoilseachán seo a atáirgeadh, a chur i gcomhad athfhála ná a tharchur ar aon mhodh ná slí bíodh sin leictreonach, meicniúil, bunaithe ar fhótachóipeáil, ar thaifeadhadh nó eile, gan cead a fháil roimh ré ón bhfoilsitheoir.

Dearadh & clúdach: C. Ó Marcaigh
Arna chlóbhualadh in Éirinn ag Johnswood Press.

COISCÉIM, 91 Br. Bhinn Éadair, Páirc na bhFianna, Binn Éadair, BÁC 13.
SÁIRSÉAL · Ó MARCAIGH, 13 Br Chríoch Mhór, Glasnaíon, BÁC 11.

Réamhrá

Is minic agus duine ag scríobh a bhíonn smaoineamh ina cheann nach féidir leis breith air i gceart, smaoineamh atá a fhios aige nach bhfuil cruinn ná cumhachtach go leor. Go hiondúil, bíonn an smaoineamh doiléir sin éadaithe le focal nach é an focal sásúil ná an focal ceart atá ann. Níl ag duine ach mar a deir an Ghaeilge "gaoth an fhocail". Is chun riar ar a leithéid sin de dheacracht, chun cuidiú le lucht scríofa na Gaeilge, idir iriseoirí, aos léinn, seanmóirithe, agus scríbhneoirí de gach saghas, a cuireadh an leabhar seo i láthair le chéile.

    Leabhar is ea é ar cheart a leithéid a bheith ann blianta fada ó shin, ach faraor, táimid an-ghann faoi na sainfhoclóirí sin a thugann treoir agus tacaíocht don scríbhneoir. Agus is beag duine atá ag plé leis an Ghaeilge nach eol dó an síorshaothar, an sclábhaíocht, féadaim a rá, atá ag gabháil leis an cheird sin: a bheith anonn a's anall idir De Bhaldraithe agus Ó Dónaill, ag titim siar uaireanta ar an Duinníneach nó ar Lambert Mac Cionnaith, nó fiú in am an éadóchais ar *Contributions to a Dictionary of the Irish Language*.

    Ní hé atá á mhaíomh agam go réiteoidh an saothar beag seo ár gcás. Ní bheinn ag súil ach go dtógfadh sé cuid éigin den tromualach dínne a shaothraíonn an teanga. Mar le rud amháin, níl anseo ach tús na hoibre. Ina theannta sin, saothar aon duine amháin atá ann, mar bheadh toradh príobháideach ar na blianta ag coraíocht leis an teanga a lúbadh in aice le riachtanais na linne. Ní foláir mar sin ná go bhfuil sé bearnach easnamhach dá réir agus go n-aireoidh daoine atá níos oilte ná an t-údar neart botún agus lochtanna air. Ach ina dhiaidh sin féin, caithfear tosú am éigin agus in áit éigin, agus níl de leithscéal agamsa ach an méid sin. Ba chóir freisin amach anseo go mbeifí ag cur slachta air agus á mhéadú go seasta ó eagrán go heagrán, nó ag déanamh aithrise air agus athrú chun feabhais de thairbhe ar foghlaimíodh óna úsáid — díreach mar a d'fhás treoirleabhair den chineál seo i dteangacha eile.

    Seift atá sa leabhar chun cumas friotail duine a mhéadú. B'fhearr d'ainm air foclóir analógach ná foclóir comhchiallach. Ní fhéachann sé le focal eile a thabhairt duit a bhfuil an chiall chéanna leis agus atá ag an fhocal atá agat cheana. Is é is cuspóir dó an smaoineamh atá i do cheann a ghlacadh agus tú a threorú amach uaidh ar chosán foclaíochta a thabharfaidh tuilleadh focal duit, cinnte, ach a dhéanfaidh beachtú agus saibhriú ar an bhunsmaoineamh freisin trí fhocail eile atá bainteach le hábhar, nó fiú amháin contráil an smaoinimh, a chur i do láthair. Dá thairbhe sin, beidh aclú agus lúbadh déanta ar d'intinn, agus beidh na focail agat ina theannta sin chun an smaointeoireacht úr a chur i bhfriotal.

Modh Úsáide

Agus tú ag iarraidh teacht ar an rud a ba mhaith leat a chur i bhfáth, tosaigh le cibé focal Gaeilge atá i do cheann, fiú amháin gan é a bheith ar do shásamh. Cuardaigh an focal sin sa liosta de réir ord aibítre i dtús an leabhair. Má aimsíonn tú ansin é, seolfar ar aghaidh thú sa cholún os a chomhair chuig ceannfhocal nó b'fhéidir a dó nó a trí de cheannfhocail nó níos mó. Lorgaigh an ceannfhocal is mó a bhfuil cuma úsáideach air ó do thaobhsa de, lorgaigh sin sa dara cuid den leabhar. Gheobhaidh tú amach go bhfuil bailithe faoi gach ceannfhocal teaghlach focal atá ceangailte leis an bhunsmaoineamh, agus uaireanta lena chontráil, agus iad roinnte de réir earnálacha. Féach na fo-ranna sin go bhfeice tú an bhfuil riar do cháis le fáil ansin in áit éigin. Má tá tú ar an ghanncuid go fóill, féadann tú dul ar ais chuig an fhocal a bhí i d'intinn ar dtús agus ceannfhocal eile a roghnú. Nó má cheapann tú go bhfuil tú ag dul sa treo ceart, féadann tú fanacht ag an cheannfhocal a bhfuil tú. Ach breathnú air arís, seans go bhfeicfidh tú, i litreacha iodálacha díreach faoi nó in aice leis, cúpla ceannfhocal eile a bhfuil ceangal smaoinimh acu leis. Ceadaigh na ceannfhocail sin ar a seal, agus is féidir leanúint ar aghaidh mar sin chomh fada agus a theastaíonn uait.

Mar shampla: Abair nach bhfuil agat ach idé dhoiléir ghinearálta agus focal nach bhfuil cruinn go leor. Tógaimis an focal "grá". Ach an focal sin a aimsiú san ord aibítre, seoltar ar aghaidh thú go dtí na ceannfhocail: *Ainmhian, Carthanacht, Grá* é féin, *Mothú* agus *Toil*. Breathnaigh an focal *Grá,* agus gheobhaidh tú focail le haghaidh mhothú an ghrá, do dhaoine atá i ngrá, do ghrá á léiriú. Má thuigeann tú cén sort grá atá i gceist agat, féadann tú *Ainmhian* nó *Carthanacht* a cheadú, áit a mbeidh rogha agat idir grá paisiúnta nó grá reiligiúnda, maille le cuid den stór focal a ghabhann leo. Más é mothú an ghrá atá i gceist agat, breathnaigh faoi *Mothú.* Agus mar sin de. Ar ndóigh, nuair atá focal in aice le do riachtanas aimsithe agat, níor mhiste, b'fhéidir, é a lorg in Ó Dónaill lena chinntiú go bhfuil an bhrí agus an úsáid chruinn agat.

Ar aghaidh leat go gcasa an focal ceart i do líon, agus ádh éisc ort!

Poncaíocht: Mar riail ghinearálta, sna liostaí focal faoi na ceannfhocail, úsáidtear lánstad chun focail atá neamhspleách a scaradh ó chéile, agus camóg chun focail spleácha (abair, aidiachtaí a bheadh ag brath ar ainmfhocal) a scaradh ó chéile. Scartar frásanna ó chéile le leathstad. Seasann an tilde d'fhocail atá le hathlua.

Innéacs na bhFocal

Ab	Manach.	Aclaím	Bog.
Abair	Abair.	Acmhainn	Acmhainn, Airgead,
Abairt	Gramadach, Stíl.		Coinsias, Cumhacht, Meán.
Ábalta	Acmhainn, Cliste.	Acmhainneach	Cliste, Neart.
Ábaltacht	Cumhacht.	Acra	Meán, Tomhas, Uirlis.
Abhac	Anchumtha, Beag, Duine,	Acrach	Furasta, Úsáideach.
	Gearr.	Adamh	Ábhar, Cuid, Prionsabal,
Ábhach	Dídean.		Roinn, Simplí.
Ábhacht	Achasán, Drochmheas,		Amhras, Buntáiste,
	Gáire, Magadh, Pléisiúr.	Ádh	Cinniúint, Maith, Sonas,
Abhainn	Abhainn, Snigh, Uisce.		Tarlaigh.
Ábhar	Ábhar, Beith, Créacht,	Adhairt	Leaba.
	Litríocht,	Adhall	Ainmhí, Gnéas, Madra.
	Nádúr, Prionsabal,	Adhaltranas	Drabhlás, Pósadh, Tréig.
	Sacraimint.	Adhantaí	Tine.
Ábharachas	Ábhar, Nádúr, Spiorad.	Adharc	Foláireamh, Gluaisteán,
Abhcóide	Comhairle, Cosain, Dlí.		Gnéas,
Abhlann	Aifreann, Beannaigh,		Seilg, Sliabh.
	Eaglais, Eocairist.	Adharcachán	Gnéas.
Abhlóir	Ait.	Adhascaid	Saolú.
Abhóg	Gluaiseacht, Siúil.	Adhfhuafaireacht	Fuath.
Abhras	Olann.	Adhfhuath	Eagla.
Ablach	Dochar.	Adhlacadh	Bás, Sochraid.
Absalóid	Foirfe.	Adhlacaim	Clúdaigh.
Absalóideach	Iomlán.	Adhmad	Dóigh, Troscán.
Absalóideachas	Cumhacht.	Adhmaint	Cloch.
Abstanaid	Troscadh.	Adhmholadh	Filíocht, Moladh.
Acadamh	Ealaín, Léann, Litríocht,	Adhmholaim	Moladh, Poiblí.
	Sochaí.	Adhnaim	Dóigh, Spreag, Tine.
Acadúil	Sochaí, Stíl.	Adhnann	Ainmhian, Mothú.
Acalaí	Compánach, Liotúirge.	Adhradh	Eocairist, Guigh, Reiligiún,
Acaoineadh	Olagón.		Urraim.
Acarsóid	Farraige.	Admhaigh	Admhaigh.
Achainí	Gairm, Glaoigh, Guigh,	Admháil	Aithrí, Creid, Cruthúnas.
	Iarr, Ordú.	Admhaím	Abair, Admhaigh, Breith,
Achainím	Guigh, Iarr.		Ceadaigh,
Achairt	Iarr.		Cinnteacht, Tuairim.
Achar	Am, Beatha, Tomhas.	Aduain	Ait, Iontas, Nua.
Achasán	Achasán, Bagair,	Ae	Feoil.
	Drochmheas.	Aer	Aer, Amuigh.
Achoimre	Achoimre, Cum, Gearr,	Aerach	Áthas, Éadrom.
	Laghdaigh,	Aeracht	Áthas.
	Litríocht.	Aerachtúil	Eagla.
Achomair	Gearr, Pionós.	Aeradróm	Eitleán.
Achomaireacht	Leabhar.	Aeráid	Aer, Aimsir, Teas, Tír.
Achomharc	Glaoigh.	Aeraím	Aer.
Achrann	Achasán, Achrann, Anord,	Aeraíocht	Féile, Pléisiúr.
	Coimhlint,	Aerarm	Saighdiúir.
	Contrártha, Fuath,	Aerárthach	Eitleán.
	Mearbhall, Troid.	Aerchór	Cogadh.
Achrannach	Brón, Deacair, Doiléir.	Aerfort	Eitleán.
Acht	Amhras, Ceannairc, Ordú,	Aerlíne	Eitleán.
	Uasal.	Aeróstach	Eitleán.
Achtáil agus teoir	Manach.	Aerphost	Eitleán.
Achtóir	Dlí.	Aerstiall	Eitleán.
Achtúire	Airgeadas.	Aestéitic	Fealsúnacht, Litríocht.
Aclaí	Bog, Cliste, Éadrom,	Agall	Gáir, Gairm, Guigh, Iontas.
	Saoirse.	Agallaim	Abair.

Agallamh	Ceist, Cluiche, Cuairt, Nuachtán.			Smaoinigh, Tuirse.
Aghaidh	Aghaidh, Ceann, Eaglais, Láthair, Taobh, Teach.	Ailceimic	Draíocht.
		Áiléar	Áitreabh, Ard, Eaglais, Teach.
Agóid	Achrann, Argóint, Contrártha, Cumann, Dearbhaigh, Diúltú, Foláireamh, Gearán, Milleán.	Ailíním	Ord.
		Ailíniú	Líne.
		Áilíos	Drabhlás, Drúis, Pléisiúr.
		Aill	Ard, Carraig, Farraige, Oscailt, Sliabh.
Agóra	Margadh.		
Agraím	Guigh, Iarr.	Áille	Áilleacht.
Aguisín	Fada, Spleáchas.	Áilleacht	Áilleacht.
Aibhéil	Ainmheasartha, Bréag, Méadaigh, Nóisean, Tuilleadh.	Ailleog	Amhrán.
		Ailp	Ól.
		Ailse	Creim.
Aibhinne	Bealach, Cathair.	Ailtéarnadh	Ord.
Aibhleog	Tine.	Áilteoireacht	Gáire, Magadh.
Aibhlíonn	Lonraigh.	Ailtire	Ailtireacht.
Aibhliú	Solas.	Ailtireacht	Ailtireacht, Ealaín.
Aibhseach	Dath.	Amfaiteátar	Amharclann.
Aibhsím	Méadaigh.	Aimhleasc	Bog, Col.
Aibí	Cliste.	Aimhleisce	Col, Socair.
Aibíd	Béas, Gnáthaigh, Manach.	Aimhréiteach	Deacair, Doiléir.
Aibíocht	Réasún, Stíl.	Aimhrialta	Annamh, Riail.
Aibíonn	Planda, Tús.	Aimhrialtacht	Anord, Riail.
Aibítir	Focal, Gramadach, Leabhar, Léigh, Litir, Scríobh.	Aimiréal	Cabhlach, Oifigeach.
		Aimirne	Ith.
		Aimnéise	Cuimhne, Dearmad, Tuirse.
Aibrisc	Beag, Lag.	Aimrid	Éagumas, Gnéas.
Aiceann	Caint, Litir.	Aimridiú	Uisce.
Aiceanta	Cinnteacht.	Aimsím	Breathnaigh, Cuspóir, Faigh, Tóg, Treoraigh.
Aicearra	Achoimre, Bealach, Gearr, Taisteal.		
Aicíd	Anord, Beith, Boladh, Galar, Sláinte.	Aimsir	Aimsir, Briathar, Fóin, Gramadach.
Aicídí	Ábhar, Eocairist.	Ainbhios	Ainbhios, Éagumas.
Aicinn	Scríobh.	Ainchleachta	Ainbhios, Éadrom, Éagumas.
Aicme	Aicme, Áit, Buíon, Cineál, Nádúr, Roinn, Scar.		
		Ainchleachtadh	Ainbhios, Anásta.
Aicmí	Pobal, Sochaí.	Ainchreideamh	Creid.
Aicmím	Cáilíocht, Ord.	Ainchreidmheach	Amhras.
Aicsím	Cinnteacht, Nath, Prionsabal.	Ainchríonna	Dainséar.
		Aindiachas	Dia.
Aidhm	Cuspóir, Mian.	Aindiaganta	Peaca.
Aidiacht	Cáilíocht, Gramadach.	Aindleathach	Crosaim, Éagóir, Toirmisc.
Aife	Gluaiseacht.	Aineamh	Duáilce.
Aiféala	Aiféala, Aithrí, Col, Náire.	Aineoras	Borr.
Aiféaltas	Mearbhall, Náire.	Áineas	Áthas, Pléisiúr.
Áiféiseach	Ainmheasartha, Ait, Anchumtha, Annamh, Dobhránta, Gáire, Iontas.	Aineoil	Ainbhios, Amhras, Nua.
		Aineolach	Ainbhios, Éadrom, Easpa.
		Aineolaí	Ainbhios, Éagumas.
Aifinideacht	Cosúil.	Aineolas	Ainbhios, Éagumas.
Aifreann	Aifreann, Eaglais, Liotúirge.	Ainfheoil	Feoil.
		Aingeal	Aingeal, Diabhal.
Aigéad	Creim.	Ainghníomh	Coir, Éagóir.
Aigéan	Farraige, Uisce.	Aingiallta	Dobhránta.
Aigeanta	Áthas, Críonnacht.	Ainicim	Dídean.
Aigeantach	Meon.	Ainíde	Achasán, Foréigean, Urchóid.
Aigeantacht	Áthas.		
Aighne	Cosain, Dlí, Reitric.	Ainimh	Easpa.
Aighneas	Achrann, Anord, Cosain, Diúltú, Fuath, Iomaíocht, Ionsaí, Polaitíocht, Troid.	Ainm	Ainm, Cáilíocht, Glaoigh, Gramadach.
		Ainm briathartha	Briathar, Gramadach.
		Ainmchlásal	Ainm.
		Ainmfhocal	Ainm, Focal, Gramadach.
Aigne	Aigne, Eolas, Réasún.	Ainmheasartha	Ainmheasartha, Ainmhian.

Ainmheasarthacht	Ainmheasartha, Ainmhian, Drabhlás.		Marc.
Ainmhí	Ainmhí, Nádúr.	Airím	Breith, Céadfa, Clois, Eolas,
Ainmhian	Ainmheasartha, Ainmhian, Drabhlás, Drúis, Mian, Toil.		Intleacht, Mothú, Smaoinigh.
Ainmhianta	Drúis, Duine, Pléisiúr.	Airíonna	Galar.
Ainmliosta	Ainm.	Áirithe	Amharclann.
Ainmneach	Ainm, Gramadach.	Airleacan	Airgeadas, Bronntanas, Fiacha, Iasacht.
Ainmneoir	Ainm.	Airneán	Faire, Oíche, Tráthnóna.
Ainmním	Abair, Ainm, Cáilíocht, Gairm, Glaoigh, Rogha.	Áirse	Ciorcal, Cruinn, Cuar, Eaglais, Maisigh.
Ainmniúil	Cáil.	Airteagail	Síocháin.
Ainnir	Bean, Cailín, Duine, Maighdean.	Airteagal	Bás, Conradh, Sochraid.
Ainnis	Bocht, Drochmheas, Gá, Íseal, Suarach.	Airtléire	Arm, Cogadh, Dún, Gunna, Saighdiúir.
Ainnise	Anachain, Brón, Fulaingt, Íseal, Suarach.	Ais	Lár, Líne.
		Áis	Uirlis, Úsáideach.
Ainniseoir	Bocht, Suarach.	Aiseagaim	Ceartaigh.
Ainriail	Anord.	Áiseanna	Cabhair.
Ainrialta	Ainmheasartha.	Aiséirí	Athbheochan, Bás, Cáisc.
Ainrianaí	Pléisiúr.	Aiséitiúil	Crua.
Ainrianta	Dána, Duáilce.	Áisíneacht	Nuacht.
Ainriantacht	Ainmheasartha, Anord, Drabhlás, Drúis, Duáilce, Saoirse.	Aisíoc	Aithrí.
		Áisiúil	Éadrom, Furasta, Úsáideach.
Ainriocht	Lag.	Aisling	Codladh, Cuspóir, Samhlaíocht, Smaoinigh, Taibhse, Teoiric, Tionscnamh.
Ainsealach	Fada, Galar.		
Ainsile	Bronntanas.		
Ainsiléad	Meáchan, Tomhas, Uirlis.		
Ainteafan	Amhrán.	Aislingeacht	Codladh, Dóchas, Samhlaíocht, Teoiric.
Ainteafanáir	Liotúirge.		
Aintiarna	Cumhacht, Iallach.	Aisréad	Beannaigh
Aintín	Gaol.	Aiste	Ábhar, Cum, Easpa, Galar, Litríocht, Ocras, Oideachas, Riail, Scoil, Troscadh.
Aintitéis	Reitric.		
Aíonna	Ósta.		
Airc	Blas, Giúdach, Ith, Mian, Ocras.		
		Aisteach	Ait, Annamh, Buile, Iontas, Nóisean.
Aird	Aire, Clois, Long.		
Airde	Cainníocht, Corp, Domhan, Tomhas.	Aistear	Bealach, Taisteal.
		Aisteoir	Amharclann.
Airdeall	Aire, Cúram, Eagla, Faire, Fan, Fiosrach, Mímhuinín, Seachain.	Aistíl	Ait, Nóisean.
		Aistreánach	Cúl.
		Aistrím	Abair, Athraigh, Ciallaigh, Gluaiseacht, Mínigh, Uacht.
Airdeallach	Clois, Críonnacht.		
Aire	Aire, Caomhnaigh, Ceannaire, Clois, Cúram, Feidhm, Parlaimint, Polaitíocht, Seachain, Spéis.	Aistríonn	Taisteal.
		Aistritheoir	Litríocht.
		Aistriúchán	Abair, Ciallaigh, Cum, Mínigh.
Aireach	Aire, Clois, Críonnacht, Fiosrach, Measarthacht.	Ait	Ait, Annamh, Buile, Nóisean.
Aireachtáil	Céadfa, Cuma, Eolas, Intleacht, Mothú.	Áit	Áit, Dídean, Tír, Tosca.
		Áiteall	Aimsir, Grian, Néal.
Aireag	Intleacht, Samhlaíocht.	Áiteamh	Gearán, Tionchar.
Aireagal	Eaglais, Ospidéal, Seomra.	Aiteas	Pléisiúr.
Aireagán	Annamh, Cliste, Meán, Nua, Tionscal.	Aitheantas	Pearsa.
		Aitheasc	Caint, Glaoigh, Litríocht, Reitric, Seanmóir.
Áireamh	Iomlán, Mórán, Reitric, Uimhir.		
Airéine	Cluiche, Maraigh.	Aitheascaim	Caint.
Airgead	Airgead, Airgeadas, Saibhir, Sochar.	Aitheascal	Cinniúint, Doiléir, Rúndiamhair.
Airgeadaí	Saibhir.	Aithinne	Tine.
Airgeadas	Airgeadas, Trádáil.	Aithis	Achasán, Bagair, Borb, Drochmheas,
Airí	Cáilíocht, Comhartha,		

		Fearg, Foláireamh, Milleán, Náire.	Altú		Beannaigh, Buíochas, Guigh, Reiligiún.
Aithisím		Bagair, Cáil, Milleán.	Am		Am, Todhchaí, Tosca.
Aithne		Cairdeas, Céadfa, Eagna, Eolas, Ordú, Taithigh.	Amadán		Ainbhios, Ait, Amaideach, Dobhránta,
Aithním		Abair, Admhaigh, Cinnteacht, Rogha.	Amaí		Magadh. Capall.
Aithint		Foláireamh.	Amaideach		Amaideach, Buile,
Aithreachas		Aiféala, Aithrí, Coinsias, Faoistin,	Amaidí		Dobhránta. Ait, Anásta, Óg.
		Náire.	Amaitéarach		Ealaín.
Aithrí		Aiféala, Aithrí, Bás,	Amárach		Lá, Todhchaí.
		Carghas,	Amas		Breathnaigh, Ionsaí, Súil.
		Ceartaigh, Coinsias,	Ambasadóir		Polaitíocht.
		Cúiteamh,	Ambasáid		Polaitíocht.
		Faoistin, Liotúirge, Peaca,	Ambróise		Neamh.
		Sacraimint.	Amhábhar		Tionscal.
Aithríoch		Aithrí, Faoistin, Peaca.	Amhantar		Amhras, Dainséar, Sonas,
Aithris		Aithris, Cáil, Cosúil,			Triail.
		Litríocht.	Amhantraí		Airgeadas.
Aithriseoir		Aithris, Inis.	Amharc		Breathnaigh, Radharc, Súil.
Aithrisím		Abair, Inis.	Amharcaim		Breathnaigh, Súil.
Áitigh		Áitigh.	Amharclann		Amharclann.
Aitim		Guigh.	Amhas		Saighdiúir, Sprionlóir.
Áitím		Admhaigh, Caint,	Amhastrach		Madra, Gáir.
		Cinnteacht, Comhairle,	Amhrán		Amhrán, Ceol, Filíocht.
		Cruthúnas, Dearbhaigh,	Amhránaíocht		Ceol.
		Foláireamh,	Amhras		Amhras, Éad, Mearbhall,
		Gealltanas, Spreag,			Mímhuinín.
		Tionchar.	Amhrasach		Amhras, Éiginnte.
Áititheoir		Seilbh.	Amlóir		Anásta.
Áitiú		Reitric.	Amóg		Leaba.
Áitiús		Creid.	Ampla		Ainmhian, Ith, Mian,
Áitreabh		Áit, Áitreabh, Maith, Teach.			Ocras, Saint, Sprionlóir.
Áitreabhaigh		Tír.	Amplachán		Iasacht, Ocras, Sprionlóir.
Áitrím		Aitreabh.	Amplóir		Ocras, Saint.
Ál		Buíon, Cearc, Scata, Ubh.	Amscaí		Ainbhios, Dobhránta,
Alabhog		Teas.			Doiléir,
Áladh		Scaird.			Éagumas, Mearbhall,
Álainn		Áilleacht.			Trom.
Aláram		Foláireamh.	Amscaíocht		Staidiúir.
Albam		Leabhar.	Amuigh		Áit, Amuigh.
Allagóire		Ciallaigh, Comparáid, Inis, Reitric,	Anabaí Anabaíocht		Leanbh, Saolú, Tapa. Saolú.
		Scéal.	Anacair		Anachain, Brón.
Allas		Teas, Tuirse.	Anacal		Dídean, Maithiúnas, Troid.
Allmhairím		Eachtrannach, Istigh, Tír.	Anachain		Anachain, Brón, Íseal,
Alltacht		Brón, Iontas.			Urchóid.
Alltar		Domhan.	Ainéistéiseach		Ciúin.
Allúrach		Eachtrannach.	Anáil		Aer, Anáil, Béal, Beatha,
Almanag		Leabhar.			Brúigh,
Almóir		Aifreann, Coinnigh, Oifig, Seomra,			Comhairle, Tionchar, Tuirse.
		Troscán.	Anailgéiseach		Ciúin.
Almsa		Fial, Soghníomh.	Anailís		Argóint, Léann, Smaoinigh.
Almsóir		Manach, Ospidéal, Soghníomh.	Anaithnid Analach		Cogadh, Nua. Argóint, Coibhneas,
Almsóireacht		Bocht, Bronntanas, Carthanacht, Fial.			Comparáid, Cosúil, Réasún.
Alpaim		Ith, Tóg.	Anallód		Fada.
Alt		Ábhar, Cum, Gramadach, Lámh, Leabhar,	Analógach Análú		Réasún. Aer, Anáil, Béal.
		Nuachtán, Roinn, Sliabh.	Anam		Coinsias, Istigh, Lár,
Altadh		Ord.			Peaca, Spiorad.
Altóir		Aifreann, Eaglais.	Anamchara		Comhairle.
Altram		Gaol.	Anás		Caill, Easpa, Gá.

Anásta	Anásta, Dobhránta, Eagumas, Mearbhall, Trom.	Aontumha	Geanmnaí.
		Aontumhacht	Pósadh.
		Aos dána	Aicme, Ealaín, Litríocht.
Anbhá	Brón, Eagla, Teith, Troid.	Aos eagna	Eagna, Léann, Pobal.
Anbhann	Bog, Drochmhisneach, Éagumas, Lag.	Aosaithe	Aois, Pearsa.
		Aosán	Draíocht.
Anbhás	Bás, Foréigean.	Aosánach	Aois.
Anbhroid	Anachain, Fulaingt..	Aosta	Sean.
Anbhuain	Aiféala, Brón, Eagla, Fulaingt.	Aostach	Buan, Sean.
		Aothú	Galar, Leigheas.
Ancaire	Aithrí, Bád, Dídean, Long.	Apastróf	Glaoigh, Reitric.
Ancaireacht	Farraige.	Apsaint	Ól.
Anchaoi	Dainséar, Lag, Stróic.	Ár	Anachain, Maraigh.
Anchás	Dainséar.	Ara	Treoraigh.
Anchúinse	Anchumtha, Taibhse.	Aireagal	Guigh.
Anchumtha	Anchumtha.	Araí	Capall.
Andúil	Mian	Araíonach	Measarthacht.
Anfa	Aimsir, Anachain, Gaoth.	Arán	Arán, Beannaigh, Eaglais, Eocairist, Práta, Seanmóir.
Anfhorlann	Achasán, Bagair, Foréigean, Sáraigh.		
Angadh	Créacht, Dochar.	Áras	Ailtireacht, Áit, Áitreabh, Scoil, Teach.
Angar	Anachain, Brón, Deacair, Gá.		
		Árasán	Áitreabh, Seomra.
Anglacánachas	Reiligiún.	Arbhar	Arbhar, Buail, Fómhar.
Anlann	Ith, Maisigh, Spleáchas.	Arc	Anchumtha, Cuar, Gearr.
Anlucht	Sásaigh.	Ard	Ard, Sliabh.
Annála	Inis, Stair.	Ardaidhm	Mian.
Annamh	Annamh.	Ardaím	Caint, Ceist, Déan, Díbir, Méadaigh, Seol, Tóg.
Anó	Anachain, Brón, Easpa, Gá.		
Anois	Láthair.		
Anord	Anord, Ceannairc, Doiléir.	Ardaíonn	Abhainn, Eitleán, Gaoth.
Anraith	Feoil.	Ardán	Ard, Iarnród, Ola, Scoil, Sliabh.
Anró	Fada, Gá.		
Anróiteach	Crua.	Ardchathair	Cathair, Tír.
Anseo	Áit.	Ardcheannasach	Foirfe.
Ansin	Áit.	Ardchéim	Tábhachtach, Tuilleadh.
Ansmacht	Brúigh, Cumhacht, Foréigean, Iallach.	Ardchéimneach	Foirfe.
		Ard-deagánach	Sagart.
Antlás	Mian, Saint.	Ardeaglais	Ailtireacht, Eaglais, Easpag.
Antoil	Drúis.		
Anuasal	Drochmheas, Suarach.	Ardéirim	Aigne, Cliste, Ealaín, Intleacht, Samhlaíocht.
Aoi	Áitreabh.		
Aoibh	Gáire, Sonas.		
Aoibhinn	Áthas, Foirfe, Oideachas.	Ardfheidhmeannach	Tábhachtach.
Aoibhiúil	Áthas.	Ardfheidhmeannas	Onóir.
Aoibhneas	Áthas, Sonas.	Ardimrim	Capall.
Aoileach	Cac, Salach.	Ardmhian	Aigne, Spiorad.
Aoir	Filíocht, Magadh.	Ardnós	Uasal.
Aoire	Coinnigh, Parlaimint, Treoraigh.	Ardrí	Éire.
		Ardsagart	Giúdach.
Aois	Am, Aois, Mill, Sean.	Ardú meanman	Guigh.
Aoiseanna	Am, Aois.	Argail	Fuar.
Aolchloch	Cloch.	Argain	Gadaí.
Aonach	Féile, Margadh, Tionscal, Tráchtáil.	Argóint	Ábhar, Achrann, Argóint, Contrártha, Cruthúnas, Fealsúnacht, Iomaíocht, Réasún, Troid.
Aonad	Uimhir.		
Aonchineálach	Cosúil.		
Aondiachas	Dia, Reiligiún.		
Aonghnéach	Cosúil.	Argóinteacht	Argóint, Fealsúnacht, Reitric.
Aontaigh	Aontaigh.		
Aontaím	Admhaigh, Aontaigh, Ceadaigh, Moladh.	Arm	Arm, Buíon, Cogadh, Cosain, Éide, Gunna, Scaird, Scata.
Aontas	Cumann.		
Aontíos	Aontaigh, Pósadh.	Armáil	Arm, Cogadh, Cosain.
Aontoil	Ceadaigh.	Armas	Maisigh.
Aontú	Aontaigh, Síocháin, Toil.	Ármhach	Maraigh.
Aon tuairim	Aontaigh, Coitianta.	Armlann	Arm, Cabhlach, Coinnigh.

Armlón	Arm, Gunna.	Athleasaím	Ceartaigh, Deisigh.
Armóin	Aontaigh, Fuaim.	Athmhuintearas	Aontaigh, Faoistin,
Armúr	Cogadh, Cosain, Dídean.		Maithiúnas, Peaca,
Arracht	Taibhse.		Síocháin.
Arrachtach	Ainmheasartha, Ait,	Athneartú	Cogadh, Tuilleadh.
	Anchumtha, Annamh,	Athnuachan	Deisigh, Séasúr, Tuilleadh.
	Anord.	Athnuaim	Athbheochan, Ceartaigh,
Arraing	Crap, Fulaingt.		Deisigh, Feabhas, Nua.
Arraingeacha	Saolú.	Athrá	Abair, Reitric.
Ársa	Sean.	Athrach	Difriúil.
Ársaím	Inis, Litríocht.	Athraigh	Athraigh.
Ársaíocht	Focal, Gramadach.	Athraím	Ceartaigh, Difriúil.
Artaire	Fuil.	Athréimním	Athbheochan.
Árthach	Árthach, Long.	Athréimniú	Athbheochan.
Artola	Ola.	Athscinmeach	Bog.
Asamhlaím	Tír, Tóg.	Athscríobh	Aithris, Scríobh.
Asamhlú	Díleá, Ith, Tír.	Athscript	Litir, Ordú.
Asarlaíocht	Astralaíocht, Draíocht.	Athsmaoineamh	Cúl.
Ascar	Capall, Tit.	Athspreagaim	Athbheochan.
Ascnaíonn	Taisteal.	Atlas	Leabhar.
Aslonnaím	Tréig.	Atmaisféar	Aer.
Asma	Anáil.	Aturnae	Cosain, Dlí.
Aspal	Aspal, Naomh, Reiligiún,	Bá	Aontaigh, Cosúil, Easpa,
	Seanmóir.		Farraige,
Aspalacht	Aspal, Pápa, Seanmóir.		Mothú, Oscailt, Páirteach,
Aspalóid	Aithrí, Beannaigh,		Rogha,
	Dearmad, Faoistin,		Snámh, Soghníomh, Spéis,
	Maithiúnas, Peaca,		Toil,
	Sochraid.		Uisce.
Aspalda	Críost, Eaglais, Easpag.	Babhdán	Eagla.
Astaíocht	Amuigh.	Babhla	Árthach.
Astralaíocht	Astralaíocht.	Bábhún	Cosain, Dídean, Dún,
At	Borr.		Dúnaim,
Ata	Toirtiúil.		Farraige.
Ataim	Méadaigh, Tuilleadh.	Bábóg	Cluiche.
Atáirgim	Aithris.	Bac	Constaic, Crosaim,
Atann	Borr, Toirtiúil.		Dúnaim, Stad,
Áth	Abhainn.		Toirmisc.
Athair	Athair, Baisteadh, Faoistin,	Bacach	Anchumtha, Easpa, Léigh.
	Gaol, Pápa,	Bacachas	Bocht.
	Pósadh.	Bacadaíl	Siúil.
Athartha	Athair, Oidhreacht,	Bacaíl	Imeacht.
	Polaitíocht, Tír.	Bacaim	Contrártha, Crosaim,
Atharthacht	Athair, Gaol, Leanbh,		Toirmisc, Uiríseal.
	Oidhreacht.	Bacáin	Doras.
Áthas	Ainmhian, Áthas, Sonas.	Bacainn	Ceannairc, Constaic,
Athbheochan	Athbheochan, Stair.		Dídean, Dúnaim.
Athbheoim	Athbheochan, Beatha,	Bacart	Tomhas, Uirlis.
	Leigheas.	Bachall	Easpag.
Athbhríoch	Amhras, Doiléir, Éiginnte.	Bachlóg	Crann, Planda.
Athbhunaím	Athbheochan.	Bachta	Móin.
Athcheannach	Ceannaigh.	Bacstaí	Práta.
Athcheannaím	Sábháil.	Bácús	Arán.
Athchogaint	Díleá.	Bád	Bád, Báigh, Cluiche,
Athchoilltiú	Crann.		Sábháil,
Athchóimeáil	Deisigh.		Seol.
Athchóirím	Athraigh, Ceartaigh,	Bagair	Bagair.
	Deisigh,	Bagairt	Achasán, Bagair,
	Difriúil, Nua.		Foláireamh, Marc,
Athchruth	Ceartaigh, Cosúil.		Tionchar.
Athchumaim	Feabhas.	Bagáiste	Iarnród, Spleáchas,
Athdhéanaim	Aithris, Feabhas.		Taisteal.
Atheagraím	Ceartaigh.	Baghcat	Crosaim, Toirmisc.
Athfheistím	Deisigh.	Baghcatáil	Pionós.
Athghin	Cosúil.	Bagrach	Brón, Fearg.
Athghléasaim	Deisigh.	Bagraím	Bagair, Comhartha, Croith,
Athlasadh	Teas.		Eagla,

Baic	Foláireamh, Gairm, Glaoigh, Staidiúir, Todhchaí. Ceann, Cúl.	Balla	Teach.
Báicéir	Arán.	Ballach	Dath.
Baicle	Buíon, Scata.	Ballán	Bainne, Iasc.
Báigh	Báigh.	Ballasta	Iarnród, Meáchan.
Bailc	Aimsir, Báisteach.	Balsam	Ungadh.
Bailchríoch	Déan, Foirfe, Maisigh, Snas.	Balsamú	Bás, Sochraid.
		Balscóid	Craiceann.
Baile	Áit, Áitreabh, Baile, Cathair, Teach, Tír.	Bán	Bán, Contrártha, Easpa, Moladh, Talmhaíocht.
Bailí	Maith, Úsáideach.	Bánaím	Bán, Dath, Mill, Pobal, Sprionlóir.
Bailigh	Bailigh.	Banaltra	Galar, Ospidéal, Saolú.
Bailím	Bailigh, Cnuasach, Faigh, Méadaigh, Tóg.	Banba	Éire.
		Banc	Airgeadas, Sochaí, Tráchtáil.
Bailiúchán	Bailigh, Cnuasach, Scata, Tóg.	Banda	Bean, Ceangail, Duine.
		Banéigean	Coir, Drabhlás, Drúis, Foréigean, Sáraigh.
Baill	Ball, Corp.		
Báim	Báigh, Íseal, Maraigh, Snámh.	Banfhile	Filíocht, Litríocht.
Baincéir	Airgeadas.	Bang	Snámh.
Báine	Anachain, Snua.	Bánghnéitheach	Dath, Snua.
Baineann	Bean, Duine, Gnéas, Gramadach.	Banimpire	Bean.
		Banlámh	Tomhas.
Báiní	Ainmhian, Buile, Fearg.	Banna	Iasacht, Searmanas.
Bainim	Bua, Fómhar, Gearraim, Móin.	Bannaí	Airgeadas, Dearbhaigh.
		Banógh	Cailín, Maighdean.
Báinín	Éadach, Olann.	Banóglach	Fóin.
Bainis	Deasghnáth, Féile, Ith, Pósadh.	Banphrionsa	Bean, Ceannaire.
		Banrán	Gearán.
Bainisteoir	Ósta, Scoil, Siopa, Tráchtáil, Treoraigh.	Banríon	Bean, Cárta, Ceannaire.
		Bantiarna	Bean.
		Banrach	Dídean.
Bainisteoireacht	Feidhm, Treoraigh.	Banúil	Geanmnaí.
Bainistí	Beag, Measarthacht, Saint.	Baoi	Báigh, Iasc, Snámh.
Bainne	Bainne, Bó.	Baois	Cur i gcéill, Óg.
Báinté	Ciúin, Farraige.	Baoite	Iasc.
Baintreach	Bás, Pósadh.	Baol	Dainséar, Sábháil.
Baintreachas	Caill, Scar.	Baoth	Amaideach, Éadrom.
Bairdéir	Coinnigh, Príosún.	Baothchreideamh	Earráid, Reiligiún.
Báire	Buíon, Cuspóir, Scata.	Baothghlóir	Bród.
Báirseach	Bean.	Bara	Toil.
Báirseoireacht	Achasán, Gearán.	Baracáid	Ceannairc, Constaic, Cosain, Dídean, Dúnaim.
Báisín	Árthach, Cóiriú.		
Baisleac	Eaglais.		
Báisteach	Aimsir, Báisteach, Scaird, Uisce.	Baraiméadar	Aer, Aimsir.
		Barainn	Saint, Sprionlóir.
Baisteadh	Ainm, Baisteadh, Liotúirge, Nigh, Sacraimint, Uisce, Ungadh.	Barainneach	Crua, Saint.
		Baráiste	Uisce.
		Barántas	Dearbhaigh, Gairm.
Baistealann	Baisteadh.	Barántúil	Cinnteacht.
Baistim	Ainm, Baisteadh, Beannaigh, Nigh, Sacraimint.	Baratón	Ceol.
		Barbarach	Ainbhios.
		Barbartha	Ainbhios, Crua, Stíl.
Baistíoch	Baisteadh, Duine.	Bard	Amhrán, Filíocht.
Báiteachán	Báigh.	Barda	Cosain, Ospidéal.
Báiteacht	Dath.	Bardas	Cathair.
Baithis	Ceann.	Barócachas	Litríocht.
Baitsiléir	Ollscoil.	Barr	Ard, Sliabh, Teorainn.
Bál	Sochaí.	Barrachas	Tionchar.
Balbh	Fuaim, Tost.	Barraíocht	Fuílleach, Spleáchas, Tuilleadh.
Balcadh	Uisce.		
Balcaire	Foirm, Gearr.	Barrchéim	Buntáiste, Maith, Tuilleadh.
Balcóin	Amharclann, Ard, Teach.	Barrchéimíocht	Tábhachtach, Tuilleadh.
Ball	Ball, Craiceann, Cuid, Troscán.	Barrchith	Báisteach.
		Barróg	Caint.

Barrúil	Ait, Anchumtha, Annamh, Iontas.	Beannacht	Easpag, Liotúirge. Beannaigh, Liotúirge, Pápa, Pósadh, Sacraimint.
Barrúlacht	Magadh.		
Barúil	Abair, Amhras, Breith, Comhairle, Creid, Cuma, Smaoinigh, Tuairim.	Beannaigh	Beannaigh.
		Beannaím	Liotúirge, Moladh, Urraim.
Barún	Ceannaire.	Beannaithe	Sacraimint, Ungadh, Urraim.
Barúntacht	Roinn.		
Bás	Bás, Caill, Críochnaigh, Maraigh, Sochraid.	Beannú	Deasghnáth, Eocairist, Sochraid.
		Beár	Ósta.
Basadóir	Margadh.	Bearach	Bó.
Básaím	Maraigh.	Bearbóir	Gruaig.
Basalt	Cloch.	Béarlagair	Doiléir.
Basár	Margadh.	Bearna	Dainséar, Diúltú, Easpa, Oscailt.
Bascaim	Brúigh, Íseal, Maraigh.		
Básmhaireacht	Duine.	Bearna bhaoil	Dainséar.
Bastard	Leanbh, Madra.	Bearnaím	Bris.
Bata	Díbir, Maide, Seilg.	Béaróg	Cearc.
Bataire	Dún.	Bearradh	Foláireamh, Praghas.
Bé	Bean, Cailín, Maighdean.	Bearraim	Aghaidh, Cóiriú, Gearraim, Glan, Gruaig, Laghdaigh.
Beacht	Beacht, Ceart, Cinnteacht, Fíor, Fuaim, Gearr, Maith, Stíl.		
		Bearrán	Anachain.
Beachtaím	Abair, Ceartaigh.	Beart	Cleas, Cuspóir, Gníomh, Meán, Samhlaíocht, Toil.
Beadaí	Blas.		
Béadán	Abair, Inis, Milleán, Nuacht, Urchóid.		
		Beartaím	Bagair, Claíomh, Déan, Gluaiseacht, Intleacht, Sáinn, Samhlaíocht, Tionscnamh, Tóg, Ullmhaigh.
Béadchaint	Achasán.		
Beag	Beag, Tanaí.		
Beagaím	Laghdaigh.		
Beagán	Beag, Cainníocht, Uimhir.		
Beaginmhe	Beag.		
Beagmhaitheas	Beag.	Beartaíocht	Arm, Cleas, Meán, Sáinn, Tionscnamh, Treoraigh, Troid.
Beagthábhacht	Staidiúir, Suarach.		
Beagthábhachtach	Suarach, Uiríseal.		
Beagthairbhe	Beag.	Beartas	Tionscnamh, Vótáil.
Beaguchtach	Anachain, Drochmhisneach, Íseal.	Béas	Béas, Gnáthaigh.
		Béasa	Béas, Staidiúir.
Beairic	Áitreabh, Príosún.	Béasach	Cineálta.
Béal	Abhainn, Bád, Bán, Béal, Créacht, Fiacail, Gunna, Maidin, Moladh, Scian, Staidiúir, Tost.	Béasaíocht	Deasghnáth.
		Béascna	Béas, Stair.
		Beatha	Beatha, Ith, Spiorad.
		Beathaím	Caomhnaigh, Ith, Sásaigh.
		Beathaíonn	Borr.
Béal bán	Bán, Íseal, Moladh.	Beathaisnéis	Beatha, Cuimhne, Inis, Litríocht, Stair.
Bealach	Bealach, Riail.		
Bealadh	Salach, Ungadh.		
Bealaí	Bealach, Béas.	Beathaithe	Borr, Toirtiúil.
Bealaím	Ungadh.	Beathúnas	Faigh, Sagart.
Béaláiste	Laghdaigh, Praghas.	Béic	Ard, Gáir.
Béalbhach	Capall.	Béile	Ith.
Béaldath	Aghaidh, Cosmaid.	Beilt	Ceangail, Gluaiseacht.
Béaloideas	Abair, Béas, Eolas, Inis, Stair.	Béim	Béim, Caint, Díbir, Fuath, Íseal, Mímhuinín.
Béalscaoilte	Ainmheasartha, Caint.		
Bealú	Ungadh.	Beinifís	Sagart.
Bean	Aois, Bean, Duine, Gaol, Maighdean, Pearsa, Pósadh, Saolú.	Beireatas	Bunús.
		Beirim	Cúl, Déan, Leanbh, Tóg.
		Beiríonn	Dóigh.
		Béistiúlacht	Drúis.
Bean ghlúine	Leanbh, Leigheas.	Beistrí	Sochaí.
Bean rialta	Bean, Manach.	Béiteáil	Talmhaíocht.
Bean sí	Draíocht.	Beith	Beatha, Beith, Spiorad, Staid.
Beangán	Planda, Sonas, Tarlaigh, Tosca.		
Beannú	Deasghnáth, Eaglais,	Beithíoch	Ainmhí.

Beo	Beatha, Buan, Morán, Tapa.	Bleachtaire	Fiosrach.
Beocht	Stíl.	Bleán	Bó.
Beoga	Díograis.	Bleibín	Planda.
Beogacht	Aigne, Áthas, Beatha, Spiorad.	Bliain	Am, Beatha, Lá.
		Blím	Bainne, Tarraing.
Beoim	Spreag.	Blindeog	Moladh.
Beoir	Ól.	Blogh	Cuid, Roinn.
Beola	Béal.	Blúire	Beag, Cuid, Tanaí.
Bia	Ith, Ocras, Sásaigh.	Bó	Bainne, Bó, Gáir, Réalta, Troigh.
Bialann	Iarnród, Seomra.	Bob	Cleas, Cráigh, Magadh.
Bídeach	Beag, Tanaí.	Bóchna	Farraige.
Bigil	Faire, Lá, Liotúirge.	Bocht	Bocht, Gá.
Bille	Dlí, Parlaimint.	Bochtaineacht	Bocht, Easpa, Gá.
Billéardaí	Cluiche.	Bocléimneach	Siúil.
Binbeach	Crua.	Bod	Gnéas.
Bindealáin	Leanbh.	Bodach	Ainbhios.
Binn	Ard, Sliabh.	Bodaigh	Aicme, Cumhacht, Saibhir, Sochaí, Uasal.
Binse	Scoil, Suíochán, Troscán.		
Bintiúr	Iasacht.	Bodhaire	Clois, Toil.
Bíobla	Bíobla, Críost, Giúdach, Liotúirge, Reiligiún.	Bodhar	Fuaim, Sean, Tost.
		Bodhraím	Cráigh.
Biocáire	Ceannaire, Eaglais, Easpag, Íochtarán, Pápa.	Bodhrán	Clois.
		Bodhránacht	Maidin.
Bíog	Tobann.	Bodóg	Bó.
Bíogaim	Iontas.	Bog	Bog, Foighne, Furasta.
Bíogarnach	Gáir.	Bogach	Uisce.
Biogóideacht	Reiligiún.	Bogaim	Athraigh, Bog, Gluaiseacht, Spéis, Spreag, Trua.
Bior	Uirlis.		
Biorach	Caol.		
Biotáille	Ól.	Bogán	Ubh.
Birling	Long.	Bogann	Mothú.
Bís	Brúigh, Timpeall, Uirlis.	Bogfholcadh	Ungadh.
Biseach	Deisigh, Galar, Iasacht, Leigheas, Sláinte, Sochar.	Bogha	Ciorcal, Scaird.
		Boghaisín	Ciorcal.
		Boghta	Ailtireacht, Ciorcal, Eaglais.
Bisím	Ceartaigh, Sláinte.		
Bisiúil	Úsáideach.	Bogintinneach	Amaideach, Dobhránta.
Bithbheo	Buan.	Bogóg	Ubh.
Bithbhuan	Buan, Minic.	Bóidicín	Claíomh, Scian.
Bithiúnach	Cleas, Éagóir, Gadaí, Suarach.	Boidín	Gnéas.
		Boigéis	Bronntanas.
Bladar	Moladh, Bréag.	Boigéiseach	Furasta.
Bladhaire	Tine.	Boilg	Borr, Tine.
Bladhm	Ainmhian, Solas, Tine.	Boilscíonn	Borr.
Bladhmann	Bréag, Reitric.	Boilsciú	Tionscal.
Bladhmannach	Cur i gcéill, Stíl.	Boiseog	Pionós, Béim, Buail.
Bláfar	Snua.	Bóitheach	Bó.
Blagaid	Gruaig.	Bóithrín	Bealach.
Blaincéad	Leaba.	Boladh	Boladh, Srón.
Blaisféim	Achasán.	Bolcán	Sliabh.
Blaisim	Aire, Blas, Ól, Triail.	Bolg	Borr.
Blaisín	Blas.	Bolgach	Toirtiúil.
Blaistím	Blas.	Bolgadh	Toirtiúil.
Blaosc	Clúdaigh, Ubh.	Bolgam	Beag, Ól.
Blas	Blas, Boladh, Caint, Céadfa.	Bolgán	Cruinn, Solas.
		Bolgann	Borr, Toirtiúil.
Blastacht	Blas.	Bollán	Bó.
Blastóir	Blas.	Bollóg	Arán.
Bláth	Áilleacht, Buntáiste, Crann, Feabhas, Planda, Sonas.	Bolscaireacht	Caint, Díograis, Eolas, Leathaim, Poiblí, Tuairim.
		Bolta	Dúnaim, Gunna.
Bláthach	Bainne.	Boltanas	Boladh, Céadfa.
Bláthaíonn	Planda, Tús.	Bómán	Amaideach, Dobhránta.
Bláthfhleasc	Ailtireacht, Sochraid.	Bómánta	Ainbhios, Amaideach, Dobhránta, Trom.
Bláthnaím	Maisigh.		
Bleacht	Bainne.		

Bómántacht	Anásta.	Bratach	Bratach, Comhartha,
Bombardaím	Dún.		Maisigh, Marc.
Bonn	Airgead, Bun, Gluaisteán,	Bratainn	Bratach, Aicme.
	Marc, Troigh.	Brath	Dóchas, Muinín, Spleáchas,
Bonnóg	Arán.		Umhal.
Bonsach	Scaird.	Brathadóir	Brathadóir, Feall.
Borb	Borb, Foréigean, Meon,	Brathadóireacht	Brathadóir.
	Urchóid.	Bráthair	Aspal, Ball, Bán, Cairdeas,
Bord	Long, Taobh, Tionscal,		Coibhneas,
	Troscán.		Compánach, Geanmnaí,
Bordáil	Bád, Seol.		Manach.
Bordálaim	Long.	Bráthairse	Compánach.
Borr	Borr, Cruinn.	Bratóga	Stróic.
Borrachas	Dána.	Breá	Áilleacht, Sláinte, Staidiúir.
Borradh	Ainmhian, Borr, Méadaigh,	Breac	Dath, Iasc.
	Meán.	Breacadh lae	Lá, Maidin, Oíche.
Borraim	Tuilleadh.	Breacaim	Scríobh.
Borrtha	Cruinn, Toirtiúil.	Breacán	Olann.
Bos	Lámh, Nigh, Tionchar.	Breachnú	Spleáchas.
Bosán	Gnéas.	Bréag	Bréag, Caint, Cleas,
Bosca	Árthach, Bosca.		Earráid.
Boschrann	Doras.	Bréagach	Aithris, Bréag, Cuma,
Both	Dídean, Siopa, Teach.		Earráid,
Bothán	Áitreabh, Dídean, Teach.		Réasún.
Bothántaíocht	Oíche.	Bréagán	Leanbh.
Bóthar	Bealach, Siúil.	Bréagchráifeacht	Cur i gcéill.
Bóthar iarainn	Iarnród.	Bréagmhíniú	Mínigh.
Bothóg	Áitreabh.	Bréagnaím	Argóint, Cosain, Cruthúnas,
Botún	Anásta, Dearmad, Earráid.		Diúltú, Dochar, Réasún.
Brabach	Bua, Buntáiste, Faigh,	Bréagnáire	Lag, Náire, Tuairim,
	Sochar, Sonas.		Umhal.
Brabús	Sochar, Spéis, Tuilleadh,	Bréagnú	Contrártha.
	Úsáideach.	Bréagriocht	Ceil, Éide.
Bráca	Brón, Deacair, Teach.	Bréagshamhail	Cuma, Íomhá.
Brachadh	Créacht, Dochar.	Breall	Gnéas.
Brachán	Bog, Tiubh.	Breallán	Anásta.
Brachlainn	Farraige.	Breallmhéarach	Anásta.
Bracóg	Troscán.	Brealsún	Anásta.
Bradaíl	Litríocht.	Bréan	Boladh, Col, Dochar, Mill,
Bradán	Buail, Iasc.		Salach.
Brádán	Báisteach, Doiléir.	Bréantas	Boladh, Dochar, Salach.
Bráidhheart	Clúdaigh, Éide.	Breasal	Cosmaid.
Braighdeanach	Príosún, Sclábhaí.	Breáthacht	Áilleacht.
Braighdeanas	Iallach, Príosún, Sclábhaí.	Breathnaigh	Breathnaigh.
Braillín	Leaba.	Breathnaím	Aire, Breathnaigh, Léigh,
Brainse	Cineál, Siopa.		Radharc,
Braistint	Céadfa, Cuma, Eolas,		Scrúdaigh, Súil.
	Mothú, Smaoinigh.	Bréid	Olann.
Braiteoireacht	Amhras, Col, Eagla,	Bréidín	Éadach, Olann.
	Éiginnte, Fan, Mearbhall.	Bréine	Salach.
Braithim	Boladh, Céadfa, Feall,	Breis	Tuilleadh.
	Mothú,	Breischéim	Comparáid, Gramadach,
	Smaoinigh.		Tuilleadh.
Bráithre	Duine, Manach.	Breisím	Méadaigh, Tuilleadh.
Bráithreachas	Aontaigh, Cairdeas,	Breisluach	Praghas.
	Compánach, Cumann,	Breith	Abair, Beith, Breith,
	Manach, Sochaí.		Bunús, Déan, Dlí, Pionós,
Bran	Arbhar.		Saolú, Tuairim, Tús, Ubh.
Branar	Talmhaíocht.	Breitheamh	Breitheamh, Ceannaire,
Branda	Ól.		Ceart, Dlí, Éire.
Brandálaim	Marc.	Breithiúnas	Abair, Aigne, Breith,
Braoi	Súil.		Intleacht,
Braon	Báisteach, Braon, Fuil,		Réasún, Smaoinigh, Triail,
	Leacht, Uisce.		Tuairim.
Braonán	Braon.	Breo	Lonraigh.
Brat	Clúdaigh, Comhartha,	Breochloch	Cloch, Tine.
	Leaba.	Breoite	Galar.

Breosla	Dóigh, Tine.		Torann.
Brí	Beatha, Ciallaigh, Focal, Tuairim.	Brúchtaim	Béal, Gaofaireacht, Scaird.
		Brúid	Ainmhí.
Briathar	Abair, Briathar, Focal, Gramadach, Seanmóir.	Brúidiúil	Ainmhian, Borb, Foréigean, Urchóid.
		Brúim	Béim, Brúigh, Gluaiseacht, Íseal, Meáchan, Scaird.
Briatharchath	Achrann, Argóint, Cluiche.		
Briathrach	Fada.	Bruinneall	Bean, Cailín, Maighdean.
Briathraíocht	Caint.	Bruíon	Achrann, Coimhlint, Troid.
Bricfeasta	Ith, Maidin.	Bruis	Fionnadh, Gnéas.
Bricneach	Craiceann.	Bruith	Uisce.
Brídeach	Bean, Pósadh.	Bruitheann	Dóigh, Tine.
Briogáid	Arm, Buíon, Tine.	Bruithim	Arán, Feoil, Nigh, Teas.
Brionglóid	Ait, Codladh, Earráid.	Bruithním	Tine.
Brionnaím	Airgead, Aithris, Gadaí.	Bruithníonn	Dóigh.
Brionnú	Bréag, Coir, Gadaí, Scríobh.	Brúitín	Brúigh, Práta.
		Brúnn	Trom.
Briosc	Bris, Lag.	Bruscán	Fuílleach.
Briosca	Arán.	Brúscán	Tarlaigh.
Briotach	Caint.	Bruscar	Bris, Brúigh, Fuílleach.
Briotaireacht	Doiléir, Mearbhall.	Brútam	Tiubh.
Briotáis	Ard, Dún.	Bruth	Béim, Craiceann, Farraige, Teas.
Bris	Bris, Caill, Dubh.		
Briseadh	Anachain, Bris, Cogadh, Troid.	Bua	Acmhainn, Aigne, Bua, Buntáiste, Cáilíocht, Cliste, Cogadh, Cumhacht, Ealaín, Filíocht, Intleacht, Samhlaíocht, Troid.
Brisim	Bris, Brúigh, Stróic.		
Bríste	Capall, Cos, Éide.		
Brístín	Éide.		
Bró	Brúigh, Cloch, Timpeall.		
Brobh	Planda.	Buacaire	Snigh, Uisce.
Brocach	Col, Gruaig, Salach, Suarach.	Buachaill	Aois, Duine, Leanbh, Óg, Pósadh.
Brocaim	Salach.	Buafhocal	Cáilíocht, Focal.
Brocais	Dídean, Oscailt, Salach.	Buaic	Tábhachtach, Teorainn.
Bród	Bród, Mian.	Buail	Buail.
Broghach	Col, Salach, Suarach.	Buaile	Áitreabh, Bó, Réalta, Teach.
Bróicéir	Margadh.		
Broicneáil	Pionós.	Buailim	Béim, Brúigh, Bua, Buail, Fómhar, Lámh.
Broid	Brón, Iallach, Sclábhaí.		
Broideadh	Béim.	Buaim	Bua, Faigh.
Broidearnach	Ainmhian.	Buaine	Foighne, Seilbh.
Bróidnéireacht	Maisigh.	Buaireamh	Aiféala, Anachain, Brón, Fulaingt.
Broim	Gaofaireacht, Torann.		
Broincín	Anáil.	Buairim	Cráigh, Dearmad, Eagla, Spreag.
Broincíteas	Anáil.		
Broinn	Gnéas, Istigh, Long.	Buairt	Cúram, Spéis.
Bróisiúr	Leabhar.	Buaiteoir	Bua.
Brollach	Leabhar, Mínigh, Tús.	Bualadh bos	Áthas, Lámh, Moladh.
Brollach catha	Arm.	Bualtrach	Cac, Salach.
Bromach	Capall.	Buamáil	Dún.
Brón	Aiféala, Ainmhian, Brón, Dubh.	Buan	Buan, Daingean, Fada.
		Buanaí	Fómhar.
Bronntanas	Bronntanas, Fial, Soghníomh.	Buanaím	Bun, Caomhnaigh.
		Buanmharthanach	Fada.
Brosna	Dóigh, Tine.	Buanna	Spiorad, Stíl.
Brostaím	Áitigh, Comhairle, Seanmóir, Spreag, Tapa.	Buannacht	Arm.
		Buannúil	Dána.
Brothall	Séasúr, Teas.	Buanseasmhach	Buan, Daingean, Fada, Foighne.
Brú	Aer, Aimsir, Brúigh, Créacht, Tionchar.		
		Buantonnadh	Gruaig.
		Buartha	Eagla, Mearbhall, Tromchúis.
Bruach	Amuigh, Imeall, Taobh, Teorainn.		
		Búdachas	Reiligiún.
Bruachbhaile	Baile, Cathair, Spleáchas.	Buí	Snua.
Bruar	Bris, Brúigh.	Buicéad	Árthach.
Brúcht	Gaofaireacht, Sneachta.	Buidéal	Árthach, Uisce.
Brúchtadh	Díleá, Gaofaireacht,	Buile	Buile, Fearg, Nóisean.

Builín	Arán.	Cábán	Seomra, Teach.
Buille	Béim, Buail, Croí, Gluaiseacht.	Cabhail	Bád, Eitleán, Gluaisteán, Long.
Buinneán	Crann, Planda, Troigh.	Cabhair	Cabhair, Carthanacht, Fóin,
Buinníonn	Scaird, Tús.		Soghníomh.
Buíocán	Ubh.	Cabhlach	Cabhlach.
Buíoch	Buíochas.	Cabhraím	Cabhair, Cosain, Fóin,
Buíochas	Buíochas.		Páirteach, Úsáideach.
Buíon	Arm, Buíon, Scata.	Cabhraíocht	Ealaín, Maisigh, Troscán.
Buíonn	Dath.	Cabhróir	Compánach.
Búir	Ard, Gáir.	Cabhsa	Bealach.
Búireach	Ard.	Cábla	Ceangail.
Buirg	Tír.	Cáblaisce	Gluaiseacht.
Buirgcheantar	Roinn, Tír.	Cábóg	Ait, Anásta.
Buirgéiseach	Aicme.	Cábún	Cearc.
Buirgéiseacht	Aicme, Pobal.	Cábúnach	Gnéas.
Buirgéis	Tír.	Cac	Cac, Salach.
Buirgléir	Coir, Gadaí.	Cáca	Arán.
Búiríl	Gáir, Torann.	Cacaim	Cac.
Buírua	Capall.	Cách	Iomlán.
Buiséad	Airgeadas, Caith.	Cadairne	Gnéas.
Búistéireacht	Feoil.	Cadás	Éadach.
Bulóg	Arán.	Cadastar	Seilbh.
Bun	Bun, Bunús, Íseal, Tábhachtach, Taca.	Cadráil	Abair.
		Cadránta	Borb, Crua.
Bunábhar	Ábhar, Bunús.	Cafarnach	Báisteach.
Bunadh	Bunús.	Cafarr	Clúdaigh, Saighdiúir.
Bunaím	Bun, Déan, Tús.	Cáfraith	Arbhar.
Bunáit	Bunús, Cabhlach.	Caí	Deoir.
Bunaitheoir	Gníomh.	Caibhéad	Bosca.
Bunán	Gearr.	Caibidil	Ábhar, Argóint, Eaglais,
Bunaois	Aois.		Leabhar,
Bunbhean	Gearr.		Manach, Roinn, Sochaí.
Bunchloch	Bun.	Caibín	Aghaidh.
Bunchúis	Bunús, Cúis.	Caidéal	Scaird.
Bunóc	Leanbh.	Caideanna	Gnéas.
Bunreacht	Polaitíocht, Tábhachtach.	Caidéis	Ceist, Clois, Lorg.
Bunsraith	Bun, Bunús, Íseal, Prionsabal,	Caidéiseach	Clois, Fiosrach, Lorg.
		Cáidheach	Col, Salach.
	Tábhachtach, Taca.	Caidirne	Argóint.
Buntáiste	Buntáiste, Fabhar, Sochar, Sonas, Spéis, Tuilleadh.	Caidreamh	Aontaigh, Cairdeas, Coibhneas, Drúis,
Buntáisteach	Úsáideach.		Sochaí, Taithigh.
Buntéacs	Cuspa.	Caidrím	Gnéas.
Buntobar	Bunús.	Caidriúil	Cineálta, Furasta.
Buntús	Achoimre, Furasta, Leabhar, Prionsabal.	Caife	Ól, Ósta.
		Caifeach	Caith.
Bunú	Déan.	Caighdeán	Focal, Meáchan, Riail, Triail.
Bunúdar	Bunús.		
Bunúil	Annamh, Bunús, Nua, Stíl.	Cáil	Cáil, Onóir, Poiblí.
Bunúlacht	Bunús, Nua, Pearsa, Stíl.	Cailc	Bán, Scríobh, Teorainn.
Bunús	Ábhar, Bun, Bunús, Déan, Furasta, Íseal, Prionsabal, Tábhachtach, Taca, Tús.	Cailcínim	Tine.
		Cailcíníonn	Dóigh.
		Caile	Cailín.
		Caileantóir	Aimsir.
Bunúsach	Buan, Bunús, Riachtanach, Simplí, Tábhachtach.	Cailibre	Tomhas.
		Cailicéireacht	Argóint, Easpa.
		Cailín	Aois, Bean, Cailín, Domhnach, Duine,
Búr	Ainbhios.		
Burdún	Cluiche, Filíocht.		Leanbh, Maighdean, Óg,
Burla	Bailigh.		Pósadh.
Burlálaim	Dúnaim.	Cailín aimsire	Íochtarán.
Buthal	Meán.	Cáilíocht	Acmhainn, Cáilíocht,
Cab	Béal, Fiacail.		Cineál, Feidhm, Foirfe,
Cába	Clúdaigh, Saighdiúir.		Marc, Moladh, Staid.
Cabach	Caint.	Cailís	Aifreann, Árthach, Eaglais,
Cabaireacht	Abair.		Eocairist.

Cáiliú	Cáilíocht.	Caitheamh aimsire	Am, Cluiche, Pléisiúr, Scíth.
Cáiliúil	Cáil.		
Caill	Caill.	Caithim	Caith, Creim, Cuimil, Dochar, Gluaiseacht, Ith, Scaird, Stróic.
Caille	Clúdaigh, Manach.		
Cailleach	Diabhal, Manach, Sean.		
Caillteanas	Caill, Easpa.	Cáithim	Fómhar, Glan.
Cailpéar	Tomhas.	Caithim siar	Ith, Ól.
Caimiléir	Éagóir, Gadaí, Urchóid.	Caithir	Fionnadh, Gnéas.
Caimiléireacht	Bréag, Cleas, Coir, Éagóir, Gadaí, Meán, Rún, Toirmisc.	Caithis	Áilleacht, Spéis, Tionchar.
		Cáithnín	Prionsabal.
		Cáithníní	Craiceann, Fuar, Sneachta.
Cáin	Airgeadas, Tráchtáil, Uimhir.	Caithréim	Bua, Buntáiste.
		Caithríonn	Síol.
Cáinaisnéis	Airgeadas, Caith.	Caithriú	Aois.
Caincín	Srón.	Caiticeasma	Creid, Reiligiún, Seanmóir.
Cáineadh	Achasán, Ionsaí.	Caiticéis	Reiligiún.
Caingean	Dlí.	Caiticeitic	Reiligiún.
Cáinim	Milleán.	Caiticiúmanach	Baisteadh, Creid, Reiligiún.
Cainníocht	Bailigh, Cainníocht, Méadaigh, Mórán, Tomhas, Uimhir.	Caitín	Éadach.
		Caitliceach	Iomlán.
		Caitliceachas	Críost, Iomlán, Reiligiún.
Cainniúr	Cac.	Caladh	Cabhlach, Dídean, Farraige.
Caint	Abair, Caint, Focal.		
Caintic	Amhrán, Bíobla, Filíocht, Liotúirge.	Calafort	Farraige.
		Calán	Árthach.
Caintím	Caint.	Calaois	Cleas, Coir, Éagóir, Gadaí, Rún, Toirmisc.
Cáipéis	Cruthúnas, Léann, Scríobh.		
Caipiteal	Airgead, Airgeadas, Cnuasach, Iasacht, Tionscal, Tráchtáil.		
		Calbhach	Gruaig.
		Calcaim	Buail, Dúnaim.
Cairb	Béal, Fiacail.	Calcalas	Uimhir.
Cairde	Am, Cairdeas, Fan, Fiacha, Iasacht, Todhchaí.	Calctha	Tiubh.
		Call	Cinnteacht, Gá.
Cairdeas	Aontaigh, Cairdeas, Coibhneas, Síocháin, Sochaí.	Callaire	Margadh, Poiblí.
		Callán	Clois, Fuaim, Torann.
		Callas	Troigh.
Cairdinéal	Ceannaire, Pápa.	Callóid	Anord, Ceannairc.
Cairéal	Cloch.	Callshaoth	Obair, Tuirse.
Cairéalaí	Cloch.	Calm	Ciúin, Farraige, Gaoth, Socair, Tost.
Cáiréas	Fiacail.		
Cáiréis	Aigne, Cleas, Cúram.	Calma	Dána, Misneach, Neart.
Cairín	Bun, Cúl.	Calvaire	Críost, Cros.
Cairiún	Capall.	Cam	Airgeadas, Cleas, Gadaí, Troigh.
Cairt	Scríobh.		
Cairtchlár	Bosca.	Camaim	Bréag, Dochar, Mill.
Cairtéal	Conradh.	Camán	Cluiche.
Cáis	Bó.	Camas	Abhainn, Farraige.
Cáisc	Cáisc, Féile.	Camastaíl	Bréag, Coir, Gadaí.
Caiscín	Arán.	Cambús	Troid.
Caise	Abhainn, Snigh, Uisce.	Camchuairt	Taisteal.
Caiseal	Cluiche, Dún, Timpeall.	Camhaoir	Lá, Maidin.
Caisire	Ola.	Camhraíonn	Mill.
Caisirnín	Cas.	Camlinn	Abhainn.
Caisleán	Ailtireacht, Áitreabh, Dídean, Dún, Teach.	Camóg	Feoil, Gruaig, Scríobh.
		Camógaíocht	Cluiche.
		Campa	Áitreabh, Arm, Cogadh, Saighdiúir.
Caislín	Uisce.		
Caismirneach	Abhainn, Cuar.	Campálaim	Áitreabh, Stad.
Caismirt	Argóint, Ceannairc, Contrártha.	Camra	Salach.
		Cam reilige	Anchumtha.
Caite	Am, Briathar, Lag, Stróic, Tuirse.	Can	Gruaig.
		Canáil	Snigh, Uisce.
Caiteachas	Caith, Praghas.	Canaim	Amhrán, Caint, Ceol.
Cáiteog	Fómhar.	Canbhasáil	Iarr.
Caith	Caith.	Candam	Cainníocht, Cnuasach, Cuid, Uimhir.
Cáith	Arbhar.		
Caitheamh	Airgeadas, Caith, Mian.	Canóin	Aifreann, Cuspa, Riail.

Canónach	Eaglais, Sagart.		Magadh.
Canónaí	Dlí.	Carachtar	Aigne, Ainmhian,
Canónaím	Moladh.		Cáilíocht,
Canónú	Naomh, Pápa.		Cineál, Litir, Meon, Nádúr,
Canrán	Milleán.		Sacraimint, Sagart, Spiorad.
Canta	Áilleacht, Cuid.	Caraf	Uisce.
Canta	Arán.	Coraíocht	Cluiche.
Cantaireacht	Amhrán, Ceol, Liotúirge.	Carat	Meáchan.
Cantal	Gearán.	Carball	Béal, Blas.
Cantalach	Borb.	Carballach	Fuaim.
Cantálaim	Stróic.	Carbas	Ith.
Cantaoir	Brúigh, Pionós.	Carbhas	Drabhlás.
Canúint	Caint, Cum, Stíl.	Carbónaíonn	Dóigh.
Caoch	Anchumtha, Dall, Easpa,	Carcair	Focal, Príosún.
	Éiginnte, Radharc,	Cardáil	Éadach.
	Sean, Súil.	Cardálaim	Argóint, Olann.
Caochaim	Dall, Súil.	Carghas	Carghas, Liotúirge, Ocras,
Caoi	Acmhainn, Brón, Cáilíocht,		Seanmóir,
	Deisigh, Feabhas,		Troscadh.
	Oiriúnach, Olagón, Riail,	Carn	Bailigh, Cnuasach, Mórán.
	Staid, Tosca.	Carn aoiligh	Cac, Salach.
Caoifeach	Compánach.	Carnaim	Bailigh, Méadaigh.
Caoin	Áilleacht, Bog, Cineálta,	Carnán	Bailigh, Cnuasach, Sliabh.
	Fuaim, Uiríseal.	Carr	Gluaisteán.
Caoineadh	Aiféala, Brón, Deoir,	Carra	Gluaisteán.
	Filíocht, Bás, Gearán,	Carracán	Carraig, Cloch.
	Olagón, Torann, Trua.	Carrach	Craiceann.
Caoindúthracht	Díograis.	Carraig	Carraig, Cloch, Focal.
Caoinfhulaingt	Ceadaigh, Carthanacht,	Carráiste	Doras, Iarnród.
	Foighne, Reiligiún.	Carrmhogal	Cloch.
Caoinim	Brón, Olagón.	Cársán	Anáil, Slaghdán.
Caoireoil	Feoil.	Cárt	Tomhas.
Caoiríl	Lonraigh, Tine.	Cárta	Cárta, Litir.
Caol	Beag, Caol, Éadrom,	Cártaí	Cárta, Cearrbhachas,
	Foirm, Lag, Tanaí.		Cluiche.
Caolagrach	Peaca.	Cartaim	Gluaiseacht.
Caolaigeanta	Amaideach.	Cartann	Abhainn, Snigh.
Caolaím	Bainne, Crap, Gluaiseacht,	Carthanach	Cineálta, Soghníomh, Trua.
	Laghdaigh,	Carthanacht	Cabhair, Carthanacht, Fial,
	Leacht.		Maith, Mothú,
Caolaíonn	Gearr.		Reiligiún, Soghníomh,
Caolaithe	Tuirse.		Suáilce, Toil,
Caolchúis	Aigne, Cleas.		Trua.
Caolchúiseach	Deacair.	Carthanas	Bocht.
Caolintinneach	Dobhránta.	Cartlann	Stair.
Caolú	Uisce.	Cartún	Magadh, Nuachtán.
Caomh	Cineálta, Foighne.	Cartús	Maisigh, Saighdiúir.
Caomhach	Caomhnaigh.	Carúl	Amhrán.
Caomhnaigh	Caomhnaigh.	Cas	Cas, Cuar.
Caomhnaím	Cabhair, Caomhnaigh,	Cás	Bosca, Tarlaigh, Tosca.
	Cosain, Dídean,	Cás coinsiasa	Coinsias, Faoistin, Peaca.
	Sábháil, Seachain.	Cásach	Urraim.
Caomhnóir	Caomhnaigh.	Casachtach	Anáil, Slaghdán.
Caor	Dóigh, Solas, Tine,	Casadh	Timpeall.
	Tobann.	Casadhmad	Bád.
Caorán	Móin, Sliabh.	Casaim	Cas, Gluaiseacht,
Caorgheal	Bán.		Gluaisteán, Treoraigh.
Caoithiúil	Maith, Riachtanach.	Cásaím	Brón, Trua.
Capaillín	Capall.	Casal	Aifreann.
Capall	Capall, Seilg.	Casaoid	Foláireamh, Gearán,
Captaen	Bád, Cabhlach, Ceannaire,		Milleán,
	Oifigeach.		Monabhar, Olagón.
Cár	Béal, Fiacail.	Casaoideach	Brón.
Cara	Cairdeas, Coibhneas,	Casarnach	Crann.
	Compánach, Taithigh.	Caschaint	Achrann, Argóint.
Carbhat	Éide.	Caschlár	Timpeall.
Caracatúr	Aithris, Anchumtha, Íomhá,	Casfhocal	Cluiche, Focal.

Casóg	Clúdaigh, Sagart.		Coibhneas, Constaic,
Casta	Crua, Deacair.		Iallach, Leabhar.
Casúr	Uirlis.	Ceanglaím	Ceangail, Cumann,
Casurla	Gruaig.		Leabhar, Manach.
Cat	Ainmhí, Cat, Gáir.	Ceann	Airgead, Buntáiste, Ceann,
Catachas	Ainmhí, Cat, Gnéas.		Clúdaigh,
Catafalc	Sochraid.		Críochnaigh, Tábhachtach,
Catagóir	Cineál.		Teorainn.
Cátair timpire	Troscadh.	Ceann comhairle	Parlaimint.
Catalóg	Leabhar, Poiblí, Tráchtáil.	Ceann fine	Gaol.
Catarra	Slaghdán.	Ceann tí	Báisteach, Gaol.
Cath	Buail, Buíon, Cogadh,	Céanna	Cabhlach, Cathair, Cosúil.
	Saighdiúir.	Ceannach	Ceannaigh, Faigh,
Cathair	Cathair, Tír.		Tráchtáil.
Cathaoir	Feidhm, Ollscoil, Suíochán,	Céannacht	Cosúil, Pearsa.
	Treoraigh, Troscán.	Ceannaí	Ceannaigh, Tráchtáil.
Cathaoirleach	Cumann.	Ceannaigh	Ceannaigh.
Cathéide	Clúdaigh, Cosain.	Ceannairc	Anord, Ceannairc.
Cathlán	Arm, Buíon, Saighdiúir,	Ceannairceacht	Toil.
	Scata.	Ceannaire	Ceannaire, Cogadh,
Cathréim	Troid.		Tábhachtach,
Cathróg	Talmhaíocht.		Treoraigh.
Cathróir	Cathair.	Ceannairí	Cumhacht.
Cathú	Áitigh, Mian, Smaoinigh,	Ceannaithe	Aghaidh, Aicme, Ceann,
	Spreag, Treoraigh.		Ceannaigh, Margadh.
Cé	Dídean, Farraige.	Ceannas	Buntáiste, Cumhacht,
Ceachaire	Saint.		Onóir,
Ceachartha	Saint, Sprionlóir.		Tábhachtach, Tionchar,
Ceacht	Ceartaigh, Oideachas,		Treoraigh.
	Scoil.	Ceannasaí	Ceannaire, Tábhachtach,
Céachta	Réalta, Talmhaíocht.		Treoraigh.
Cead	Ceadaigh, Comhairle,	Ceannasaíocht	Arm, Oifigeach.
	Fabhar.	Ceannbheart	Clúdaigh.
Céad	Am, Tomhas.	Ceanncheathrú	Arm, Cogadh.
Ceadaigh	Ceadaigh.	Ceanndána	Ceann, Foréigean.
Ceadaím	Ceadaigh, Tuairim.	Ceanneasna	Éadach, Olann.
Ceadaithe	Ceart.	Ceann faoi	Mearbhall.
Ceadaitheach	Foighne.	Ceannfháth	Bunús, Cúis, Treoraigh.
Céadéaga	Bás.	Ceannfort	Ceannaire, Oifigeach.
Céadfa	Blas, Céadfa, Clois, Eolas,	Ceannlíne	Cuspa, Nuachtán.
	Radharc.	Ceannlitir	Litir, Scríobh.
Céadfachas	Ábhar.	Ceannlitreacha	Ainm.
Céadphroinn	Ith, Maidin.	Ceannóg	Arbhar.
Céadraí	Sean.	Ceannóga	Fómhar, Fuílleach.
Céadtorthaí	Nua.	Ceannphoirt	Maisigh.
Ceadúnas	Ceadaigh, Fabhar.	Ceannródaí	Cuspa.
Ceáfráil	Imeacht.	Ceanntréan	Bród, Buan.
Ceailis	Borr.	Ceansa	Cineálta, Uiríseal, Umhal.
Ceal	Caill, Contrártha, Diúltú,	Ceansaím	Bua, Ciúin, Constaic,
	Easpa, Gadaí.		Gnáthaigh.
Céalacan	Ocras, Troscadh.	Ceansú	Béas.
Cealaím	Contrártha, Díbir, Diúltú,	Ceant	Margadh.
	Mill.	Ceantálaí	Margadh.
Cealg	Cleas, Feall, Poiblí.	Ceantar	Áit, Tír.
Cealgadh	Créacht, Fulaingt.	Ceanúil	Ainmhian, Cairdeas.
Cealgaim	Mothú, Treoraigh.	Ceanúlacht	Grá, Mothú.
Cealgaireacht	Bréag, Cleas, Feall.	Ceapach	Cuid, Síol, Talmhaíocht.
Cealla	Manach.	Ceapadh	Cuma.
Ceallóg	Príosún.	Ceapadóir	Gníomh.
Céalmhaine	Astralaíocht, Cinniúint,	Ceapadóireacht	Cum, Oideachas.
	Doiléir,	Ceapaim	Breith, Constaic, Cum,
	Draíocht, Marc.		Glaoigh,
Cealtair	Aghaidh, Cuma.		Litríocht, Smaoinigh, Tóg.
Ceamach	Salach.	Ceapaire	Arán.
Ceanán	Fabhar, Rogha.	Cearbhal	Long.
Ceangail	Ceangail.	Cearc	Cearc.
Ceangal	Cairdeas, Ceangail,	Ceird	Cúis.

Headword	Related words
Ceardaí	Déan, Ealaín, Obair.
Ceardchumann	Compánach, Cumann, Dream, Obair, Scata, Sochaí, Tionscal.
Ceardlann	Obair, Tionscal.
Cearnóg	Cathair, Margadh, Tomhas.
Cearr	Earráid.
Cearrbhachas	Cearrbhachas.
Ceart	Acmhainn, Beacht, Breith, Ceart, Maith, Suáilce.
Ceárta	Tine, Tionscal.
Ceartaigh	Ceartaigh.
Ceartaím	Abair, Athraigh, Cúiteamh, Feabhas, Oideachas, Scríobh.
Ceartaiseach	Cur i gcéill, Tromchúis.
Ceartaiseacht	Bród, Tromchúis.
Ceartaos	Bó.
Ceartas	Beacht, Ceart.
Ceartchreideamh	Fíor, Reiligiún.
Ceartchreidmheach	Creid, Maith.
Ceartchreidmheachas	Críost.
Ceartfhear	Duine.
Cearthaí	Eagla, Mearbhall.
Ceartiriseach	Maith.
Ceas	Ainmheasartha, Col, Ocras, Tuirse.
Ceasacht	Gearán.
Céasadh	Cros, Fulaingt, Pionós.
Céasadóir	Maraigh.
Céasaim	Cráigh, Fulaingt, Maraigh.
Ceasnaím	Gearán.
Ceastóireacht	Ceist, Reitric.
Ceathairéad	Ceol.
Ceathrú	Áitreabh, Beag, Ciorcal, Cogadh, Cos, Cuid.
Ceathrú anama	Maithiúnas.
Céibheann	Bean.
Ceil	Ceil.
Céile	Compánach, Gaol, Gnéas, Pósadh.
Céile comhraic	Cogadh, Contrártha, Iomaíocht, Troid.
Céileachas	Pósadh.
Céileann	Bean.
Ceileantas	Ceil, Rúndiamhair.
Ceileatram	Ceil, Rúndiamhair.
Céilí	Tráthnóna.
Ceilim	Ceil, Easpa, Tost.
Ceiliúradh	Aifreann, Féile, Searmanas.
Ceiliúraí	Aifreann, Liotúirge.
Ceiliúraim	Aifreann, Coinnigh, Cuimhne, Deasghnáth, Féile, Liotúirge, Moladh, Sagart, Searmanas, Teith, Tréig.
Céillí	Cliste, Measarthacht.
Céim	Acmhainn, Áit, Cainníocht, Feidhm, Léann, Ollscoil, Onóir, Siúil, Staid, Tomhas, Tosca.
Céimí	Ollscoil.
Ceimic	Ábhar, Nádúr.
Céimleasc	Imeacht, Siúil.
Céir	Ungadh.
Ceird	Cliste, Cumhacht, Ealaín, Gníomh, Obair.
Ceiribíní	Aingeal.
Ceirnín	Cruinn.
Céirseach	Bean, Cailín.
Ceirteacha	Stróic.
Ceirtleán	Bailigh.
Ceirtlín	Bailigh, Cnuasach, Crap, Olann.
Céislín	Béal.
Ceisneamh	Gearán.
Ceist	Ábhar, Achrann, Ceist, Parlaimint.
Ceistím	Achrann, Ceist, Triail.
Ceithearnach	Coir, Gadaí, Páirteach.
Ceo	Aimsir, Doiléir, Néal, Uisce.
Ceobháisteach	Aimsir.
Ceobhrán	Aimsir, Báisteach, Doiléir.
Ceol	Amhrán, Aontaigh, Ceol, Cuimhne, Ealaín, Fuaim, Gluaiseacht.
Ceolaim	Amhrán, Ceol.
Ceolchar	Ceol.
Ceoldráma	Amharclann, Ceol.
Ceolfhoireann	Amharclann, Ceol.
Ceolmhar	Ceol, Stíl.
Ceoltóireacht	Ceol.
Ciach	Brón, Slaghdán.
Ciafart	Gruaig.
Ciall	Ciallaigh, Eagna, Focal, Intleacht, Réasún, Tuairim.
Ciallaigh	Ciallaigh.
Ciallaím	Ciallaigh.
Ciumhsóg	Imeall.
Cian	Brón, Tuirse.
Cianóg	Airgead.
Ciapadh	Aiféala, Deacair, Fulaingt.
Ciapaim	Cráigh, Fulaingt, Ionsaí.
Ciar	Aghaidh, Dubh, Snua.
Ciardhonn	Dubh.
Ciardhuán	Dubh.
Ciarsán	Gearán.
Ciclipéid	Iomlán, Leabhar.
Cifleoga	Stróic.
Cigire	Ceannaire.
Cíle	Bád, Long.
Cileagram	Meáchan.
Cill	Ábhar, Cuid, Manach, Príosún, Roinn.
Cillín	Áitreabh, Coinnigh, Príosún, Seomra.
Cime	Príosún, Sclábhaí.
Ciméara	Ait, Buile, Earráid, Samhlaíocht, Tionscnamh.
Cín lae	Inis, Lá.
Cine	Aicme, Buíon, Bunús, Cineál, Duine, Gaol, Pobal, Tír.
Cineál	Aicme, Ainmhí, Cineál, Nádúr, Roinn, Staidiúir.
Cineálta	Carthanacht, Cineálta, Foighne.
Cineáltas	Fial, Maith, Soghníomh.

Ciniciúil	Dána.	Cipín	Crann.
Ciníocha	Duine.	Cipín solais	Dóigh, Tine.
Cinneadh	Breith, Rogha.	Ciréib	Anord, Ceannairc.
Cinnim	Tionscnamh, Toil.	Círín	Sliabh.
Cinnire	Ceannaire, Compánach,	Círíneach	Dath, Snua.
	Tábhachtach,	Ciseach	Doiléir.
	Treoraigh.	Ciste	Airgead, Airgeadas,
Cinnireacht	Tionchar.		Luachmhar, Saibhir.
Cinnirim	Bua, Tionchar, Treoraigh.	Císte	Arán.
Cinniúint	Amhras, Beatha, Cinniúint,	Cisteoir	Cumann.
	Riachtanach,	Cistin	Áitreabh, Teach.
	Staid, Tarlaigh, Todhchaí.	Citeal	Árthach.
Cinniúnach	Riachtanach.	Cith	Aimsir, Báisteach, Tobann.
Cinnte	Beacht, Cinnteacht,	Cithfholcadh	Cóiriú, Nigh.
	Daingean, Dearbhaigh,	Ciúin	Ciúin.
	Dóchas, Eiginnte, Fíor.	Ciumhais	Amuigh, Imeall.
Cinnteacht	Beacht, Cinnteacht, Creid,	Ciúnaím	Laghdaigh.
	Cruthúnas,	Ciúnas	Ciúin, Síocháin, Socair,
	Dearbhaigh, Fíor.		Tost.
Cinntím	Abair, Tionscnamh.	Ciúta	Nóisean, Stíl, Tobann.
Cinseal	Aicme, Áit, Ard, Onóir,	Clab	Béal.
	Tuilleadh.	Clábar	Salach.
Cinsealacht	Cumhacht, Pobal, Sochaí,	Clabhca	Cos, Troigh.
	Tábhachtach, Tuilleadh,	Clabhstra	Coitianta, Manach, Siúil.
	Uasal.	Clabhsúr	Críochnaigh, Deireanach,
Cinsireacht	Leabhar, Nuachtán.		Manach,
Cíoch	Bainne.		Parlaimint.
Cíocrach	Fiosrach, Saint.	Cladach	Farraige.
Cíocras	Ainmhian, Ith, Mian,	Cladhartha	Bog, Eagla, Lag, Suarach.
	Ocras, Sprionlóir,	Claí	Constaic, Dúnaim,
	Toil.		Teorainn.
Cion	Cainníocht, Cairdeas, Coir,	Cláideach	Abhainn, Báisteach, Snigh,
	Cuid,		Uisce.
	Duáilce, Éagóir, Faoistin,	Claidhreacht	Drochmhisneach.
	Gníomh,	Claimhe	Madra.
	Grá, Maithiúnas, Mothú,	Claíomh	Claíomh, Oifigeach.
	Toil.	Clairseach	Airgead, Cláirseach,
Cíoná	Cárta, Tábhachtach.		Cluiche, Taobh.
Ciondáil	Cainníocht, Cuid, Ith.	Cláirseoir	Cláirseach.
Cionpháirtí	Cuid.	Clais	Báisteach, Sáinn, Snigh,
Cionsiocair	Bunús, Cúis, Déan.		Talmhaíocht.
Ciontach	Duáilce.	Claisceadal	Amhrán, Ceol, Liotúirge.
Ciontaím	Admhaigh, Breith, Milleán,	Clamhaire	Ocras.
	Sáraigh.	Clamhsán	Gearán, Milleán, Olagón.
Cíor	Cearc, Cóiriú, Fionnadh.	Clamhsánach	Brón.
Cíor thuathail	Doiléir.	Clampa	Móin.
Cíoraim	Achrann, Argóint, Ceist,	Clampar	Anord, Ceannairc,
	Cuimil, Glan,		Coimhlint, Doiléir,
	Gruaig, Olann, Scrúdaigh.		Fuath, Torann.
Ciorcal	Ciorcal, Cruinn, Cumann,	Clann	Athair, Cineál, Gaol,
	Líne.		Todhchaí.
Ciorclán	Litir.	Claochlaím	Athraigh, Ceartaigh, Foirm.
Cíorlálaim	Lorg.	Claochlú	Draíocht, Foirm.
Ciorraím	Bris, Draíocht, Gearr,	Claon	Éagóir, Toil.
	Gearraim,	Claonadh	Ainmhian, Breith, Meon,
	Laghdaigh, Mill.		Mian, Toil, Treoraigh.
Ciorraithe	Easpa.	Claonaim	Croith, Gluaiseacht, Íseal,
Ciorrú	Anchumtha, Draíocht.		Treoraigh.
Cíos	Conradh, Iasacht, Praghas.	Claonfort	Dún.
Ciotach	Ainbhios, Anásta,	Clapsholas	Doiléir, Lá, Oíche, Solas,
	Éagumas, Lámh, Trom.		Tráthnóna.
Ciotachas	Staidiúir.	Clár	Ábhar, Bosca, Clúdaigh,
Ciotóg	Lámh.		Leabhar,
Ciotrainn	Anásta.		Oideachas, Troscán.
Ciotrúnta	Anásta, Dobhránta, Trom.	Cláraím	Gnéas.
Ciotrúntacht	Anásta, Earráid.	Cláraitheoir	Oifig, Ollscoil.
Cipe	Buíon, Scata.	Clasaiceach	Foirfe, Stíl.

Clasaiceas	Litríocht.	Clóca	Clúdaigh.
Clásal	Conradh, Gramadach, Uacht.	Cloch	Carraig, Cloch, Comhartha, Meáchan.
Cleachtach	Cliste, Eagna.		Planda, Scian, Tine,
Cleachtadh	Amharclann, Béas, Eagna, Ealaín,	Cloch bhua	Treoraigh. Luachmhar.
	Eolas, Gnáthaigh, Meán,	Cloch chuimhne	Cuimhne, Sochraid.
	Oideachas,	Clochaim	Maraigh.
	Reiligiún.	Clochar	Áitreabh, Cumann,
Cleachtaim	Déan, Gnáthaigh, Leigheas.		Manach.
Cleachtas	Béas, Gníomh.	Clóchas	Dána.
Cleamhnaí	Gaol.	Cloch shneachta	Aimsir, Sioc, Sneachta.
Cleamhnas	Aontaigh, Coibhneas, Gaol, Pósadh.	Clog Clogad	Am, Foláireamh, Troscán. Clúdaigh, Cluiche.
Cleas	Brathadóir, Cleas, Cliste, Dainséar,	Clogás	Ailtireacht, Ard, Eaglais, Maisigh.
	Magadh, Meán, Sáinn.	Cloigeann	Ceann, Cruinn.
Cleasa lúith	Cluiche.	Cloigín	Cruinn.
Cleasach	Cliste.	Cloigíneacht	Fuaim.
Cleasaíocht	Cleas, Gáire.	Cloigtheach	Cruinn.
Cleipteamáine	Gadaí.	Cloím	Bua, Tit, Tuirse.
Cléir	Aicme, Eaglais, Pobal.	Clóim	Ainmhí, Ceartaigh,
Cléireach	Aicme, Aifreann, Dlí, Eaglais, Oifig,		Constaic, Gnáthaigh.
	Sagart, Siopa.	Clois	Clois.
Cleiteach	Cearc.	Clóiséad	Cóiriú, Seomra.
Cleith ailpín	Maide.	Cloisim	Clois.
Cleithiúnaí	Íochtarán, Spleáchas.	Cloisteáil	Céadfa, Clois.
Cleithiúnas	Spleáchas.	Cloíte	Lag, Suarach, Tuirse.
Cleithmhagadh	Achasán, Cráigh, Magadh.	Cloíteacht	Íseal.
Cleití	Cearc, Maisigh.	Clólann	Nuachtán.
Cliabhán	Leaba, Leanbh, Sáinn, Tús.	Clóphreas	Brúigh.
Cliamhain	Gaol, Pósadh.	Clós	Istigh, Príosún, Scoil.
Cliant	Ceannaigh, Fabhar, Íochtarán, Siopa.	Clóscríobhaí Clú	Oifig. Cáil, Onóir, Poiblí.
Cliantacht	Íochtarán, Leigheas, Ósta, Siopa,	Cluain	Áilleacht, Bréag, Spéis, Tionchar.
	Tráchtáil.	Cluainim	Áitigh, Mothú.
Cliarcholáiste	Cumann.	Cluanaireacht	Áilleacht, Bréag, Iarr.
Cliarlathas	Aicme, Eaglais, Easpag, Sochaí.	Cluas	Aghaidh, Aire, Clois, Seol, Uirlis.
Cliatháin	Amharclann.	Cluasaíocht	Fiosrach.
Cliathán	Arm, Taobh.	Club	Cumann, Sochaí.
Clibistín	Capall.	Clúdach	Amuigh, Ceil, Clúdaigh,
Climirt	Bainne.		Cuma, Litir.
Cling	Fuaim, Torann.	Clúdaigh	Clúdaigh, Garda.
Clinic	Galar, Leigheas, Ospidéal.	Clúdaím	Ceil, Cosain, Dídean,
Cliobaire	Foirm.		Leathaim.
Cliobóg	Capall.	Clúdóg	Cáisc.
Clíoma	Aimsir.	Cluiche	Achrann, Cluiche, Gníomh,
Clipeadh	Anachain.		Iomaíocht.
Clipim	Cráigh, Ionsaí.	Cluicheáil	Gadaí, Tóg.
Cliseadh	Dearmad, Easpa, Gluaisteán.	Cluichíocht Clúidín	Pléisiúr. Leanbh.
Clisiam	Fuaim, Torann.	Cluinim	Clois.
Clisim	Bog, Iontas.	Clúiteach	Cáil.
Clisiúnach	Bocht.	Clúmh	Cearc, Craiceann,
Clisiúnas	Easpa, Fiacha, Tionscal, Tráchtáil.	Clúmhilleadh	Fionnadh. Cáil, Milleán.
Clismirt	Torann.	Cnádaí	Beag.
Cliste	Cliste, Críonnacht.	Cnádánacht	Gearán.
Clisteacht	Cleas, Meán, Tapa.	Cnag	Béim.
Clíth	Ainmhí, Gnéas.	Cnagaim	Béal, Béim, Bris, Brúigh.
Cliúsaíocht	Taithigh.	Cnaí	Íseal.
Cló	Corp, Foirm, Leabhar, Litir, Marc.	Cnaím Cnáimhrí	Creim. Tomhas.
Clóbhuailim	Marc.	Cnáimhseach	Leigheas, Saolú.

Cnáimhseachas	Leanbh, Saolú.	Coigistím	Seilbh, Tóg.
Cnáimhseáil	Gearán, Milleán, Olagón.	Coigistiú	Cogadh.
Cnaipe	Cruinn, Dúnaim.	Coigleoir	Saint.
Cnámhóg	Fuílleach.	Coiglím	Saint, Seachain.
Cnap	Cruinn, Tiubh.	Coigríoch	Amuigh.
Cneá	Buail, Créacht.	Coileach	Cearc, Gnéas, Timpeall.
Cneadach	Brón, Gearán, Torann.	Coileán	Madra.
Cneámhaire	Gadaí.	Coiléar	Capall.
Cneámhaireacht	Cleas, Gadaí.	Coiliceam	Díleá, Fulaingt.
Cneasaím	Leigheas.	Coilíneach	Eachtrannach, Tír.
Cneasta	Béas, Ceart, Cineálta, Foighne, Furasta, Simplí.	Coilíneacht	Spleáchas.
		Coilíniú	Eachtrannach.
		Coill	Crann.
Cneastacht	Admhaigh, Maith.	Coillim	Gearraim, Gnéas.
Cniog	Béim.	Coillteán	Éagumas, Gnéas, Sclábhaí.
Cniogaide	Buail.	Coillteoireacht	Crann.
Cnoc	Ard, Sliabh.	Cóiméad	Réalta.
Cnota	Maisigh.	Coimeádaí	Caomhnaigh, Treoraigh.
Cnuaisciúin	Saint, Sprionlóir.	Coimeádaim	Caomhnaigh, Coinnigh, Seilbh.
Cnuasach	Bailigh, Cnuasach, Fómhar, Leabhar, Mórán, Rogha.	Cóimeálaim	Bun, Cum, Litríocht.
		Coiméide	Amharclann, Gáire, Tarlaigh.
Cnuasaím	Bailigh, Cnuasach, Faigh, Litríocht, Méadaigh, Saint, Tóg.	Coimhdeacht	Buíon, Cosain, Garda, Spleáchas, Treoraigh.
Cnuasainm	Ainm.		
Coc	Dúnaim, Fionnadh.	Coimhdire	Compánach, Faire.
Cócaireacht	Feoil, Tine, Ullmhaigh.	Cóimheáchan	Contrártha, Meáchan.
Cóch	Gaoth, Teas, Tobann.	Cóimheasaim	Comparáid.
Cochall	Clúdaigh, Gnéas, Manach.	Coimheascar	Coimhlint, Troid.
Cochán	Arbhar.	Cóimheon	Páirteach.
Cód	Gluaisteán, Mínigh, Riail.	Coimhlint	Achrann, Coimhlint, Contrártha, Díograis, Éad, Fuath, Iomaíocht.
Codaisíl	Uacht.		
Codán	Cainníocht, Cuid, Scar, Uimhir.		
Codarsnacht	Contrártha, Difriúil.	Coimhthím	Seilbh.
Codladh	Codladh, Oíche, Scíth.	Coimhthíoch	Difriúil, Eachtrannach.
Codlaidín	Codladh.	Coimhthiú	Difriúil.
Codlatán	Codladh.	Coimirce	Cabhair, Caomhnaigh, Cosain, Dídean, Soghníomh.
Cófra	Bosca, Coinnigh, Gluaisteán, Troscán.		
Cogadh	Anachain, Ceannairc, Cogadh, Constaic, Éire, Foréigean, Ionsaí, Saoirse, Spreag.	Coimirceas	Spleáchas.
		Coimirceoir	Fabhar, Soghníomh.
		Coimisinéir	Ceannaire.
		Coimisiún	Airgeadas, Ceannaigh, Oifigeach, Ordú, Tráchtáil.
Cogaint	Díleá.		
Cogaíoch	Cogadh.		
Cogaíocht	Cogadh, Saighdiúir.	Coimpeart	Cum.
Cógaisíocht	Leigheas.	Coimpléasc	Cáilíocht, Corp, Cuma, Meon, Sláinte, Staid, Tosca.
Cogar	Abair, Caint, Rún.		
Cogarnaíl	Monabhar.		
Cógas	Galar, Leigheas.	Coimpléid	Guigh, Liotúirge, Tráthnóna.
Cognaím	Béal.		
Coguas	Anáil, Béal.	Coimre	Leabhar.
Coguasach	Fuaim.	Coimrím	Laghdaigh.
Cogús	Ceart, Coinsias, Eolas.	Coimriú	Achoimre, Gearr, Reitric.
Coibhneas	Aontaigh, Cairdeas, Coibhneas, Comparáid, Cosúil, Gaol, Spleáchas.	Coinbhisiún	Síocháin.
		Coinbhint	Coitianta, Cumann, Manach.
Coicís	Am, Lá.	Coinbhleacht	Coimhlint, Contrártha, Fuath, Iomaíocht, Troid.
Cóidéacs	Leabhar.		
Cóidiútar	Compánach, Easpag.		
Coigeal	Olann.	Coincheap	Beith, Córas, Intleacht, Samhlaíocht, Smaoinigh, Teoiric.
Coigeartaím	Ceart, Ceartaigh, Feabhas, Fíor.		
		Coincréiteach	Beith, Stíl.
Coigilteach	Measarthacht.	Coindealg	Conradh.
Coigilteas	Sochar.		

Cóineartú	Beannaigh, Sacraimint, Ungadh.	Coirpeach	Duáilce, Príosún, Urchóid.
Coineascar	Doiléir, Oíche, Tráthnóna.	Coirpeacht	Coir.
Coinfeasóir	Creid, Naomh.	Coirpigh	Coir.
Coinleach	Arbhar.	Cóirséad	Éide.
Coinlín	Arbhar, Sioc.	Coirt	Clúdaigh, Craiceann, Crann, Planda.
Coinmheadh	Áitreabh, Arm.	Coirtím	Craiceann.
Coinne	Contrártha, Cuairt, Dóchas, Gairm, Sochaí.	Coirtithe	Aghaidh.
		Coisbheart	Clúdaigh.
		Coiscéim	Siúil.
Coinneal	Solas.	Coiscim	Constaic, Contrártha, Crosaim, Díbir, Dúnaim, Sásaigh, Seachain, Stad, Toirmisc.
Coinnealbhá	Díbir, Pápa, Reiligiún, Searmanas, Toirmisc.		
Coinnealbháim	Crosaim, Díbir.		
Coinnigh	Coinnigh.	Coiscín	Gnéas.
Coinním	Caomhnaigh, Seilbh.	Coiscriú	Eagla.
Coinníoll	Aicme, Amhras, Cáilíocht, Staid, Tosca.	Coisí	Siúil.
		Coisíocht	Capall, Imeacht, Staidiúir.
		Cóisir	Ith, Spleáchas.
Coinníonn	Istigh.	Coisithe	Arm, Cogadh, Oifigeach, Saighdiúir.
Coinnleoir	Troscán.		
Coinnleoireacht	Iasc.	Coisreacan	Beannaigh, Deasghnáth, Easpag, Eocairist, Searmanas, Ungadh.
Coinscleo	Ionsaí.		
Coinscríobh	Arm, Cogadh.		
Coinscríobhadh	Saighdiúir.		
Coinsias	Aigne, Breith, Ceart, Coinsias, Cúram, Eolas, Réasún, Spiorad, Suáilce.	Coisricim	Beannaigh, Sacraimint, Sagart, Ungadh.
		Coisricthe	Beannaigh, Eaglais, Liotúirge, Uisce, Urraim.
Coinsiasach	Ceart, Coinsias, Suáilce.		
Coinsiatsacht	Aigne, Eolas, Smaoinigh.	Coiste	Aontaigh, Cumann, Scoil, Scrúdaigh.
Cointinn	Achrann, Amhras, Argóint, Contrártha, Fuath, Troid.	Cóiste	Bás, Iarnród, Sochraid, Taibhse.
Cóip	Aithris, Cosúil, Cum, Íomhá, Scríobh.	Coiteann	Béas, Coitianta, Dream, Iomlán, Páirteach, Pobal, Scata, Sochaí.
Coipeadh	Ainmhian, Ceannairc.		
Cóipéail	Scríobh.		
Cóipeálaim	Cosúil.	Coitianta	Béas, Coitianta, Minic, Poiblí.
Coir	Coir, Duáilce, Éagóir, Gníomh, Urchóid.		
		Coitiantacht	Aicme, Coitianta.
		Cóitín	Éide, Leanbh.
Cóir	Aifreann, Ceart, Leigheas, Maith, Ord, Uirlis.	Col	Blas, Col, Contrártha, Éagóir, Fuath, Gaol.
		Col ceathar	Gaol.
Cóir leighis	Cúram, Galar, Leigheas.	Colaim	Diúltú.
Coirbhéad	Long.	Colainn	Corp.
Coirce	Arbhar, Cnuasach.	Coláiste	Scoil.
Coire	Árthach, Oscailt, Timpeall.	Colbha	Imeall, Teorainn.
Cóireáil	Cúram, Galar.	Colfairt	Diúltú.
Cairéal	Oscailt.	Colg	Claíomh, Fearg.
Cóireálaim	Cúram, Leigheas.	Colgach	Borb.
Cóirím	Ceartaigh, Cúiteamh, Deisigh, Éide, Feabhas, Glan, Gruaig, Maisigh, Oiriúnach, Ord, Ullmhaigh.	Collaí	Drúis.
		Colláid	Ith, Troscadh.
		Collaíocht	Ainmhian, Drabhlás, Drúis, Pléisiúr.
Cóiriú	Cabhlach, Cóiriú, Éide, Leaba, Nigh.	Colm	Craiceann, Créacht, Marc.
		Colpa	Bó, Cos.
Coiriúil	Duáilce, Éagóir.	Colscaradh	Díbir, Pósadh, Scar, Tréig.
Coirloscadh	Coir.	Colún	Ailtireacht, Ard, Arm, Buíon, Leabhar, Líne, Maisigh, Nuachtán, Roinn, Scata, Taca.
Coirm cheoil	Sochaí.		
Coirnéal	Bealach.		
Coirnéal	Ceannaire, Oifigeach.		
Coirním	Gearraim, Sagart.		
Coirnín	Gruaig.	Colúnaí	Nuachtán.
Coirnis	Maisigh.	Com	Cláirseach, Sliabh.

Comair	Beag.	Comhchoirí	Ball, Compánach.
Comaoin	Bronntanas, Cabhair,	Comhchorda	Aontaigh.
	Eaglais, Fabhar,	Comhchreidmheach	Compánach.
	Maisigh, Soghníomh.	Comhdháil	Buíon, Coitianta, Láthair,
Comaoineach	Aifreann, Eocairist,		Polaitíocht, Scata.
	Liotúirge,	Comhdhéanaim	Déan.
	Sacraimint.	Comhéifeacht	Uimhir.
Comar	Snigh.	Cóimheon	Páirteach.
Comard	Praghas.	Comhfhios	Eolas.
Comha	Amhras.	Comhfhocal	Ainm, Focal, Gramadach.
Comhad	Eolas, Oifig.	Comhfhortú	Easpag, Liotúirge, Ungadh.
Comhaimseartha	Láthair.	Comhfhreagrach	Coibhneas.
Comhaimsireach	Am, Nua.	Comhfhreagras	Litir, Litríocht, Nuachtán.
Comhainm	Ainm, Focal, Gramadach.	Comhghairdeas	Áthas, Moladh, Páirteach.
Comhaireacht	Sochaí.	Comhghairm	Ollscoil.
Comhaireamh	Uimhir.	Comhghleacaí	Cairdeas, Coibhneas,
Comhairí	Bás, Sochraid.		Compánach, Cumann,
Comhairle	Breith, Comhairle,		Páirteach.
	Cumann, Eaglais,	Comhghléas	Aontaigh.
	Easpag, Foláireamh, Galar,	Comhghnás	Conradh, Deasghnáth,
	Pápa,		Polaitíocht,
	Parlaimint, Polaitíocht,		Riail.
	Reiligiún,	Comhla	Clúdaigh, Croí, Doras,
	Sochaí, Treoraigh, Tuairim.		Dúnaim,
Comhairleoir	Cathair, Ceannaire,		Faoistin, Gluaisteán,
	Feidhm, Tuairim.		Oscailt, Siopa,
Comhairlím	Abair, Tionchar, Treoraigh.		Troscán.
Comhalta	Ball, Ollscoil, Sochaí.	Comhlachas	Cumann, Dream.
Comhaltas	Sochaí.	Comhlacht	Buíon, Coibhneas,
Comhaontú	Conradh, Eachtrannach,		Coitianta, Cumann,
	Polaitíocht,		Dream, Iarnród, Scata,
	Síocháin.		Siopa, Sochaí.
Comhar	Cabhair, Dream, Páirteach,	Comhlánú	Gramadach, Spleáchas.
	Spleáchas,	Comhleas	Aontaigh, Coitianta,
	Talmhaíocht.		Páirteach.
Comharba	Easpag, Oidhreacht, Pápa,	Comhlíonaim	Coinnigh, Críochnaigh,
	Todhchaí.		Déan,
Comhairc	Cosain.		Feidhm, Gníomh, Sásaigh.
Comharchumann	Compánach, Cumann,	Comhluadar	Aontaigh, Coibhneas,
	Sochaí,		Láthair, Scata,
	Talmhaíocht.		Sochaí.
Comh-ardacht	Aontaigh.	Comhnádúr	Cosúil.
Comhardú	Sochaí, Tráchtáil.	Comhoibrí	Ball, Compánach, Cumann.
Comharsa	Compánach, Duine.	Comhpháirteachas	Aontaigh.
Comharsanacht	Tír.	Comhpháirtí	Ball, Compánach, Cumann,
Comhartha	Ciallaigh, Comhartha,		Páirteach.
	Foláireamh,	Comhpháirtíocht	Aontaigh.
	Glaoigh, Litir, Marc,	Comhrá	Abair, Inis.
	Treoraigh.	Comhrac	Coimhlint, Iomaíocht,
Comharthaí	Cailín, Comhartha, Scríobh.		Snigh, Troid.
Comharthaíonn	Cinniúint.	Comhramh	Bua.
Comharthú	Ciallaigh.	Comhréir	Comparáid, Gramadach,
Comhathraitheoir	Dúnaim.		Ord.
Comhbhá	Aontaigh, Cosúil, Mothú,	Comhriachtain	Gnéas.
	Páirteach,	Comhroinn	Cairdeas, Compánach,
	Spéis, Toil.		Dream, Ith.
Comhbhráithreachas	Compánach, Scata.	Comhroinnim	Abair, Coitianta, Eolas,
Comhbhráthair	Ball.		Foláireamh,
Comhchealgaire	Ball.		Leathaim, Nuacht, Poiblí.
Comhcheangal	Cuimhne, Cumann,	Comhroinnt	Coibhneas.
	Smaoinigh.	Comhscoláire	Compánach.
Comhcheilg	Aontaigh, Ceannairc, Ceil,	Comhshaoránach	Compánach, Tír.
	Páirteach,	Comhsheilbh	Coitianta.
	Tionscnamh, Tús,	Comhshnaidhm	Coibhneas, Dream.
	Ullmhaigh.	Comhshondas	Fuaim, Gramadach.
Comhchiallach	Ainm, Ciallaigh, Focal,	Comhtharlú	Tarlaigh, Tosca.
	Gramadach.	Comhtheacht	Aontaigh, Cosúil.

Comhthéacs	Cum, Leabhar, Ord.	Connail	Achoimre, Beag, Gearr, Stíl.
Comhtheagmhas	Tarlaigh, Tosca.		
Comhthionól	Cumann, Láthair, Scata, Sochaí.	Cónra	Bás, Sochraid.
		Conradh	Aontaigh, Ceannaigh, Conradh, Cumann, Eachtrannach, Polaitíocht, Scríobh, Síocháin, Sochaí.
Comhthíreach	Cineál, Compánach, Tír.		
Comhthírigh	Pobal.		
Comhthoradh	Toradh.		
Comhthreomhar	Taobh.		
Comónta	Béas, Coitianta, Poiblí.	Conraím	Conradh.
Comóradh	Bailigh, Deasghnáth, Liotúirge, Naomh, Searmanas.	Conriocht	Draíocht.
		Consan	Fuaim, Gramadach, Litir.
		Conslaod	Madra.
Comóraim	Bailigh, Cuimhne, Féile.	Conspóid	Achasán, Achrann, Amhras, Argóint, Contrártha, Diúltú, Iomaíocht, Litríocht, Troid.
Comórtas	Achrann, Cluiche, Coimhlint, Iomaíocht.		
Compal	Bealach, Istigh.		
Compánach	Cairdeas, Compánach, Taithigh.		
		Conspóidí	Litríocht.
Compánachas	Compánach, Cumann.	Constaic	Constaic, Deacair, Toirmisc.
Compántas	Coibhneas, Compánach, Cumann, Dream, Scata, Sochaí.		
		Contae	Roinn.
		Contráil	Difriúil, Diúltú.
Comparáid	Coibhneas, Comparáid, Reitric.	Contráilte	Difriúil, Diúltú.
		Contralt	Amhrán, Ceol.
Compás	Praghas, Tomhas, Treoraigh, Uirlis.	Contrártha	Contrártha, Difriúil.
		Contráth	Doiléir, Tráthnóna.
Complacht	Arm, Buíon, Saighdiúir, Scata.	Contúirt	Amhras, Dainséar.
		Cóip	Aifreann, Sagart.
Compord	Ósta, Sonas.	Copóg	Croí.
Comrádaí	Ball, Cairdeas, Coibhneas, Compánach, Páirteach, Taithigh.	Cor	Bealach, Ceol, Cleas, Dochar, Gníomh, Sáinn, Timpeall.
Comrádaíocht	Aontaigh, Cairdeas, Compánach, Cumann, Sochaí.	Cór	Amhrán, Arm, Buíon, Ceol.
Común	Coitianta.	Cor cainte	Cum, Focal, Gramadach, Nath.
Conách	Buntáiste, Cinniúint, Sonas, Tarlaigh.		
		Cora	Abhainn.
Cónaí	Áit, Áitreabh, Baile, Stad, Teach.	Coraim	Cas, Tuirse.
		Coraintín	Long, Sláinte.
		Coraíocht	Cluiche.
Cónaidhm	Scata, Sochaí.	Coráiste	Misneach.
Cónaím	Áitreabh, Ósta, Seilbh.	Córán	Mahamadach.
Conair	Bealach, Siúil.	Corann	Gruaig, Mill, Sagart.
Conairt	Madra, Scata, Seilg.	Córas	Córas, Fealsúnacht, Grian, Meán, Ord, Parlaimint, Riail, Smaoinigh, Teoiric, Tionscnamh.
Conamar	Fuílleach.		
Cónasc	Coibhneas, Gramadach.		
Cónascadh	Cumann.		
Concas	Bua, Faigh.		
Conchró	Madra.		
Conclúid	Argóint, Breith, Cruthúnas, Mínigh, Réasún, Toradh.	Corbadh	Drabhlás, Gaol.
		Corcán	Árthach.
		Corda	Ceangail, Manach.
Concordáid	Conradh, Eachtrannach, Pápa.	Corn	Árthach, Bua.
		Corna	Bailigh.
Confach	Borb, Fearg.	Cornaim	Dúnaim.
Confadh	Gearán, Madra.	Coirnéal	Ceannaire, Oifigeach.
Cóngar	Bealach, Taisteal.	Cornchlár	Troscán.
Cóngarach	Taobh.	Cornphíopa	Ceol.
Congruach	Maith.	Coróin	Airgead, Fiacail.
Conlaím	Crap, Cúl, Gearr, Laghdaigh, Staidiúir.	Corp	Bás, Corp, Eaglais, Sochraid.
		Corparáid	Dream, Tráchtáil.
Conláisteach	Úsáideach.	Corparáil	Aifreann.
Conlán	Bailigh, Cnuasach, Compánach, Scata, Sochaí.	Corpraím	Istigh.
		Corr	Ait, Amuigh, Annamh, Buile, Imeall, Nóisean, Taobh, Teorainn.
Connadh	Dóigh, Tine.		

Corrach	Codladh, Eagla, Mearbhall, Uisce.	Crá	Aiféala, Anachain, Brón, Cráigh, Deacair, Eagla, Fulaingt, Tuirse.
Corradh	Tuilleadh.		
Corraí	Ainmhian, Brón, Ceannairc, Fearg, Fuath, Mothú.	Crácamas	Obair.
		Crág	Gluaisteán, Lámh, Troigh.
Corraím	Áitigh, Cráigh, Gluaiseacht, Spéis, Spreag, Trua.	Crágáil	Grá.
		Craiceann	Clúdaigh, Craiceann, Cuma, Foirm, Snua.
Corrán	Arbhar, Béal, Ciorcal, Cuar, Éadach, Farraige, Fiacail, Fómhar, Gealach.	Cráifeach	Reiligiún.
		Cráifeacht	Guigh, Reiligiún.
		Cráigh	Cráigh.
		Cráim	Cráigh, Eagla, Fulaingt, Ionsaí.
Corróg	Cos.		
Corrthónach	Mearbhall.	Cráindó	Lonraigh.
Cortha	Drochmhisneach, Mill, Tuirse.	Crainn	Cearrbhachas.
		Cráitéar	Oscailt.
Cos	Ball, Cos, Troigh, Troscán.	Crampa	Caint, Crap, Snámh.
Cosa in airde	Capall, Cos, Imeacht, Rith.	Crampánach	Anchumtha.
Cosain	Cosain.	Cranda	Anchumtha, Sean.
Cosaint	Cogadh, Cosain, Ollscoil, Troid.	Crann	Bád, Bratach, Crann, Maide, Planda, Seol.
Cosair	Brúigh.	Crannchur	Cearrbhachas.
Cosamar	Brúigh, Salach.	Crannóg	Eaglais, Seanmóir.
Cosán	Bealach, Cathair, Siúil.	Crannseile	Slaghdán.
Cosantóir	Caomhnaigh, Cosain, Gluaisteán.	Craobh	Abhainn, Arbhar, Bua, Cineál, Cluiche, Crann, Líne, Teach.
Cosc	Constaic, Ordú, Toirmisc.		
Coscairt	Anachain, Bog, Maraigh, Sneachta, Troid.	Craobhóg	Crann.
		Craobhscaoilim	Abair, Leathaim, Poiblí.
Coscartha	Lag, Néal.	Craolachán	Amuigh, Poiblí.
Coscraím	Bua, Gearraim, Maraigh, Tit.	Craolaim	Abair, Amuigh, Comhartha, Leathaim, Poiblí.
Coscrann	Trua.		
Cosluath	Eadrom.	Craos	Ainmheasartha, Béal, Cúl, Drabhlás, Ith, Ocras, Ól, Peaca, Sásaigh.
Cosmagnaíocht	Domhan.		
Cosmaid	Cosmaid, Ungadh.		
Cosmaidí	Aghaidh.		
Cosmas	Ábhar, Domhan, Nádúr.	Craosaire	Ocras.
Cosmeolaíocht	Domhan, Nádúr.	Crap	Crap.
Cosnaím	Cabhair, Caomhnaigh, Dearbhaigh, Sábháil, Seachain, Sochar.	Crapann	Gearr, Laghdaigh.
		Craptha	Anchumtha.
		Cré	Aspal, Bás, Creid, Guigh, Reiligiún, Tír.
Costadh	Arm, Cabhlach, Ith.		
Cóstaí	Farraige.		
Costais	Airgeadas, Cúiteamh.		
Costas	Caith, Praghas.	Creach	Anachain, Caill, Faigh, Sochar.
Costasach	Luachmhar, Praghas.		
Cosúil	Cosúil.	Creachadóir	Gadaí.
Cosúlacht	Amhras, Coibhneas, Comparáid, Cosúil, Cuma, Fíor, Foirm, Staidiúir, Stíl, Uasal.	Creachaim	Gadaí, Mill, Tóg.
		Creachaire	Iasacht, Sprionlóir.
		Créacht	Buail, Créacht.
		Creagán	Craiceann, Troigh.
		Créamaim	Dóigh.
Cóta	Báisteach, Baisteadh, Clúdaigh, Leanbh, Sagart, Saighdiúir.	Créamatóir	Bás, Dóigh, Sochraid, Tine.
		Creat	Taca.
		Creathach	Eagla, Lag.
Cotadh	Eagla, Mearbhall, Náire, Uiríseal.	Creathnach	Eagla.
		Creathnaím	Eagla.
Cothabháil	Caomhnaigh, Deisigh.	Creatlach	Corp, Taca, Tionscnamh.
Cothaím	Caomhnaigh, Coinnigh, Ith, Sásaigh, Spreag, Taithigh.	Creatúil	Réasún.
		Créatúr	Ainmhí, Beith.
		Creid	Creid.
Cothrom	Ceart, Measarthacht, Troid.	Creideamh	Carthanacht, Creid, Reiligiún, Suáilce, Tuairim.
Cothromas	Ceart, Socair.		
Cothú	Ith.		
Cotúil	Ainbhios, Eagla.	Creideán	Aifreann.

Creidim	Breith, Cinnteacht, Creid, Muinín, Smaoinigh.	Cróchar	Bás, Sochraid.
		Crócharnaid	Bás, Draíocht, Taibhse.
		Cróga	Dána, Misneach, Neart.
Creidiúint	Creid, Muinín, Tábhachtach, Tionchar.	Crógacht	Misneach, Socair.
		Croí	Aigne, Coinsias, Croí, Feoil, Fuil, Lár, Planda, Spiorad.
Creidiúnaí	Fiacha, Iasacht, Tráchtáil.		
Creidmheach	Creid, Reiligiún.	Croíbhrú	Aithrí, Croí, Faoistin, Peaca.
Creidmheas	Airgeadas, Creid, Fiacha, Iasacht, Tráchtáil.		
		Croíbhrúite	Aithrí, Brón.
		Cróilí	Galar, Lag.
Creig	Carraig.	Croiméal	Aghaidh, Ceann, Fionnadh.
Creill	Bás, Sochraid.	Croinic	Am, Inis.
Creim	Creim.	Croiniceoir	Litríocht, Stair.
Creimim	Creim, Laghdaigh, Mill.	Croinicí	Nuachtán, Stair.
Criathrach	Móin.	Croisín	Maide.
Criathraím	Scrúdaigh.	Croith	Croith.
Crinnim	Gearraim.	Croithim	Béim, Glaoigh, Lámh.
Críoch	Bás, Críochnaigh, Cúis, Cuspóir, Déan, Deireanach, Imeall, Teorainn, Tír.	Croithleog	Arbhar.
		Croíúil	Áthas, Díograis.
		Crom	Sean, Tuirse.
		Cromaim	Íseal, Staidiúir.
		Cromán	Cos.
Críochdheighilt	Scar, Teorainn.	Cromleac	Cloch.
Críochnú	Déan.	Cromóg	Srón.
Críochnúil	Foirfe, Úsáideach.	Crompán	Farraige.
Críochú	Teorainn.	Cromtha	Staidiúir.
Cniogaide	Buail.	Cron	Duáilce.
Creagán	Craiceann, Troigh.	Crón	Dubh, Snua.
Críon	Lag, Sean.	Crónachan	Solas, Tráthnóna.
Críonaim	Dochar.	Cronaím	Aire.
Críonna	Cliste, Críonnacht, Eagna, Measarthacht, Suáilce, Tromchúis.	Crónán	Cat, Ceol, Fuaim, Monabhar, Torann.
		Cróntráth	Oíche, Tráthnóna.
Críonnacht	Cleas, Críonnacht, Eagna, Measarthacht, Mímhuinín, Nath, Réasún, Socair, Suáilce.	Crónú	Doiléir.
		Cros	Críost, Cros, Eaglais, Fulaingt, Sochraid.
		Crosáid	Cogadh, Díograis.
		Crosaim	Constaic, Crosaim, Foláireamh, Toirmisc.
Crios	Claíomh, Sagart, Tír.		
Crioslach	Cruinn.	Croschineálach	Difriúil, Planda.
Crioslaím	Dúnaim, Gearr, Teorainn.	Crosfhocail	Cluiche, Nuachtán.
Criosma	Beannaigh, Sacraimint, Ungadh.	Crot	Athraigh, Cuma.
		Crú	Bó.
Criosmadh	Ungadh.	Crua	Crua, Daingean, Deacair, Neart, Sláinte, Trom.
Críost	Críost, Ungadh.		
Críostaí	Críost, Cros, Reiligiún.		
Críostaíocht	Críost, Reiligiún.	Cruach	Arbhar, Bailigh, Cnuasach, Fómhar, Móin, Sliabh.
Criostal	Cloch, Lonraigh.		
Criostalaithe	Tiubh.	Cruachaim	Bailigh.
Crístín	Baisteadh.	Cruachás	Constaic, Dainséar, Gá.
Critéar	Triail.	Cruacheist	Deacair.
Crithim	Gluaiseacht.	Cruáil	Urchóid.
Crithloinnir	Lonraigh, Solas.	Cruálach	Crua, Foréigean, Urchóid.
Critic	Breith, Gramadach, Litríocht, Mínigh, Stair.	Cruan	Fiacail, Lonraigh.
		Cruánach	Crua, Tiubh.
		Cruanadóireacht	Maisigh.
Criticeoir	Breith, Ealaín, Gramadach, Litríocht, Mínigh.	Crúb	Ball, Lámh, Troigh.
		Crúbadach	Imeacht, Staidiúir.
		Crúbáil	Gluaiseacht.
Cró	Ceil, Cluiche, Dídean, Seilg, Teach.	Crúca	Dúnaim, Troigh.
		Cruibhéad	Aifreann, Árthach.
Crobhaing	Bailigh.	Crúibín	Feoil, Troigh.
Croch	Ard, Maraigh.	Crúim	Bainne, Tarraing.
Crochadh	Gluaisteán, Pionós.	Cruimh	Creim.
Crochadóir	Maraigh.	Cruinn	Beacht, Ceart, Cinnteacht, Cruinn, Fíor.
Crochaim	Déan, Maraigh, Seol.		

Cruinnbhallach	Borr, Cruinn, Toirtiúil.	Cuas	Cuar, Dúnaim, Íseal.
Cruinne	Ábhar, Cruinn, Domhan, Nádúr, Súil.	Cuasach	Cruinn, Cuar.
Cruinneachán	Cruinn, Cuar.	Cúbaim	Crap, Gearr, Íseal, Staidiúir.
Cruinneán	Ciorcal, Cruinn.	Cúbláil	Cleas, Coir, Gadaí, Sáinn.
Cruinneas	Réasún.	Cúbóg	Cáisc.
Cruinním	Bailigh, Cnuasach, Faigh, Saint, Tóg.	Cúbtha	Staidiúir.
		Cucól	Pósadh.
Cruinniú	Bailigh, Buíon, Ceannairc, Cnuasach, Cumann, Scata, Sochaí, Solas, Sprionlóir.	Cuí	Beacht, Maith.
		Cuibheas	Geanmnaí.
		Cuibhiúil	Beacht.
Crúiscín	Árthach, Uisce.	Cuibhiúlacht	Geanmnaí.
Cruit	Cláirseach.	Cuibhreach	Ceangail.
Cruiteachán	Anchumtha.	Cuibhreann	Coitianta, Compánach, Cuid, Ith, Láthair, Saighdiúir, Scata, Talmhaíocht.
Cruithneacht	Arbhar.		
Cruitire	Cláirseach.		
Crumhóg	Ainmhí.		
Cruóg	Gá, Riachtanach.	Cuibhrím	Istigh.
Crúsca	Arthach, Uisce.	Cuid	Beag, Cainníocht, Cuid, Ith, Roinn.
Crústa	Arán.		
Cruth	Cáilíocht, Corp, Cuma, Draíocht, Foirm.	Cuideachta	Cairdeas, Compánach, Cumann, Pléisiúr, Sochaí, Taithigh.
Cruthaím	Áitigh, Argóint, Cinnteacht, Cruthúnas, Déan, Dearbhaigh, Fealsúnacht, Fíor, Foirm, Litríocht, Réasún, Taispeáin, Tús.		
		Cuideachtúil	Cineálta, Furasta.
		Cuidím	Cabhair, Cosain, Fabhar, Fóin, Moladh, Páirteach, Úsáideach.
Cruthaíocht	Imeacht, Staidiúir.	Cuiditheoir	Compánach, Gníomh, Páirteach.
Cruthaithe	Fíor.		
Cruthaitheoir	Cúis, Déan, Dia.	Cuidiú	Cuid, Soghníomh.
Cruthú	Cruthúnas, Déan, Réasún.	Cuidiúil	Soghníomh.
Cruthúnas	Cruthúnas, Dearbhaigh, Fealsúnacht, Fíor, Taispeáin.	Cúige	Áit, Roinn.
		Cúigín	Ord.
		Cúigleáil	Coir, Gadaí.
Cú	Madra.	Cuil	Brón, Fearg, Gearán, Troid.
Cuach	Árthach, Eocairist.		
Cuachaim	Tóg.	Cúileann	Bean.
Cuaifeach	Gaoth, Timpeall.	Cuileog	Ainmhí, Iasc.
Cuaifín	Amhrán.	Cúilín	Gruaig.
Cuaille	Maide, Marc, Treoraigh.	Cuilithe	Timpeall.
Cuaille críche	Marc.	Cuilt	Leaba.
Cuain	Buíon, Madra, Scata.	Cuimhne	Aigne, Cuimhne, Smaoinigh, Spiorad.
Cuairsce	Ailtireacht, Cruinn, Leabhar.		
		Cuimhneachán	Cuimhne.
Cuairt	Cuairt, Gealach, Ospidéal, Teorainn, Timpeall.	Cuimhní cinn	Beatha, Cuimhne, Inis, Scríobh, Stair.
Cuairteoir	Áitreabh, Cuairt, Eachtrannach, Ósta, Siúil, Taisteal.	Cuimil	Cuimil.
		Cuimilt	Lámh, Ungadh.
		Cuimlím	Glan, Tadhall.
Cual	Tine.	Cuimse	Teorainn.
Cuallacht	Buíon, Coibhneas, Coitianta, Compánach, Dream.	Cuimsím	Dúnaim.
		Cuimsíonn	Istigh.
		Cuimsithe	Beag.
Cuallaíocht	Dream.	Cuing	Ceangail, Iallach, Meáchan.
Cuan	Dídean, Farraige, Long, Uisce.	Cúinne	Ceil.
		Cúinsí	Tarlaigh, Tosca.
Cuanna	Áilleacht, Cliste, Corp, Sochaí, Stíl.	Cúipinéir	Leigheas.
		Cuircín	Fionnadh.
Cuannacht	Áilleacht, Cur i gcéill, Sochaí.	Cuireadh	Gairm, Glaoigh, Guigh, Ordú, Sochaí.
Cuar	Ciorcal, Cruinn, Cuar.		
Cuarach	Cruinn, Cuar.	Cuireata	Cárta.
Cuaráin	Manach.	Cuirfiú	Oíche, Tráthnóna.
Cuaranfa	Cas, Gaoth, Timpeall.	Cúirialta	Sochaí, Stíl, Uasal.
Cuardach	Fiosrach.	Cúirt	Cluiche, Dlí, Filíocht, Uasal.
Cuardaím	Lorg.		
Cuartaíocht	Cuairt.	Cúirtéir	Grá.

Cúirtéireacht	Grá, Moladh, Pósadh, Sochaí, Taithigh.		Drochmheas, Foirm, Imeacht, Staidiúir.
Cúirtéis	Bratach, Deasghnáth, Urraim.	Cumadóir	Ceol, Gníomh.
		Cumadóireacht	Bréag, Cum, Déan, Litríocht, Reitric.
Cuirtín	Clúdaigh, Dúnaim, Siopa.		
Cúis	Bunús, Cúis, Déan, Dlí, Tosca.	Cumaim	Bun, Ceol, Déan, Litríocht, Oideachas.
Cúiseamh	Gearán.	Cumann	Ainmhian, Aontaigh, Buíon, Coibhneas, Coitianta, Cumann, Grá, Láthair, Scata, Sochaí.
Cúisím	Admhaigh, Déan, Ionsaí.		
Cúisíní	Troscán.		
Cúisiúil	Geanmnaí.		
Cuisle	Croí, Feabhas, Fuil, Lámh.		
Cuisne	Sioc.	Cumannachas	Coitianta, Polaitíocht.
Cuisneoir	Coinnigh, Sioc.	Cumarsáid	Coitianta, Eolas, Nuacht.
Cúistiúnacht	Ceist, Fiosrach, Lorg.	Cumas	Acmhainn, Neart, Toil.
Cúistiúnaí	Ceist, Fiosrach.	Cumasach	Cliste.
Cúiteamh	Ceart, Cúiteamh, Maithiúnas, Sásaigh.	Cumasc	Difriúil.
		Cumascaim	Gnéas.
		Cumha	Aiféala, Brón, Tír.
Cúitím	Caith.	Cumhacht	Acmhainn, Cumhacht, Neart, Tábhachtach, Tionchar.
Cúl	Crosaim, Cúl, Gruaig.		
Cúlaím	Cúl, Gluaiseacht, Gluaisteán, Teith.		
		Cumhachtaí	Aingeal.
		Cumhdach	Bosca, Clúdaigh, Cosain, Imeall.
Cúláire	Cúl.		
Cúláisean	Cúl.	Cumhdaím	Caomhnaigh, Coinnigh, Cosain, Dídean.
Cúlaistín	Compánach.		
Culaith	Clúdaigh, Éadach, Éide.	Cumhracht	Boladh.
Cúlaitheach	Cúl.	Cumhrán	Boladh, Cosmaid.
Culaithirt	Seol.	Cumraíocht	Bréag, Cum, Samhlaíocht.
Cúlamharc	Cúl.	Cúnamh	Cabhair, Compánach, Soghníomh, Úsáideach.
Cúlán	Cúl.		
Cúlánta	Ainbhios, Cúl, Uiríseal.	Cúnant	Bíobla, Conradh, Cumann, Polaitíocht, Scríobh, Síocháin.
Cúlaon	Cúl.		
Cúlbhá	Cúl, Eaglais.		
Cúlchaint	Abair, Achasán, Cúl, Milleán, Monabhar, Nuacht.		
		Cúng	Caol, Tanaí.
		Cúngaigeanta	Amaideach, Dobhránta.
Cúlchead	Aontaigh.	Cúngaím	Crap.
Cúlchearrbhach	Compánach.	Cunórach	Fiosrach.
Cúlchoimhead	Éad, Fiosrach.	Cúnta	Ceannaire.
Cúlchríoch	Cúl, Spleáchas, Tír.	Cúntach	Spleáchas.
Cúléisteacht	Éad, Fiosrach.	Cuntaisim	Uimhir.
Cúlghairim	Cúl.	Cuntanós	Aghaidh, Corp.
Cúlgharda	Arm, Cúl, Deireanach, Garda.	Cuntar	Siopa.
		Cuntas	Airgeadas, Caith, Cnuasach, Fiacha, Sochaí, Tráchtáil, Tuilleadh, Uimhir.
Cúlghearradh	Cáil, Milleán, Monabhar, Urchóid.		
Cúlmhuintir	Compánach.		
Cúlpháirtí	Compánach.		
Cúlra	Cúl.	Cuntasaíocht	Airgeadas, Caith, Tráchtáil.
Cúlráid	Cúl.	Cuntasóir	Oifig, Tráchtáil.
Cúlriascach	Cúl.	Cúntóir	Compánach, Íochtarán.
Cúlsruth	Cúl, Farraige, Snigh.	Cunús	Cac, Fuílleach, Drochmheas.
Cúltaca	Arm, Cabhlach, Cogadh, Saighdiúir, Sochaí.		
		Cuóta	Vótáil.
		Cupán	Árthach.
Cultas	Dia, Eaglais, Eocairist, Grian, Liotúirge, Naomh, Reiligiún, Urraim.	Cupard	Troscán.
		Cúpla	Cosúil, Leanbh, Réalta.
		Cúpláil	Gnéas, Madra.
Cúltír	Cúl, Spleáchas.	Copóg	Croí.
Cultúr	Ealaín, Léann, Oideachas, Oidhreacht, Sochaí, Stair, Tír.	Cupóla	Cuar.
		Cúr	Béal.
		Cur i gcéill	Bréag, Ceil, Cleas, Cuma, Cur i gcéill.
Cúlú	Arm, Cogadh, Cúl.		
Cum	Cum.	Cur i gcrích	Déan.
Cuma	Cáilíocht, Corp, Cuma,	Curach	Bád.

Curadh	Bua, Cliste, Misneach, Tábhachtach.	Dalbóg	Dána.
Curadhmhír	Bua.	Dall	Dall, Radharc, Súil.
Curadóireacht	Síol.	Dallacáil	Dall.
Curaíocht	Talmhaíocht.	Dallamullóg	Dall.
Cúram	Aire, Cabhair, Cóiriú, Cúram, Déan, Eaglais, Feidhm, Gaol, Leigheas, Obair, Spéis.	Dallán	Dúnaim, Fómhar, Maighdean.
		Dallarán	Ainbhios, Scoil.
		Dalldramán	Amaideach.
		Dallintinneach	Dobhránta, Trom.
		Dallóg	Clúdaigh, Dall.
Cúramach	Aire, Cúram, Díograis.	Dallraím	Áitigh, Tionchar.
Curata	Misneach.	Dalltach	Solas.
Curatacht	Misneach.	Dalta	Aithris, Íochtarán, Oifigeach.
Curca	Cearc, Fionnadh, Maisigh.		
Curfá	Amhrán.	Damáiste	Anachain, Dochar, Mill.
Cúrsa	Bealach, Ciorcal, Fuil, Grian, Oideachas, Ollscoil, Seol, Timpeall.	Damáistí	Cúiteamh.
		Damba	Uisce.
		Dambálaim	Stad.
		Dámh	Ailtireacht, Ollscoil.
Cúrsaí	Beith, Cailín, Nuacht, Tarlaigh, Tosca.	Dámhaim	Ceadaigh.
		Damhna	Prionsabal.
Cúrsáil	Taisteal.	Damhsa	Cos, Ealaín.
Cúrsóir	Long.	Dámhscoil	Filíocht.
Cuspa	Bunús, Comparáid, Cuspa, Feabhas, Foirm, Riail, Tionscnamh.	Damnaím	Crosaim, Milleán, Toirmisc.
		Damnú	Ifreann, Toirmisc, Urchóid.
Cuspóir	Críochnaigh, Cúis, Cuspóir, Gramadach, Toradh.	Dán	Cinniúint, Filíocht.
		Dána	Dána, Misneach, Saoirse.
Custaiméir	Ceannaigh, Siopa.	Dánacht	Díograis, Misneach, Muinín.
Cuthach	Buile, Fearg.		
Cúthail	Eagla, Uiríseal.	Danartha	Borb, Crua, Foréigean, Urchóid.
Cúthaileacht	Eagla, Mearbhall, Náire, Uiríseal.		
		Dánfhocal	Filíocht.
Dabht	Amhras, Cinnteacht, Dearbhaigh.	Dánlann	Ealaín.
		Dánta	Tarlaigh, Tosca.
Dada	Diúltú.	Daoirse	Iallach, Íochtarán, Sclábhaí.
Daibhir	Gá.	Daolbhrat	Dubh.
Daibhreas	Bocht, Easpa, Gá.	Daonlathas	Polaitíocht, Saoirse.
Daideo	Athair.	Daonnachas	Duine, Léann, Litríocht.
Daidí	Athair.	Daonnacht	Carthanacht, Duine, Mothú, Pearsa, Trua.
Daigéar	Claíomh, Scian.		
Daigh	Díleá, Fulaingt.	Daonnachtúil	Cineálta.
Dáigh	Buan.	Daonnaí	Duine.
Dáil	Buíon, Éire, Parlaimint, Pósadh, Scata, Síocháin, Sochaí.	Daonuascailt	Sclábhaí.
		Daor	Íochtarán, Luachmhar, Pobal, Praghas, Sclábhaí.
Dáilcheantar	Roinn, Vótáil.	Daoránach	Coir.
Dáileadh	Ord.	Daorobair	Obair, Príosún, Tuirse.
Dáileoir	Soghníomh.	Daoscar	Buíon, Scata, Suarach.
Dáilim	Cuid, Leabhar, Nuacht, Ord.	Daoscarshlua	Aicme.
		Dáréag	Aspal, Críost.
Daille	Dall, Radharc, Súil.	Dartán	Móin.
Dailtín	Dána, Óg.	Dásacht	Ainmhian, Buile, Fearg, Gníomh, Misneach.
Dáimh	Aontaigh, Cairdeas, Fabhar, Gaol, Toil.		
Daingean	Arm, Buan, Cosain, Daingean, Dídean, Dún, Neart.	Dásachtach	Borb, Foréigean, Misneach.
		Dáta	Lá, Oifig, Sean.
		Dath	Cuma, Dath, Snua.
Daingne	Misneach.	Dathadóir	Dath, Glan, Íomhá.
Daingním	Cinnteacht, Taca.	Dathaím	Dath, Glan, Íomhá, Maisigh.
Dainséar	Dainséar, Deacair.		
Dair	Troscán.	Dathúil	Áilleacht.
Dáir	Ainmhí, Gnéas.	Dathúlacht	Áilleacht, Snua.
Dáiríre	Tromchúis.	Deabhadh	Coimhlint, Mian, Rith, Tapa.
Dálaí	Tosca.		
Dalba	Buan, Dána.	Dea-bhail	Maith, Sonas.
Dalbacht	Dána, Misneach.	Dea-bhéas	Deasghnáth, Urraim.

Dea-bheathach	Suáilce.	Dearbhaím	Abair, Áitigh, Cinnteacht,
Deabhóid	Creid, Díograis, Guigh,		Dearbhaigh,
	Reiligiún.		Fíor, Gealltanas.
Deacair	Crua, Deacair, Doiléir.	Dearbhálaim	Dearbhaigh, Fíor.
Deachaím	Maraigh.	Dearbhascadh	Cruthúnas.
Dea-chroí	Soghníomh, Toil, Trua.	Dearbhú	Cruthúnas, Dearbhaigh,
Dea-chroíoch	Carthanacht, Cineálta,		Tuairim.
	Soghníomh,	Dearcadh	Meon, Smaoinigh, Tuairim.
	Trua.	Dearcaim	Breathnaigh.
Deachtaím	Abair, Tionchar.	Deardan	Aimsir.
Deachtóir	Ceannaire, Cumhacht.	Dearfa	Beacht, Cinnteacht,
Deachtóireacht	Polaitíocht.		Dearbhaigh, Dóchas, Fíor.
Deachtú	Tionchar.	Dearfach	Beacht.
Deachúil	Uimhir.	Dearfacht	Cinnteacht, Fíor.
Dea-chumtha	Áilleacht.	Dearg	Cosmaid, Fuil, Snua.
Deacracht	Ciallaigh, Constaic,	Deargadh	Lonraigh.
	Deacair.	Deargaim	Snua.
Deacrachtaí	Achrann.	Deargann	Dath.
Déad	Béal, Fiacail.	Dea-riocht	Maith.
Déadach	Fuaim.	Dearlaic	Uacht.
Dea-dhéanta	Áilleacht.	Dearmad	Anásta, Ceartaigh,
Déaduchtaím	Breith, Cruthúnas.		Cuimhne, Dearmad,
Déaduchtú	Argóint, Cúis, Intleacht,		Earráid, Easpa, Gramadach.
	Mínigh,	Dearna	Lámh.
	Réasún, Smaoinigh,	Dearóil	Bocht, Gá.
	Toradh.	Dearscnaitheach	Foirfe, Maith.
Deagánach	Aifreann, Eaglais.	Dearscnaitheacht	Spiorad, Uasal.
Dea-ghníomh	Carthanacht.	Dea-rún	Ceart.
Dea-ghuí	Toil.	Deas	Áilleacht.
Daidí	Athair.	Deasaím	Staidiúir.
Dea-intinneach	Úsáideach.	Deasca	Toradh.
Dea-iompar	Eagna, Geanmnaí.	Deascadh	Bun, Fuílleach.
Dealaím	Bris, Scar, Stróic, Tréig.	Deascaim	Cnuasach, Faigh, Tóg.
Dealbh	Bocht, Cuspa, Gá, Íomhá.	Deascán	Bailigh, Cnuasach, Filíocht,
Dealbhaím	Déan, Foirm, Íomhá.		Leabhar, Rogha.
Dealbhóireacht	Ealaín.	Deaschaint	Reitric.
Dealg	Planda.	Deasghnáth	Deasghnáth, Eocairist,
Dealraitheacht	Fíor.		Féile, Riail,
Dealramh	Cosúil, Dath, Dóchas,		Rúndiamhair.
	Lonraigh, Solas.	Dea-shampla	Cuspa, Suáilce.
Deamhan	Diabhal, Draíocht, Ifreann.	Deaslámhach	Cliste.
Deamhandíbirt	Diabhal.	Deasóg	Lámh.
Deamhaneolaíocht	Diabhal.	Déata	Marc.
Deamhanta	Diabhal.	Deatach	Tine.
Dea-mhéin	Maith, Toil.	Déchiallach	Amhras, Doiléir, Easpa,
Deamhnacht	Diabhal.		Éiginnte.
Deamhnóir	Diabhal.	Défhoghar	Fuaim.
Deán	Báisteach, Snigh.	Deibiútant	Sochaí.
Déan	Déan, Eaglais, Ollscoil.	Deic	Long.
Déanach	Deireanach, Díomhaoin,	Déideadh	Fiacail.
	Nua.	Déidín	Fiacail.
Déanacht	Eaglais, Roinn.	Déidlia	Fiacail.
Déanamh	Cuma, Foirm.	Deifir	Mian, Rith, Tapa.
Déanfas	Gníomh, Obair.	Deifníd	Ciallaigh, Mínigh, Reitric.
Déanfasach	Fiosrach.	Deighilt	Bris, Scar.
Deann	Dath.	Deighlim	Scar, Stróic.
Deannach	Brúigh, Ór.	Deil	Nua, Timpeall.
Deannaim	Dath, Íomhá, Leathaim,	Deilbh	Corp, Cuspa, Déan, Foirm.
	Maisigh.	Deilbheolaíocht	Gramadach.
Deannaire	Dath, Íomhá.	Deilbhím	Bun.
Deannaireacht	Íomhá.	Deilbhín	Íomhá.
Déanta	Foirm, Neart.	Deilbhíocht	Focal.
Déantús	Airgead, Déan, Tionscal.	Déileáil	Coibhneas.
Dea-oibreacha	Reiligiún, Soghníomh.	Deilín	Gnáthaigh, Ord.
Dearadh	Cuspa, Tionscnamh.	Deiliús	Dána.
Dearbhaigh	Dearbhaigh.	Deilt	Abhainn.
Dearbháil	Dearbhaigh, Triail.	Deimeagrafaíocht	Pobal.

Deimheas	Gruaig, Uirlis.	Diabhal	Diabhal, Draíocht, Ifreann.
Deimhin	Cinnteacht, Dearbhaigh, Fíor.	Diabhaldánacht	Diabhal, Draíocht.
		Diabhalta	Diabhal, Iontas.
Deimhneach	Beacht, Dearbhaigh.	Diabhlaíocht	Diabhal, Urchóid.
Deimhneacht	Cinnteacht.	Diabhlánach	Diabhal.
Deimhneascaim	Cruthúnas.	Diabhlóir	Diabhal.
Deimhním	Abair, Áitigh, Cinnteacht, Dearbhaigh, Fíor, Scrúdaigh, Triail.	Diach	Diabhal.
		Diachas	Dia, Reiligiún.
		Diaga	Dia, Foirfe, Reiligiún.
Deimhnithe	Dearbhaigh.	Diagacht	Dia, Fealsúnacht, Léann, Reiligiún.
Deimhniú	Cruthúnas, Dearbhaigh, Sochraid.		
		Diagaím	Dia, Moladh.
Déine	Ainmhian, Cainníocht, Díograis, Neart.	Diagaire	Dia, Fealsúnacht, Léann.
		Diagantacht	Guigh.
Déirc	Bocht, Bronntanas, Cabhair, Carthanacht, Fial, Soghníomh.	Diagú	Dia, Moladh.
		Dialachtaic	Argóint, Fealsúnacht, Réasún.
Déirceach	Cineálta, Soghníomh.	Dialann	Inis, Lá.
Déircínteacht	Bocht, Iarr.	Diallait	Capall.
Déirciúil	Trua.	Dialóg	Abair, Amharclann.
Deireadh	Bád, Briathar, Críochnaigh, Deireanach, Gramadach, Teorainn.	Diamant	Cloch, Lonraigh, Luachmhar.
		Diamhair	Doiléir, Rún, Rúndiamhair.
Deireanach	Críochnaigh, Deireanach, Nua.	Diamhasla	Achasán, Peaca.
		Diamhracht	Amhras, Doiléir, Éiginnte, Rúndiamhair.
Deiric	Ola.		
Deirim	Abair, Caint, Dearbhaigh, Foláireamh, Poiblí.	Dian	Ainmhian, Beacht, Crua, Foréigean.
		Dianas	Neart.
Déiríocht	Bainne.	Dianseasmhach	Buan.
Deis	Acmhainn, Cliste, Cumhacht, Meán, Oiriúnach, Tosca.	Diantréanach	Crua.
		Dí-armáil	Síocháin.
		Dias	Arbhar, Dia, Planda, Reiligiún.
Deis a labhartha	Caint.		
Deis an bhéil	Abair, Furasta, Reitric.	Diasaí	Dia.
Deis láimhe	Cliste, Ealaín.	Diasraím	Cnuasach, Tóg.
Deisbhéalaí	Abair.	Diastól	Croí, Fuil.
Deisceabail	Críost.	Dibheán	Leaba, Suíochán.
Deisceabal	Aithris, Fealsúnacht, Oideachas, Reiligiún.	Díbheirg	Díoltas.
		Díbhim	Milleán.
		Díbhinn	Airgeadas, Sochar.
Deiseal	Grian, Taobh.	Díbhirce	Ainmhian, Díograis, Filíocht, Gníomh, Misneach, Reitric, Stíl, Tapa, Teas.
Deisigh	Deisigh.		
Deisím	Ceartaigh, Feabhas, Gluaisteán.		
Deisiúr	Grian.		
Deismíneacht	Cur i gcéill.	Díbhirceach	Misneach.
Deismireacht	Cuspa, Reitric.	Díbirt	Coir, Pionós, Tír.
Déistin	Blas, Col, Drochmheas, Drochmhisneach, Fuath.	Díblí	Sean, Suarach.
		Díblím	Náire.
Deithneas	Rith.	Díbliú	Achasán.
Deochain	Eaglais.	Díbrím	Amuigh, Díbir, Eachtrannach, Príosún, Teith.
Deoir	Deoir, Leacht, Uisce, Snigh.		
Deoise	Eaglais, Easpag, Roinn, Tír.	Dícháilím	Cáilíocht.
		Dícheall	Tapa.
Deonach	Saoirse.	Dícheallach	Cúram, Tapa.
Deonaím	Ceadaigh.	Dícheannadh	Pionós.
Deontas	Bronntanas, Cabhair, Iasacht.	Dícheannaim	Ceann, Gearraim, Maraigh.
		Dichéillí	Nóisean.
Deontóir	Fuil, Soghníomh.	Díchreidmheach	Amhras.
Deora	Deoir, Súil, Trua.	Díchuimhne	Cuimhne.
Deoraí	Eachtrannach, Tír.	Dide	Bainne.
Deoraíocht	Coir, Díbir, Pionós, Tír.	Dídean	Áitreabh, Cabhair, Cosain, Dídean, Teach.
Déscaradh	Scar.		
Déshúiligh	Radharc, Súil.		
Dia	Dia.	Difear	Difriúil, Praghas.

Dífhostaithe	Díomhaoin, Scíth.	Díomhaoin	Díomhaoin, Éadrom,
Difreáil	Difriúil.		Easpa, Scíth.
Difríocht	Comparáid, Difriúil,	Díomhaointeas	Obair.
	Tuilleadh.	Diomú	Brón, Ceannairc, Fearg,
Difriú	Difriúil.		Fuath.
Difriúil	Contrártha, Difriúil.	Diomúch	Lag.
Dígeann	Amuigh, Deireanach,	Díomuan	Gearr.
	Reitric, Tarlaigh, Teorainn.	Díon	Áitreabh, Ard, Clúdaigh,
Dígeanta	Buan.		Teach.
Díghalrán	Sláinte.	Díonaim	Cosain, Dídean, Seachain.
Díláithrím	Athraigh.	Dineamó	Cas, Timpeall.
Díláthair	Easpa.	Díonbhrollach	Leabhar, Mínigh.
Díle	Báisteach, Snigh, Uisce.	Díonchruthú	Cosain, Moladh.
Díleá	Díleá, Ith.	Diongbháilte	Beacht, Buan, Ceart,
Dílis	Buan, Cairdeas, Ceart,		Cinnteacht,
	Daingean.		Daingean, Dána, Misneach,
Dílleachta	Bás, Leanbh, Tréig.		Neart.
Dílleachtlann	Ospidéal.	Diongbháilteacht	Socair.
Dílseacht	Díograis, Gadaí, Geanmnaí,	Díorma	Buíon, Cnuasach, Garda,
	Muinín.		Scata.
Dílseánach	Muinín, Seilbh.	Díorthaím	Bunús.
Dílsím	Tóg.	Diosca	Ciorcal, Cruinn.
Díluacháil	Laghdaigh.	Dioscaim	Gearraim.
Díomhaointeas	Obair.	Díoscán	Cuimil, Fearg.
Dímheabhair	Cuimhne.	Díospóireacht	Achrann, Argóint,
Dímheas	Drochmheas, Fuath,		Coimhlint,
	Laghdaigh, Milleán.		Contrártha, Iomaíocht,
Dímheasúil	Bród.		Parlaimint,
Dímheirgím	Glan.		Réasún, Troid.
Dínáire	Drabhlás.	Díothaím	Díbir, Maraigh, Mill.
Dínáireach	Dána.	Díothú	Caill.
Díneach	Ól.	Dírbheathaisnéis	Inis, Litríocht, Stair.
Dineamó	Cas, Timpeall.	Díreach	Ceart, Simplí.
Dingim	Áitigh, Brúigh, Lán, Marc,	Diréir	Ainmheasartha.
	Tadhall.	Dírím	Cuspóir, Treoraigh.
Dínit	Acmhainn, Bród, Coinsias,	Díríocht	Réasún, Admhaigh.
	Onóir, Tromchúis, Uasal.	Díscím	Maraigh.
Dinnéar	Ith.	Disciplín	Manach, Oideachas, Ord,
Dinnseanchas	Tír.		Reiligiún,
Dintiúr	Cinnteacht, Cruthúnas,		Riail, Umhal.
	Fíor, Scríobh, Ceadaigh.	Discréid	Ceil.
Díobháil	Caill, Dochar, Easpa, Mill.	Discréideach	Abair, Críonnacht.
Díobhaim	Díbir.	Díseart	Áitreabh, Manach, Teach.
Diocán	Ith.	Díshealbhaím	Díbir, Tóg.
Díocas	Ainmhian, Díograis.	Díshlógadh	Síocháin.
Díocasach	Borb.	Díshondas	Fuaim.
Díochlaonadh	Ainm, Gramadach.	Díslí	Cearrbhachas.
Díog	Dún, Oscailt, Talmhaíocht.	Dispeansáid	Carghas, Fabhar, Pósadh,
Díoghail	Díoltas.		Troscadh.
Díograis	Aire, Díograis, Ealaín,	Díth	Caill, Diúltú, Easpa, Gá.
	Gníomh, Misneach, Stíl,	Dithneas	Mian, Tapa, Rith.
	Tapa, Teas.	Díthreabh	Manach, Tréig.
Díograiseach	Cúram.	Díthreabhach	Aithrí, Beag, Manach.
Díograiseoir	Ainmheasartha.	Diúgaim	Ól.
Díolachán	Conradh, Siopa, Tráchtáil.	Diúgaireacht	Gadaí, Iarr.
Díolaim	Bailigh, Cnuasach, Córas,	Diúc	Ceannaire.
	Feall,	Diúité	Fóin, Garda.
	Leabhar, Rogha, Seilbh.	Diúlach	Duine.
Díolaimím	Cnuasach, Tóg.	Diúlaim	Bainne.
Díoltas	Cúiteamh, Díoltas, Fuath,	Diúlcach	Leanbh.
	Urchóid.	Diúltaím	Caill, Contrártha, Dearmad,
Díolúine	Eachtrannach, Easpa,		Diúltú, Tréig.
	Fabhar, Saoirse.	Diúltú	Diúltú, Toil, Tréig.
Díomá	Anachain, Brón.	Diúracaim	Gluaiseacht.
Diomailt	Caith.	Diúracáin	Scaird.
Diomar	Duáilce.	Diurnaím	Ól, Tadhall.
Díomas	Ard, Bród, Cur i gcéill.	Diúscairt	Uacht.

Dleacht	Maith.	Doicheall	Cairdeas, Col, Cuairt, Díoltas, Fearg, Fuath.
Dleathach	Ceart, Maith.		
Dlí	Bíobla, Ceannairc, Ceart, Coinsias,	Doicheallach	Brón, Col.
	Coir, Conradh, Dlí, Eachtrannach,	Doiciméad	Cinnteacht, Léann, Litríocht, Scríobh.
	Eaglais, Nádúr, Ordú, Prionsabal,	Dóideog	Móin.
	Reiligiún.	Dóigh	Acmhainn, Corp, Dóigh, Staid, Staidiúir.
Dlínse	Ceart, Dlí, Easpag.		
Dlíodóir	Dlí.	Dóighiúil	Áilleacht.
Dlisteanach	Leanbh, Maith.	Dóighiúlacht	Áilleacht.
Dlisteanacht	Acmhainn, Ceart.	Doiléir	Deacair, Doiléir, Eiginnte, Stíl.
Dlíthe	Léann, Polaitíocht, Riail.		
Dlíthiúil	Acmhainn, Maith, Seilbh.	Doiléire	Amhras, Doiléir.
Dlíthiúlacht	Acmhainn, Ceart.	Doiligh	Col, Crua, Deacair.
Dlús	Meáchan, Spreag, Tapa.	Doilíos	Admhaigh, Aiféala, Aithrí, Anachain, Brón, Coinsias, Creim, Deacair, Faoistin, Fulaingt, Náire, Peaca.
Dlúth	Brúigh, Crua, Daingean, Eadach, Olann, Tadhall, Tiubh, Trom.		
Dlúthaím	Laghdaigh, Taca.	Doimhneacht	Aigne, Farraige, Intleacht, Tomhas.
Dó	Créacht, Fulaingt.		
Do-áirithe	Cainníocht, Mórán, Uimhir.	Doimhneas	Cainníocht, Spiorad.
Do-aisnéise	Doiléir, Foirfe.	Doineann	Aimsir.
Do-aistrithe	Buan.	Doinsiún	Ailtireacht.
Do-aitheanta	Doiléir.	Do-inste	Foirfe.
Do-athraithe	Buan, Riachtanach.	Doirbh	Brón.
Dóbaim	Leathaim.	Doire	Crann.
Dóbartáil	Amhras.	Doirsín	Gluaisteán, Troscán.
Dobhar	Uisce.	Doirte	Ainmhian.
Dobhogtha	Buan, Neart.	Doirteal	Uisce.
Do-bhraite	Doiléir, Tanaí.	Dóirtim	Scaird.
Dobhrán	Amaideach, Dobhránta.	Dóiteán	Anachain, Dóigh, Tine.
Dobhránta	Amaideach, Dobhránta, Trom.	Dol	Ciorcal, Dainséar, Iasc, Sáinn, Seilg.
Dobhrántacht	Anásta.	Dólás	Aiféala, Aithrí, Brón, Faoistin, Fulaingt.
Dobhréagnaithe	Cinnteacht.		
Dobrón	Aiféala, Bás, Brón, Drochmhisneach, Iseal, Sochraid, Tuirse.	Dólásach	Drochmhisneach.
		Domhain	Iseal, Oíche.
Dochaite	Buan.	Domhan	Domhan, Iarthar, Nádúr.
Dóchán	Solas, Tine.	Domheanma	Brúigh, Drochmhisneach, Iseal, Mearbhall, Tuirse.
Dochar	Airgeadas, Anachain, Caill, Dochar, Mill, Tráchtáil, Urchóid.		
		Domhínithe	Doiléir.
Dóchas	Ainmhian, Dóchas, Fan, Mian, Reiligiún, Suáilce.	Domhnach	Domhnach, Féile, Lá, Scíth.
		Domhnán	Domhan.
Dochealaithe	Buan.	Domlas	Blas, Brón, Díleá.
Dochinntithe	Doiléir.	Donaím	Dochar.
Dochloíte	Misneach, Neart.	Donán	Suarach.
Dochloíteacht	Misneach.	Donas	Anachain, Tarlaigh.
Dochomhairithe	Mórán.	Donnrua	Capall.
Dochorraithe	Foighne.	Dó-ola	Dóigh.
Dochreidte	Amhras, Iontas.	Doraidh	Doiléir.
Docht	Buan, Daingean.	Do-ranna	Crua.
Dochtúir	Léann, Leigheas, Naomh, Ollscoil, Ospidéal.	Doras	Doras, Lán, Oscailt, Teach.
		Dorcha	Deacair, Doiléir, Dubh, Eiginnte.
Dóchúlacht	Amhras, Cuma.		
Do-chuntais	Mórán.	Dorchacht	Dall, Doiléir, Oíche.
Dócúil	Crua.	Dorchadas	Doiléir, Oíche, Tráthnóna.
Dodhéanta	Cumhacht.	Dorchla	Bealach, Oscailt, Teach.
Do-earráideacht	Cinnteacht, Pápa, Réasún.	Dord	Gáir.
Doghrainn	Deacair.	Dordán	Fuaim, Monabhar.
Dogma	Cinnteacht, Creid, Dearbhaigh, Reiligiún.	Dordghuth	Amhrán, Ceol.
		Doréitithe	Ceist, Crua.
		Dorn	Claíomh, Lámh.
Dóib	Tiubh.	Dornáil	Buail.

Dornálaim	Tadhall.		Smaoinigh.
Dornálaíocht	Cluiche.	Drochamhrasach	Éad.
Dornchlúid	Claíomh.	Drochbhéal	Urchóid.
Dortúr	Manach, Scoil, Seomra.	Drochbheart	Urchóid.
Dorú	Iasc.	Drochbheatha	Urchóid.
Dos	Crann, Gruaig.	Drochbheathach	Duáilce.
Doscaí	Caith.	Droch-chaidreamh	Drúis.
Doscaíocht	Anord, Caith.	Droch-chaint	Urchóid.
Doscaoilte	Buan, Simplí.	Droch-chor	Urchóid.
Doscriosta	Buan.	Droch-chroí	Toil, Urchóid.
Doshantaithe	Buan.	Drochdheoir	Urchóid.
Dosháraithe	Foirfe.	Drochdhuine	Urchóid.
Dosheachanta	Riachtanach.	Drochfhuadar	Díoltas, Urchóid.
Doshéanta	Cinnteacht, Cruthúnas.	Drochfhuil	Urchóid.
Doshroichte	Doiléir.	Drochíde	Achasán, Buail, Foréigean,
Dóthain	Riachtanach.		Fuath,
Dothomhaiste	Cainníocht.		Iallach, Sáraigh, Urchóid.
Dothreascartha	Neart.	Drochimeacht	Urchóid.
Dothruaillithe	Buan.	Drochintinn	Toil.
Dothuigthe	Deacair, Doiléir, Éiginnte,	Drochiompar	Drabhlás, Urchóid.
	Rúndiamhair.	Drochiontaoibh	Amhras, Mímhuinín.
Drabhlás	Ainmheasartha, Anord,	Drochmheas	Drochmheas, Fuath,
	Caith, Drabhlás,		Magadh.
	Drúis, Duáilce, Óg,	Drochmheasúil	Bród, Drochmheas.
	Pléisiúr.	Drochmhéin	Urchóid.
Drabhlásach	Dána, Duáilce.	Drochmhianach	Urchóid.
Draenáil	Talmhaíocht.	Drochmhisneach	Anachain, Drochmhisneach,
Draid	Béal, Fiacail.		Íseal, Tuirse.
Draíocht	Áilleacht, Áitigh,	Drochnós	Duáilce.
	Astralaíocht, Draíocht,	Drochrath	Urchóid.
	Rúndiamhair, Sonas,	Drochrud	Diabhal, Urchóid.
	Tionchar.	Drochrún	Toil, Urchóid.
Draíodóir	Draíocht.	Drochshampla	Cuspa, Urchóid.
Dráma	Amharclann, Litríocht.	Drochshúil	Draíocht, Tionchar.
Drámadóir	Amharclann, Litríocht.	Droch-theanga	Urchóid.
Drámh	Cárta.	Drochtheist	Milleán, Mímhuinín.
Dramhaíl	Salach.	Drochthuar	Cinniúint.
Drandal	Béal, Fiacail.	Drochúsáid	Sáraigh.
Drannann	Madra.	Drogall	Col.
Dranntán	Milleán, Monabhar,	Drogallach	Col.
	Olagón.	Droichead	Ailtireacht, Bealach, Long,
Draoi	Draíocht.		Srón.
Draonán	Báisteach.	Droim	Aghaidh, Ard, Cúl, Sliabh,
Dreach	Aghaidh, Radharc, Snua,		Staidiúir.
	Staidiúir.	Droimneach	Cuar.
Dreachadóir	Amharclann.	Dromchla	Aghaidh, Amuigh,
Dréacht	Airgeadas, Conradh, Cum,		Cainníocht, Cuma,
	Cuspa,		Foirm, Leathaim, Taobh,
	Filíocht, Scríobh.		Tomhas.
Dream	Cnuasach, Dream, Scata.	Drong	Cnuasach, Scata.
Dreige	Cloch, Lonraigh, Solas.	Dronn	Borr, Cuar, Staidiúir.
Dréim	Dóchas, Fan, Mian,	Dronnach	Cruinn, Cuar, Sean.
	Todhchaí.	Drúcht	Maidin, Uisce.
Dreonn	Dochar, Mill.	Drúchtín	Braon.
Dríodar	Bun, Fuílleach, Salach,	Drugaid	Olann.
	Suarach, Tiubh.	Drugall	Contrártha, Fuath.
Driogann	Snigh.	Druidim	Béal, Doras, Dúnaim,
Drioglann	Tionscal.		Gluaiseacht.
Driopás	Ainmhian, Díograis, Rith.	Druileanna	Práta.
Drisín	Feoil.	Drúis	Ainmheasartha, Ainmhian,
Drithle	Lonraigh, Solas, Tine.		Drabhlás,
Drithlíonn	Lonraigh.		Drúis, Peaca.
Drochaigeantacht	Urchóid.	Drúisiúil	Drúis.
Drochaigne	Toil, Urchóid.	Druma	Buail, Cruinn.
Drochairteagal	Urchóid.	Drúth	Anchumtha.
Drocháisc	Urchóid.	Drúthlann	Drúis.
Drochamhras	Amhras, Éad, Mímhuinín.	Dua	Deacair, Obair, Tuirse.

Duáilce	Ainmhian, Béas, Duáilce, Gnáthaigh, Peaca, Urchóid.	Dúnaim. Dúnárasach	Brón, Críonnacht, Tromchúis.
Duainéis	Anachain, Brón, Deacair, Eagla.	Dúnchla	Dún, Garda.
Duairc	Drochmhisneach, Eagla.	Dúnmharaím	Maraigh.
Duais	Brón, Bua, Deacair.	Dunmharfóir	Coir, Maraigh.
Duaisiúil	Crua, Díleá.	Dúnmharú	Coir.
Duaithním	Ceil.	Dúnorgain	Coir.
Dual	Gruaig.	Dúnphort	Cosain, Dídean.
Dualgas	Cáisc, Deacair, Feidhm, Fóin.	Dúntóir	Dúnaim.
		Dúr	Borb, Dobhránta, Tiubh.
Dualóg	Abair.	Dúramán	Amaideach.
Duan	Filíocht, Liotúirge.	Dúranta	Éad, Tost.
Duán	Feoil, Iasc.	Dúrantacht	Dubh.
Duanaire	Bailigh, Leabhar, Litríocht.	Dúrúnta	Brón.
Dubh	Dubh, Oíche.	Dúshlán	Bagair, Coimhlint, Dána, Gairm, Glaoigh, Iomaíocht, Rogha, Spreag, Troid.
Dubhach	Brón, Drochmhisneach.		
Dúblaím	Cosúil, Crap, Méadaigh.		
Dúblóg	Focal.	Dúshraith	Bun, Íseal, Prionsabal, Taca.
Dúch	Dubh, Scríobh.		
Dúchan	Doiléir, Dubh, Oíche.	Dustálaim	Glan.
Dúchas	Bunús, Cosúil, Eolas, Gaol, Meon, Nádúr, Oidhreacht, Tír, Tús.	Duthain	Gearr.
		Dúthomhas	Ceist, Deacair, Rún.
		Dúthracht	Ainmhian, Aire, Cúram, Díograis, Fial, Gníomh, Laghdaigh, Misneach, Mothú, Reiligiún, Soghníomh, Tapa, Teas.
Dúchíos	Praghas.		
Dúchrón	Dubh.		
Dúdhonn	Dubh.		
Dúfhocal	Ceist, Cluiche, Deacair, Doiléir, Rún.		
Duga	Dídean, Farraige.		
Dugaí	Cabhlach.	Éabann	Troscán.
Dúghlas	Dubh.	Eabhar	Bán, Fiacail.
Dúghorm	Dubh.	Eabhlóid	Beatha, Nádúr.
Duibhe	Doiléir, Scian.	Eabhrach	Giúdach.
Duibheagán	Farraige, Oscailt.	Eacaineacht	Séasúr.
Duibhré	Doiléir.	Each	Capall.
Dúiche	Áit, Seilbh, Tír.	Each-chumhacht	Cainníocht.
Duifean	Doiléir.	Eachmairt	Gnéas.
Dúil	Aigne, Ainmhí, Ainmhian, Dóchas, Fabhar, Mian, Prionsabal, Spéis, Toil.	Éacht	Bua, Gníomh, Iontas.
		Éachtach	Foirfe.
		Éachtaint	Eolas.
Duille	Caol, Crann, Planda, Tanaí.	Eachtartha	Eachtrannach.
		Eachtra	Dainséar, Gníomh, Inis, Iontas, Scéal, Tarlaigh, Tosca.
Duilliúr	Crann.		
Duine	Aois, Compánach, Duine, Eachtrannach, Gaol, Gnéas, Pearsa.		
		Eachtrach	Polaitíocht, Tráchtáil.
		Eachtrannach	Amuigh, Difriúil, Eachtrannach.
Duine uasal	Aicme, Pearsa.		
Duirleog	Cloch.	Eacnamaíocht	Fealsúnacht, Stair, Tionscal.
Duirling	Cloch, Farraige.		
Dúisím	Codladh, Cuimhne, Gairm, Gluaisteán, Spreag.	Eacstais	Rúndiamhair.
		Eacúiméineach	Iomlán, Domhan.
Dúlagán	Móin.	Éad	Ainmhian, Coimhlint, Creim, Éad, Fuath, Iomaíocht, Mian, Mothú.
Dúlaíocht	Doiléir, Séasúr.		
Dúléim	Dainséar.		
Dúliath	Dubh.	Éadach	Clúdaigh, Éadach, Éide, Leaba, Manach, Olann, Seol, Troscán.
Dúlionnach	Brón.		
Dúlra	Domhan, Nádúr.		
Dúluachair	Séasúr.	Éadaí	Bád, Báisteach, Éide.
Dúmas	Coir.	Éadáil	Bua, Sochar, Sonas.
Dumhach	Ard, Farraige, Sliabh.	Éadaim	Maisigh.
Dúmhál	Gadaí, Praghas.	Éadaingean	Lag.
Dún	Aitreabh, Arm, Cosain, Dídean, Dún, Teach, Tóg, Tost.	Éadairise	Éagóir, Feall.
		Éadálach	Usáideach.
		Éadan	Aghaidh, Ceann, Dána, Foirm, Muinín, Siopa, Teorainn.
Dúnadh	Filíocht.		
Dúnaim	Béal, Constaic, Doras,		

Eadarlúid	Spleáchas.	Ealaín	Cumhacht, Ealaín.
Eadarnaí	Arm, Cogadh, Maraigh, Sáinn.	Ealaíonta	Áilleacht, Cliste, Ealaín, Meon.
Éadmhaireacht	Iomaíocht.	Ealaíontóir	Cliste, Ealaín.
Éadóchas	Aiféala, Anachain, Brón, Drochmhisneach, Íseal.	Éalang	Duáilce, Easpa.
		Eallach	Ainmhí, Bó.
Éadóirseach	Eachtrannach.	Ealta	Buíon, Scata.
Éadóirseacht	Pobal.	Éalú	Teith.
Éadóirsiú	Eachtrannach, Tír.	Éan	Ainmhí, Ait, Annamh,
Eadra	Maidin.		Ceol, Nóisean.
Eadráin	Breith, Cosain, Gníomh.	Eanach	Uisce.
Eadránaí	Breith, Gníomh.	Eangach	Córas, Iasc, Sáinn.
Éadrócaireach	Crua.	Eanglach	Bog, Fuar, Sioc.
Éadrom	Éadrom.	Éaraim	Diúltú.
Éadromaím	Laghdaigh.	Earcach	Arm, Nua, Saighdiúir, Tús.
Éadulaingt	Crosaim, Reiligiún, Toirmisc.	Earcaíocht	Cogadh.
		Earcú	Arm, Saighdiúir.
Éag	Bás.	Eardhamh	Eaglais, Seomra.
Éagaim	Críochnaigh.	Éargna	Ceart, Críonnacht, Eagna,
Éaganta	Amaideach, Dobhránta, Éadrom, Nóisean.		Eolas, Intleacht, Réasún, Spiorad.
Éagaoin	Brón, Deoir, Olagón, Torann.	Éarlamh	Lá, Naomh.
		Éarmaíocht	Capall.
Éagaoineadh	Brón, Gearán, Trua.	Éarnáil	Aicme, Cineál, Cuid,
Eagar	Cogadh, Córas, Deisigh, Ord, Riail, Staid, Ullmhaigh.		Tionscal.
		Earr	Deireanach, Teorainn.
		Earrach	Beatha, Séasúr, Tús.
Eagarfhocal	Nuachtán.	Earraí	Siopa.
Eagarthóir	Leabhar, Nuachtán.	Earráid	Anásta, Dearmad, Earráid,
Eagarthóireacht	Nuachtán.		Gramadach.
Éagasc	Aghaidh, Cáilíocht, Cuma.	Earrann	Iarnród, Roinn.
Eagla	Ainmhian, Creim, Eagla.	Eas	Abhainn, Snigh, Tit, Uisce.
Eaglais	Críost, Eaglais, Reiligiún, Sochaí, Tuairim.	Easaontas	Achrann, Anord, Contrártha, Fuath.
Éaglann	Tanaí.	Éasca	Cliste, Corp, Éadrom,
Éagmais	Brón, Easpa.		Furasta, Gealach,
Eagna	Bíobla, Cliste, Eagna, Intleacht, Léann, Maith, Measarthacht, Réasún.		Lonraigh, Saoirse, Stíl, Tapa, Trom.
		Eascaine	Achasán.
		Eascaíní	Caint, Fuath.
Éagnach	Olagón.	Éascaíocht	Furasta, Toil.
Éagnairc	Aifreann.	Eascairdeas	Coimhlint, Fuath,
Éagóir	Éagóir.		Iomaíocht.
Éagoiteann	Annamh.	Eascar	Arthach.
Éagoitianta	Iontas.	Eascoiteannú	Pionós, Reiligiún.
Éagórach	Crosaim, Éagóir.	Easláinte	Sláinte.
Éagorrach	Neart.	Easlán	Easpa, Galar, Lag.
Éagosúil	Difriúil.	Easnamh	Airgeadas, Earráid, Easpa,
Éagosúlacht	Amhras, Comparáid.		Gá,
Éagothrom	Difriúil.		Laghdaigh.
Eagraím	Bun, Litríocht, Ord, Ullmhaigh.	Easonóir	Onóir.
		Easonóraím	Náire.
Eagraíocht	Córas, Ord, Riail.	Easordú	Doiléir.
Eagrán	Leabhar, Nuachtán.	Easpa	Diúltú, Easpa, Fiacail, Gá.
Éagruas	Anchumtha.	Easpag	Ceannaire, Eaglais, Easpag.
Éagruth	Anord, Doiléir, Éiginnte.	Easpagóideacht	Easpag.
Éagsamhalta	Foirfe, Iontas.	Easparta	Eaglais, Guigh, Liotúirge,
Éagsúil	Contrártha, Difriúil, Nua.		Searmanas,
Éaguibhreannas	Contrártha.		Tráthnóna.
Éaguimseach	Foirfe.	Easportáil	Eachtrannach.
Éagumas	Acmhainn, Ainbhios, Anásta, Éagumas.	Easpórtálaim	Amuigh.
		Easumhlaíocht	Ceannairc, Peaca, Sáraigh,
Éagumasach	Éagumas, Lag.		Toil.
Éalaím	Athraigh, Gluaiseacht, Príosún, Sábháil, Saoirse, Seachain, Teith.	Easurraim	Drochmheas.
		Easurramach	Achasán.
		Eathar	Bád.
		Eatramh	Aimsir.

Eibhear	Cloch.	
Eicléicteachas	Rogha.	Eiriceach	Pionós, Praghas. Reiligiún, Tréig.
Éide	Dubh, Éide, Marc.	Eiriceacht	Contrártha, Creid, Earráid, Reiligiún, Tréig.
Éidéime	Borr.		
Éideimhin	Críonnacht, Éiginnte.	Éirim	Aigne, Cairdeas, Cliste, Intleacht, Leabhar, Litríocht, Samhlaíocht.
Éideimhne	Amhras.		
Éidreorach	Lag, Suarach.		
Éifeacht	Caint, Cúis, Neart, Reitric, Sacraimint, Spleáchas, Toradh.	Éirimiúil Eirleach Éisc	Cliste. Anachain, Maraigh. Astralaíocht.
Éifeachtach	Cúis, Toradh, Usáideach.	Eisceacht	Amuigh, Annamh, Difriúil, Riail.
Éigean	Foréigean, Iallach, Neart, Sáraigh.	Eisceachtúil	Annamh, Contrártha, Riail.
Éigeandáil	Dainséar, Riachtanach, Tarlaigh.	Eiscréid Eiscréidím	Cac. Cac.
Éigeantach	Riachtanach, Usáideach.	Eiseachadadh	Eachtrannach, Príosún.
Éigeart	Éagóir.	Eiseachadaim	Amuigh.
Éigeas	Filíocht, Léann.	Eiseadh	Staid.
Éigéillí	Dobhránta.	Éisealach	Blas.
Éigiallta	Litríocht, Réasún.	Eiseamláir	Aithris, Bunús, Comparáid, Cuspa, Feabhas, Leabhar, Treoraigh.
Éiginnte	Amhras, Éiginnte.		
Éiginnteacht	Amhras.		
Éigiontaím	Dearmad, Maithiúnas.	Eiseamláireach	Suáilce.
Éigneach	Achasán, Bagair, Sáraigh.	Eisfhearaim	Amuigh, Cac.
Éigním	Iallach, Sáraigh.	Eisiachtaim	Amuigh.
Éigniú	Foréigean.	Eisiachtain	Scaird.
Éigreideamh	Creid, Teorainn, Uimhir.	Eisiaim	Amuigh, Crosaim, Diúltú, Toirmisc.
Éigríoch	Domhan, Foirfe, Teorainn, Uimhir.		
		Eisiamh	Toirmisc.
Éigríochta	Foirfe, Iomlán.	Eisiatach	Iomlán.
Éigse	Filíocht, Léann.	Eisileadh	Spiorad.
Éigsín	Filíocht, Léann.	Eisilim	Amuigh, Bunús.
Éileamh	Cuspóir, Gearán, Guigh, Mian, Ordú, Tráchtáil.	Eisím Eisim	Amuigh. Beatha.
Eileatram	Bás, Sochraid.	Eisimirce	Amuigh, Tír.
Éilím	Cúiteamh, Dearbhaigh, Dóchas, Guigh, Iallach, Iarr, Ionsaí, Spreag.	Eisimirceach Eisint	Eachtrannach. Beith, Cineál, Nádúr, Prionsabal, Staid.
Eilimint	Cuid, Simplí.		
Eilimintí	Ábhar, Prionsabal, Scríobh, Stíl.	Eisíocaim Eisléir	Amuigh. Cloch.
Eilipse	Reitric.	Eisreachtaí	Gadaí.
Éillím	Mill.	Eisreachtaím	Crosaim, Díbhir.
Éillín	Ubh.	Eisréim	Díbir.
Eimfiséime	Borr.	Éisteacht	Aire, Clois, Faoistin, Umhal.
Éimím	Diúltú.		
Eineachlann	Cúiteamh, Praghas.	Eisteitic	Ealaín.
Einteilicíocht	Spiorad.	Éistim	Béal, Clois, Dúnaim.
Eipeagraf	Leabhar, Nath.	Eite	Arm, Ball, Iasc, Polaitíocht, Snámh, Taobh.
Eipeagram	Filíocht.		
Eipealóg	Críochnaigh.	Eiteachas	Toil.
Eipeasóid	Litríocht, Roinn, Spleáchas, Tarlaigh.	Eiteallach Éitheach	Solas. Bréag, Diúltú.
Eipic	Filíocht, Inis, Tarlaigh.	Éitheoir	Feall.
Eipistil	Bíobla, Filíocht, Litir, Litríocht, Scríobh.	Eithne Eitic	Ábhar, Istigh, Lár, Planda. Fealsúnacht.
Éire	Éire.	Eitím	Diúltú.
Eireaball	Ball, Críochnaigh, Fionnadh, Teorainn.	Eitinn Eitleán	Anáil, Creim. Aer, Eitleán.
Éireannaigh	Éire.	Eitleog	Cluiche.
Eireog	Cearc.	Eitleoir	Eitleán.
Éirí amach	Anord, Ceannairc, Pósadh.	Eitlím	Gluaiseacht.
Éirí in airde	Bród, Cur i gcéill, Tromchúis.	Eitlíocht Eitneagrafaíocht	Aer, Eitleán. Pobal, Stair.
Éirí slí	Brathadóir, Cogadh, Feall, Ionsaí, Maraigh, Sáinn.	Eitneolaíocht Eitre	Pobal, Stair. Líne, Talmhaíocht.
Éiric	Cúiteamh, Díoltas, Fuath,	Eocairist	Eocairist, Sacraimint.

Eochair	Dúnaim, Meán, Tábhachtach.	Fáilte	Scíth, Tréig, Urchóid. Croí, Cuairt, Tús.
Eochraí	Iasc, Ubh.	Fáiltiú	Cuairt, Deasghnáth, Sochaí.
Eolach	Léann.	Fainic	Aire, Bagair.
Eolaí	Cliste, Léann.	Fainiceach	Ainmheasartha.
Eolaíocht	Eolas, Léann, Nádúr, Stair.	Fainiceacht	Ainmhian.
Eolaire	Tráchtáil.	Fáinne	Ciorcal, Cruinn, Pósadh.
Eolas	Acmhainn, Eolas, Fíor, Foláireamh, Léann, Oideachas.	Fainnéirí Fairche Faire	Galar, Leigheas, Sláinte. Roinn. Aire, Bás, Cosain, Faire, Fan, Garda, Oíche,
Eorna	Arbhar.		Sochraid, Tráthnóna.
Fabhairt	Ungadh.		
Fabhalscéal	Comparáid.	Fairisíneach	Cur i gcéill, Giúdach.
Fabhar	Cumhacht, Eagóir, Fabhar, Rogha, Toil, Tuilleadh.	Fairsing Fairsinge Fairsingeacht	Bronntanas, Fial. Cainníocht. Mórán.
Fabhra	Súil.	Fairsingím	Leathaim.
Fabhrach	Usáideach.	Fairtheoir	Coinnigh, Faire.
Fabhraí	Fionnadh.	Fáisceán	Brúigh.
Fabhraím	Déan, Foirm.	Fáiscim	Brúigh, Ceangail, Nigh.
Fachnaois	Nóisean.	Faisiún	Béas.
Fad	Cainníocht, Fada, Sín, Tomhas.	Faisnéis	Abair, Cáilíocht, Comhairle, Fiosrach,
Fada	Fada.		Foláireamh, Gramadach,
Fadáil	Fan, Tuirse.		Poiblí.
Fadaím	Athbheochan, Buan, Méadaigh, Sín, Spreag, Tine, Tuilleadh.	Fáistine Faiteach	Astralaíocht, Cinniúint. Eagla, Éiginnte, Lag, Mearbhall, Meon.
Fadaíocht	Aiféala, Brón, Fan.	Fáithmheas	Galar.
Fadálach	Doiléir, Fada, Stíl.	Faithne	Craiceann.
Fadaraí	Aigne, Eagna, Foighne, Intleacht, Mímhuinín.	Fáithscéal	Ciallaigh, Comparáid, Inis, Scéal.
Fadaraíonach	Cliste, Críonnacht, Eagna, Measarthacht.	Faitíos Fál	Bagair, Eagla. Crann, Dúnaim.
Fadbhreathnaitheach	Críonnacht, Measarthacht.	Fálaím	Dúnaim.
Fadcheannach	Cliste, Eagna.	Falaire	Capall.
Fadfhulaingt	Ceadaigh, Foighne, Socair.	Falaireacht	Capall, Imeacht.
Fadfhulangach	Fulaingt, Measarthacht.	Fallaing	Clúdaigh, Éide, Nigh.
Fadharcán	Troigh.	Fálróid	Cos, Díomhaoin,
Fadhb	Amhras, Breith, Ceist, Constaic, Deacair.	Falsa	Gluaiseacht, Siúil. Bog, Brathadóir,
Fadó	Fada.		Díomhaoin, Earráid,
Fádóireacht	Éiginnte.		Réasún.
Fadsaolach	Buan, Fada.	Falsacht	Ceil.
Fadsaolaí	Sean.	Falsaím	Athraigh, Bréag, Dochar,
Fadtéarmach	Buan.		Mill.
Fadú	Fada, Spleáchas.	Falsaíocht	Coir, Gadaí.
Fágaim	Dearmad, Seachain, Teith, Tréig, Uacht.	Falsú Fáltais	Aithris. Airgeadas, Tosca.
Fágálach	Cogadh, Deireanach, Troid.	Faltanas	Díoltas, Fearg, Fuath, Toil,
Faghairt	Lonraigh.		Urchóid.
Faí	Briathar, Fuaim, Gramadach.	Fámaire	Díomhaoin, Eachtrannach, Láthair, Ósta, Siúil,
Fáibhile	Troscán.		Taisteal.
Faibhríonn	Tús.	Fan	Fan.
Faichill	Faire, Seachain.	Fána	Bealach, Sliabh.
Faichilleach	Aire, Críonnacht.	Fánach	Éadrom, Suarach.
Fáidh	Cinniúint, Mahamadach.	Fanacht	Fan, Foighne, Mian.
Fáidheadóireacht	Cinniúint.	Fánaí	Siúil.
Faigh	Faigh.	Fanaiceach	Díograis.
Faighin	Bosca, Bratach, Claíomh, Gnéas.	Fanaiceacht Fanaim	Díograis, Reiligiún. Aitreabh, Fan, Ósta, Stad.
Faighneog	Clúdaigh.	Fánaíocht	Gluaiseacht.
Fail	Anáil, Gaofaireacht.	Fánán	Bealach.
Faill	Oiriúnach, Tosca.	Fann	Solas.
Faillí	Anásta, Dearmad, Earráid, Easpa, Peaca, Sáraigh,	Fánphíobán Fantaise	Báisteach, Teach. Taibhse.

Fantaisíocht	Samhlaíocht.	Feamaíl	Díomhaoin.
Faobhar	Ainmhian, Claíomh, Gáir, Scian, Spreag, Uirlis.	Feannadh	Foláireamh, Ionsaí.
		Feannaim	Craiceann, Cuimil, Maraigh.
Faobhrach	Stíl, Urchóid.		
Faobhraíonn	Ainmhian.	Fear	Duine, Gaol, Pobal, Pósadh.
Faoileáil	Cas.		
Faoileann	Cailín.	Féar	Blas, Planda, Troscadh.
Faoileoireacht	Eitleán.	Fear gnó	Siopa, Tráchtáil.
Faoiseamh	Ciúin, Díomhaoin, Leigheas, Scíth.	Fear léinn	Léann, Litríocht, Scríobh.
		Féarach	Bó, Talmhaíocht.
Faoistin	Admhaigh, Aithrí, Bás, Faoistin, Inis, Peaca, Sacraimint.	Fearadh	Cac, Salach, Scaird.
		Fearaim	Amuigh, Cac, Scaird.
		Fearais	Uirlis.
Faolmhach	Créacht.	Fearann	Áit, Tír.
Faomhaim	Ceadaigh, Moladh.	Fearb	Craiceann, Créacht, Marc.
Faon	Bog, Íseal.	Fearg	Ainmhian, Borb, Buile, Cráigh, Fearg, Fuath, Mothú, Peaca.
Faraing	Anáil, Béal.		
Farasbarr	Fuílleach, Spleáchas, Tuilleadh.		
Fardoras	Doras.	Feargach	Fearg, Foréigean.
Fargáin	Amharclann.	Feargaím	Spreag.
Fargán	Carraig.	Fearsaid	Filíocht, Gluaisteán.
Farraige	Farraige, Uisce.	Feart	Bás, Sochraid.
Fás	Beatha, Planda.	Fearthainn	Aimsir, Báisteach, Scaird, Uisce.
Fasach	Cuspa, Tarlaigh, Tús.		
Fásaim	Méadaigh.	Feartlaoi	Filíocht, Sochraid.
Fásann	Síol, Tuilleadh, Tús.	Fearúlacht	Duine.
Fáschoill	Crann.	Féasóg	Aghaidh, Fionnadh.
Fáschreideamh	Creid.	Féasta	Ith.
Fascúl	Leabhar.	Féasrach	Dúnaim.
Fásra	Planda.	Feiceálach	Poiblí.
Fáth	Ábhar, Cúis.	Féichiúnaí	Fiacha, Iasacht, Tráchtáil.
Fathach	Duine, Neart.	Feicim	Dóchas, Radharc, Súil.
Fáthadh	Gáire.	Féideartha	Cumhacht.
Fáthmheas	Leigheas.	Féidearthacht	Amhras, Cumhacht, Todhchaí.
Feá	Taisteal, Tomhas.		
Feabhas	Ceartaigh, Deisigh, Feabhas, Maith.	Feidheartha	Bocht, Fuar.
		Feidhm	Airgeadais, Feidhm, Gá, Gníomh, Obair.
Feabhsaím	Ceartaigh, Cúiteamh, Feabhas.		
		Feidhmeannach	Cúis, Feidhm, Fóin, Gníomh, Meán, Oifig, Tráchtáil, Umhal.
Feacaim	Cos, Íseal, Staidiúir, Urraim.		
Féachaim	Breathnaigh, Radharc, Súil, Triail.	Feidhmeannas	Feidhm, Fóin, Gníomh, Obair.
Féachaint	Breathnaigh, Súil, Triail.	Feidhmím	Cumhacht, Feidhm, Gníomh.
Feacht	Abhainn, Snigh, Uisce.		
Feachtas	Arm, Cogadh, Saighdiúir, Vótáil.	Féidir	Cumhacht.
		Feighil	Cosain, Faire.
Fead	Ard, Foláireamh, Gairm, Glaoigh.	Féile	Bronntanas, Coinnigh, Croí, Deasghnáth, Díomhaoin, Féile, Fial, Lá, Liotúirge, Naomh, Searmanas, Soghníomh, Uasal.
Feadaíl	Torann.		
Féadaim	Cumhacht.		
Feadalach	Anáil, Gaoth.		
Feadán	Fuil, Uisce.		
Feadhnach	Arthach.		
Feall	Brathadóir, Cleas, Dainséar, Éagóir, Easpa, Feall, Gadaí, Sáinn.	Féileacán	Ainmhí, Oíche.
		Feileon	Feall.
		Feileonacht	Brathadóir, Coir.
Feallaire	Feall.	Féilire	Lá, Leabhar, Naomh.
Feallmharaím	Maraigh.	Feiliúnach	Maith, Oiriúnach.
Feallmharfóir	Maraigh.	Feillbheart	Bagair.
Fealltóir	Brathadóir, Urchóid.	Feilteach	Maith.
Fealsamh	Fealsúnacht, Léann, Litríocht.	Féiltiúil	Beacht, Minic.
		Féimheacht	Tionscal, Tráchtáil.
Fealsúnacht	Argóint, Fealsúnacht, Léann, Réasún, Stair.	Féincheartú	Reitric.
		Féindearmad	Fial.
Fealsúnta	Tromchúis.	Féindiúltach	Uiríseal.

Féindiúltú	Dearmad, Fial, Measarthacht, Reiligiún, Tréig.	Figiúirí	Uimhir.
		Figiúr	Marc.
		File	Filíocht, Litríocht.
Feineastar	Oscailt.	Fileoir	Filíocht, Léann, Litríocht.
Feiniméan	Annamh.	Filiméad	Caol.
Féiníobairt	Bronntanas, Fial.	Filíocht	Ealaín, Filíocht, Litríocht.
Féiniúlacht	Beith, Cosúil, Nádúr, Oidhreacht, Pearsa, Tír.	Filleadh	Crap.
		Filleasca	Bratach.
Féinléir	Cinnteacht.	Fím	Ceangail, Olann.
Féinmharú	Bás.	Fimíneacht	Bréag, Ceil, Cuma, Cur i gcéill,
Féinmhuinín	Dána, Muinín.		
Féinsmacht	Eagna, Foighne, Measarthacht, Reiligiún, Socair, Suáilce, Tréig.		Reiligiún.
		Fíneáil	Pionós.
		Fíneálta	Caol, Foirfe, Tanaí.
Féinsmachtú	Troscadh.	Fíníonn	Mill.
Féinspéis	Pearsa.	Finné	Cruthúnas, Poiblí, Radharc.
Féinsuaitheadh	Drúis.	Finscéal	Inis, Samhlaíocht, Scéal.
Féintabhairt	Fial.	Fíoch	Fearg.
Feirc	Claíomh.	Fíochán	Cuar, Eadach, Litir, Olann.
Feire	Líne.	Fíodóir	Olann.
Féirín	Bronntanas, Fial, Soghníomh.	Fiodrince	Cas, Timpeall.
		Fiolún	Créacht.
Feirm	Talmhaíocht.	Fíon	Ól.
Feirmeoirí	Aicme.	Fionaíl	Coir.
Feisteas	Clúdaigh, Éide, Pósadh, Spleáchas.	Fionn	Dall, Gruaig, Súil.
		Fionnachtain	Léann, Nua, Tionscal.
Feisteoir	Obair.	Fionnadh	Craiceann, Fionnadh.
Feistím	Ceangail, Éide, Maisigh, Ullmhaigh.	Fionnadóir	Craiceann.
		Fionnaim	Breith, Cruthúnas.
Feistiú	Amharclann, Bád.	Fionnbhán	Bán.
Féith	Cliste, Fuil, Intleacht.	Fionnuar	Fuar.
Feitheamh	Fan, Foighne, Mian.	Fionnuaradh	Sioc.
Feithid	Ainmhí.	Fionraí	Crosaim, Toirmisc.
Feitis	Íomhá.	Fionraíocht	Reitric.
Feitiseachas	Dia.	Fiontar	Amhras, Dainséar, Gníomh, Tionscal, Tosca.
Feodachas	Polaitíocht.		
Feoil	Feoil, Mill.	Fiontraí	Airgeadas.
Feoirling	Airgead.	Fíor	Ceart, Ciallaigh, Comhartha, Comparáid, Cros, Cuma, Fíor, Radharc.
Feoiteacht	Íseal.		
Feolmhach	Feoil.		
Feolmhar	Borr, Feoil, Toirtiúil.		
Feonn	Dochar, Mill.	Fíoracha	Reitric, Stíl.
Feothan	Gaoth.	Fíoraí	Íomhá.
Fiabhras	Ainmhian, Fulaingt, Teas.	Fíoraím	Fíor, Triail.
Fiacail	Béal, Fiacail.	Fíorais	Nuacht.
Fiacha	Airgead, Airgeadas, Bronntanas, Cúiteamh, Fiacha, Iasacht.	Fíoras	Beith, Tarlaigh.
		Fíorasc	Pionós.
		Fíorthreibh	Uasal.
Fiachaim	Lorg.	Fios	Abair, Astralaíocht, Eolas.
Fiachóir	Fiacha, Iasacht.	Fiosrach	Clois, Fiosrach, Lorg.
Fiaclóir	Fiacail, Leigheas.	Fiosracht	Ceist, Clois, Iontas, Lorg, Spéis.
Fiafraím	Ceist, Eolas, Lorg.		
Fiafraitheach	Fiosrach.	Fiosraím	Aire, Ceist, Eolas.
Fiaile	Planda.	Fiosrúcháin	Eolas.
Fiáin	Borb.	Fiosrúchán	Lorg.
Fial	Bronntanas, Cineálta, Clúdaigh, Fial, Soghníomh.	Fírean	Creid, Eaglais, Reiligiún.
		Fireann	Duine, Gnéas, Gramadach.
Fianaím	Cinnteacht, Cruthúnas, Dearbhaigh.	Fireannacht	Neart.
		Fíreántacht	Reiligiún.
Fianaise	Abair, Cruthúnas.	Fíréin	Críost, Eaglais, Naomh, Neamh.
Fiánta	Iontas.		
Fiarshúil	Radharc.	Fíric	Tarlaigh.
Fiarshúileach	Anchumtha, Easpa, Súil.	Fíricí	Nuacht, Stair, Tosca.
Fiata	Borb.	Fírinne	Bréag, Ceart, Cinnteacht, Fíor, Réasún.
Ficheall	Cluiche.		
Ficsean	Samhlaíocht.		
Figiúir	Comhartha.	Fírinneach	Ceart, Fíor, Réasún.

Firmimint	Aer, Neamh.		Glaoigh, Iallach,
Fís	Litríocht, Samhlaíocht,		Ionsaí, Poiblí, Todhchaí,
	Taibhse.		Toirmisc.
Fiseolaíocht	Ábhar.	Fógraíocht	Eolas, Leathaim, Nuachtán,
Fisic	Ábhar, Nádúr.		Poiblí,
Fisigeach	Leigheas.		Siopa, Tráchtáil.
Fiuchadh	Samhlaíocht, Teas, Uisce.	Foighdeán	Ionsaí, Troid.
Fiúir	Fearg.	Foighne	Fan, Foighne,
Fiúnach	Fearg.		Measarthacht, Socair.
Fiúntach	Onóir.	Foighneach	Foighne, Fulaingt,
Fiúntas	Onóir.		Measarthacht.
Flaigín	Arthach.	Fóillíocht	Díomhaoin, Scíth.
Flaith	Ceannaire, Cumhacht,	Foilseachán	Foláireamh, Leabhar,
	Uasal.		Nuachtán, Poiblí.
Flaitheas	Cumhacht, Neamh, Saoirse.	Foilseánaim	Taispeáin.
Flaithis	Dia, Neamh.	Foilsím	Eolas, Leabhar, Taispeáin.
Flaithiúil	Carthanacht, Cineálta, Fial.	Foilsiú	Leabhar, Poiblí, Reiligiún.
Flaithiúlacht	Bronntanas, Fial,	Fóin	Fóin.
	Soghníomh, Uasal.	Fóinéim	Fuaim.
Fleá	Féile, Ith.	Foinse	Abhainn, Bunús, Cúis,
Fleá cheoil	Féile.		Scaird, Tús,
Fleascach	Nua, Ollscoil.		Uisce.
Fleaspóg	Grá.	Foirbhím	Ceartaigh, Déan.
Flichne	Sioc.	Foirceadal	Cinnteacht, Córas, Eolas,
Flichshneachta	Aimsir, Sioc, Sneachta.		Fealsúnacht,
Fliú	Slaghdán.		Léann, Taispeáin, Tuairim.
Fliuch	Báisteach, Leacht.	Foirceann	Críochnaigh, Deireanach,
Flóirín	Airgead.		Gramadach,
Flosc	Blas, Ith, Léigh, Mian,		Teorainn.
	Ocras.	Foireann	Bád, Buíon, Cabhlach,
Flúirse	Mórán.		Cluiche, Cumann,
Flúirseach	Fial.		Iarnród, Long, Meáchan,
Fóbhaile	Baile, Cathair.		Ollscoil, Ósta, Scoil, Siopa,
Focal	Abair, Ainm, Beacht,		Tionscal, Troscán, Uimhir.
	Caint, Focal,	Foirfe	Briathar, Foirfe, Maith.
	Garda, Gealltanas,	Foirfeacht	Áilleacht, Maith.
	Gramadach, Litir,	Foirfím	Críochnaigh, Feabhas.
	Monabhar, Onóir, Pósadh,	Foirgneamh	Ailtireacht, Bun, Déan,
	Reitric,		Teach.
	Scríobh, Stíl.	Foirgneoir	Ailtireacht.
Focalbhá	Easpa, Reitric.	Foirgním	Bun, Déan, Ord.
Fochaid	Magadh.	Foirgníocht	Ord.
Fochais	Carraig.	Foirm	Cum, Foirm, Sacraimint.
Fochma	Craiceann, Fuar, Sioc.	Foirmeálta	Cinnteacht.
Fóchoinsiasta	Smaoinigh.	Foirmím	Bun, Déan, Foirm,
Foclach	Fada, Stíl.		Tionchar, Treoraigh.
Focleolaíocht	Gramadach, Léann, Stair.	Foirmiúlacht	Riail.
Foclóir	Focal, Stíl.	Foirmle	Cuspa, Nath, Riail, Teoiric.
Foclóirí	Litríocht.	Foirnéis	Dóigh, Teas, Tine,
Fód	Áit, Móin, Troid.		Tionscal.
Fódaím	Bun, Déan, Stad.	Fóirstineach	Maith, Oiriúnach.
Fódla	Éire.	Fóiséad	Dúnaim.
Fódóireacht	Síocháin.	Foladh	Beith, Cearc.
Fódúil	Cinnteacht, Daingean.	Folaím	Ceil, Clúdaigh.
Fógairt	Cogadh.	Folaíocht	Fuil.
Fogha	Cogadh, Ionsaí, Tobann.	Foláireamh	Abair, Bagair, Comhairle,
Foghar	Fuaim.		Comhartha, Foláireamh,
Foghlaeir	Seilg.		Gairm, Glaoigh, Marc,
Foghlaí	Gadaí.		Poiblí, Treoraigh.
Foghlaim	Eolas, Oideachas.	Folcadán	Cóiriú, Nigh, Uisce.
Foghlaimím	Cuimhne, Eolas.	Folcadh	Nigh, Snámh, Uisce.
Foghraíocht	Focal, Gramadach.	Folcaim	Glan, Nigh.
Fógra	Bagair, Foláireamh, Gairm,	Folláin	Maith, Sláinte.
	Marc, Poiblí.	Follasach	Cinnteacht, Fíor.
Fógraím	Abair, Admhaigh,	Folmhaím	Laghdaigh, Ól.
	Comhartha, Crosaim,	Folt	Ceann, Gruaig.
	Dearbhaigh, Gairm,	Folús	Aer, Diúltú, Easpa.

Fómhar	Arbhar, Faigh, Fómhar, Séasúr, Sochar, Tóg.	Foscadh	Ceil, Dídean.
		Foscnaím	Fomhar.
		Fosfar	Solas.
Fomhuireán	Long.	Foshraith	Abhar, Prionsabal.
Fómhuirí	Cogadh, Íseal.	Fostaí	Fóin, Gníomh, Iochtarán, Obair, Siopa, Tráchtáil.
Fónaim	Feidhm.		
Fónamh	Cabhair, Feidhm, Gá, Spéis.	Fostaím	Áitigh, Gluaisteán, Obair, Tús.
Fondúir	Déan.		
Fondúireacht	Déan, Uacht.	Fostaíocht	Obair, Tionscal.
Fonn	Ainmhian, Amhrán, Ceol, Filíocht, Gluaiseacht, Mian, Toil.	Fostóir	Gníomh, Obair.
		Fótagraf	Íomhá.
		Fothain	Dídean.
Fonóid	Achasán, Drochmheas, Magadh.	Fothragadh	Díograis.
		Fothragaim	Glan.
Fo-oifigeach	Iochtarán.	Fothram	Clois, Fuaim, Torann.
Foraghaidh	Cuma, Eaglais.	Fraigh	Taobh, Teach.
Foráil	Conradh.	Fraighfhliuchras	Uisce.
Forainm	Ainm, Gramadach.	Frainse	Imeall, Maisigh.
Forairí	Garda.	Fráma	Doras, Gluaisteán, Imeall.
Foraithne	Ordú.	Fraoch	Ainmhian, Buile, Fearg.
Fóram	Coinsias, Istigh, Margadh.	Frása	Gramadach.
Foraois	Crann.	Frasa	Snigh.
Foraoiseacht	Crann.	Freacnairc	Am, Láthair, Nua.
Foras	Bun, Tromchúis.	Freacnarcas	Láthair.
Forás	Galar, Spleáchas, Todhchaí.	Freagairt	Cúl, Gníomh.
Forba	Créacht.	Freagra	Amhrán, Litir, Scrúdaigh.
Forbairt	Spleáchas, Tionscal, Todhchaí, Tuilleadh.	Freagraím	Coibhneas, Cosain, Umhal.
		Fréamh	Briathar, Bunús, Gaol, Planda, Tús.
Forbhalla	Dún.		
Forbraím	Feabhas, Leathaim, Méadaigh, Ullmhaigh.	Fréamhshamhail	Cuspa.
		Freanga	Crap, Fulaingt.
		Freasaíonn	Gníomh.
Forcamás	Cur i gcéill, Deasghnáth.	Freastalaí	Obair, Osta, Siopa.
Forcamásach	Stíl.	Freastalaím	Feidhm, Fóin.
Fordoras	Maisigh.	Freasú	Cúl.
Foréigean	Borb, Buail, Ceannairc, Fearg, Foréigean, Iallach, Ionsaí, Neart, Sáraigh, Tóg.	Freasúra	Constaic, Contrártha, Difriúil, Parlaimint, Polaitíocht, Troid.
Foréigneach	Foréigean.	Fríd	Ainmhí.
Foréigní	Iallach.	Frigéad	Long.
Foréileamh	Cogadh.	Frimhagadh	Magadh.
Forfhocal	Focal.	Friochaim	Feoil, Teas.
Forghabháil	Arm, Éagóir.	Friochann	Dóigh, Tine.
Forghabhaim	Seilbh.	Fríos	Ailtireacht, Maisigh.
Forhalla	Seomra.	Friota	Gaoth.
Forimeall	Cuma, Foirm.	Friotal	Abair, Caint, Ciallaigh, Cum, Focal, Reitric.
Forimeallach	Amuigh.		
Forlámhas	Éagóir.		
Forleathaim	Leathaim, Poiblí, Taispeáin.	Friotháilim	Fóin.
Forleathnaím	Leathaim.	Fritéis	Contrártha.
Forlíonadh	Fada, Méadaigh, Spleáchas.	Frithbheart	Contrártha.
Forma	Suíochán.	Frithbhualadh	Fuil.
Formad	Ainmhian, Coimhlint, Creim, Éad, Fuath, Iomaíocht, Mothú.	Frithghiniúint	Gnéas.
		Frithghníomhú	Cúl, Gníomh.
		Frithiarracht	Contrártha.
Formáid	Tomhas.	Frithir	Fulaingt.
Forneart	Buail, Foréigean.	Frithrá	Diúltú.
Forógra	Ordú, Scríobh.	Frithsheipteach	Sláinte.
Fórsa	Arm, Cainníocht, Neart, Tomhas.	Frithshuíomh	Difriúil.
		Fronsa	Amharclann, Gáire, Litríocht.
Fórsálaim	Iallach.		
Forstua	Amharclann.		
Forthosach	Amharclann.	Fronta	Aimsir, Arm, Líne.
Fortún	Cinniúint.	Fruilím	Áitigh.
Fosaíocht	Bó, Cairdeas, Taithigh.	Fuacht	Fuar, Slaghdán.

Fuachtán	Borr, Craiceann, Fuar, Sioc.	Furú	Torann.
Fuadach	Ainmhian, Croí, Foréigean, Gadaí.	Ga	Ciorcal, Líne, Scaird, Solas.
Fuadar	Díograis.	Gá	Easpa, Gá, Mian, Riachtanach, Spéis.
Fuafar	Anchumtha, Col.	Gabairdín	Olann.
Fuaidrimín	Cailín.	Gábh	Dainséar.
Fuaim	Ceangail, Fuaim.	Gabháil	Arán, Faigh, Príosún.
Fuaimeolaíocht	Clois.	Gabhaim	Faigh, Pionós, Tóg.
Fuaimint	Bun, Prionsabal.	Gabhal	Bealach, Crann.
Fuaimintiúil	Daingean.	Gabháltas	Bua, Talmhaíocht.
Fuaimíocht	Clois.	Gabhar	Ainmhí, Gáir.
Fuaimním	Abair, Caint, Léigh.	Gabhdán	Bosca.
Fuairnimh	Bog, Fuar, Sioc.	Gabhgaire	Breathnaigh.
Fualán	Arthach.	Gabhlaíonn	Scar.
Fuar	Eagla, Fuar.	Gabhlóg	Crann.
Fuaraíonn	Laghdaigh.	Gad	Ceangail.
Fuaramán	Fuar.	Gadaí	Coir, Gadaí.
Fuarán	Scaird, Uisce.	Gadaíocht	Coir, Gadaí.
Fuarchogadh	Síocháin.	Gadhar	Madra, Seilg.
Fuarchroíoch	Crua.	Gaeil	Éire.
Fuarchúis	Ciúin, Drochmhisneach, Foighne, Socair, Tromchúis.	Gág	Bris, Craiceann, Fuar, Oscailt.
		Gága	Sioc.
Fuarchúiseach	Cairdeas, Crua, Foighne, Meon, Tromchúis.	Gáifeach	Ainmheasartha, Gáire, Stíl.
		Gailearaí	Ailtireacht, Ealaín, Oscailt, Seomra.
Fuarspreasaí	Socair, Tromchúis.	Gaileon	Long.
Fuarspreosach	Meon.	Gailíleach	Críost, Giúdach.
Fuarthanach	Sioc.	Gáilleog	Ól.
Fuasaoid	Gearán.	Gaimbín	Airgead, Iasacht, Saibhir, Saint, Sochar, Sprionlóir.
Fuascailt	Ceannaigh, Maithiúnas, Príosún, Rúndiamhair, Sclábhaí.		
		Gáinneálaí	Tráchtáil.
Fuascailteoir	Cabhair, Críost, Maithiúnas.	Gainní	Iasc.
		Gáir	Ard, Cáil, Gáir, Iontas, Torann.
Fuasclaím	Cabhair, Sábháil.		
Fuath	Ainmhian, Coimhlint, Col, Díoltas, Fearg, Fuath, Iomaíocht, Mothú.	Gairbhéal	Cloch.
		Gairdeas	Athas, Mothú, Pléisiúr.
		Gairdian	Caomhnaigh, Coinnigh, Manach.
Fuil	Bunús, Fuil.	Gáirdín	Talmhaíocht.
Fuilchill	Fuil.	Gáire	Athas, Béal, Cat, Gáire.
Fuilchíocrach	Fuil.	Gairéad	Ailtireacht, Seomra.
Fuilchraosach	Fuil.	Gairéadach	Bród, Dath, Lonraigh.
Fuileadán	Fuil.	Gaireas	Meán.
Fuiliú	Créacht.	Gairgeach	Borb, Crua, Fearg, Foréigean, Tobann.
Fuílleach	Airgeadas, Bun, Fiacha, Fuílleach, Spleáchas, Tuilleadh.		
		Gairgeacht	Creim.
		Gairid	Achoimre, Gearr.
Fuilleamh	Airgeadas, Iasacht, Saibhir, Sochar.	Gairim	Foláireamh, Glaoigh.
		Gairm	Cinniúint, Ealaín, Filíocht, Gairm, Glaoigh, Gníomh, Obair, Sagart, Staid, Toil.
Fuilteach	Fuil, Troid.		
Fuinim	Arán, Cuimil, Tadhall.		
Fuinneamh	Beatha, Cainníocht, Díograis, Gníomh, Neart.		
		Gairnéal	Fomhar.
Fuinneog	Oscailt, Teach.	Gairneoireacht	Talmhaíocht.
Fuinniúil	Meon, Stíl.	Gáirsiúil	Borb.
Fuíoll	Fuílleach, Toradh.	Gáirsiúlacht	Drúis.
Fuireach	Fan, Foighne, Mian.	Gairtéar	Cos, Éide.
Fuirseadh	Díograis.	Gaisce	Bréag, Bród, Dána, Moladh.
Fuirsim	Talmhaíocht.		
Fuisce	Ól.	Gaiscíoch	Cogadh, Misneach.
Fulaingt	Brón, Foighne, Fulaingt.	Gaiscíocht	Misneach.
Fundúireacht	Bun.	Gaiseite	Nuacht, Nuachtán.
Furasta	Furasta.		

Gaiste	Brathadóir, Dainséar, Sáinn, Seilg.	Gas	Measarthacht, Soghníomh. Planda, Práta, Tús.
Gáitéar	Báisteach, Teach.	Gasra	Arm, Buíon, Cnuasach, Scata.
Gal	Uisce.		
Gála	Aimsir, Fiacha, Gaoth.	Gasráil	Scata.
Galamaisíocht	Bréag, Cuma, Cur i gcéill, Staidiúir.	Gasta	Cliste, Stíl, Tapa.
		Gasúr	Aois, Duine, Leanbh, Óg.
Galánta	Áilleacht, Sochaí, Staidiúir.	Gátar	Deacair, Easpa, Riachtanach.
Galántacht	Áilleacht, Uasal.		
Galar	Anord, Galar, Sláinte.	Gathú	Solas.
Galf	Cluiche.	Geábh	Taisteal.
Gallán	Ard, Cloch.	Geadán	Cearc.
Gallchnó	Troscán.	Géag	Ball, Crann, Uasal.
Gallda	Caint, Eachtrannach, Tír.	Geainc	Ceann, Srón.
Gallúnach	Cóiriú, Cosmaid, Nigh.	Geáitse	Imeacht.
Galrach	Galar.	Geáitsí	Bród, Cur i gcéill, Staidiúir.
Galrú	Galar.		
Galún	Tomhas.	Geáitsíocht	Deasghnáth, Imeacht.
Gamal	Ainbhios, Amaideach, Anásta, Dobhránta.	Geal	Bán.
		Gealacán	Súil, Ubh.
Gamhain	Bó.	Gealach	Gealach, Lonraigh, Solas.
Gangaid	Fuath, Urchóid.	Gealaim	Nigh.
Gangaideach	Crua.	Gealán	Aimsir, Dath, Grian, Néal,
Gann	Beag, Easpa.		Solas.
Gannchuid	Easpa, Gá, Ocras, Troscadh.	Gealas	Éide.
		Geall	Cearrbhachas, Dearbhaigh.
Gannchúis	Easpa.	Geallaim	Áitigh, Dearbhaigh,
Ganntanas	Bocht, Easpa, Gá, Ocras, Troscadh.		Gealltanas, Todhchaí.
		Geallghlacadóir	Cearrbhachas.
Gaofaireacht	Díleá, Gaofaireacht.	Geallmhar	Grá.
Gaois	Cliste, Críonnacht, Eagna, Mímhuinín, Réasún.	Geallta	Cluiche, Féile, Gealltanas.
		Gealltanas	Coinnigh, Dearbhaigh, Gealltanas.
Gaoismhear	Críonnacht, Eagna.	Gealltóireacht	Cearrbhachas.
Gaol	Cineál, Coibhneas, Cosúil, Gaol.	Geallúint	Toil.
		Gealt	Ait.
Gaosán	Ceann, Srón.	Gealtacht	Buile.
Gaotaireacht	Bréag.	Geamhar	Arbhar.
Gaoth	Aer, Aimsir, Gaofaireacht, Gaoth.	Geamhraíonn	Tús.
		Geamhthroid	Achrann, Fuath, Troid.
Gar	Bronntanas, Cabhair, Fabhar, Fóin, Soghníomh, Úsáideach.	Gean	Grá.
		Geanas	Geanmnaí.
		Geanmnaí	Geanmnaí, Measarthacht.
Garaíocht	Bronntanas, Fabhar.	Geanmnaíocht	Geanmnaí, Maighdean,
Garastún	Áitreabh, Arm, Cathair, Cosain, Garda, Saighdiúir.		Measarthacht, Suáilce.
		Geantraí	Ceol.
Garbh	Borb, Foréigean.	Géar	Beacht, Creim, Crua, Fuaim, Urchóid.
Garchabhair	Cabhair, Carthanacht, Soghníomh.		
		Géaraím	Maisigh, Méadaigh, Spreag.
Garda	Buíon, Caomhnaigh, Cosain, Garda, Saighdiúir.	Gearán	Aiféala, Col, Gearán, Milleán.
		Géarán	Fiacail.
Gardálaim	Coinnigh, Cosain, Garda.	Géarchúis	Aigne, Intleacht, Mímhuinín,
Garg	Creim, Trom.		
Gargraiseadh	Nigh.		Spiorad.
Gargraisim	Béal.	Géarchúiseach	Cliste.
Garma	Olann.	Geargáil	Báisteach.
Gáróid	Torann.	Géarghá	Gá, Riachtanach.
Garphósadh	Gaol.	Géarleanúint	Cráigh.
Garr	Maith.	Gearr	Achoimre, Beag, Gearr.
Garraí	Talmhaíocht.	Gearradh	Créacht, Roinn.
Garrán	Crann.	Gearraim	Béal, Bris, Cuimil, Gearraim, Stróic.
Garsún	Aois, Duine, Leanbh, Óg.		
Gárthaíl	Torann.	Gearrán	Capall.
Garúil	Béas, Cabhair, Cineálta, Furasta,	Gearrbhreath-naitheach	Amaideach, Dobhránta.

Gearrchaile	Bean, Cailín, Duine, Leanbh, Óg.		Laghdaigh.
Gearrchuntas	Achoimre.	Giorraisc	Borb, Crua, Foréigean, Tapa, Tobann.
Gearrscéal	Inis, Litríocht, Scéal, Tarlaigh.	Giorrúchán	Crap, Easpa.
		Giortach	Beag, Gearr.
Gearrshaolach	Gearr.	Giortachán	Beag, Gearr.
Gearrthóg	Feoil.	Giortaím	Crap, Laghdaigh.
Gearrthuairisc	Achoimre, Gearr.	Giortaíonn	Gearr.
Géasar	Uisce.	Giosáin	Cos.
Géibheann	Constaic, Dainséar, Deacair, Gá, Iallach.	Giosta	Arán.
		Giota	Beag, Cuid, Roinn.
		Gírle guairle	Doiléir.
Geidimín	Cailín.	Girseach	Aois, Bean, Cailín, Duine, Leanbh, Óg.
Géilleadh	Aontaigh, Cogadh, Gramadach, Reitric, Umhal.		
		Giúdach	Giúdach.
		Giúdachas	Giúdach, Reiligiún.
Géillim	Admhaigh, Bog, Ceadaigh, Cogadh, Creid, Íseal, Peaca, Síocháin, Umhal.	Giúistís	Breitheamh, Ceannaire, Dlí, Feidhm.
		Giúnachán	Gruaig.
		Giúsach	Móin.
Géilliúil	Foighne, Uiríseal.	Glac	Bailigh, Bosca, Sprionlóir.
Géilliúlacht	Socair, Toil, Umhal.	Glac a bhfaighir	Bosca, Sprionlóir.
Géillsine	Íochtarán.	Glacadóir	Gadaí, Tráchtáil.
Géillsineach	Íochtarán, Pobal, Spleáchas, Umhal.	Glacaim	Ceadaigh, Creid, Tóg, Toil.
		Glacaireacht	Drúis, Tadhall.
Géim	Ainmhí, Seilg.	Glacsam	Sprionlóir.
Geimheal	Ceangail.	Glafarnach	Gáir, Gaoth.
Geimhle	Príosún.	Glagaireacht	Caint, Doiléir.
Geimhreadh	Fuar, Séasúr.	Glagarnach	Cearc, Gáir.
Géimneach	Gáir, Torann.	Glaineacht	Cóiriú, Glan.
Geineasas	Déan.	Glaise	Abhainn.
Geit	Croith, Tobann.	Glam	Gáir, Madra.
Geitim	Eagla, Gluaiseacht, Iontas.	Glan	Ceart, Fuaim, Glan, Meáchan.
Geitire	Foirm.		
Geoiméadrach	Beacht.	Glanaim	Cuimil, Díbir, Fiacha, Glan, Nigh.
Geoladh	Gaoth.		
Geolbhach	Gnéas, Iasc, Madra.	Glaoch	Ard, Umhal.
Geonaíl	Deoir.	Glaoch ola	Sochraid.
Giall	Aghaidh, Béal, Ceann, Príosún.	Glaoigh	Glaoigh.
		Glaoim	Ainm, Gairm, Glaoigh.
Gild	Cumann.	Glas	Ceangail, Dúnaim.
Gile	Lonraigh, Solas.	Glasálaim	Dúnaim.
Gilitín	Maraigh, Pionós.	Glaschloch	Cloch.
Gimléad	Uirlis.	Glé	Lonraigh, Solas.
Gin	Síol.	Gleann	Sliabh.
Ginealach	Bunús, Gaol, Leanbh, Uasal.	Gléas	Meán, Uirlis.
		Gléasaim	Éide, Maisigh, Troscán, Ullmhaigh.
Ginearál	Ceannaire, Oifigeach.		
Ginearálta	Iomlán.	Glébhinn	Fuaim.
Ginearálú	Iomlán, Nath.	Gleic	Coimhlint.
Ginéibhe	Ól.	Gléireán	Lonraigh, Solas.
Ginidín	Prionsabal, Síol.	Gleo	Anord, Fuaim, Torann, Troid.
Ginidíonn	Síol.		
Ginidiú	Planda.	Gleoiteog	Bád.
Ginim	Athair, Bunús, Déan, Leanbh.	Gliaire	Cluiche.
		Glic	Cliste, Críonnacht.
Giniúint	Beatha, Déan, Gnéas, Tús.	Gliceas	Cleas.
Ginmhilleadh	Gnéas, Saolú.	Gligín	Leanbh.
Gintlíocht	Draíocht.	Glinn	Fuaim, Stíl.
Giobach	Fionnadh.	Gliogaireacht	Abair.
Giobail	Leanbh, Stróic.	Gliográn	Fuaim.
Giodróg	Cailín.	Gliondar	Áthas, Pléisiúr, Sonas.
Giolamas	Taithigh.	Glioscarnach	Lonraigh, Solas.
Giollaím	Treoraigh.	Gliostaire	Glan, Leigheas, Nigh.
Gíomhán	Olann.	Gliúmáil	Ainbhios, Aire, Dall, Éiginnte, Lámh, Lorg, Tadhall.
Gionach	Ith, Ocras.		
Giorraím	Achoimre, Crap, Gearr,		

Gliúrascnach		52		Greadóg
Gliúrascnach	Cuimil, Torann.		Goilliúnacht	Mothú.
Gloine	Árthach, Ól, Súil.		Goin	Créacht, Teas.
Glóir	Cáil, Moladh, Naomh.		Goinim	Fulaingt.
Glóirím	Moladh.		Goirín	Craiceann.
Glór	Clois, Fuaim, Glaoigh.		Gol	Brón, Deoir, Olagón,
Glóraíl	Dílcá, Gáir, Gaofaireacht,			Torann.
	Gaoth, Torann.		Goldar	Gáir.
Gluais	Focal, Mínigh.		Goltraí	Ceol.
Gluaiseacht	Gluaiseacht, Imeacht,		Gonta	Achoimre, Brón, Gearr,
	Litríocht,			Stíl.
	Staidiúir, Stíl.		Gor	Cearc, Créacht, Díograis,
Gluaisim	Athraigh, Spreag,			Teas, Ubh.
	Treoraigh, Trua.		Goradh	Beatha, Teas, Tine.
Gluaisteán	Gluaisteán.		Gormán	Dubh.
Glúin	Bunús, Cos, Leanbh.		Gort	Talmhaíocht.
Glúinalt	Cos.		Gorta	Anachain, Bocht, Easpa,
Glúine	Gaol.			Ocras.
Gnách	Béas, Coitianta, Gnáthaigh,		Gortach	Saint, Sprionlóir, Suarach.
	Minic.		Gortachán	Saint, Sprionlóir, Suarach.
Gnaoi	Cáil, Cuma, Fabhar,		Gortaím	Brón, Buail, Fulaingt.
	Imeacht.		Gortú	Fulaingt.
Gnás	Béas, Deasghnáth,		Gorún	Cos.
	Gnáthaigh, Riail,		Gotha	Imeacht, Staidiúir.
	Rúndiamhair, Sacraimint,		Gothaí	Cur i gcéill, Deasghnáth,
	Reiligiún.			Staidiúir.
Gnáthaigh	Gnáthaigh.		Grá	Ainmhian, Carthanacht,
Gnáthaím	Cúiteamh, Láthair,			Grá, Mothú, Toil.
	Taithigh.		Grabhar	Fuílleach, Móin.
Gnáthamh	Béas, Gnáthaigh.		Grabhróg	Arán, Tanaí.
Gnáthóg	Dídean, Snámh.		Grabhróga	Fuílleach.
Gné	Cineál, Coibhneas, Cuma,		Grád	Feidhm, Onóir, Oifigeach,
	Foirm, Nádúr, Staidiúir,			Ollscoil.
	Taobh.		Gradam	Acmhainn, Onóir, Rogha.
Gnéas	Bean, Duine, Gnéas.		Grádiaúil	Carthanacht, Cineálta,
Gníomh	Amharclann, Carthanacht,			Trua.
	Gníomh, Guigh, Roinn,		Grafadh	Talmhaíocht.
	Tarlaigh.		Grágaíl	Gáir, Cearc.
Gníomhach	Briathar, Oifig, Tapa.		Grágarsach	Torann.
Gníomhaím	Ceil, Cumhacht, Déan.		Graí	Buíon, Scata.
Gníomhaire	Ceannaigh, Gníomh.		Gráig	Tír.
Gníomhrú	Litríocht.		Gráim	Grá.
Gnó	Ábhar, Beith, Sochar,		Graiméar	Focal, Gramadach.
	Tráchtáil.		Gráin	Col, Fuath.
Gnólacht	Sochaí.		Grainc	Crap, Súil.
Gnóthaím	Faigh, Sochar.		Gráinne	Arbhar, Beag, Meáchan,
Gnóthaire	Ceannaigh.			Síol.
Gnúis	Aghaidh, Corp.		Gráinseach	Arbhar, Fómhar.
Gnúsacht	Gáir.		Gram	Meáchan.
Gnúsachtach	Torann.		Gramadach	Aontaigh, Focal,
Go brách	Buan, Fada.			Gramadach.
Go deo	Buan, Fada.		Gramadóir	Gramadach, Litríocht.
Gob	Béal.		Gramaisc	Suarach.
Gobach	Caol.		Grámhaireacht	Grá, Mothú.
Gobán	Béal, Dúnaim, Leanbh.		Grán	Arbhar.
Gobharnóir	Príosún, Treoraigh.		Gránaím	Cuimil, Stróic.
Gocarsach	Cearc.		Gránna	Anchumtha, Col, Íseal,
Góchumadh	Aithris.			Suarach.
Gogalach	Gáir.		Gránú	Créacht.
Goid	Coir.		Graosta	Borb.
Goidim	Gadaí, Tóg.		Graostacht	Drúis.
Goile	Blas, Col, Dílcá, Ith,		Grásta	Dia, Peaca, Sacraimint,
	Ocras, Spreag.			Soghníomh.
Goilleadh	Trom.		Grástúil	Cliste.
Goilleann	Brón, Fulaingt, Tionchar,		Grástúlacht	Áilleacht, Uasal, Urraim.
	Trom.		Greadadh	Béim.
Goillim	Brón, Brúigh.		Greadaim	Brúigh, Buail.
Goilliúnach	Éad, Fearg.		Greadóg	Ith, Ól.

Gréagach	Ainmheasartha.		Éiginnte, Nóisean.
Greagán	Ól.	Guagacht	Nóisean.
Greallóg	Bealach, Oscailt, Uisce.	Guaig	Nóisean.
Greamaím	Ceangail, Tadhall, Tóg.	Guailleog	Maisigh, Oifigeach.
Greamaire	Tóg.	Guaim	Crosaim, Foighne,
Greamastúil	Saint.		Measarthacht, Socair.
Greamastúlacht	Sprionlóir.	Guairdeall	Timpeall.
Greanadóir	Cloch.	Guaire	Fionnadh.
Greanadóireacht	Ealaín, Íomhá, Leabhar,	Guaireach	Madra.
	Maisigh.	Guairne	Cas.
Greanaim	Cuimil, Íomhá, Marc,	Guairneán	Abhainn, Cas, Gaoth,
	Scríobh.		Timpeall.
Greann	Gáire, Magadh.	Guais	Dainséar.
Greannmhar	Áit, Athas.	Guaisbheart	Dainséar.
Gréasán	Córas, Éadach, Iarnród.	Gual	Dóigh, Dubh, Tine.
Greim	Ceangail, Ith, Tóg.	Gualainn	Lámh.
Grian	Grian, Solas.	Gualda	Dubh.
Grianán	Grian, Seomra.	Guanach	Nóisean.
Grianchloch	Cloch.	Guigh	Guigh.
Griandaite	Aghaidh, Snua.	Guím	Guigh, Iarr.
Grianghraf	Íomhá, Nuachtán.	Gúna	Éide.
Grianstad	Grian, Séasúr.	Gúnadóireacht	Maisigh.
Grideall	Arán.	Gunail	Bád.
Grinnbhreathnaím	Fíor.	Gunna	Gunna.
Grinneall	Abhainn, Báigh, Farraige,	Gustal	Airgead.
	Íseal.	Guta	Fuaim, Litir.
Grinneas	Aigne, Beacht, Cliste,	Gúta	Fulaingt, Toirtiúil.
	Intleacht,	Gutaí	Gramadach.
	Spiorad.	Guth	Clois, Fuaim, Gairm,
Grinnléitheoireacht	Ciallaigh, Léigh, Mínigh.		Vótáil.
Gríobh	Troigh.	Guthaíocht	Vótáil.
Griogadh	Béim, Cráigh, Gáire.	Hacaí	Cluiche.
Griolsa	Anord, Troid.	Háilléar	Seol.
Gríos	Craiceann, Lonraigh, Teas,	Haingear	Eitleán.
	Tine.	Hairt	Cárta.
Gríosaím	Áitigh, Comhairle, Gníomh,	Halmadóir	Bád.
	Spreag.	Heileacaptar	Eitleán.
Gríosaíonn	Mothú.	Hibernia	Éire.
Gríoscaim	Feoil, Teas.	Hiodrant	Uisce.
Gríoscann	Dóigh, Tine.	Hiondúchas	Reiligiún.
Gríosghrua	Snua.	Hipitéis	Amhras, Córas, Cuma,
Gríosóir	Cúis.		Léann,
Gríosú	Spreag, Troid.		Samhlaíocht, Teoiric.
Griothalán	Díograis.	Homaile	Seanmóir.
Gríscín	Feoil.	Húicéir	Bád.
Gríséadach	Capall.	Hurla harla	Gáir.
Grod	Borb, Foréigean, Tapa,	Iaim	Dúnaim.
	Tobann.	Iall	Ceangail.
Gróigeán	Cnuasach, Móin.	Iallach	Brúigh, Foréigean, Iallach.
Gróigthe	Staidiúir.	Iarann	Airgead.
Grua	Aghaidh, Ceann.	Iarbheart	Spleáchas, Toradh.
Gruagach	Áit, Fionnadh.	Iarbhlas	Blas.
Gruagaireacht	Maisigh.	Iardraí	Cinniúint.
Gruaig	Ceann, Gruaig.	Iarfhocal	Críochnaigh.
Gruaim	Brón, Dubh.	Iarghnó	Brón.
Gruaimhín	Amuigh, Bealach, Imeall,	Iargúil	Ceil, Fada.
	Teorainn.	Iargúlta	Fada.
Gruama	Brón, Drochmhisneach,	Iarla	Ceannaire.
	Éad.	Iarlais	Draíocht.
Grúdlann	Tionscal.	Iarmhairt	Cúis, Spleáchas, Toradh.
Grúntáil	Farraige, Lorg, Scrúdaigh,	Iarmhar	Bun, Fuílleach.
	Triail.	Iarmhéirí	Guigh, Liotúirge, Maidin.
Grúpa	Buíon, Cineál, Scata,	Iarnóin	Am, Lá, Tráthnóna.
	Sochaí.	Iarnród	Córas, Iarnród.
Grusach	Borb, Crua, Fearg.	Iaró	Gaol.
Gruth	Bainne, Contrártha, Tiubh.	Iarr	Iarr.
Guagach	Athraigh, Éadrom,	Iarraidh	Cuspóir, Ionsaí, Triail.

Iarraim	Ceist, Cúiteamh, Guigh, Iarr.	Imirt	Cárta.
Iarratas	Ceist, Iarr.	Imlabhra	Fada.
Iarrthóir	Coimhlint, Iarr, Iomaíocht, Vótáil.	Imleabhar	Leabhar, Roinn.
		Imlíne	Amuigh, Ciorcal, Foirm, Imeall, Istigh,
Iarsma	Fuílleach, Spleáchas, Toradh.		Líne, Teorainn, Tomhas.
		Imní	Aiféala, Anachain, Brón, Cúram,
Iarsmaí	Cuimhne.		
Iarta	Teas, Tine.		Eagla, Spéis.
Iarthar	Iarthar.	Imníoch	Eagla, Mearbhall.
Iasacht	Airgead, Bronntanas, Fiacha, Iasacht.	Impí	Glaoigh, Iarr, Reiligiún.
		Impím	Guigh, Iarr.
Iasc	Ainmhí, Iasc.	Impire	Ceannaire.
Iatóir	Dúnaim.	Imprisean	Smaoinigh.
Ibhim	Ól.	Imreas	Achasán, Anord, Coimhlint, Fuath, Troid.
Idé	Breith, Smaoinigh, Teoiric, Tuairim.	Imshuí	Cogadh.
Idéagram	Litir.	Imshuím	Dún, Dúnaim.
Idéal	Ealaín, Foirfe, Smaoinigh, Teoiric.	Imtharraingt	Meáchan.
		Imtheorannaím	Istigh.
Idéalachas	Aigne, Samhlaíocht, Smaoinigh, Spiorad.	Imtheorannú	Príosún.
		Inbhear	Abhainn, Farraige.
		Inbhéartú	Reitric.
Ídím	Laghdaigh, Mill.	Inbheirthe	Eolas, Istigh.
Idirbheartaíocht	Cogadh, Polaitíocht, Ullmhaigh.	Inchinn	Céadfa, Feoil.
		Inchoirím	Milleán.
Idirdhealaím	Argóint, Réasún, Scar.	Inchosanta	Ceart.
Idirdhealú	Réasún.	Inchreidte	Ceart, Creid.
Idirghabháil	Cosain, Gníomh, Meán.	Inchreidteacht	Creid.
Idirghabhálaí	Gníomh, Margadh.	Indibhid	Beith, Duine, Pearsa.
Idirghuí	Cosain, Guigh.	Ineasclann	Snigh.
Idirmhíním	Ciallaigh, Intleacht.	Infear	Troscán.
Idirmhíniú	Mínigh.	Infeireas	Toradh.
Idirnáisiúnta	Dlí, Eachtrannach, Tír, Tráchtáil.	Infeirím	Cruthúnas, Réasún.
		Infheicthe	Radharc.
Idirscaradh	Pósadh, Scar, Tréig.	Infheistím	Airgeadas.
Idirscoirim	Scar.	Infheistíocht	Airgeadas, Tionscal.
Idirstór	Coinnigh.	Infhillim	Dúnaim.
Ídítear	Caill.	Infinideach	Briathar, Foirfe, Iomlán.
Ídithe	Lag.	Inghearradh	Maisigh, Troscán.
Ifreann	Ifreann.	Iniaim	Dúnaim, Istigh.
Igín	Seol.	Iniata	Istigh.
Ilbhliantúil	Buan.	Inimirceach	Eachtrannach.
Ilchineálach	Iomlán.	Iniompartha	Éadrom.
Ildiachas	Dia, Reiligiún.	Iníon	Cailín, Gaol, Leanbh, Óg.
Íle	Ungadh.	Inis	Inis.
Iltíreach	Domhan.	Iniúchaim	Aire, Breathnaigh, Fiosrach, Scrúdaigh.
Im	Bainne, Bó.		
Imdhruidim	Dún.	Inleagadh	Troscán.
Imeacht	Caill, Corp, Cuma, Imeacht, Siúil, Staidiúir.	Inlím	Maisigh, Ord, Ullmhaigh.
		Inlíocht	Arm, Cogadh, Gníomh, Meán, Troid.
Imeachtaí	Nuacht, Tarlaigh.	Inlochtaithe	Éagóir.
Imeagla	Eagla.	Inmharthana	Beatha.
Imeaglaím	Bagair, Eagla.	Inmhe	Aois.
Imeaglú	Tionchar.	Inmheabhrú	Foláireamh.
Imeall	Amuigh, Imeall, Taobh, Teorainn.	Inmheánach	Istigh, Lár.
		Inmhilleáin	Éagóir.
Imeartas	Cleas, Gníomh, Meán, Tionscnamh.	Inmhuiníne	Ceart, Muinín.
		Inné	Lá.
Imigéiniúil	Fada.	Inneach	Éadach, Olann.
Imím	Gluaiseacht, Seachain, Teith, Tréig.	Innéacs	Ábhar, Leabhar.
		Inneall	Gluaiseacht, Gluaisteán, Meán.
Imir	Dath.		
Imirce	Eachtrannach, Gluaiseacht, Taisteal, Teith, Tír.	Innealra	Tionscal.
		Innealtóir	Ailtireacht, Tionscal.
		Inneoin	Uirlis.

Innilt	Bó.	Iolraíonn	Mórán.
Inniu	Lá, Láthair.	Iomad	Dream, Mórán, Uimhir.
Inniúil	Cliste, Cumhacht.	Iomadaíonn	Méadaigh, Mórán, Planda, Tuilleadh.
Inniúlacht	Acmhainn, Cumhacht.		
Inoibrithe	Úsáideach.	Iomadúil	Minic.
Inscne	Ainm, Gramadach.	Iomadúlacht	Mórán, Uimhir.
Inscríbhinn	Nath, Scríobh, Sochraid.	Iomaíocht	Achrann, Coimhlint, Díograis, Éad, Fuath, Iarr, Iomaíocht, Troid.
Inse	Bosca, Tábhachtach.		
Insealbhú	Deasghnáth, Easpag, Searmanas, Tús.		
Insileadh	Ól.	Iomaire	Aimsir, Talmhaíocht.
Insilte	Istigh, Ól.	Iomaitheoir	Coimhlint, Iomaíocht.
Insím	Abair, Admhaigh, Foláireamh, Inis, Litríocht, Rún.	Iománaíocht	Cluiche.
		Iomann	Amhrán, Liotúirge.
		Iomarbhá	Anord.
Insíothlaíonn	Istigh.	Iomarca	Fuílleach, Tuilleadh.
Inspioráid	Cliste, Comhairle, Ealaín, Filíocht, Litríocht, Reiligiún, Samhlaíocht, Tionchar.	Iomard	Milleán, Tionchar.
		Iomardú	Bagair, Foláireamh, Gearán, Milleán.
		Iomas	Eolas, Intleacht, Smaoinigh.
		Iomchuí	Maith.
Instealladh	Scaird.	Iomghaoth	Gaoth, Timpeall.
Insteoir	Inis.	Íomhá	Comparáid, Cosúil, Cuma, Íomhá.
Instinn	Aigne, Ainmhian, Nádúr, Spiorad.		
		Íomháineacht	Aigne, Filíocht, Samhlaíocht.
Instinní	Duine, Smaoinigh.		
Institiúid	Léann, Manach, Ollscoil, Scoil, Sochaí.	Iomlacht	Gluaiseacht.
		Iomlán	Bailigh, Cnuasach, Foirfe, Iomlán, Lán, Nua, Uimhir.
Intinn	Cúis, Cuspóir, Mian, Réasún, Smaoinigh, Tionscnamh, Toil.		
		Iomlaoid	Athraigh, Gluaiseacht.
		Iomlasc	Gluaiseacht, Staidiúir.
		Iomlat	Gluaiseacht.
Intíre	Istigh.	Iomluail	Gluaiseacht.
Intleacht	Aigne, Cleas, Cliste, Duine, Eagna, Eolas, Intleacht, Réasún, Smaoinigh, Spiorad.	Iompaím	Athraigh, Cas, Contrártha.
		Iompar	Corp, Déan, Imeacht, Saolú, Staidiúir, Tráchtáil.
Intleachtach	Cliste, Intleacht, Cliste.		
Intleachtóir	Léann.	Iompórtáil	Eachtrannach.
Intofa	Vótáil.	Iompórtáilim	Istigh.
Intreach	Istigh.	Iompraím	Fulaingt, Gluaiseacht.
Intriacht	Gáir, Gairm, Gramadach.	Iompú	Aithrí, Col, Díleá.
Intuigthe	Furasta, Intleacht.	Iomrá	Abair, Cáil, Poiblí.
Íobairt	Aifreann, Bronntanas, Dia, Reiligiún.	Iomráiteach	Cáil, Poiblí.
		Iomrall	Earráid.
Íobraím	Maraigh.	Iomramh	Litríocht.
Íoc	Leigheas, Tráchtáil.	Imshuí	Arm.
Íocaíocht	Caith.	Íon	Geanmnaí.
Íochtar	Bun, Íseal, Lár, Teorainn, Umhal.	Ionaclú	Galar.
		Ionad	Áit, Feidhm, Lár, Tír.
Íochtarán	Beag, Bocht, Coibhneas, Difriúil, Drochmheas, Íochtarán, Spleáchas, Umhal.	Ionadaí	Cabhair, Íochtarán.
		Ionadaíocht	Vótáil.
		Ionadúil	Coitianta.
		Ionailt	Fóin, Íochtarán, Maighdean.
		Ion-análaím	Boladh.
Íoclann	Leigheas, Ospidéal.	Ionann	Cosúil, Difriúil.
Íogair	Ceart, Coinsias, Éad.	Ionannas	Comparáid, Cosúil.
Íogaireacht	Aigne, Blas, Céadfa, Mothú, Spiorad.	Ionathar	Lár.
		Ioncam	Airgeadas, Saibhir, Sochar.
		Inchoirigh	Milleán.
Íoladhradh	Dia, Reiligiún.	Ionchollú	Rúndiamhair.
Iolar	Bratach.	Ionchorpraigh	Istigh.
Iolartán	Aifreann.	Ionduchtú	Argóint, Cúis, Intleacht, Mínigh, Réasún, Smaoinigh, Toradh.
Iolarthacht	Mórán.		
Iolraím	Cosúil, Méadaigh, Tuilleadh.		

Iondúil	Minic.	Ithiomrá	Achasán, Cáil, Milleán.
Ionga	Lámh, Troigh.	Ithir	Talmhaíocht, Tír.
Íonghlanadh	Feabhas, Rúndiamhair, Searmanas.	Iubhaile	Logha, Searmanas.
		Lá	Am, Féile, Lá, Láthair.
Íonghlanaim	Nigh.	Lab	Airgead, Bailigh, Cnuasach, Uacht.
Ionladh	Cóiriú, Nigh, Uisce.		
Ionlaim	Glan, Nigh.	Lábán	Iasc, Salach, Tiubh.
Ionnaltán	Nigh.	Labhraím	Abair, Béal, Caint.
Ionnarbadh	Tír.	Lacáiste	Laghdaigh, Praghas.
Ionnarbaim	Amuigh, Díbir, Eachtrannach.	Lách	Béas, Carthanacht, Cineálta, Furasta,
Ionracas	Admhaigh, Ceart, Fíor, Maith, Moladh, Réasún.	Láchan	Simplí. Lá, Maidin.
		Lacharnach	Olann.
Ionradh	Arm, Cogadh, Ionsaí, Tóg, Troid.	Lacht	Bainne.
		Lachtós	Bainne.
Ionraic	Ceart, Fíor, Simplí.	Ladhar	Troigh, Uirlis.
Ionramháil	Achrann, Litríocht, Tadhall, Uisce.	Ladrann	Gadaí.
		Laethúil	Lá, Minic.
Ionramhálaim	Tionchar.	Láfairt	Dall.
Ionsaí	Achasán, Arm, Cogadh, Dún, Ionsaí, Tobann, Troid.	Lag	Drochmhisneach, Éagumas, Lag, Solas.
		Lagaím	Bog, Dath, Laghdaigh, Leacht.
Ionsaím	Foréigean, Urchóid.		
Ionstraim	Conradh, Meán, Uirlis.	Lagaíonn	Umhal.
Iontach	Áilleacht, Annamh, Foirfe, Maith.	Lagar	Ciúin, Drochmhisneach, Farraige, Íseal,
Iontaoibh	Creid, Guigh, Muinín.		Lag, Tuirse.
Iontas	Annamh, Iontas.	Lagar spride	Íseal, Tuirse.
Iontóir	Aifreann.	Lagbhrí	Drochmhisneach, Lag.
Iontráilim	Istigh.	Lagbhríoch	Éagumas, Lag.
Iontróid	Aifreann, Tús.	Laghdaigh	Laghdaigh.
Ionú	Am, Maith, Oiriúnach, Séasúr, Tosca.	Laghdaím	Beag, Ciúin, Gearr, Íseal.
		Laghdú	Easpa, Laghdaigh, Praghas.
Íorna	Olann.	Lagmheas	Drochmheas.
Íoróin	Magadh, Reitric.	Lagmhisneach	Drochmhisneach, Mearbhall.
Íorpais	Borr, Toirtiúil.		
Íosa	Críost.	Lagmhisniúil	Eagla, Lag.
Íosaicme	Aicme, Áit, Bocht.	Lagsprid	Drochmhisneach.
Ioscaid	Cos.	Laí	Uirlis.
Ioslam	Mahamadach, Reiligiún.	Láib	Bog, Salach, Tiubh.
Íoslamach	Mahamadach.	Laibhe	Cloch.
Íosluach	Teorainn.	Laibhín	Arán, Spreag.
Íosmhéid	Teorainn.	Láidir	Neart.
Iosraeilíteach	Giúdach.	Laige	Drochmhisneach, Éagumas, Lag.
Iosraelach	Giúdach.		
Iosta	Coinnigh.	Láimhdeachas	Tadhall, Tráchtáil.
Íota	Fuil, Mian.	Láimhseáil	Tadhall.
Iothlainn	Arbhar, Fómhar.	Láimhsím	Tadhall, Tóg.
Iris	Ealaín, Leabhar, Nuacht, Nuachtán, Poiblí.	Laincis	Ceangail.
		Laindéar	Lonraigh.
		Láine	Cainníocht.
Iriseoir	Litríocht, Nuacht, Nuachtán.	Láinseálaim	Gluaiseacht, Scaird, Tús.
		Láinteacht	Grá.
Iriseoireacht	Nuacht, Nuachtán, Poiblí, Polaitíocht.	Laíon	Brúigh, Páipéar.
		Láir	Ainmhí, Capall.
Iseabar	Aimsir.	Láirig	Cos.
Íseal	Beag, Caint, Contrártha, Croí, Fuaim, Íseal.	Laiste	Doras, Dúnaim.
		Láithreach	Briathar, Láthair, Nua, Tapa, Tobann.
Íslíonn	Abhainn, Tit.	Láithreán	Áit.
Ísliú	Easpa, Fuar, Praghas, Tit.	Láithreog	Lorg.
Ispín	Feoil.	Lámh	Ball, Cabhair, Cliste, Fabhar,
Isteach	Istigh.		Foréigean, Gealltanas,
Istigh	Áit, Istigh.		Lámh,
Ithim	Creim, Díleá, Ith, Sásaigh.		

	Scríobh, Tadhall, Tóg, Troid, Uirlis.	Leac	Bun, Cloch, Sochraid.
		Leacaím	Brúigh, Dún, Íseal.
Lámhacán	Gluaiseacht.	Leacanta	Sonas.
Lámhach	Cuspóir, Maraigh.	Leacht	Leacht, Scaird, Snigh, Uisce.
Lamháil	Laghdaigh.	Léacht	Aifreann, Mínigh, Ollscoil, Scoil.
Lamhálaim	Ceadaigh.		
Lamháltas	Ceannaigh.	Léachtán	Aifreann, Eaglais.
Lámhchrann	Cláirseach.	Leachtanna	Cathair.
Lámhleabhar	Achoimre, Leabhar, Litríocht.	Leachtar	Buíon.
		Léachtóir	Aifreann, Ollscoil, Scoil.
Lámhscaoileadh	Sclábhaí.	Leachtú	Fiacha, Leacht, Tionscal, Tráchtáil.
Lámhscríbhinn	Scríobh.		
Lampa	Lonraigh, Solas.	Leadhb	Béim.
Lampróg	Lonraigh, Solas.	Leadhbaim	Buail.
Lán	Lán.	Leadhbairt	Foláireamh.
Lán mara	Farraige.	Leadóg	Buail, Cluiche, Pionós.
Lána	Bealach.	Leadradh	Pionós.
Lánaoiseach	Leanbh.	Leadraím	Buail.
Lánmhúchadh	Báigh.	Leadrán	Fan.
Lann	Claíomh, Scian, Tanaí, Uirlis.	Leadránach	Doiléir, Fada.
		Leagadh	Tit.
Lansa	Scian.	Leagáid	Oidhreacht, Pápa, Polaitíocht, Uacht.
Lánscor	Parlaimint.		
Lántoil	Díograis.		
Lánúin	Aontaigh, Gaol, Gnéas, Pósadh.	Leagaim	Bua, Íseal, Tit.
		Leagan	Cum, Focal, Staidiúir.
Lao	Bó.	Leáim	Bog, Caill, Creim, Laghdaigh.
Laoch	Cogadh, Misneach.		
Laochas	Misneach.	Leamh	Col, Meon, Suarach.
Laochta	Misneach.	Leamhan	Creim, Oíche.
Laofheoil	Feoil.	Leamhas	Col, Tuirse, Blas.
Laoi	Filíocht.	Leamhcheannach	Amaideach.
Laom	Solas, Tine.	Leamhnacht	Bainne.
Lapa	Lámh.	Léan	Anachain, Brón, Drochmhisneach, Fulaingt.
Lár	Arm, Istigh, Lár, Ord, Polaitíocht, Tábhachtach.		
		Leanaim	Buan, Coinnigh, Fada, Srón.
Laraing	Béal.	Leanbaíocht	Aois.
Lárphointe	Ciorcal, Lár.	Leanbh	Aois, Beag, Duine, Leanbh, Saolú.
Lasadh	Dóigh, Lonraigh, Teas, Tine.		
		Léanmhar	Crua.
Lasaim	Dóigh, Snua, Spreag, Tine.	Leann	Ól.
Lasair	Ainmhian, Dóigh, Ealaín, Solas, Tine.	Léann	Eolas, Léann, Litríocht.
		Leánn	Dóigh, Leacht.
Lasán	Dóigh, Tine.	Leannán	Ainmhian, Bean, Grá, Rogha.
Lasánta	Ainmhian, Borb, Dath, Stíl.		
Lasántacht	Ainmhian, Fearg.	Leantach	Spleáchas.
Lascadh	Báisteach, Pionós.	Leanúnach	Buan, Minic.
Lascaim	Buail, Stróic.	Lear	Farraige, Saibhir, Tír.
Lascaine	Airgeadas, Laghdaigh, Praghas.	Léar	Solas.
		Léaráid	Íomhá, Leabhar.
Lasóg	Tine.	Learg	Sliabh.
Lasta	Long, Meáchan, Trom.	Léargas	Eolas, Intleacht, Radharc, Solas.
Lastall	Áit, Amuigh, Taobh.		
Lastóir	Tine.	Léaró	Solas.
Lathach	Salach.	Léarscáil	Íomhá, Taisteal.
Láthair	Áit, Am, Lár, Láthair, Tír, Uasal, Urraim.	Leas	Buntáiste, Páirteach, Spéis.
		Léas	Conradh, Iasacht, Radharc, Solas.
Leaba	Bun, Leaba, Troscán.		
Leabhair	Áilleacht, Caol, Foirm, Tanaí.	Léasadh	Pionós.
		Leasaím	Athraigh, Ceartaigh, Deisigh, Feabhas.
Leabhar	Eolas, Leabhar, Léigh, Scríobh.		
		Léasaim	Buail.
		Leasaimiréal	Cabhlach.
Leabharlann	Leabhar, Léann, Léigh.	Leasainm	Ainm, Glaoigh.
Leabú	Spleáchas.	Leasaithe	Beacht, Ceartaigh.

Leasc	Col.		Réasún.
Léaslíne	Radharc.	Léireasc	Reitric.
Léaspáin	Samhlaíocht.	Léirím	Argóint, Buail, Ciallaigh,
Leasrí	Ceannaire, Íochtarán.		Comhartha, Cruthúnas,
Leasú	Cumann, Dlí, Talmhaíocht.		Mínigh,
Leataobh	Amuigh, Bealach, Imeall,		Oideachas, Poiblí,
	Taobh.		Taispeáin.
Leath	Beag, Cuid.	Léiritheoir	Amharclann.
Leathaim	Brúigh, Leathaim,	Léiriú	Solas.
	Méadaigh, Sín, Tuilleadh.	Léirmheas	Breith, Mínigh, Scrúdaigh.
Leathanach	Leabhar, Nuachtán.	Léirmheasaim	Ceartaigh.
Leathann	Borr, Toirtiúil.	Léirmhíním	Ciallaigh, Fíor, Litríocht.
Leathar	Bó, Craiceann, Troscán.	Léirmhíniú	Mínigh.
Leathbhád	Bád.	Léirscrios	Anachain, Mill.
Leathbhuachaill	Amaideach, Dobhránta.	Leis	Cos.
Leathchasadh	Capall, Timpeall.	Leisce	Ainmhian, Ciúin, Col,
Leathcheann	Amaideach, Dobhránta,		Dearmad,
	Staidiúir.		Díomhaoin,
Leathchúl	Staidiúir.		Drochmhisneach, Náire,
Leathdhuine	Ainbhios, Amaideach,		Peaca, Socair, Tuirse.
	Drochmheas.	Leisciúil	Bog, Díomhaoin.
Leathfhocal	Comhairle, Focal, Nath.	Leisciúlacht	Scíth.
Leathghualainn	Staidiúir.	Leisíneacht	Imeacht.
Leathimeall	Amuigh, Imeall, Taobh,	Leite	Tiubh.
	Teorainn.	Leithead	Bród, Cainníocht, Tomhas,
Leathluan	Dún.		Tromchúis.
Leathluí	Staidiúir.	Leithleach	Annamh.
Leathmhaig	Staidiúir.	Leithleachas	Ainmhian, Meon.
Leathnaím	Leathaim, Méadaigh,	Leithreas	Cac, Seomra.
	Poiblí, Sín,	Leithscéal	Bréag, Cosain, Cúis,
	Taispeáin, Tuilleadh.		Cuma.
Leathnaíonn	Toirtiúil.	Leochaileach	Beag, Bris, Éagumas, Lag.
Leathscéal	Seachain.	Leochaileacht	Mothú.
Leathshliasaid	Staidiúir.	Leoithne	Gaoth.
Leatrom	Ainmhian, Anachain, Brón,	Leon	Astralaíocht.
	Drochmhisneach, Éagóir,	Leorghníomh	Aithrí, Cúiteamh, Faoistin,
	Fulaingt.		Maithiúnas, Peaca, Sásaigh.
Léibheann	Ard, Teach.	Lí	Cuma, Dath, Sláinte, Snua.
Leibide	Dobhránta.	Lia	Galar, Leigheas, Saolú.
Leice	Lag.	Lián	Cas, Eitleán, Timpeall.
Leiceadar	Buail, Pionós.	Liath	Bán, Sean.
Leiceann	Aghaidh, Béal, Ceann.	Liathann	Dath.
Leicseanáir	Aifreann, Eaglais, Leabhar,	Liathróid	Cluiche, Cruinn.
	Liotúirge.	Liobarálachas	Polaitíocht, Saoirse.
Leictreon	Ábhar.	Libhearn	Long.
Leid	Blas, Comhairle, Eolas,	Libhré	Comhartha, Éide, Marc.
	Tionchar.	Libín	Báisteach.
Leideoir	Amharclann.	Licéar	Leacht, Ól.
Leifteán	Troigh.	Ligean	Fuil, Iasacht, Scaird.
Leifteánacht	Imeacht, Siúil.	Ligthe	Bog.
Leifteanant	Ceannaire, Oifigeach.	Limistéar	Cainníocht.
Léigear	Arm, Cogadh, Dún,	Líne	Arm, Filíocht, Gaol, Líne,
	Dúnaim.		Ord,
Léigh	Léigh.		Scata, Sín.
Leigheas	Ciúin, Críochnaigh,	Línéadach	Éadach.
	Cúiteamh,	Líním	Íomhá.
	Cúram, Galar, Leigheas.	Líníocht	Ealaín, Íomhá.
Leigheasaim	Athbheochan, Ceartaigh,	Linn	Snámh, Uisce.
	Deisigh, Feabhas,	Lintéar	Long.
	Leigheas, Sábháil.	Liobar	Béal.
Léigiún	Buíon, Scata.	Liobarnach	Éagumas, Imeacht.
Léim	Focal, Intleacht, Léigh,	Liobarnacht	Staidiúir.
	Litir.	Líofa	Caint, Saoirse, Stíl, Tapa.
Léimim	Gluaiseacht.	Líofacht	Furasta.
Léine	Aifreann.	Liombó	Ifreann.
Leipreachán	Beag.	Líomhaim	Cuimil, Scian, Snas.
Léirchruthú	Cruthúnas, Dearbhaigh,	Líomhán	Uirlis.

Líomhnaím	Abair, Dearbhaigh.	Loiceadóir	Siúil.
Líon	Cainníocht, Dream,	Loiceadóireacht	Fan.
	Éadach, Mórán,	Loiceann	Umhal.
	Parlaimint, Sáinn, Seilg,	Loicim	Bog, Col.
	Uimhir.	Loighic	Argóint, Fealsúnacht,
Líonadh	Fiacail, Istigh, Lán.		Réasún,
Líonaim	Dúnaim, Lán.		Smaoinigh.
Líonán	Carraig, Farraige.	Loighiciúil	Fíor.
Líonmhar	Cainníocht, Minic, Mórán,	Loigín	Aghaidh.
	Uimhir.	Loingeas	Cabhlach.
Lionn	Leacht.	Loingseoir	Cabhlach.
Lionn dubh	Anachain, Brón,	Loingseoireacht	Bád, Long.
	Drochmhisneach, Dubh,	Loinneog	Amhrán, Críochnaigh.
	Íseal.	Loinnir	Lonraigh, Snas, Solas.
Líonrith	Teith, Troid.	Loirgneáin	Cos, Saighdiúir.
Liopa	Béal.	Loisceann	Dóigh, Tine.
Liopach	Fuaim.	Loiscim	Dóigh, Maraigh.
Liopasta	Anásta.	Loiscneach	Creim, Dóigh.
Liopastacht	Anásta, Staidiúir.	Lóistéir	Áitreabh.
Lios	Áitreabh, Teach.	Lóistín	Áit, Áitreabh, Ósta.
Liosta	Doiléir, Fada, Meon,	Loitim	Bris, Dochar, Mill.
	Mórán.	Lom	Tanaí.
Liostáil	Cogadh.	Lomaim	Cárta, Dún, Gearraim,
Liostálaim	Áitigh, Saighdiúir.		Olann,
Liosún	Caint, Foláireamh, Milleán.		Sprionlóir.
Liotóid	Reitric.	Lomra	Fionnadh, Olann.
Liotúirge	Amhrán, Deasghnáth,	Lón	Gunna, Ith.
	Eaglais,	Lónaím	Sásaigh.
	Liotúirge, Reiligiún, Riail,	Long	Long.
	Searmanas.	Longaim	Ith.
Lipéad	Comhartha, Marc, Scríobh.	Longbhoth	Cabhlach.
Liric	Filíocht.	Longbhriseadh	Anachain, Farraige.
Liriciúlacht	Filíocht, Stíl.	Longcheárta	Cabhlach.
Litir	Focal, Foláireamh, Litir,	Longchlós	Cabhlach.
	Scríobh.	Longlann	Cabhlach.
Litríocht	Ealaín, Léann, Litríocht.	Lonn	Fearg.
Litriú	Focal, Léigh, Scríobh.	Lonnaím	Áitreabh, Stad, Staidiúir.
Liú	Ard, Gáir, Seilg.	Lonraigh	Lonraigh.
Liúntas	Laghdaigh.	Lónroinn	Arm.
Liúradh	Pionós.	Lorán	Leanbh.
Liúraim	Buail.	Lorg	Blas, Cúl, Garda, Lorg,
Lobhadh	Creim, Fiacail.		Marc, Tionchar.
Lobhann	Dochar, Mill.	Lorgaim	Guigh, Iarr, Lorg.
Lobhra	Craiceann.	Lorgaireacht	Fiosrach.
Loca	Dídean, Stad.	Losaid	Arán.
Locaim	Gluaisteán, Seachain, Stad,	Lot	Créacht.
	Tarraing.	Luach	Drochmheas, Luachmhar,
Locar	Snas, Uirlis.		Maith, Praghas,
Loch	Uisce.		Sochar, Tomhas, Uimhir.
Lóchrann	Lonraigh, Solas, Tine,	Luacháil	Praghas, Tuairim.
	Troscán.	Luachmhar	Foirfe, Luachmhar, Maith,
Locht	Duáilce, Éagóir, Earráid,		Úsáideach.
	Easpa,	Luaidreán	Abair, Cáil, Eolas, Nuacht,
	Ionsaí, Milleán, Peaca,		Poiblí,
	Urchóid.		Tuairim.
Lochtach	Éagóir, Earráid, Easpa.	Luail	Gluaiseacht.
Lochtaím	Milleán.	Luaim	Abair.
Lochtán	Ard, Teach.	Luaineach	Athraigh, Beag, Éadrom,
Lód	Meáchan, Trom.		Éiginnte.
Lodarthacht	Salach.	Luaíocht	Maith.
Lofa	Col.	Luaite	Pósadh.
Log	Oscailt, Sliabh, Súil.	Luaith	Bás, Dóigh, Tine.
Logall	Fiacail, Súil.	Luamh	Bád, Long.
Logha	Aithrí, Logha.	Luamhán	Eitleán, Meán, Treoraigh,
Loghadh	Logha, Maithiúnas, Pápa.		Uirlis.
Lógóireacht	Gearán, Olagón.	Luas	Gearr, Gluaiseacht, Solas.
Loiceadh	Easpa.	Luasbhád	Long.

Luascadh	Croith, Gluaiseacht, Long, Timpeall.		Pléisiúr.
		Madra	Cosain, Gáir, Madra, Seilg, Treoraigh.
Luascaim	Gluaiseacht.		
Luascán	Cluiche.	Magadh	Achasán, Drochmheas, Gáire, Magadh, Milleán.
Luath	Tapa.		
Luathaím	Gluaisteán, Spreag.		
Luathbheartach	Dána, Tobann.	Magairle	Gnéas.
Luathscríbhneoireacht	Achoimre, Scríobh.	Mahagaine	Troscán.
		Mahamadach	Mahamadach.
Lúb	Ciorcal, Cuar.	Maicín	Óg.
Lúbaim	Crap, Íseal, Staidiúir, Tionchar.	Maide	Maide, Taca.
		Maidhm	Ainmhian, Béim, Bris, Sneachta, Teith,
Lúbann	Umhal.		
Lúcháir	Áthas, Pléisiúr, Sonas.		Tit, Tobann, Troid.
Lucharachán	Draíocht.	Maidin	Am, Maidin, Oíche, Tús.
Lucht	Long, Meáchan, Trom.	Maidneachan	Maidin, Oíche, Solas.
Lucht éisteachta	Clois, Láthair, Seanmóir.	Maighdean	Astralaíocht, Bean, Cailín, Geanmnaí,
Lucht féachana	Láthair, Poiblí.		
Lucht oibre	Obair, Pobal.		Maighdean, Naomh.
Luchtaím	Long, Meáchan, Trom.	Maighdeog	Tábhachtach, Timpeall.
Lúdracha	Doras.	Mailís	Cleas, Duáilce, Urchóid.
Lúfar	Cliste, Éadrom, Neart.	Maím	Abair, Comhairle, Dearbhaigh,
Luí	Ainmhian, Codladh, Íseal, Meon, Mian,		
			Foláireamh, Gealltanas, Moladh.
	Páirteach, Rogha, Sín, Staidiúir,	Mamaí	Bean.
	Toil.	Mainéar	Teach.
Luí seoil	Fulaingt, Leanbh, Saolú.	Maingléiseach	Bród.
Luibh	Ól, Planda.	Mainicín	Cuspa.
Luifearnach	Planda.	Mainistir	Coitianta, Eaglais, Manach.
Lúinéad	Eocairist.	Máinlia	Galar, Leigheas, Ospidéal.
Loinneog	Filíocht.	Mainneachtain	Dearmad, Earráid, Easpa, Tréig.
Luíochán	Brathadóir, Cogadh, Dainséar,		
		Máinneáil	Fan, Imeacht.
	Ionsaí, Maraigh, Sáinn.	Mainnear	Talmhaíocht.
Lúireach	Cosain, Dídean.	Maintíneacht	Maisigh.
Luisne	Dath, Lonraigh, Snua.	Maíomh	Bréag, Cur i gcéill, Moladh.
Luisniúil	Snua.		
Luiteach	Maith.	Mairfeacht	Leanbh, Saolú.
Lúitéis	Íseal.	Mairg	Aiféala, Brón, Náire.
Lus	Planda.	Mairgneach	Aiféala, Brón, Olagón.
Lusca	Eaglais, Íseal, Sochraid.	Mairim	Buan, Coinnigh, Fada.
Luspairt	Suarach.	Mairnéalach	Bád, Cabhlach.
Lústar	Íseal, Madra, Moladh.	Mairnéalacht	Long.
Lútáil	Íseal, Madra, Moladh.	Máirseáil	Imeacht, Siúil.
Lúth	Neart.	Mairteoil	Feoil.
Mabóg	Maisigh.	Máirtíní	Cos.
Mac	Gaol, Leanbh.	Mairtíreach	Foighne, Naomh, Reiligiún.
Macalla	Fuaim.	Mais	Cainníocht, Tomhas.
Mac léinn	Obair, Oideachas.	Maise	Áilleacht.
Macánta	Ceart, Fíor, Saoirse, Simplí.	Maisigh	Maisigh.
		Maisím	Ceartaigh, Dath, Feabhas, Íomhá.
Macántacht	Admhaigh, Fíor, Suáilce.		
Macaomh	Óg.	Maisiúchán	Dath, Éide, Íomhá, Leabhar, Maisigh.
Macasamhail	Aithris, Beacht, Cosúil, Cuspa, Íomhá.		
		Maiste	Tine.
Macasamhlaím	Cosúil.	Maistín	Dána, Óg.
Mac-chléireach	Sagart.	Máistir	Cumhacht, Ealaín, Fealsúnacht,
Máchail	Duáilce, Easpa.		
Máchaileach	Easpa.		Oideachas, Seilbh.
Máchailím	Mill.	Máistreacht	Bua, Cliste, Cumhacht, Ealaín.
Machnaím	Aire, Breathnaigh, Smaoinigh.		
		Máistreás	Bean, Oideachas, Scoil.
Machnamh	Aigne, Éagna, Guigh, Intleacht, Scrúdaigh,	Maíteach	Cur i gcéill.
		Maith	Maith.
	Smaoinigh, Spiorad.	Maitheas	Maith.
Macnas	Ainmhian, Áthas, Drabhlás,	Maithim	Dearmad, Maithiúnas.

Maithiúnas	Aiféala, Aithrí, Dearmad, Fabhar, Faoistin, Logha, Maithiúnas, Peaca.	Marbhántacht	Drochmhisneach, Lag,Tuirse.
		Marbhfháisc	Bás, Béal, Dúnaim, Sochraid.
Máithreach	Bunús.	Marbhna	Deoir, Filíocht, Olagón.
Máithreachas	Leanbh, Saolú.	Marbhshruth	Marc.
Máithreánacht	Ollscoil.	Marbhuain	Obair.
Maitrís	Cuspa.	Marc	Airgead, Cuspóir, Marc.
Mala	Ard, Bealach, Sliabh, Súil.	Marcach	Capall.
Malairt	Athraigh, Difriúil, Gluaiseacht.	Marcachas	Capall.
		Marcálaim	Marc.
Malartaím	Athraigh.	Marclach	Capall.
Malartán	Draíocht, Margadh, Sochaí, Tráchtáil.	Marcra	Capall.
		Marcsachas	Polaitíocht.
Mallacht	Achasán.	Marcshlua	Arm, Cogadh, Saighdiúir.
Mallachtach	Reitric.	Margadh	Ceannaigh, Margadh, Tráchtáil.
Mallintinneach	Trom.		
Mallmhuir	Farraige.	Margáil	Ceannaigh, Praghas.
Malrach	Aois, Óg.	Margálaí	Tráchtáil.
Mám	Sliabh.	Marmar	Cloch.
Mámálaim	Cnuasach.	Maróg	Borr, Práta.
Mámh	Cárta.	Marógach	Cruinn, Toirtiúil.
Mán	Grá.	Marthanach	Buan.
Mana	Cinniúint, Nath.	Más	Cos.
Manach	Coitianta, Manach.	Másailéam	Sochraid.
Manachas	Manach.	Masc	Aghaidh, Clúdaigh, Cuma.
Manchaine	Manach.	Masla	Achasán, Bagair, Borb, Díoltas, Drochmheas, Fearg, Foláireamh, Ionsaí, Náire.
Mangaire	Tráchtáil, Margadh.		
Mangairt	Gluaiseacht.		
Manglam	Ól.		
Mánla	Bog, Cineálta, Foighne, Simplí, Uiríseal.		
		Maslach	Crua.
		Maslaím	Bagair, Foláireamh, Náire.
Mánlacht	Soghníomh.	Masmas	Col, Díleá, Sásaigh.
Mant	Fiacail.	Máta	Cabhlach.
Mantach	Fiacail, Sean.	Matamaiticiúil	Beacht.
Mantóg	Béal, Dúnaim.	Máthair	Bean, Bunús, Créacht, Gaol, Maighdean, Pósadh.
Maoil	Sliabh.		
Maoin	Airgead, Cnuasach, Luachmhar, Maith, Saibhir, Sochar.		
		Máthairab	Manach.
		Máthairtheach	Manach.
Maoirseoir	Oifig.	Máthairthír	Polaitíocht, Tír.
Maoiseog	Bailigh, Cnuasach.	Mátrún	Ospidéal.
Maoithneachas	Mothú.	Meá	Astralaíocht, Meáchan, Tomhas.
Maol	Fuaim, Gruaig.		
Maolaigeanta	Amaideach, Trom.	Meabhair	Aigne, Céadfa, Cuimhne, Réasún, Smaoinigh, Spiorad.
Maolaím	Athraigh, Bog, Ciúin, Constaic, Gruaig, Íseal, Laghdaigh, Leigheas, Teorainn.		
		Meabhal	Cleas, Éagóir, Feall, Gadaí.
		Meabhlaím	Áitigh, Bréag, Tionchar.
		Meabhraím	Breathnaigh, Foláireamh, Smaoinigh, Tionscnamh.
Maolaíonn	Tionchar.		
Maolán	Ard, Bó, Sliabh.		
Maolcheannach	Amaideach, Gruaig.	Meabhraíocht	Teoiric.
Maolintinneach	Amaideach.	Meabhrán	Cuimhne.
Maor	Coinnigh, Íochtarán, Treoraigh.	Meabhrú	Breathnaigh, Eagna, Intleacht.
Maorga	Imeacht, Tromchúis.	Meáchan	Cainníocht, Meáchan, Tomhas, Trom.
Maorgacht	Tromchúis, Uasal, Urraim.		
Maorlathas	Oifig.	Méadaigh	Méadaigh.
Maoth	Bog.	Méadailín	Croí.
Mapa	Íomhá.	Méadaím	Leathaim, Méadaigh, Tuilleadh.
Maraí	Cabhlach.		
Maraigh	Maraigh.	Méadaíocht	Bród, Méadaigh.
Maraíocht	Taisteal.	Méadaíonn	Borr, Planda, Toirtiúil.
Marbhán	Bás, Corp, Sochraid.	Meadaracht	Filíocht, Gramadach.
Marbhánta	Bog, Díomhaoin.	Meadhg	Bainne.

Méadú	Fada, Tuilleadh.	Measartha	Eagna, Geanmnaí,
Meafar	Ainm, Comhartha,		Measarthacht, Teorainn.
	Comparáid, Reitric.	Measarthacht	Crua, Eagna, Geanmnaí,
Meáim	Breith, Meáchan,		Measarthacht,
	Scrúdaigh, Uimhir.		Socair, Suáilce, Teorainn.
Meáite	Críonnacht, Tionscnamh.	Meascán	Anord, Difriúil, Earráid,
Méala	Brón.		Éiginnte.
Méaldráma	Amharclann.	Meastachán	Praghas, Uimhir.
Meall	Bailigh, Ciorcal, Cos,	Measúil	Onóir.
	Cruinn, Meáchan,	Meata	Bog, Eagla, Lag.
	Súil.	Meatacht	Drochmhisneach.
Meallacach	Áilleacht.	Meatainime	Ainm, Reitric.
Mealladh	Bréag, Earráid, Toil.	Meath	Críochnaigh, Dochar, Íseal,
Meallaim	Áitigh, Bréag, Feall,		Tit.
	Litríocht,	Meathann	Mill.
	Spéis, Tarraing, Tionchar,	Meathlaím	Bog, Dochar.
	Treoraigh.	Meathlaíonn	Umhal.
Mealltach	Brathadóir, Bréag.	Méathras	Maith.
Mealltóireacht	Cleas.	Meicnic	Ábhar, Gluaiseacht.
Meamhlach	Cat, Gáir.	Meicníocht	Anáil, Meán.
Meamram	Cuimhne, Scríobh.	Méid	Cainníocht, Mórán,
Meán	Déan, Lár, Meán, Riail.		Toirtiúil,
Meana	Uirlis.		Tomhas, Uimhir.
Meánach	Lár.	Meidhir	Áthas, Pléisiúr, Sonas.
Meánaicme	Aicme, Pobal.	Meidhreach	Áthas.
Meánaois	Am, Aois.	Meigeall	Fionnadh.
Meánaosta	Aois.	Meigeallach	Gáir.
Meancóg	Anásta, Dearmad, Earráid.	Meilceadán	Béal.
Meandar	Am, Gearr.	Méile	Ard, Sliabh.
Méanfach	Anáil, Béal, Codladh,	Méileach	Gáir.
	Torann.	Meilim	Béal, Brúigh, Cuimil,
Meangadh	Gáire.		Scian.
Meán lae	Am.	Méilséara	Fómhar.
Meanma	Aigne, Ainmhian, Meon,	Meilt	Díleá.
	Mothú.	Méin	Cuma, Imeacht, Meon,
Meanmarc	Grá, Mian.		Staidiúir.
Meánn	Meáchan.	Meirbh	Lag.
Mear	Cliste, Tapa.	Meirdreach	Bean.
Méar	Bealach, Céadfa, Eolas,	Meirdreachas	Drabhlás, Drúis.
	Fan, Lámh,	Meirg	Creim, Dochar, Mill,
	Tadhall, Troigh.		Salach.
Méar eolais	Bealach, Comhartha,	Meirge	Bratach, Comhartha,
	Foláireamh, Marc.		Maisigh, Marc.
Méara	Cathair, Ceannaire.	Meirgíonn	Mill.
Mearaím	Dearmad.	Meirgire	Bratach.
Méaraíocht	Lámh, Tadhall.	Meirleach	Gadaí, Urchóid.
Mearaíonn	Mothú.	Meirleachas	Anord, Ceannairc.
Mearaithe	Mearbhall.	Méirnéis	Bród.
Mearbhall	Anord, Dearmad, Eagla,	Méirscre	Craiceann.
	Earráid,	Meirse	Sclábhaí.
	Éiginnte, Iontas, Mearbhall,	Meirtne	Drochmhisneach.
	Mothú.	Meisce	Ainmhian, Drabhlás,
Mearbhlach	Mearbhall.		Éagumas, Sásaigh.
Mearbhlán	Cas.	Meisia	Críost.
Mearchiall	Fearg.	Meitéareolaí	Aimsir.
Mearchuimhne	Cuimhne, Dearmad.	Meitéareolaíocht	Aimsir.
Meargánta	Dainséar, Dána, Misneach,	Méith	Saibhir.
	Nóisean,	Meitheal	Buíon, Compánach, Dream,
	Tobann.		Scata,
Meargántacht	Misneach.		Talmhaíocht.
Méarnáil	Dall, Solas, Tadhall.	Meitidisteachas	Reiligiún.
Méaróg	Cloch.	Meitifisic	Fealsúnacht, Spiorad.
Meas	Breith, Onóir, Planda,	Meititéis	Reitric.
	Spéis,	Meon	Aigne, Ainmhian,
	Tuairim, Urraim.		Cáilíocht, Meon,
Measaim	Breith, Scrúdaigh,		Nádúr, Smaoinigh, Staid.
	Smaoinigh, Uimhir.	Mí	Am.

Mí-ádh	Anachain, Cinniúint.	Mín	Bog, Caol, Sliabh, Snas, Tanaí, Uiríseal.
Mian	Ainmhian, Cuspóir, Dóchas, Drúis, Mian, Toil.	Mínáireach	Drúis, Duáilce.
Mianach	Acmhainn, Cliste, Ealaín, Meon, Nádúr.	Mínáirí	Dána, Drabhlás, Duáilce.
		Mineastráil	Feidhm, Sacraimint.
Mianaím	Iarr, Mian.	Minic	Minic.
Miangas	Ainmhian, Drúis, Toil.	Míním	Abair, Ciallaigh, Cuimil, Furasta, Intleacht, Litríocht, Oideachas, Snas.
Mias	Árthach.		
Miasma	Boladh, Dochar.		
Míbhá	Contrártha, Fuath.		
Míbheart	Coir.		
Míbhéasach	Achasán, Borb.	Mínigh	Mínigh.
Míchaidreamhach	Brón.	Mínineacht	Cur i gcéill.
Míchéadfa	Ceannairc, Fearg.	Ministir	Reiligiún, Seanmóir.
Mícheansacht	Toil.	Ministreálaí	Baisteadh.
Mícheart	Earráid, Easpa.	Míniú	Cúis.
Míchinniúint	Anachain, Cinniúint.	Mínormálta	Annamh, Contrártha, Riail, Tuilleadh.
Míchlú	Cáil, Milleán, Mímhuinín, Náire.		
		Míntíriú	Talmhaíocht.
Míchlúiteach	Cáil.	Míochaine	Galar, Leigheas.
Míchneasta	Éagóir.	Miocht	Aifreann, Sagart.
Míchruinn	Easpa.	Miodóg	Claíomh, Scian.
Míchuíosach	Nóisean.	Míofar	Anchumtha, Col.
Míchumthacht	Anchumtha.	Míog	Gáire.
Micreascóp	Radharc, Súil.	Míol	Ainmhí.
Mídhéanamh	Anchumtha.	Míoltóg	Ainmhí.
Mídhílis	Athraigh, Brathadóir, Éagóir, Easpa, Feall.	Mion	Tanaí.
		Mionaím	Gearraim, Laghdaigh.
		Mionaois	Aois.
Mídhílseacht	Brathadóir, Feall, Pósadh, Sáraigh, Tréig.	Mionaoiseach	Éagumas, Íochtarán, Leanbh.
Mídhiscréid	Fiosrach.	Mionathraím	Athraigh, Tionchar.
Mí-eagar	Anord, Riail.	Mionbhrúim	Brúigh.
Mífhabhar	Fuath, Mímhuinín.	Mion-cháisc	Cáisc, Liotúirge.
Mífhoighne	Borb.	Mionchomhrá	Nuacht.
Mífhonn	Col.	Mionchúis	Beacht, Cúram, Díograis.
Mífhonnmhar	Col, Iallach.	Mionchúiseach	Beacht, Críonnacht, Cur i gcéill.
Mífhortún	Anachain.		
Mífhreagrach	Difriúil.	Miondealaím	Scar.
Mígharach	Crua.	Miondíol	Ceannaigh, Tráchtáil.
Mígheanas	Drúis.	Mionlach	Polaitíocht, Uimhir, Vótáil.
Mígheanmnaíocht	Drúis.	Mionn	Cruthúnas.
Míghiúmar	Nóisean.	Mionnaím	Cinnteacht, Dearbhaigh, Geallranas.
Míghnaoi	Anchumtha, Nóisean.		
Míghníomh	Éagóir.	Mionrud	Beag.
Mí-ionraic	Éagóir.	Mionsamhail	Cuspa, Íomhá.
Mílí	Bán.	Mionsonraí	Spleáchas.
Mílítheach	Bán.	Mionsonrú	Cuid.
Míliste	Buíon, Cogadh, Saighdiúir.	Mionta	Airgead.
Mílítheach	Aghaidh, Dath, Snua.	Miorcaí	Leanbh.
Mill	Mill.	Mí-ord	Anord, Riail.
Milleabar	Aimsir.	Míorúilt	Iontas.
Milleagram	Meáchan.	Míosachán	Nuachtán.
Milleán	Breith, Foláireamh, Ionsaí, Milleán.	Mioscais	Cleas, Fuath, Urchóid.
		Mioscaiseach	Urchóid.
Millim	Bris, Bua, Dochar.	Miosúr	Cainníocht, Riail, Tomhas.
Milliúnaí	Saibhir.	Miotais	Stair.
Millteanach	Iontas.	Miotas	Dia, Rúndiamhair, Scéal.
Míloighiciúil	Réasún.	Miotaseolaíocht	Dia.
Mím	Tost.	Mír	Cuid, Roinn, Tábhachtach.
Mímhacánta	Éagóir.	Mire	Buile, Fearg.
Mímhodhúlacht	Drúis.	Míréasún	Anord, Réasún.
Mímhorálta	Duáilce, Éagóir.	Mírialta	Riail.
Mímhoráltacht	Drabhlás, Duáilce.	Misean	Seanmóir, Feidhm, Ordú, Sagart.
Mímhuinín	Amhras, Mímhuinín.		
Mímhúinte	Achasán, Borb.	Míshásamh	Ceannairc.

Míshásta	Brón.	Moll	Bailigh, Cnuasach, Meáchan, Mórán.
Míshástacht	Gearán, Milleán, Monabhar, Olagón.	Moltóir	Breith, Breitheamh.
Míshéan	Anachain, Cinniúint.	Moltóireacht	Breith.
Míshlacht	Anord.	Mona	Airgead.
Misidear	Umhal.	Monabhar	Caint, Gearán, Milleán, Monabhar,
Misinéir	Sagart, Seanmóir.		
Misneach	Misneach, Neart.		Olagón, Torann.
Misním	Comhairle, Spreag, Tionchar.	Monad	Prionsabal, Simplí.
		Monagraf	Litríocht.
Misniúil	Dána, Neart.	Monagram	Achoimre, Ainm, Litir.
Misteachas	Guigh, Reiligiún.	Monalóg	Abair, Amharclann.
Mistéir	Rún, Rúndiamhair.	Monaplacht	Ceannaigh, Cumhacht, Fabhar, Iomlán,
Místuaim	Anásta.		
Místuama	Anásta.		Tráchtáil.
Miteachas	Eagla.	Monarc	Ceannaire.
Mítéar	Easpag.	Monarcacht	Polaitíocht.
Míthaitneamh	Fuath, Milleán.	Monarcha	Obair, Tionscal, Tráchtáil.
Míthapa	Earráid.	Mór	Spéis, Tábhachtach,
Mitheas	Oiriúnach.		Toirtiúil, Trom.
Mithid	Oiriúnach.	Móraid	Ard, Sliabh.
Míthrócaireach	Crua.	Móraigeantacht	Aigne, Bród, Fial, Soghníomh,
Míthuiscint	Achrann.		
Miúil	Capall.		Spiorad, Uasal.
Míúin	Guigh.	Móráil	Bród.
Mochóirí	Maidin, Tapa.	Móraim	Moladh.
Modarcheo	Doiléir.	Morálaí	Litríocht, Spiorad.
Modartha	Doiléir, Dubh, Tiubh.	Morálta	Coinsias, Maith, Suáilce.
Modh	Briathar, Córas, Déan, Fealsúnacht,	Moráltacht	Ceart, Coinsias, Fealsúnacht, Maith,
	Gníomh, Gramadach,		Suáilce.
	Meán, Oideachas,	Móramh	Uimhir.
	Ord, Riail, Staid, Urraim.	Mórán	Cainníocht, Dream, Mórán,
Modhnaím	Tionchar.		Uimhir.
Modhúil	Foighne, Geanmnaí, Uiríseal.	Mórchroí	Fial, Soghníomh, Spiorad.
		Mórchuid	Cainníocht, Dream, Tuilleadh, Uimhir.
Modhúlacht	Geanmnaí, Measarthacht.		
Mogall	Clúdaigh, Súil.	Mórchúis	Ard, Bród, Cur i gcéill, Staidiúir, Tromchúis,
Mogh	Íochtarán, Sclábhaí.		
Moghsaine	Fóin, Iallach, Íochtarán, Sclábhaí,		Uasal.
		Mórdhíol	Tráchtáil.
	Tuirse.	Mórgacht	Bród, Tábhachtach, Uasal.
Móid	Geanmnaí, Manach, Rúndiamhair.	Morgadh	Bás, Créacht, Creim.
		Morgáiste	Iasacht.
Móidghealladh	Deasghnáth.	Morgann	Dochar, Mill.
Móidím	Gealltanas.	Mór is fiú	Cur i gcéill.
Moiglí	Bog.	Mórleithead	Olann.
Móilín	Ábhar, Cuid, Prionsabal, Roinn,	Mórluachach	Cur i gcéill, Tromchúis.
		Mórluachacht	Bród, Staidiúir, Tábhachtach,
	Simplí.		
Moill	Fan, Scíth.		Tromchúis.
Moilleadóireacht	Fan, Foighne.	Mórmhaor	Ceannaire.
Moillím	Laghdaigh.	Mórmheas	Ainmhian.
Móin	Dóigh, Móin.	Mórshiúl	Buíon, Deasghnáth, Féile, Scata,
Móinéar	Talmhaíocht.		
Moing	Fionnadh, Gruaig.		Searmanas.
Móiréis	Bród, Dána.	Mortabháil	Riachtanach.
Móiréiseach	Stíl.	Mórtas	Bréag, Bród, Cur i gcéill, Dána,
Moirithe	Dath.		
Moirt	Fuílleach, Tiubh.		Moladh, Uasal.
Moirtéar	Brúigh, Gunna.	Mortlaíocht	Bás.
Moirtniú	Aithrí, Suáilce, Troscadh.	Móruchtúil	Dána.
Móitíf	Amhrán, Maisigh.	Mosach	Brón, Fionnadh, Madra.
Moladh	Comhairle, Foláireamh, Moladh, Rogha.	Mósáic	Maisigh.
		Mosc	Mahamadach.
Molaim	Abair, Breith, Comhairle, Moladh, Rogha, Tionchar.	Móta	Dún.
		Mótar	Gluaiseacht.

Mothaím	Breith, Céadfa, Eolas, Intleacht, Mothú, Tadhall.		Múraíl		Teorainn. Aimsir, Báisteach.
Mothálacht	Blas, Maith, Mothú.		Murascaill Murdaróir		Farraige. Coir, Maraigh.
Mothall	Fionnadh, Gruaig.		Murlán		Claíomh, Cruinn, Doras.
Mothaolach	Imeacht, Simplí.		Murnán		Cos, Troigh.
Mothar	Crann.		Murtallach		Dath.
Mothas	Ainmhí, Gnéas.		Múrtha		Cathair, Cnuasach.
Mothú	Ainmhian, Breith, Cuma, Eolas, Mothú.		Músaem Músclaím		Ealaín. Athbheochan, Codladh, Spreag.
Mothúcháin	Aigne, Litríocht, Spiorad.				
Mua	Taibhse.		Músclaíonn		Ainmhian.
Múch	Tine.		Muslamach		Mahamadach.
Múchadh	Fulaingt, Tine.		Mustairt		Olann.
Múchaim	Ciúin, Maraigh, Sásaigh.		Mustar		Bród, Deasghnáth, Uasal.
Muiceoil	Feoil.		Mustrach		Cur i gcéill.
Muicí	Coinnigh.		Nádúr		Ábhar, Ainmhian, Bunús, Cáilíocht, Cineál, Domhan, Meon, Nádúr, Prionsabal, Spiorad, Staid, Trua, Uasal.
Muiléad	Arbhar.				
Muileann	Brúigh, Obair, Timpeall, Tionscal.				
Muileataí	Cárta.				
Muine	Ard, Crann, Sliabh.		Nádúrachas		Ábhar, Nádúr.
Múineadh	Urraim.		Nádúrtha		Ainmhian, Nádúr.
Muineál	Ceann.		Nae		Bád.
Muinice	Ceann.		Nafta		Ola.
Múinim	Ceartaigh, Foláireamh, Mínigh, Oideachas, Taispeáin, Treoraigh.		Naí Naibí Náid Naimhdeas		Leanbh. Bád. Diúltú. Coimhlint, Fearg, Fuath, Iomaíocht, Toil.
Muinín	Creid, Dóchas, Muinín, Tábhachtach.		Naíolann		Leanbh.
Muiníneach	Dána.		Naíonacht		Aois, Óg.
Muinním	Ainm, Gairm.		Naíonán		Aois, Duine, Leanbh.
Múinte	Cineálta.		Naíonra		Scoil.
Múinteacht	Soghníomh.		Náire		Achasán, Fuath, Geanmnaí, Gnéas, Íseal, Mearbhall, Náire, Peaca, Suarach, Uiríseal.
Muintearas	Aontaigh, Cairdeas, Coibhneas, Gaol, Síocháin, Taithigh.				
Múinteoir	Oideachas.		Náirím		Brón, Milleán, Náire, Uiríseal.
Muintir	Buíon, Bunús, Cineál, Coitianta, Dream, Gaol, Pearsa, Pobal, Poiblí, Scata, Tír.		Naíscoil Náisiún		Leanbh. Dream, Pobal, Polaitíocht, Sochaí, Tír.
			Náisiúnachas		Polaitíocht.
Muir	Farraige.		Náisiúnaigh		Pobal.
Muirbheach	Farraige.		Namhaid		Cogadh, Troid.
Muire	Liotúirge, Maighdean.		Naofa		Suáilce, Urraim.
Muirear	Caith.		Naofacht		Ceart, Dia, Guigh, Reiligiún, Suáilce.
Muirín	Gaol.				
Muirlím	Béal.		Naomh		Ceart, Eaglais, Féile, Naomh, Reiligiún.
Muirním	Cuimil, Cúram, Grá, Lámh, Tadhall.		Naomhaí		Am, Galar, Lá.
Muirthéacht	Anord, Ceannairc.		Naomhainmniú		Naomh.
Múisc	Col, Díleá.		Naomhluan		Lonraigh, Naomh.
Múisiam	Col, Mímhuinín.		Naomhóg		Bád.
Mullach	Ard, Sliabh, Teorainn.		Naomhphátrún		Naomh.
Munglaím	Béal, Caint.		Napachán		Leanbh.
Múnla	Cuspa, Foirm.		Nasarthach		Críost.
Múnlach	Cac, Salach.		Nasc		Cairdeas, Ceangail.
Múnláil	Ailtireacht.		Nascaim		Ceangail.
Múnlaím	Déan, Foirm, Gnáthaigh, Íomhá, Maisigh, Tionchar, Treoraigh.		Nath Nathair Nathán Nathanna		Beacht, Nath. Ainmhí. Nath. Smaoinigh.
Múnlú	Oideachas.		Neach		Taibhse.
Múr	Cosain, Dídean, Dún, Dúnaim,		Neacht Neachtar		Gaol, Leanbh. Neamh.

Néal	Aimsir, Néal.	Neodrach	Cogadh, Gramadach, Síocháin.
Néaladóireacht	Breathnaigh, Aimsir.		
Néalfartach	Codladh.	Ní	Beith.
Neamart	Dearmad, Easpa, Scíth, Urchóid.	Nia	Gaol, Leanbh.
		Nialas	Uimhir.
Neamh	Neamh.	Niamh	Lonraigh.
Neamhábalta	Éagumas.	Ním	Cóiriú, Cuimil, Glan, Nigh.
Neamhaird	Dearmad.	Nimhitheoir	Maraigh.
Neamhaire	Anásta, Dearmad.	Nimhneach	Fulaingt, Urchóid.
Néamhann	Cloch, Lonraigh, Luachmhar.	Níochán	Nigh, Uisce.
		Niogóid	Magadh.
Neamhbhalbh	Borb, Fíor, Saoirse, Simplí.	Niogóideach	Urchóid.
Neamhbhásmhar	Buan.	Nithiúil	Beith.
Neamhbhríoch	Éagumas.	Niúmóine	Anáil, Slaghdán.
Neamhbhuan	Beag, Gearr.	Nochtaim	Abair, Admhaigh, Dearbhaigh, Poiblí, Taispeáin.
Neamhchas	Furasta.		
Neamhcheadaithe	Crosaim, Éagóir, Toirmisc.		
Neamhchinnte	Éiginnte, Lag.	Nochtraí	Oíche.
Neamhchlaonta	Measarthacht.	Nod	Achoimre, Comhartha, Marc.
Neamhchleachtach	Éagumas.		
Neamhchoitianta	Annamh, Luachmhar, Nua.	Nódaím	Crann, Planda.
Neamhchorrabhuais	Foighne, Misneach.	Nóibhéine	Deasghnáth, Guigh, Lá.
Neamhchreideamh	Creid.	Nóibhíseach	Manach, Nua, Tús.
Neamhchríonnacht	Anásta.	Nóibhíseacht	Cumann, Manach, Triail.
Neamhchruinn	Doiléir, Earráid.	Nóiméad	Am, Gearr.
Neamhchúis	Magadh, Socair.	Nóin	Guigh, Tráthnóna.
Neamhchúram	Dearmad.	Nóisean	Léann, Nóisean, Smaoinigh.
Neamhdhlisteanach	Crosaim, Éagóir, Toirmisc.		
Neamhdhlíthiúil	Éagóir, Toirmisc.	Norm	Riail.
Neamhdhuine	Suarach.	Normálta	Riail.
Neamheagla	Misneach.	Nós	Béas, Gnáthaigh, Riail.
Neamheaglach	Dána, Misneach.	Nósmhaireacht	Béas, Deasghnáth.
Neamhéifeachtach	Éagumas.	Nóta	Airgead, Airgeadas, Litir, Polaitíocht, Scríobh.
Neamhfhoirfe	Easpa.		
Neamhghlaine	Drúis, Duáilce.		
Neamhghnách	Ait, Annamh, Contrártha, Iontas, Nua, Tuilleadh.	Nótáilte	Cáil.
		Nótaire	Dlí, Scríobh.
		Nouvelle	Litríocht.
Neamhinniúil	Ainbhios, Anásta, Éagumas.	Nua	Nua.
		Nua-aimseartha	Deireanach, Nua.
Neamhiomlán	Easpa.	Nua-aois	Aois.
Neamhionann	Difriúil.	Nua-aoiseach	Deireanach, Nua.
Neamhleor	Éagumas, Easpa.	Nuachreidmheach	Baisteadh.
Neamh-mhothálach	Crua.	Nuacht	Nua, Nuacht, Poiblí.
Neamhnáire	Dána.	Nuachtán	Eolas, Nuacht, Nuachtán.
Neamhní	Diúltú.	Nuachtóir	Nuachtán.
Neamhoilte	Éagumas.	Nuafhocal	Focal, Gramadach, Nua.
Neamhrialta	Riail.	Niúdar neádar	Doiléir.
Neamhsheasmhach	Athraigh.	Nuaré	Am, Aois.
Neamhshuim	Ciúin, Dearmad, Drochmheas.	Nuareacht	Reiligiún.
		Nuasachán	Manach, Nua.
Neamhspleách	Riail, Saoirse.	Nuinteas	Easpag, Pápa.
Neamhspleáchas	Measarthacht, Riail, Saoirse, Socair.	Núíosach	Ainbhios, Anásta, Tús.
		Nús	Nua, Tús.
Neamhurchóideach	Ainbhios, Bog, Ceart, Éagumas, Lag, Simplí.	Obaim	Col, Diúltú.
		Obair	Deacair, Gníomh, Obair, Tionscal.
Néareolaí	Leigheas.	Obráid	Galar, Leigheas, Ospidéal.
Néaróg	Céadfa.	Ócáid	Coir, Cúis, Tarlaigh, Tosca.
Neart	Aigne, Cainníocht, Cumhacht, Mórán, Neart, Suáilce, Tábhachtach.		
		Ocastóir	Margadh, Tráchtáil.
		Ochlán	Brón, Deoir, Gearán, Olagón, Torann, Trua.
Neartaím	Cabhair, Méadaigh, Taca.		
Neartmhar	Neart.	Ócht	Maighdean.
Neascóid	Craiceann, Créacht.	Ochtáibh	Lá, Liotúirge.
Neirbhíseach	Meon.	Ocrachán	Ocras.

Ocras	Blas, Gá, Ith, Mian, Ocras, Troscadh.		Dobhránta.
Ofráil	Aifreann.	Oirbheart	Aois, Gnéas, Óg.
Ofrálacha	Sochraid.	Oirbhire	Náire.
Ofrálaim	Gealltanas.	Oirchill	Cinniúint, Cúram, Tapa.
Óg	Cailín, Éadrom, Óg.	Oirdéal	Rúndiamhair, Triail.
Óganach	Aois, Óg.	Oireachas	Onóir.
Ógántacht	Aois.	Oireacht	Roinn.
Ógbhean	Duine, Maighdean, Óg, Amaideach, Cailín.	Oireachtas	Éire, Sochaí.
		Oireann	Coibhneas, Éide.
Ógh	Geanmnaí, Maighdean.	Oireas	Eolas, Stair.
Ógham	Litir.	Oirfide	Ceol.
Óglach	Misneach, Saighdiúir.	Oirfideach	Amhrán, Ceol.
Oibiacht	Ábhar, Beith.	Oirirc	Foirfe, Maith.
Oibleagáid	Gealltanas, Riachtanach.	Oirirceas	Tuilleadh, Uasal.
Oibleagáideach	Cabhair, Cineálta, Furasta, Riachtanach, Soghníomh, Úsáideach.	Oiriúnach	Maith, Oiriúnach, Riachtanach.
		Oirmhinneach	Urraim.
		Oirniú	Easpag, Sacraimint, Sagart.
Oibrí	Déan, Obair, Tionscal.	Oirniúchán	Searmanas.
Oibrím	Gníomh, Tóg.	Oirthí	Ainmhí, Gnéas.
Oibrithe	Aicme, Obair.	Oisteansóir	Eaglais, Eocairist.
Oíche	Am, Doiléir, Gealach, Oíche, Ósta, Tráthnóna.	Oitir	Farraige.
		Ól	Braon, Drabhlás, Ól, Uisce.
Óid	Filíocht.	Ola	Dóigh, Eaglais, Ola, Ungadh.
Oide	Caomhnaigh, Comhairle, Faoistin, Oideachas, Ollscoil, Scoil, Treoraigh.		
		Ola dhéanach	Bás, Sacraimint, Ungadh.
		Ola na n-easlán	Liotúirge, Ungadh.
Oideachas	Oideachas, Scoil.	Ólachán	Drabhlás.
Oideam	Nath, Smaoinigh.	Olagarcacht	Polaitíocht.
Oideas	Comhairle, Cuspa, Galar, Leigheas, Meán, Riail.	Olagón	Brón, Deoir, Gearán, Olagón, Torann, Trua.
		Olaím	Ungadh.
Oidhre	Gaol, Leanbh, Uacht.	Olann	Eadach, Olann.
Oidhreacht	Cosúil, Gaol, Oidhreacht, Saibhir, Uacht.	Ola-éadach	Báisteach.
		Olc	Ceart, Díoltas, Duáilce, Fearg, Fuath, Peaca, Urchóid.
Oidhrí	Todhchaí.		
Oifig	Aifreann, Deasghnáth, Eaglais, Feidhm, Oifig, Searmanas, Seomra, Tráchtáil.		
		Ollamh	Léann, Litríocht, Oideachas, Ollscoil.
		Ollghairdeas	Áthas, Iontas.
Oifigeach	Feidhm, Oifig, Oifigeach.	Ollmhór	Ainmheasartha.
Óige	Áilleacht, Aois, Óg, Sláinte, Tús.	Ollscoil	Léann, Ollscoil, Sochaí.
		Ollslua	Dream.
Óigeanta	Óg.	Ollsmacht	Cumhacht.
Oigheann	Arán.	Ollsmachtachas	Polaitíocht.
Oighear	Fuar, Sioc.	Óltach	Sásaigh.
Oilbhéas	Duáilce.	Ómós	Deasghnáth, Íochtarán, Uiríseal, Urraim.
Oilbhéim	Achasán, Coir, Náire.		
Oileán	Farraige.	Onfais	Snámh, Uisce.
Oilghníomh	Coir.	Onnmhairím	Amuigh, Eachtrannach, Tír.
Oilim	Bainne, Gnáthaigh, Ith, Leanbh, Treoraigh.	Onóir	Cáil, Onóir, Urraim.
		Onamataipé	Ainm, Focal.
		Onórach	Onóir, Uasal.
Oilimpeas	Neamh.	Onóracha	Ollscoil, Onóir.
Oilithreach	Aithrí, Eachtrannach, Taisteal.	Ór	Ór, Saibhir, Sprionlóir.
		Oracal	Cinniúint, Doiléir, Nath, Rúndiamhair.
Oilithreacht	Deasghnáth, Féile, Naomh, Taisteal.		
		Óráid	Caint, Litríocht, Reitric, Searmanas.
Oiliúint	Béas, Beatha, Leanbh.		
Oilte	Cliste, Léann.	Orchra	Mill.
Oilteacht	Cliste, Cumhacht, Meán.	Ord	Aicme, Ailtireacht, Cineál, Coitianta, Cúram, Manach, Ord, Riail, Sacraimint, Staid, Stíl, Uirlis, Ungadh.
Oineach	Coinsias, Maith, Onóir, Uasal.		
Óinmhid	Anchumtha.		
Óinseach	Ainbhios, Ait, Amaideach, Bean,		
		Ord beannaithe	Sacraimint, Ungadh.
		Ord is eagar	Cúram, Ord.

Ordaím	Abair, Iallach, Riail.	Páirtí	Ball, Caomhnaigh,
Ordanás	Gunna.		Coitianta,
Ordóg	Lámh.		Compánach, Conradh,
Ordú	Ceannaigh, Foláireamh,		Cumann,
	Ordú,		Páirteach, Parlaimint,
	Riachtanach.		Polaitíocht,
Orgán	Ball.		Roinn, Scata, Sochaí,
Orlach	Tomhas.		Tuairim.
Orlaíocht	Béim, Buail.	Páirtí polaitíochta	Coitianta, Compánach,
Orláiste	Am, Troscán, Uisce.		Parlaimint,
Ornáid	Áilleacht, Maisigh,		Polaitíocht.
	Spleáchas.	Páirtíneach	Compánach, Páirteach.
Órshnáithe	Maisigh, Oifigeach.	Páirtíocht	Coitianta, Páirteach,
Ortha	Draíocht.		Spleáchas.
Osáin	Cos.	Páis	Críost.
Osar	Trom.	Paisean	Ainmhian, Litríocht, Mian,
Oscailt	Oscailt, Tús.		Mothú,
Oscailte	Poiblí, Saoirse, Simplí.		Teas, Toil.
Oscailteacht	Admhaigh.	Páisím	Fulaingt.
Oscar	Snámh.	Paist	Brúigh.
Osclaím	Sín, Tús, Ullmhaigh.	Páiste	Aois, Cailín, Duine,
Osdaonna	Dia, Tuilleadh.		Leanbh, Saolú.
Osna	Anáil, Scíth.	Paiteana	Aifreann, Cruinn.
Osnádúrtha	Dia, Rúndiamhair,	Paitinn	Ceadaigh, Tionscal.
	Tuilleadh.	Paitríoch	Uasal.
Osnaíl	Brón, Deoir, Monabhar,	Pailéagrafaíocht	Gramadach.
	Olagón,	Pálás	Ailtireacht, Teach.
	Torann.	Paltóg	Buail, Béim.
Ospidéal	Galar, Leigheas, Ospidéal.	Pánaí	Foirm.
Osréalachas	Litríocht.	Paindiach	Iomlán.
Osréalta	Tuilleadh.	Paindiachas	Dia, Iomlán, Nádúr.
Ósta	Aitreabh, Ósta.	Pápa	Ceannaire, Críost, Eaglais,
Ostallán	Ósta.		Easpag,
Óstlann	Aitreabh, Ósta.		Pápa, Reiligiún.
Otair	Borr, Trom.	Pár	Craiceann, Scríobh.
Othar	Galar.	Parabal	Bíobla.
Otharlann	Galar, Leigheas, Ospidéal.	Parabóil	Líne.
Othras	Créacht, Dílcá.	Paradacsa	Cuma, Nath, Réasún,
Otrach	Cac, Salach.		Tuairim.
Pábháil	Bealach.	Parafrás	Ciallaigh.
Paca	Buíon.	Paragraf	Cuid, Leabhar, Roinn.
Pachaille	Troigh.	Paráid	Deasghnáth.
Pádóireacht	Obair.	Pairifín	Ola.
Págánachas	Dia, Reiligiún.	Pardún	Aiféala, Dearmad, Logha,
Paidir	Deasghnáth, Guigh.		Maithiúnas.
Paidrín	Guigh, Maighdean.	Parlaimint	Parlaimint, Sochaí.
Páil	Teorainn.	Parlaiminteachas	Polaitíocht.
Pailéagrafaíocht	Gramadach.	Parlús	Manach, Seomra.
Pailis	Dúnaim.	Paróide	Aithris, Magadh.
Pailliam	Easpag.	Paróiste	Eaglais, Roinn, Tír.
Pailliún	Ailtireacht, Clúdaigh.	Parthas	Neamh.
Pailniú	Planda.	Parúl	Foláireamh, Ordú.
Paimfléad	Leabhar, Litríocht, Scríobh.	Pas	Ceadaigh, Eachtrannach,
Paimfléadaí	Litríocht.		Taisteal.
Paindiach	Iomlás.	Pasáiste	Bealach, Oscailt, Siúil,
Paindiachas	Dia, Iomlán, Nádúr.		Teach.
Painéal	Taobh, Troscán.	Pasálaim	Brúigh.
Paintéar	Sáinn.	Pasport	Eachtrannach, Taisteal.
Páipéar	Nuachtán, Páipéar, Scríobh.	Pataire	Leanbh.
Páirc	Cathair, Cluiche,	Patrarc	Easpag.
	Talmhaíocht.	Patról	Arm, Cogadh, Garda.
Páirceálaim	Gluaisteán, Stad.	Patrún	Cuspa.
Pairifín	Ola.	Pátrún	Ealaín, Fabhar, Féile,
Páirt	Cainníocht, Cosain, Cuid,		Soghníomh.
	Gníomh,	Patuaire	Ciúin, Reiligiún.
	Grá, Páirteach, Roinn.	Peaca	Coir, Duáilce, Éagóir,
Páirteach	Cuid, Páirteach, Spéis.		Gníomh, Peaca, Urchóid.

Péacadh	Planda.	Pistil	Planda.
Peacaím	Sáraigh.	Pit	Gnéas.
Péacán	Crann, Planda.	Piúratánach	Cur i gcéill.
Péacann	Síol, Tús.	Plá	Anachain, Galar.
Peall	Craiceann, Fionnadh.	Placaim	Ith.
Peann	Scríobh.	Plaic	Fiacail.
Peannaid	Fulaingt.	Plaicide	Ceann.
Peannaire	Scríobh.	Pláinéad	Astralaíocht, Réalta,
Peannaireacht	Scríobh.		Tionchar,
Péarla	Cloch, Feabhas, Lonraigh, Luachmhar.	Plaisteach	Toil. Troscán.
Pearsa	Beith, Briathar, Duine,	Pláistéireacht	Clúdaigh.
	Eaglais, Foirm,	Plait	Gruaig.
	Pearsa, Sagart.	Plámás	Bréag, Cleas, Íseal,
Pearsana	Litríocht.		Moladh.
Pearsanra	Amharclann.	Plánálaim	Cuimil, Snas.
Pearsantacht	Beith, Pearsa.	Planda	Planda.
Pearsanú	Beith.	Plandáil	Crann, Eachtrannach.
Peasán	Borr.	Plandálaim	Crann.
Peasánach	Cruinn, Toirtiúil.	Plásántacht	Cleas.
Peata	Fabhar, Rogha.	Plástrálaim	Leathaim.
Peataireacht	Ceadaigh, Cúram, Fabhar, Grá.	Plé	Achrann, Argóint, Coimhlint,
Peil	Cluiche.		Contrártha, Réasún, Reitric.
Péinteálaim	Dath, Íomhá.	Pléadáil	Cosain, Reitric.
Péintéir	Dath, Íomhá.	Plean	Cum, Litríocht,
Péintéireacht	Ealaín.		Samhlaíocht, Teoiric,
Peiriúic	Gruaig.		Tionscnamh, Toil.
Péirse	Tomhas.	Pleanáil	Tionscal.
Péist	Ainmhí.	Pléanasma	Reitric.
Peiteal	Planda.	Pléasc	Béim, Tobann.
Peithreadh	Madra.	Pléascadh	Ainmhian.
Peitreal	Ola.	Pléascaim	Bris, Fearg.
Piachán	Anáil, Slaghdán.	Pléascann	Scaird.
Pian	Brón, Céadfa, Fulaingt.	Pléata	Gaoth.
Pianbhreith	Pionós.	Pleibigh	Aicme.
Pianseirbhís	Coir, Iallach, Obair,	Pleidhce	Amaideach, Dobhránta.
	Pionós, Tuirse.	Pléim	Achrann, Argóint, Caint,
Piastáil	Gluaiseacht.		Ceist,
Píblíne	Ola.		Cosain, Cruthúnas,
Picéad	Buíon, Garda.		Litríocht,
Pictiúr	Cosúil, Íomhá.		Réasún, Scrúdaigh.
Pictiúrthacht	Áilleacht.	Pléisiúr	Céadfa, Drabhlás, Drúis,
Piléar	Ailtireacht, Maisigh, Taca.		Pléisiúr,
Pilibireáil	Obair.		Sonas.
Piliúr	Leaba.	Pleota	Dobhránta.
Pingin	Airgead.	Plimp	Torann.
Pinniúr	Cluiche.	Plobaireacht	Caint, Doiléir.
Píobán	Anáil, Seol, Snigh.	Plocóid	Gluaisteán.
Piocaim	Glan, Tóg.	Plód	Bailigh, Cnuasach, Dream,
Piocaireacht	Cearc, Ith.		Scata, Uimhir.
Piolastar	Maisigh.	Plota	Amharclann, Litríocht.
Piollaire	Leigheas.	Pluais	Dídean, Gadaí, Oscailt.
Piolóid	Fulaingt, Náire.	Pluc	Aghaidh, Ceann.
Píolóta	Treoraigh.	Plucach	Borr.
Pionós	Brón, Ceartaigh, Deacair, Pionós.	Plúchadh Plúchaim	Anáil, Báigh, Fulaingt. Báigh, Maraigh.
Pionósaím	Ceartaigh, Pionós.	Plúchta	Aer, Slaghdán.
Pionsa	Claíomh.	Pluda	Salach.
Pionsóireacht	Claíomh.	Pluid	Leaba.
Pionsúr	Tóg.	Plúr	Arbhar, Bán, Feabhas,
Pionta	Tomhas.		Onóir, Rogha.
Píosa	Beag, Cuid, Roinn.	Pobal	Coitianta, Cumann, Dream,
Pioscas	Eocairist.		Pearsa, Pobal,
Piostal	Gunna.		Polaitíocht, Scata, Sochaí.
Piseogach	Eagla.	Pobalbhreith	Pobal, Vótáil.
Piseogacht	Creid, Earráid.	Poblacht	Saoirse.

Poblachtachas	Polaitíocht.	Prapáil	Cóiriú, Cosmaid.
Pocléimneach	Imeacht.	Prapálaim	Maisigh, Ord, Ullmhaigh.
Póg	Grá.	Pras	Tapa.
Poiblí	Coitianta, Poiblí.	Práta	Práta.
Poiblím	Abair, Coitianta, Poiblí.	Preab	Croith, Tobann.
Poiblíocht	Eolas, Poiblí, Tráchtáil.	Preabadh	Croí.
Póicéad	Seomra.	Preabaim	Gluaiseacht, Iontas.
Poimp	Deasghnáth, Uasal.	Preabarnach	Solas.
Poimpéis	Bród, Cur i gcéill.	Preafáid	Aifreann.
Pointeálaim	Glan, Maisigh.	Prealáid	Easpag, Sagart.
Pointéir	Madra, Seilg.	Preas	Nuachtán.
Pontaif	Easpag.	Preasagallamh	Poiblí.
Póirse	Oscailt, Seomra, Teach.	Preasáil	Arm.
Póirseáil	Dall, Lorg, Tadhall.	Preideacáid	Cáilíocht.
Póirtéir	Manach, Margadh.	Preispitéarachas	Reiligiún.
Póit	Drabhlás.	Priacal	Amhras, Dainséar.
Poitigéir	Leigheas.	Pribhléid	Cumhacht, Fabhar,
Poitín	Ól.		Tuilleadh.
Póitseáil	Seilg.	Priméar	Leabhar.
Polagán	Taobh.	Prímhid	Nua, Tapa, Tús.
Polaitíocht	Polaitíocht, Saoirse,	Princeam	Cos, Imeacht.
	Treoraigh.	Printíseach	Ainbhios, Anásta, Obair,
Polarú	Solas.		Tús.
Polasaí	Riail, Tionscnamh,	Printíseacht	Triail.
	Treoraigh, Tuairim.	Priocadh	Béim, Tobann.
Poll	Oscailt, Uisce.	Priocaire	Tine.
Pollaim	Fulaingt.	Prióir	Manach.
Polláirí	Srón.	Príomh	Liotúirge.
Pónaí	Capall.	Príomháidh	Easpag.
Pónáiste	Obair.	Príomh-aire	Parlaimint.
Poncaíocht	Gramadach, Marc, Scríobh.	Príomhalt	Nuachtán.
Poncúil	Beacht.	Príomh-aoire	Parlaimint.
Pór	Ainmhí, Beatha, Bunús,	Príomhúil	Simplí, Tionscal.
	Síol.	Prionsa	Ceannaire.
Pornagrafaíocht	Drúis.	Prionsabal	Ábhar, Córas, Léann, Riail,
Port	Amhrán, Ard, Bealach,		Bunús, Cúis, Nath,
	Cabhlach, Cathair,		Prionsabal, Réasún,
	Ceol, Dídean, Dún,		Teoiric, Tús.
	Dúnaim, Farraige,	Prionsachtaí	Aingeal.
	Iarnród.	Prionta	Íomhá.
Portach	Móin.	Priontálaim	Marc.
Portaireacht	Ceol.	Prioslóir	Leanbh.
Portán	Astralaíocht.	Príosún	Coinnigh, Coir, Pionós,
Pórtar	Ól.		Príosún.
Portráid	Íomhá.	Príosúnach	Cogadh, Príosún.
Portráidí	Íomhá.	Príosúnacht	Iallach, Príosún.
Portús	Guigh, Liotúirge, Sagart.	Prócadóir	Manach, Treoraigh.
Pórú	Ainmhí, Gnéas.	Prochóg	Oscailt, Salach.
Pósadh	Aontaigh, Pósadh,	Profach	Cruthúnas.
	Sacraimint.	Proibhinse	Manach.
Posaitíbheachas	Ábhar.	Proibhinseal	Manach.
Posóid	Leigheas.	Proiceapta	Nath, Ordú, Riail.
Post	Áit, Feidhm, Gníomh,	Proifid	Sochar, Úsáideach.
	Litir, Obair.	Proifisiún	Deasghnáth.
Postaláid	Prionsabal, Réasún,	Proinnteach	Manach, Ósta, Scoil,
	Teoiric.		Seomra.
Postú	Arm, Oifigeach.	Próisisiam	Buíon, Deasghnáth, Féile,
Postúlacht	Bród, Tromchúis.		Liotúirge, Scata,
Pota	Árthach.		Searmanas.
Prácás	Bog, Tiubh.	Prólátáireacht	Bocht, Obair, Pobal.
Praghas	Praghas.	Prológ	Tús.
Práinn	Bagair, Gá, Riachtanach,	Promhadh	Triail.
	Tábhachtach,	Promhaim	Cruthúnas, Fíor.
	Tapa, Tosca.	Pronnlach	Ith, Troscadh.
Praiseach	Anord, Bog, Doiléir,	Propaganda	Caint, Díograis, Leathaim,
	Tiubh.		Tuairim.
Prap	Tapa, Tobann.	Propast	Breitheamh, Ollscoil.

Prós	Cum, Gramadach.	Raicéad	Cluiche.
Prósach	Stíl.	Raicleach	Bean.
Prósaire	Litríocht.	Raidcolaí	Ospidéal.
Prosóid	Filíocht, Gramadach.	Raidhfíl	Gunna.
Prótaitíp	Cuspa.	Raidhse	Mórán.
Protastúnachas	Reiligiún.	Raidhsiúlacht	Caith.
Puball	Áitreabh, Arm, Clúdaigh, Dídean, Teach.	Ráig	Báisteach, Ionsaí.
		Raiméis	Bréag.
		Raimhre	Corp, Toirtiúil.
Púca	Draíocht.	Ráineach	Capall.
Púcán	Bád.	Ráipéar	Claíomh.
Púdar	Aghaidh, Bainne, Brúigh, Cosmaid, Fiacail, Ubh.	Raisín	Ith.
		Raispín	Suarach.
		Ráiteachas	Abair.
Púic	Aghaidh.	Ráiteas	Abair, Dearbhaigh, Foláireamh.
Púicín	Aghaidh, Capall, Cluiche.		
Puiléad	Cearc.	Raitín	Olann.
Puilpid	Seanmóir.	Rálach	Bean.
Puins	Ól.	Rámhaím	Bád.
Púir	Brón, Néal.	Ramhar	Borr, Brúigh, Tiubh, Toirtiúil.
Puiteach	Salach, Tiubh.		
Pulcaim	Lán, Oideachas, Sásaigh.	Ramhraím	Ith.
Pulctha	Lán.	Ramhraíonn	Borr.
Punann	Arbhar, Bailigh, Cnuasach, Fómhar.	Rampar	Cosain, Dídean, Dún, Dúnaim.
Punt	Lámh, Meáchan, Tomhas, Tuilleadh.	Rang	Aicme, Áit, Cineál, Líne, Oideachas, Ord, Scata, Sín.
Puntán	Foirm.	Rangabháil	Gramadach.
Purgadóir	Ifreann.	Rangaím	Cineál, Ord.
Purgóid	Glan, Leigheas.	Rann	Amhrán, Cuid, Filíocht, Roinn.
Púróg	Cloch.		
Pus	Béal, Brón.	Roinn	Roinn.
Putóg	Feoil.	Roinnt	Cuid.
Rabairne	Caith.	Rannaireacht	Cluiche, Filíocht.
Rabhadh	Abair, Bagair, Comhairle, Foláireamh, Glaoigh, Marc, Poiblí, Treoraigh.	Rannán	Arm, Buíon, Cuid, Roinn, Scata.
		Ranníocaíocht	Cuid.
Rabharta	Farraige.	Rannóg	Cuid, Roinn.
Rabhchán	Comhartha, Foláireamh, Treoraigh.	Rannpháirteach	Cuid, Láthair.
		Ransaím	Fiosrach, Lorg.
Rabhlóg	Cluiche.	Raon	Cluiche, Líne.
Rácálaim	Cuimil.	Rás	Rith.
Racán	Anord, Ceannairc, Troid.	Rásaíocht	Cearrbhachas, Cluiche.
Rachmas	Airgead, Bailigh, Saibhir, Sochar.	Rásúr	Cóiriú, Scian.
		Ráta	Airgeadas, Cainníocht, Fiacha, Praghas, Tráchtáil, Uimhir.
Rachmasaí	Saibhir.		
Racht	Ainmhian, Fearg, Gáire, Nóisean, Tobann.	Rath	Buntáiste, Cinniúint, Sonas, Tarlaigh.
Rachtúil	Foréigean.		
Radacachas	Polaitíocht.	Ráth	Cruinn, Dún, Sneachta.
Radaim	Scaird.	Ráthaíocht	Dearbhaigh.
Radaitheoir	Dóigh, Gluaisteán, Teas.	Rathúnas	Buntáiste, Sonas.
Radamandádaíocht	Bréag, Caint.	Ré	Am, Gealach, Sín.
Radharc	Amharclann, Breathnaigh, Céadfa, Eolas, Radharc, Súil.	Ré órga	Aois.
		Réabaim	Bris, Stróic.
		Réabhlóid	Anord, Ceannairc, Polaitíocht.
Ráfla	Cáil, Eolas, Nuacht, Tuairim.		
		Reacht	Dlí, Ordú.
Rafta	Snámh.	Reachtaím	Déan.
Ragairne	Ainmheasartha, Drabhlás.	Reachtaíocht	Dlí, Tionscal.
Ragairneálaí	Duáilce.	Reachtaire	Treoraigh.
Ragobair	Obair.	Reachtóir	Dlí.
Ragús	Drúis.	Reachtúil	Maith, Polaitíocht, Sochaí.
Raibí	Giúdach.	Réal	Airgead.
Raibiléir	Cailín.	Réalachas	Litríocht.
Raic	Achrann.	Réalaim	Déan.

Réalta 72 Riochtán

Réalta	Astralaíocht, Fíor, Lonraigh, Réalta, Solas, Tráthnóna.		Díbir, Furasta, Gruaig, Intleacht, Oiriúnach, Ord, Snas, Tionscnamh, Tús, Ullmhaigh.
Réaltacht	Beith, Nádúr, Staid.		
Réalteolaíocht	Domhan.		
Réama	Slaghdán.	Reitric	Caint, Litríocht, Reitric.
Réamhaisnéis	Aimsir, Astralaíocht.	Réleagan	Easpa.
Réamhaithrisíonn	Cinniúint.	Reo	Fuar, Sioc.
Réamhamharc	Dóchas.	Reoite	Sioc.
Réamhfhiosrú	Ullmhaigh.	Rí	Cárta, Ceannaire, Cumhacht, Lámh.
Réamhimeachtaí	Tús, Ullmhaigh.		
Réamhinsím	Astralaíocht.	Riabhach	Dath.
Réamhinsíonn	Cinniúint.	Riachtanach	Gá, Riachtanach, Úsáideach.
Réamhordaíonn	Cinniúint.		
Réamhordú	Cinniúint.	Riachtanas	Gá, Iallach, Riachtanach, Spéis, Tábhachtach.
Réamhrá	Foláireamh, Leabhar, Mínigh, Tús, Ullmhaigh.		
Réamhshampla	Cuspa, Tarlaigh.	Riail	Coitianta, Ordú, Prionsabal, Riail, Teoiric, Tomhas.
Reang	Craiceann, Créacht, Marc.		
Reanglamán	Foirm.	Riailbhéasach	Beacht.
Réasac	Gluaiseacht.	Rialachán	Ord, Ordú, Riail.
Réasún	Aigne, Cúis, Duine, Eagna, Intleacht, Réasún, Smaoinigh, Spiorad.	Rialta	Beacht, Geanmnaí, Gramadach, Maith, Manach, Ord, Riail.
Réasúnach	Beacht, Ceart.	Rialtach	Geanmnaí.
Réasúnaím	Argóint, Cruthúnas, Fealsúnacht, Réasún, Smaoinigh.	Rialtas	Parlaimint, Polaitíocht, Riail, Treoraigh.
Réasúnaíocht	Fealsúnacht, Réasún, Smaoinigh.	Rian	Bealach, Líne, Lorg, Marc, Pearsa, Tionchar.
		Rianúil	Beacht.
Réasúnta	Ceart, Cliste, Eagna, Fíor, Measarthacht, Réasún.	Riar	Fóin, Praghas, Tráchtáil, Treoraigh.
Réasúnú	Cúis.	Riarachán	Feidhm, Oifig, Tír, Treoraigh.
Reathaí	Siúil.		
Réchúiseach	Saoirse.	Riaraim	Cuid, Fóin, Ith, Ord, Sásaigh.
Rédhréacht	Cum, Easpa.		
Reibiliún	Anord, Ceannairc.	Riaráiste	Fiacha.
Reicim	Poiblí.	Riarthóir	Feidhm, Nuachtán, Treoraigh.
Réidh	Cliste, Furasta, Saoirse, Ullmhaigh.	Riasc	Uisce.
Reifreann	Pobal, Vótáil.	Riastradh	Rúndiamhair.
Reigimin	Galar, Ith, Leigheas, Measarthacht, Riail, Troscadh.	Ribe	Caol, Ciorcal, Gruaig, Tanaí.
		Ribeach	Fionnadh, Fuil.
Réigiún	Áit, Tír.	Ribeadán	Fuil.
Reigléas	Eaglais.	Ribeog	Maisigh.
Réileán	Cluiche.	Ribhéar	Abhainn.
Reilig	Bás, Sochraid.	Ribín	Ceangail, Maisigh.
Reiligiún	Creid, Reiligiún, Searmanas, Sochaí.	Ríd	Éadach.
		Ridire	Aicme, Compánach, Uasal.
Réiltín	Comhartha, Marc.	Righin	Beacht, Crap, Crua, Daingean, Imeacht, Neart, Tiubh.
Réim	Dath, Líne, Mórán.		
Réim bia	Ith, Ocras.		
Réimeas	Cumhacht.	Righneáil	Éiginnte, Fan, Foighne.
Réimse	Aimsir, Tír.	Rigín	Bád, Seol.
Réise	Tomhas.	Rím	Fada, Filíocht, Tarraing, Crap.
Reisimint	Arm, Buíon, Scata.		
Réiteach	Aontaigh, Ceist, Cosúil, Críochnaigh, Síocháin, Ullmhaigh.	Ríméad	Áthas, Pléisiúr, Sonas.
		Rince	Cos.
		Rinn	Farraige, Gealach, Réalta, Solas, Uirlis.
Réiteoir	Breitheamh.		
Reithe	Astralaíocht, Comhartha, Réalta.	Rinnfheitheamh	Breathnaigh, Guigh, Reiligiún, Teoiric.
Réitím	Abair, Aontaigh, Breith, Cabhair, Críochnaigh, Cuimil, Dearbhaigh,	Rinnstua	Ciorcal, Maisigh.
		Riocht	Corp, Foirm.
		Riochtán	Cuspa, Íomhá.

Ríog	Crap, Fulaingt.				Tobann, Troid.
Ríomhaim	Breith, Inis, Uimhir.		Rúchladh		Gluaiseacht, Rith.
Ríora	Cumhacht, Uasal.		Rud		Beith, Leanbh.
Riospráid	Anáil, Báigh.		Rúibín		Cloch.
Rírá	Doiléir.		Rúid		Gluaiseacht.
Rís	Arbhar.		Rúidbhealach		Eitleán.
Ris	Radharc, Taispeáin.		Ruíleas		Seilbh, Talmhaíocht.
Ríshliocht	Cumhacht.		Ruaille buaille		Doiléir, Torann.
Rite	Fuar, Tuirse.		Rúiscim		Brúigh.
Rith	Cos, Imeacht, Rith, Staidiúir.		Ruithne		Lonraigh, Solas.
			Rúitín		Cos, Troigh.
Rithim	Aontaigh, Eagla, Filíocht, Fuaim, Fuil, Gluaiseacht, Gramadach, Imeacht, Reitric, Stíl, Teith, Vótáil.		Rún		Admhaigh, Ceil, Comhairle, Rún, Rúndiamhair, Tionscnamh, Toil, Tost.
Ró samh	Aimsir, Doiléir.		Rúnaí		Compánach, Oifig, Parlaimint,
Robálaí	Coir, Gadaí, Urchóid.				
Roc	Craiceann, Sean.				Scríobh.
Rocaim	Crap.		Rúndaingean		Buan.
Róchreidmheach	Creid.		Rúndaingne		Misneach.
Ród	Bealach, Cabhlach, Dídean, Farraige, Stad.		Rúndiamhair		Aifreann, Doiléir, Iontas, Rún, Rúndiamhair.
Ródach	Fuil.		Rúnpháirteach		Rúndiamhair.
Rógaire	Gadaí, Suarach.		Rúnscríobh		Doiléir.
Rogar	Cluiche.		Rúpach		Neart, Sláinte.
Rogha	Feabhas, Rogha.		Rúsc		Planda.
Roinn	Cineál, Roinn, Scar.		Ruthag		Gluaiseacht, Scaird.
Roinnim	Scar, Stróic.		Sá		Béim.
Roinnt	Am, Bris, Cárta, Cuid, Scar.		Sábháil		Báigh, Sábháil.
			Sábhálaim		Cabhair, Cosain, Leigheas, Sábháil.
Roinnteoir	Soghníomh.				
Roisim	Bris, Cuimil, Stróic, Tóg.		Sabóid		Diabhal, Féile, Giúdach, Lá.
Roithleán	Fómhar, Glan, Nigh.				
Rolla	Cruinn, Leabhar, Scríobh.		Sacaim		Sásaigh.
Rollán	Ciorcal.		Sacar		Cluiche.
Rollóir	Brúigh.		Sách		Sásaigh.
Románsachas	Litríocht.		Sacraifís		Aifreann.
Rómhraím	Talmhaíocht.		Sácráil		Aifreann, Beannaigh, Deasghnáth, Easpag.
Rón	Fionnadh, Troscán.				
Rónáire	Cur i gcéill.		Sacrailéid		Coir, Peaca.
Ronna	Slaghdán.		Sacraimint		Deasghnáth, Sacraimint, Ungadh.
Ró-ómós	Umhal.				
Rópa	Ceangail.		Sácrálaim		Sacraimint, Ungadh.
Ropaim	Brúigh.		Sácráilte		Sacraimint, Urraim.
Ropaire	Coir, Gadaí.		Sádráil		Tine.
Ros	Ard, Farraige, Sliabh.		Sáfach		Maide, Uirlis.
Rósadhmad	Troscán.		Sagart		Aifreann, Eaglais, Reiligiún, Sagart.
Rosc	Caint, Reitric.				
Roscaireacht	Léigh, Reitric.		Sagartacht		Reiligiún, Sagart.
Rósfhuinneog	Ailtireacht, Eaglais, Maisigh.		Saghas		Cineál.
			Saibhir		Saibhir.
Róstaim	Feoil, Teas.		Saibhreas		Maith, Mórán, Saibhir.
Rótar	Timpeall.		Saibhseáil		Lorg, Scrúdaigh, Seilg, Triail.
Roth	Cas, Ciorcal, Cruinn, Timpeall.				
			Saifír		Cloch.
Rothlaím	Cas, Timpeall.		Saighdeadh		Cráigh, Gáire, Troid.
Rothlam	Cas, Timpeall.		Saighdeoir		Astralaíocht, Comhartha, Réalta.
Rothlú	Timpeall.				
Ruaig	Galar, Ionsaí, Tobann.		Saighdim		Áitigh.
Ruaigim	Amuigh, Bua, Díbir, Gluaiseacht, Teith.		Saighdín		Comhartha.
			Saighdiúir		Arm, Cogadh, Saighdiúir.
Ruaim	Iasc, Lonraigh, Olann.		Saighead		Marc, Scaird, Treoraigh.
Ruaimním	Dath, Olann.		Saighneáin		Aimsir, Solas.
Ruainne	Beag, Gruaig, Tanaí.		Saighneálaim		Ainm.
Ruán	Arbhar.		Sail		Maide.
Ruathar	Cogadh, Ionsaí, Scaird,		Sáil		Troigh.

Sail chnis	Gruaig.	Samhlaoid	Coibhneas, Cosúil, Reitric.
Sáile	Ainmhian, Drúis, Farraige,	Samhnas	Blas, Col, Fuath.
	Maith,	Samhradh	Séasúr, Teas.
	Pléisiúr, Uisce.	Sampla	Aithris, Bunús, Comparáid,
Sailíocht	Salach.		Cuspa,
Saill	Feoil.		Feabhas, Leabhar, Pionós,
Sáim	Brúigh, Buail, Claíomh,		Poiblí,
	Fabhar,		Taispeáin, Tionchar,
	Maraigh.		Treoraigh.
Sáimhe	Síocháin, Socair.	Samplaí	Tráchtáil.
Sáimhín	Díomhaoin.	Sanas	Comhairle, Focal,
Sáimhrím	Bog.		Maighdean, Mínigh.
Sáimhríoch	Bog, Leigheas.	Sanasaíocht	Bunús, Focal, Gramadach.
Sáimhríocht	Sonas.	Sanasán	Focal, Leabhar.
Sainchreideamh	Reiligiún.	Sanatóir	Ospidéal, Sláinte.
Sainchumhachtaí	Ceannairc.	Sanctóir	Eaglais, Istigh, Naomh.
Saineolaí	Acmhainn, Cliste, Eolas,	Sannaím	Uacht.
	Léann,	Santach	Mian, Saint.
	Leigheas, Ospidéal.	Santachán	Ocras, Saint, Sprionlóir.
Saineolas	Acmhainn, Eolas.	Santacht	Ainbhios, Mian, Saint,
Sainghné	Cáilíocht.		Sprionlóir.
Sainím	Cáilíocht, Cineál, Mínigh.	Santaím	Dóchas, Toil.
Sainiúlacht	Tír.	Saobhadh	Mearbhall.
Sainmharc	Airgead.	Saobhchiall	Earráid.
Sainmhíním	Cáilíocht, Ciallaigh,	Saobhchreideamh	Earráid.
	Mínigh.	Saobhnáire	Cur i gcéill.
Sainmhíniú	Ciallaigh.	Saobhnós	Ainmhian.
Sáinn	Cleas, Constaic, Dainséar,	Saobhthuairim	Earráid.
	Sáinn,	Saochan	Earráid.
	Seilg.	Saoi	Eagna, Léann.
Sáinním	Ceil, Stad.	Saoire	Díomhaoin, Domhnach,
Saint	Ainmhian, Mian, Mothú,		Féile, Lá,
	Peaca, Saint,		Margadh, Saighdiúir, Scíth.
	Sprionlóir.	Saoirse	Cogadh, Maithiúnas,
Saintréithe	Meon, Spleáchas, Tosca.		Saoirse.
Saíocht	Eolas, Léann.	Saoiste	Íochtarán.
Sáirse	Glan.	Saoisteog	Suíochán.
Sáirsint	Ceannaire.	Saoithín	Ainbhios, Amaideach,
Sáiteán	Maide, Tobann.		Dobhránta, Léann,
Sáith	Ith.		Oideachas, Tromchúis.
Saithe	Scata.	Saoithiúil	Annamh.
Sáithím	Sásaigh.	Saolach	Buan, Fada, Sean.
Salach	Col, Salach, Suarach.	Saolaím	Déan, Leanbh.
Salachar	Drúis, Fuílleach, Peaca,	Saolú	Beatha, Leanbh, Saolú,
	Salach.		Tús.
Salaím	Dochar, Salach.	Saonta	Ainbhios, Amaideach,
Salm	Aifreann, Amhrán, Bíobla,		Creid, Dobhránta,
	Filíocht.		Fíor, Simplí.
Salmaireacht	Léigh, Liotúirge.	Saontacht	Admhaigh, Fíor.
Sálóg	Fuílleach.	Saor	Ailtireacht, Briathar, Caith,
Salón	Seomra.		Cloch,
Saltair	Bíobla, Liotúirge.		Maithiúnas, Margadh,
Sámh	Aimsir, Ciúin, Furasta.		Pobal, Praghas,
Samhail	Comparáid, Cosúil, Cuma,		Saoirse.
	Cuspa, Íomhá,	Saor cloiche	Ailtireacht, Cloch.
	Taibhse.	Saoráid	Saoirse.
Samhaltán	Íomhá.	Saoráideach	Furasta, Saoirse, Stíl.
Sámhán	Codladh.	Saoráil	Saoirse.
Sámhas	Drabhlás, Drúis, Pléisiúr.	Saoraim	Maithiúnas, Sábháil,
Samhlaím	Ciallaigh, Cosúil, Litríocht,		Seachain.
	Samhlaíocht, Smaoinigh,	Saorálach	Toil.
	Tionscnamh.	Saoránach	Polaitíocht, Vótáil, Pobal,
Samhlaíocht	Aigne, Cliste, Filíocht,		Saoirse.
	Intleacht,	Saoránacht	Tír.
	Samhlaíocht, Smaoinigh,	Saorchonradh	Praghas.
	Spiorad,	Saorintinneach	Amhras.
	Teoiric.	Saorintinneacht	Saoirse.

Saor-reic	Praghas, Siopa.	Scailleagánta	Saoirse, Tanaí.
Saorstát	Éire.	Scailtín	Ól.
Saorthoil	Saoirse, Spiorad, Toil.	Scáineadh	Bris, Oscailt.
Saoth	Galar.	Scaineagán	Cloch.
Saothar	Anáil, Deacair, Déan,	Scaineamh	Cloch, Farraige.
	Ealaín,	Scáinim	Scar.
	Foirfe, Gníomh, Leabhar,	Scaipeadh	Néal, Solas.
	Léigh,	Scaipim	Bua, Caith, Díbir, Eolas,
	Litríocht, Obair, Saolú,		Leathaim,
	Scríobh,		Nuacht, Poiblí, Scaird,
	Stair, Tuirse.		Scar.
Saotharlann	Léann, Obair.	Scaipthe	Anord, Doiléir, Gaol,
Saothraím	Déan, Maisigh, Sochar,		Solas.
	Úsáideach.	Scair	Airgeadas, Páirteach.
Saotrún	Gaoth.	Scaird	Scaird, Tine.
Sapar	Dún.	Scairdeán	Scaird, Uisce.
Saraifíní	Aingeal.	Scairp	Astralaíocht, Comhartha,
Sáraigh	Sáraigh.		Réalta, Sliabh.
Sáraím	Bris, Bua, Buntáiste,	Scairt	Ard, Gáir, Scar.
	Constaic,	Scairteach	Torann.
	Contrártha, Dochar, Mill,	Scairtim	Béal, Gairm, Glaoigh.
	Sáraigh,	Scaitheamh	Am.
	Tuilleadh, Tuirse, Uiríseal.	Scaití	Minic.
Sáraíocht	Achrann, Diúltú, Éad,	Scal	Grian, Lonraigh.
	Iomaíocht,	Scála	Aicme, Árthach, Tomhas.
	Troid.	Scalach	Gaoth.
Saraiste	Olann.	Scalladh	Foláireamh.
Sáraithe amach	Drochmhisneach, Lag.	Scallaim	Gearán.
Saranáid	Amhrán, Tráthnóna.	Scallann	Dóigh.
Sárchéim	Comparáid, Gramadach.	Scalltán	Cearc.
Sármhaith	Foirfe, Maith.	Scamall	Aimsir, Ceil, Doiléir, Néal.
Sárshaothar	Áilleacht, Cliste, Ealaín,	Scamh	Planda, Tanaí.
	Foirfe.	Scamhadh	Fuílleach.
Sás	Cleas, Coinnigh, Dainséar,	Scamhaim	Cuimil, Glan, Laghdaigh,
	Sáinn,		Snas, Stróic.
	Seilg.	Scamhóga	Anáil.
Sásaigh	Sásaigh.	Scannal	Cuspa, Milleán, Náire,
Sásaím	Bronntanas, Ith, Sásaigh.		Peaca,
Sásamh	Aithrí, Cúiteamh, Díoltas,		Urchóid.
	Maithiúnas, Ocras, Pléisiúr,	Scannán	Caol, Clúdaigh, Craiceann,
	Sonas.		Dúnaim,
Sáspan	Árthach.		Íomhá, Tanaí.
Sásta	Áthas, Furasta, Pléisiúr,	Scannánaíocht	Ealaín, Íomhá.
	Úsáideach.	Scanradh	Eagla.
Sástacht	Áthas, Socair, Sonas.	Scanraím	Bagair, Eagla.
Satailít	Réalta.	Scanraithe	Eagla.
Sátan	Aingeal, Diabhal, Ifreann.	Scaoilim	Bris, Ciallaigh, Díbir,
Sátanachas	Diabhal.		Gluaiseacht,
Satlaím	Brúigh.		Intleacht, Léigh, Maraigh,
Scabaird	Claíomh.		Mínigh,
Scaball	Logha, Maighdean,		Saoirse, Scaird, Sín, Tús,
	Manach.		Ullmhaigh.
Scabhat	Bealach.	Scaoilim saor	Maithiúnas, Príosún,
Scadarnach	Fuílleach.		Saoirse.
Scafa	Buile, Gruaig, Long, Toil.	Scaoilte	Bog, Coinsias, Rith,
Scafánta	Neart, Sláinte.		Saoirse.
Scáfar	Lag.	Scaoll	Eagla, Iontas, Troid.
Scagadh	Uisce.	Scaollmhar	Eagla.
Scagaim	Bainne, Ceartaigh, Feabhas,	Scaoth	Buíon, Iasc, Scata.
	Foirfe, Glan.	Scar	Cuid, Roinn, Scar.
Scagaire	Uisce.	Scaradh	Móin, Pósadh, Scar, Tréig.
Scaglann	Ola, Tionscal.	Scaraim	Bris, Leathaim, Sín,
Scaifte	Buíon.		Taispeáin, Tréig.
Scáil	Cosúil, Doiléir, Solas,	Scaraoid	Leaba.
	Taibhse.	Scarbh	Creim.
Scailéathan	Díograis, Iontas.	Scarthanach	Maidin.
Scáilléad	Ól.	Scata	Buíon, Cnuasach, Scata.

Scátáil	Sioc.	
Scáth	Ceil, Clúdaigh, Dath, Dídean, Doiléir, Eagla, Oíche.	
Scáthán	Cóiriú, Sáinn, Troscán.	
Scáthlán	Dídean.	
Scáthshúilí	Radharc.	
Sceachaill	Créacht, Toirtiúil.	
Sceadamán	Béal, Ceann.	
Scéal	Inis, Scéal.	
Scéal reatha	Abair, Cáil, Eolas, Inis, Nuacht, Poiblí, Tuairim.	
Scéala	Abair, Clois, Eolas, Foláireamh.	
Scéalaí	Inis, Litríocht, Stair.	
Scealla	Cloch.	
Sceallán	Práta.	
Sceamh	Madra.	
Sceanaim	Gearraim.	
Sceidim	Glan.	
Sceilg	Carraig.	
Scéim	Cuspóir, Sáinn, Tionscnamh.	
Scéiméireacht	Meán, Tionscnamh.	
Scéimh	Áilleacht.	
Sceimhle	Eagla.	
Sceimhlím	Eagla.	
Scéin	Eagla.	
Scéiniúil	Eagla.	
Sceirdeanna	Farraige.	
Sceirdiúil	Fuar.	
Sceiteadh	Buail.	
Sceitheadh	Béim, Rún.	
Sceitheann	Abhainn, Iasc, Íseal, Planda, Scaird, Snigh.	
Sceithim	Anásta, Poiblí, Rún.	
Sceo	Clúdaigh, Craiceann.	
Sciáil	Sioc.	
Sciamhach	Áilleacht.	
Scian	Scian, Uirlis.	
Sciath	Cosain, Dídean.	
Sciath thar lorg	Críochnaigh, Cúl, Deireanach, Garda.	
Sciathdhorn	Claíomh.	
Scigaithris	Achasán, Aithris, Magadh.	
Scigireacht	Achasán, Drochmheas, Gáire, Magadh.	
Scil	Cleas, Cliste, Cumhacht, Eolas.	
Scileach	Cloch, Fuílleach.	
Scilim	Poiblí, Rún.	
Scilléad	Árthach.	
Scillig	Planda.	
Scilligeadh	Arbhar.	
Scilling	Airgead.	
Scim	Clúdaigh.	
Scinceálaim	Glan.	
Scinnim	Gluaiseacht.	
Sciobaim	Faigh.	
Scíobas	Ól.	
Scióból	Arbhar, Fómhar.	
Sciobtha	Tapa.	
Scíolladh	Achasán, Foláireamh.	
Sciolladóireacht	Monabhar.	
Sciollaim	Gearán.	
Sciomraím		
Scíontachán		
Sciorradh		
Sciorraim		
Sciorta		
Sciotaim		
Sciotán		
Sciotaráil		
Scipéad		
Scirmis		
Scís		
Scíste		
Scíth		
Sciúch		
Sciuird		
Sciurdaim		
Sciúradh		
Sciúraim		
Sciúrsáil		
Sciúrtóg		
Sclábhaí		
Sclábhaíocht		
Sclábhánta		
Sclaig		
Scláraim		
Scléip		
Scleondar		
Sclogadh		
Sclóin		
Scloitéir		
Scloitéireacht		
Scód		
Scóig		
Scoil		
Scoilt		
Scoilteach		
Scoiltim		
Scoirim		
Scoite		
Scoithim		
Scol		
Scólaim		
Scolaíocht		
Scoláire		
Scolann		
Scolard		
Sconna		
Scoradh		
Scoraim		
Scoraíocht		
Scorán		
Scorn		
Scornach		
Scornúil		
Scoth		
Scothán		
Scothaosta		
Scothóg		

Sciomraím — Cuimil, Glan, Snas.
Scíontachán — Deireanach, Troid.
Sciorradh — Gluaisteán.
Sciorraim — Gluaiseacht, Tit.
Sciorta — Éide.
Sciotaim — Gearraim.
Sciotán — Scaird, Tobann.
Sciotaráil — Gáire.
Scipéad — Bosca.
Scirmis — Troid.
Scís — Codladh.
Scíste — Scíth.
Scíth — Codladh, Díomhaoin, Scíth.
Sciúch — Ceann.
Sciuird — Ionsaí, Rith, Scaird.
Sciurdaim — Gluaiseacht.
Sciúradh — Pionós.
Sciúraim — Cuimil, Glan, Snas.
Sciúrsáil — Críost, Pionós.
Sciúrtóg — Airgead.
Sclábhaí — Fóin, Íochtarán, Sclábhaí.
Sclábhaíocht — Deacair, Fóin, Iallach, Íochtarán, Obair, Sclábhaí, Tuirse, Umhal.
Sclábhánta — Beacht, Fóin, Suarach, Uiríseal.
Sclaig — Oscailt.
Scláraim — Gearraim.
Scléip — Drabhlás, Pléisiúr.
Scleondar — Iontas.
Sclogadh — Gáire, Rún.
Sclóin — Timpeall.
Scloitéir — Ocras.
Scloitéireacht — Drabhlás, Ól.
Scód — Bád, Seol.
Scóig — Ceann.
Scoil — Córas, Fealsúnacht, Ollscoil, Scata, Scoil, Tuairim.
Scoilt — Bris, Contrártha, Oscailt.
Scoilteach — Fulaingt.
Scoiltim — Bris, Scar.
Scoirim — Díbir, Scar.
Scoite — Fada.
Scoithim — Bris, Buntáiste, Gearraim, Gluaiseacht, Leanbh, Scar, Tuilleadh.
Scol — Fuaim, Gáir.
Scólaim — Fulaingt.
Scolaíocht — Oideachas.
Scoláire — Oideachas, Scoil.
Scolann — Dóigh.
Scolard — Fuaim.
Sconna — Dúnaim, Snigh, Uisce.
Scoradh — Créacht, Stróic.
Scoraim — Bris, Gearraim.
Scoraíocht — Oíche.
Scorán — Dúnaim.
Scorn — Drochmheas.
Scornach — Béal, Ceann.
Scornúil — Fuaim.
Scoth — Farraige, Feabhas, Onóir, Rogha.
Scothán — Fionnadh.
Scothaosta — Aois.
Scothóg — Claíomh, Maisigh.

Scrabhaim	Cuimil, Gearraim.	Seachmallach	Buile.
Scraith	Móin.	Seachnaím	Easpa, Seachain, Teith.
Scraithim	Talmhaíocht.	Seachrán	Anord, Earráid,
Screab	Clúdaigh.		Gluaiseacht,
Screaball	Eaglais.		Mearbhall.
Scréach	Ard, Gáir.	Seachtain	Am, Lá.
Scréachach	Gáir.	Seachtrach	Amuigh.
Scréachaíl	Torann.	Séad	Cloch, Luachmhar.
Scread	Ard, Gáir.	Seadaím	Áitreabh, Fan.
Screadaíl	Torann.	Séadchomhartha	Ailtireacht, Cuimhne.
Screamh	Clúdaigh, Craiceann.	Seadú	Fan.
Scríbhinn	Cum, Focal, Léann,	Seafóid	Ait, Anásta, Nóisean.
	Scríobh.	Seafóideach	Amaideach, Buile,
Scríbhneoir	Litríocht, Scríobh.		Dobhránta, Nóisean.
Scrín	Bosca, Clúdaigh, Eaglais.	Seagal	Arbhar.
Scríobadach	Cearc.	Séagma	Easpa, Reitric.
Scríobaim	Créacht, Cuimil, Gearraim,	Seaimpín	Cosain.
	Stróic.	Seal	Am, Gearr.
Scríobh	Scríobh.	Séala	Faoistin, Marc.
Scríobhaí	Scríobh.	Sealad	Am.
Scríobhaim	Focal, Litríocht.	Sealadach	Beag, Gearr.
Scrioptúr	Bíobla.	Séalaím	Marc.
Scrios	Anachain, Caill, Gadaí.	Sealaíocht	Ord.
Scriosaim	Brúigh, Bua, Diúltú,	Sealbhaím	Faigh, Seilbh, Tóg.
	Dochar,	Sealbhán	Scata.
	Maraigh, Mill.	Seallach	Amharclann, Láthair,
Scriostóir	Long.		Poiblí, Radharc.
Script	Scríobh.	Sealúchas	Maith, Saibhir, Seilbh,
Scrobarnach	Crann.		Spleáchas.
Scroblach	Suarach.	Séamafór	Foláireamh.
Scrogall	Ceann.	Seamaide	Planda.
Scroid	Ith.	Seamhan	Síol.
Scrúdaigh	Scrúdaigh.	Seamhar	Planda.
Scrúdaim	Fulaingt, Triail.	Seamhnán	Síol.
Scrúdaím	Aire, Breathnaigh, Breith,	Seamhrach	Sláinte.
	Fíor,	Seamlas	Maraigh.
	Fiosrach, Lorg, Triail.	Seamsán	Gearán.
Scrúdan	Vótáil.	Sean	Foirfe, Sean.
Scrúdann	Tionchar.	Séan	Buntáiste, Cinniúint, Maith,
Scrúdú	Breith, Lorg, Oideachas,		Sonas.
	Scrúdaigh, Triail.	Seanad	Eaglais, Parlaimint, Sochaí.
Scrúdú coinsiasa	Coinsias, Cúl, Faoistin,	Séanadh	Brathadóir, Diúltú.
	Peaca.	Seanadóir	Ceannaire, Parlaimint.
Scrupall	Aiféala, Amhras, Ceart,	Séanaim	Críochnaigh, Díbir, Diúltú,
	Coinsias, Cúram, Eagla,		Milleán, Tréig.
	Onóir.	Sean-am	Am, Aois.
Scrupallach	Beacht, Ceart, Cúram,	Seanaois	Aois, Buan, Sean.
	Éiginnte.	Séanas	Fiacail.
Scuab	Cóiriú, Fiacail.	Seanascal	Breitheamh.
Scuabaim	Cuimil, Glan, Gruaig,	Seanbhlas	Blas, Col, Magadh.
	Tarraing.	Seanbhuachaill	Pósadh.
Scuad	Buíon.	Seanchaí	Inis, Litríocht, Stair.
Scuadrún	Buíon, Cabhlach, Scata.	Seanchailín	Bean, Cailín, Pósadh.
Scuaideáil	Scaird.	Seanchaite	Béas, Dochar, Poiblí, Sean,
Scuaidreamh	Triail.		Suarach.
Scuaidrín	Mórán, Scata.	Seanchas	Béas, Inis, Stair.
Scuaine	Buíon, Mórán, Ord, Scata.	Seanchríonna	Críonnacht.
Scuibhéir	Compánach.	Seandacht	Sean, Troscán.
Seabhrán	Fuaim, Monabhar.	Seanduine	Aois, Duine, Sean.
Seachadadh	Litir, Tráchtáil.	Seanfhocal	Béas, Eagna, Focal, Nath.
Seachadaim	Bronntanas, Inis.	Seanfhondúir	Aois, Sean.
Seachain	Aire, Cúram, Seachain.	Seang	Áilleacht, Caol, Éadrom,
Seachantach	Teith.		Foirm, Lag,
Seachantacht	Eagla.		Tanaí.
Seachmall	Amuigh, Earráid,	Seangaím	Laghdaigh.
	Mearbhall, Samhlaíocht,	Seangaithe	Drochmhisneach, Tuirse.
	Spleáchas, Taibhse.	Seanmhaighdean	Bean, Maighdean.

Séanmhar	Maith.	Seimíteach	Giúdach.
Seanmóir	Caint, Litríocht, Seanmóir.	Seinnim	Ceol.
Sean-nós	Béas.	Seintimint	Mothú.
Seanrá	Nath.	Seipeal	Planda.
Seanreacht	Am, Aois, Reiligiún, Sean.	Séipéal	Ailtireacht, Eaglais,
Seans	Amhras, Cearrbhachas, Cinniúint,		Manach, Reiligiún.
	Dainséar, Tosca.	Séipéalmháistir	Amhrán.
Seansaol	Aois, Sean.	Séiplíneach	Eaglais, Sagart.
Séansún	Rúndiamhair.	Seir	Troigh.
Sean-Tiomna	Bíobla.	Seirbhe	Creim.
Séantóir	Diúltú, Feall, Tréig.	Seirbhís	Aifreann, Deasghnáth,
Séarach	Salach.		Eaglais, Feidhm,
Searbhas	Brón, Creim, Fuath, Magadh, Urchóid.		Fóin, Íochtarán, Liotúirge, Ósta, Reiligiún, Searmanas.
Searbhasach	Achasán, Creim, Magadh, Urchóid.	Seirbhíseach	Compánach, Fóin, Íochtarán, Obair,
Searbhónta	Compánach, Fóin, Íochtarán, Obair.	Séire	Umhal. Carghas, Críost, Eocairist,
Searc	Grá.		Ith.
Seargaim	Dochar, Mill.	Seirfeach	Íochtarán, Sclábhaí.
Searmanas	Deasghnáth, Féile, Searmanas.	Séirse Séis	Cogadh, Ionsaí, Troid. Ceol.
Searnaim	Ord.	Séisín	Bronntanas, Fial, Ósta,
Searrach	Capall.		Soghníomh.
Searraim	Cos, Fada, Gluaiseacht,	Seisreach	Talmhaíocht.
	Scíth,	Seisréad	Ceol.
	Staidiúir.	Seist	Guigh, Liotúirge.
Seas	Bád, Suíochán.	Séitéir	Gadaí.
Seasaim	Fada, Troid.	Séitéireacht	Bréag, Gadaí.
Seasamh	Staidiúir.	Seitgháire	Drochmheas, Gáire,
Seasc	Éagumas.		Magadh.
Seascann	Uisce.	Seithe	Craiceann.
Seasmhach	Buan, Daingean, Misneach, Neart.	Seitheadóir Seitreach	Craiceann. Gáir, Torann.
Seasmhacht	Misneach, Socair.	Seochrua	Crua.
Seasta	Minic.	Seodóireacht	Maisigh.
Seastán	Siopa, Taca.	Seoid	Cloch, Lonraigh,
Séasúr	Am, Amharclann, Séasúr, Síol,	Seoidire	Luachmhar. Aer.
	Tús.	Seol	Bád, Olann, Seol.
Seic	Airgeadas, Fiacha.	Seoladh	Áitreabh, Litir, Tús,
Seiceadóir	Gníomh, Uacht.		Ullmhaigh.
Seicin	Caol, Clúdaigh, Craiceann.	Seolaim	Bád, Gluaiseacht, Litir,
Seict	Tuairim.		Long,
Séideadh	Súil, Teas.		Treoraigh.
Séideán	Gaoth.	Seoltóireacht	Bád, Seol.
Séideann	Borr, Gaoth, Leacht, Toirtiúil.	Seomra Seoraí	Áitreabh, Seomra, Teach. Reitric.
Séidim	Aer, Áitigh, Méadaigh,	Seoráil	Obair.
	Spreag.	Seordán	Gaoth, Monabhar.
Seift	Acmhainn, Cleas, Cliste, Meán, Sáinn,	Sféar Sí gaoithe	Ciorcal, Cruinn. Gaoth, Timpeall.
	Samhlaíocht.	Siabhrán	Earráid, Mearbhall.
Seiftiúil	Cliste.	Siabhránach	Díograis.
Seiftiúlacht	Cleas, Intleacht.	Siad	Borr.
Seilbh	Faigh, Maith, Seilbh, Tóg.	Siamsa	Díomhaoin, Pléisiúr, Scíth.
Scile	Béal.	Siansa	Ceol.
Seilg	Seilg.	Sibhialtacht	Sochaí, Stair, Tír.
Seilgim	Ainmhí, Lorg.	Sibiléireacht	Obair.
Seiliú	Díleá.	Síbín	Ósta.
Séimeantaic	Focal.	Síceolaíocht	Fealsúnacht, Spiorad.
Séimh	Ailleacht, Bog, Cineálta, Foighne,	Siciatraí Sicín	Leigheas. Cearc.
	Furasta, Meon, Uiríseal.	Sicréid	Rún.
Séimhe	Socair.	Sifín	Arbhar, Planda.
Séimhiú	Gramadach.	Sileadh	Braon, Deoir, Talmhaíocht.

Síleáil	Teach.	Síolraím	Ainmhí, Bunús, Síol.
Sileán	Uisce.	Síolrú	Beatha, Madra.
Sileann	Leacht, Snigh.	Síolchur	Díograis, Leathaim.
Siléar	Íseal, Ósta.	Síománaíocht	Fan.
Siléig	Dearmad, Fan.	Siombail	Ciallaigh, Comhartha,
Siléipse	Reitric.		Iomhá, Marc.
Silim	Gluaiseacht.	Siombalachas	Litríocht.
Sílim	Breith, Smaoinigh.	Síomóntacht	Ceannaigh.
Sillim	Breathnaigh.	Síon	Aimsir.
Silteach	Leacht, Snigh.	Siónachas	Giúdach.
Silteán	Báisteach, Snigh.	Sionad	Eaglais, Easpag, Sochaí.
Siméadracht	Cosúil, Ord.	Sionagóg	Giúdach, Sochaí.
Simleadh	Cosúil.	Síondaite	Aghaidh, Snua.
Simpleoir	Amaideach, Dobhránta, Simplí.	Siondróm	Comhartha.
		Sionsa	Mearbhall.
Simplí	Ainbhios, Amaideach, Furasta, Simplí.	Siopa	Siopa, Tráchtáil.
		Siopadóir	Siopa, Tráchtáil.
Sín	Sín.	Síoraí	Buan, Fada.
Sine	Bainne, Bó, Ceangail.	Síoraíocht	Am, Buan, Fada, Todhchaí.
Síneadh	Méadaigh, Spleáchas, Taobh.	Siorradh	Aer, Gaoth.
		Siortaím	Fiosrach, Lorg.
Singil	Simplí.	Siosarnach	Fuaim, Torann.
Sínim	Buan, Fada, Leathaim, Méadaigh, Sín, Staidiúir, Tarraing, Tit, Tuilleadh.	Siosma	Contrártha, Reiligiún, Scar.
		Siosmach	Tréig.
		Siostal	Olann.
		Siostól	Croí, Fuil.
Síním	Ainm, Scríobh.	Siosúr	Gruaig.
Sinsear	Aicme, Cuimhne, Gaol, Sean.	Síothlaím	Bainne, Bás, Críochnaigh, Glan.
Sinsearacht	Gaol, Oidhreacht.	Síothlaíonn	Gluaiseacht, Laghdaigh, Leacht.
Sínte	Íseal, Staidiúir.		
Sínteacht	Cainníocht.	Sípris	Dubh, Sochraid.
Sínteán	Leaba, Oifig.	Síreacht	Ceol.
Sintéis	Argóint, Léann, Smaoinigh.	Sirim	Guigh, Iarr.
Síntiús	Bronntanas, Cuid, Leabhar.	Sirtheoireacht	Lorg.
Síobaim	Gluaiseacht.	Siséal	Uirlis.
Siobarnach	Dearmad.	Siséalú	Maisigh.
Síobráil	Báisteach.	Sistéal	Báisteach, Oscailt, Uisce.
Sioc	Aimsir, Fuar, Sioc.	Sistéam	Córas, Ord, Prionsabal, Riail,
Siocair	Bunús, Cúis, Treoraigh.		
Siocán	Aimsir, Fuar, Sioc.		Teoiric.
Sioc-cheo	Aimsir, Sioc.	Síth	Síocháin, Socair.
Síocháin	Aontaigh, Cairdeas, Ciúin, Maithiúnas, Síocháin, Socair, Tost.	Sitheadh	Ainmhian, Gluaiseacht.
		Siúil	Gluaiseacht, Imeacht, Siúil.
		Siúl	Corp, Cos, Imeacht, Siúil, Staidiúir.
Sioctha	Sioc, Tiubh.	Siúlóid	Bealach, Siúil.
Síoda	Éadach.	Siúr	Coibhneas, Compánach, Manach.
Siofón	Uisce.		
Síofra	Draíocht, Taibhse.	Siúráilte	Cinnteacht.
Síog	Cloch.	Slabhra	Ceangail, Dúnaim, Líne, Mórán, Ord.
Sióg	Draíocht.		
Síogaí	Draíocht.		
Síogaíonn	Mill.	Slachtmhar	Cúram, Éide, Foirfe.
Siogairlín	Maisigh.	Slad	Anachain.
Síol	Aicme, Bunús, Cineál, Gnéas, Planda, Prionsabal, Síol, Tús.	Sladaí	Coir, Urchóid.
		Sladaim	Gadaí, Mill, Tóg.
		Sladmhargadh	Ceannaigh, Margadh, Praghas.
Síolbhach	Gaol.	Slaghdán	Anáil, Fuar, Slaghdán.
Síolchur	Scaird, Síol, Talmhaíocht.	Slaimice	Cuid.
Siolla	Focal, Gaoth.	Sláinte	Beatha, Maith, Ospidéal, Sláinte.
Siollántacht	Gaoth.		
Siollfarnach	Gaoth.	Sláinteachas	Cóiriú, Glan, Sláinte.
Siollóg	Argóint.	Slaiseálaim	Gearraim.
Siolpaim	Bainne.	Slaitín	Crann.
Siolpaireacht	Gadaí, Tóg.	Slám	Cnuasach.

Slán	Iomlán, Nua, Sábháil, Seachain, Teith.	Slusaíocht	Moladh.
		Smacht	Bua, Constaic, Cumhacht, Iallach, Spleáchas, Umhal.
Slánaím	Cosain, Sábháil.		
Slánaíocht	Cúiteamh.	Smachtaím	Bua, Ceartaigh, Constaic, Pionós, Stad, Toirmisc.
Slánaitheoir	Cosain, Críost, Maithiúnas, Sábháil.		
Slánú	Cosain, Rúndiamhair, Sábháil, Saolú.	Smachtbhanna	Pionós.
		Smachtín	Maide.
		Smailc	Béim, Ith.
Slaod	Ord, Snámh, Snigh.	Smailcim	Buail, Ith.
Slaodann	Leacht.	Smál	Easpa, Urchóid.
Slapaire	Salach.	Smálaím	Mill, Salach.
Slapar	Planda.	Smalóg	Béim, Buail.
Slaparnach	Torann.	Smaoineamh	Aigne, Cuspóir, Fealsúnacht, Intleacht, Réasún, Smaoinigh, Spiorad, Tuairim.
Slat	Draíocht, Maide, Tomhas.		
Sleabhcann	Mill, Tit.		
Sleabhctha	Staidiúir.		
Sléacht	Maraigh, Mill, Troid.	Smaoinigh	Smaoinigh.
Sléachtadh	Staidiúir.	Smaointeach	Smaoinigh, Tromchúis.
Sléachtaim	Íseal, Staidiúir.	Smaois	Slaghdán, Srón.
Sleamchúis	Dearmad.	Smaoisíl	Srón, Deoir.
Sleamhnaím	Gluaiseacht, Tit.	Smaragaid	Cloch.
Sleamhnán	Sioc, Súil.	Smeach	Béim.
Sleán	Móin, Uirlis.	Smeachaim	Buail.
Sleasán	Taobh.	Smeacharnach	Anáil, Brón, Deoir, Torann.
Sleasfhuinneog	Oscailt.		
Sleaspholl	Long.	Smeachóid	Tine.
Slí	Bealach, Meán, Riail.	Smeadar	Clúdaigh.
Sliabh	Ard, Móin, Sliabh.	Smeadrálaim	Ungadh.
Sliasaid	Cos, Taobh.	Smeámh	Gaoth.
Slíbhín	Suarach.	Smearadh	Ungadh.
Slim	Caol, Lag, Tanaí.	Smearaim	Clúdaigh, Leathaim, Ungadh.
Slíobaim	Glan, Snas.		
Slíocadh	Ungadh.	Sméaróid	Tine.
Slíocaim	Cuimil, Glan, Snas.	Sméidim	Gairm, Glaoigh, Íseal, Súil.
Sliocht	Achoimre, Aicme, Bunús, Cineál, Gaol, Leabhar, Leanbh, Roinn, Síol, Todhchaí.	Smideadh	Aghaidh, Cóiriú, Cosmaid.
		Smidiríní	Bris, Cuid.
		Smig	Aghaidh, Ceann.
		Smíochtaim	Buail.
Sliochtaím	Glan.	Smiogaim	Bás.
Sliogán	Clúdaigh.	Smiolgadán	Ceann.
Slíomadóir	Cleas, Urchóid.	Smionagar	Bris, Cuid, Fuílleach.
Slios	Sliabh, Taobh.	Smior	Istigh, Lár.
Sliotar	Cluiche.	Smiotaim	Buail.
Slis	Cuid, Tanaí.	Smíste	Béim.
Slisim	Buail.	Smístim	Buail.
Slisne	Cuid, Roinn, Tanaí.	Smitín	Béim, Buail.
Slócht	Slaghdán.	Smól	Tine.
Slodán	Oscailt.	Smolaim	Draíocht.
Slógadh	Arm, Buíon, Cogadh, Garda, Saighdiúir.	Smólaim	Gearraim.
		Smolchaite	Dochar.
Slogaim	Béal, Ith, Ól, Tóg.	Smúchail	Srón.
Slógaim	Garda, Gluaiseacht.	Smúdálaim	Glan.
Slogóg	Ól.	Smúdar	Creim, Dochar, Móin.
Sloigín	Ord.	Smuga	Slaghdán, Srón.
Sloinne	Ainm.	Smugaíl	Srón.
Sloinnim	Ainm, Gairm.	Smugairle	Slaghdán, Srón.
Sloinnteoir	Ainm.	Smuilc	Srón.
Sloinnteoireacht	Gaol.	Smuilcide	Aghaidh.
Slua	Aicme, Arm, Bailigh, Buíon, Cnuasach, Dream, Mórán, Poiblí, Scata, Uimhir.	Smúit	Néal.
		Smúr	Néal.
		Smúraim	Boladh.
		Smúrlach	Aghaidh.
Sluaghairm	Glaoigh.	Smúrthacht	Aire, Dall, Lorg, Srón.
Sluaíocht	Arm.	Smúsach	Lár.
Sluasaid	Tine, Uirlis.	Smut	Béal, Cuid, Srón.

Smutaim	Gearr, Gearraim.	Socracht	Scíth, Socair.
Snag	Buail, Gaofaireacht.	Socraím	Aontaigh, Breith, Déan,
Snagaireacht	Caint, Mearbhall,		Laghdaigh, Oiriúnach,
	Monabhar, Deoir.		Rogha, Tionscnamh, Toil.
Snaidhm	Ceangail.	Socrú	Aontaigh, Cúis, Síocháin,
Snaidhmim	Ceangail.		Socair, Tionscnamh.
Snáiteoireacht	Ól.	Sócúl	Maith, Sonas.
Snáithim	Ól.	Sodamán	Foirm.
Snáithín	Caol, Planda, Tanaí.	Sodar	Capall, Cos, Imeacht, Rith,
Snamh	Cuma, Planda.		Siúil.
Snámh	Báigh, Long, Snámh,	Sodhéanta	Furasta.
	Staidiúir, Uisce.	Sodheilbhithe	Bog.
Snámhaíocht	Imeacht, Staidiúir,	Sodóg	Cailín, Gearr.
	Gluaiseacht.	Sofaisteach	Fealsúnacht.
Snamóg	Béim.	Soghluaiste	Airgead, Foighne, Furasta.
Snaoisín	Srón.	Soghníomh	Carthanacht, Fabhar, Fial,
Snapaim	Faigh, Tóg.		Soghníomh.
Snas	Blas, Cuimil, Foirfe, Snas,	Soibealta	Dána.
	Ungadh.	Soibealtacht	Dána, Muinín.
Snasaim	Cuimil, Snas, Ungadh.	Soicind	Am.
Snáth	Caol, Olann.	Soidhir	Madra.
Snáthaid	Uirlis.	Soilbhir	Athas, Cineálta.
Sneachta	Aimsir, Fuar, Sioc,	Soiléas	Solas.
	Sneachta.	Soiléasta	Furasta.
Snigh	Snigh.	Soiléir	Fíor, Furasta, Solas.
Sniogaim	Bainne.	Soiléire	Cuma, Solas.
Sníomh	Tosca.	Soiléirím	Comhartha.
Sníomhachán	Éadach.	Soiléirse	Cinnteacht, Nath,
Sníomhaim	Lámh, Olann.		Prionsabal.
Síonn	Abhainn, Gluaiseacht,	Soilíos	Cabhair, Fabhar, Maith,
	Leacht, Snigh.		Soghníomh.
Snobaireacht	Ard, Cur i gcéill.	Soilíosach	Cabhair, Cineálta, Furasta.
Snoíodóir	Cloch.	Soilsím	Solas.
Snoíodóireacht	Maisigh.	Soilsíonn	Lonraigh, Solas.
Snoím	Gearraim, Laghdaigh, Snas.	Soinéad	Filíocht.
Snoite	Tuirse.	Soineann	Aimsir.
Snua	Cuma, Sláinte, Snua.	Soineanta	Ainbhios, Dobhránta,
Snuaphúdar	Cosmaid.		Geanmnaí, Simplí.
Snua-ungadh	Cosmaid.	Soineantacht	Admhaigh, Geanmnaí.
Só	Cinniúint, Díomhaoin,	Soinneán	Gaoth.
	Pléisiúr.	So-iompair	Furasta.
Sobal	Glan.	Soipín	Leaba.
Sobhéasach	Soghníomh.	Soiprím	Íseal, Staidiúir.
Sobhlas	Blas.	Soiprithe	Staidiúir.
Sobhogtha	Bog.	Soirbéad	Sioc.
Sobhriste	Bris, Lag.	Soirbh	Cineálta, Furasta.
Soc	Béal, Boladh, Srón.	Soirbheas	Sonas.
Socair	Ciúin, Daingean, Eagna,	Soiscéal	Aifreann, Aspal, Bíobla,
	Foighne, Furasta,		Cinnteacht,
	Measarthacht, Socair,		Críost, Reiligiún.
	Tromchúis.	Soiscéalaí	Aspal, Bíobla, Críost,
Socfhréamh	Planda.		Reiligiún.
Sochaí	Scata, Sochaí.	Soiscéalaíocht	Aspal, Seanmóir.
Sochaideartha	Cineálta, Furasta.	Sóisear	Gaol.
Sochar	Airgeadas, Bua, Buntáiste,	Sóisialachas	Coitianta, Obair,
	Faigh, Sochar, Sonas,		Polaitíocht, Saoirse.
	Tráchtáil, Tuilleadh,	Soith	Madra.
	Úsáideach.	Soitheach	Árthach, Long.
Socheolaíocht	Fealsúnacht.	Solabhartha	Reitric.
Sochma	Cineálta, Ciúin, Eagna,	Solabharthacht	Caint.
	Foighne, Furasta.	Soláimhsithe	Bog, Éadrom, Furasta,
Sochomhairleach	Eagna, Foighne.		Úsáideach.
Sochorraithe	Fearg.	Sólás	Cabhair, Ciúin.
Sochorraitheacht	Mothú.	Solas	Lonraigh, Solas.
Sochrach	Úsáideach.	Sólásaí	Cabhair.
Sochraid	Bás, Deasghnáth, Sochraid.	Solasta	Snua.
Sochroíoch	Cineálta.	Soláthar	Cogadh, Ith.

Soláthraím	Ceannaigh, Déan, Faigh, Ith.	Spárálach	Measarthacht.
		Sparán	Cnuasach, Saibhir, Saint.
Soléite	Léigh, Scríobh.	Sparra	Dúnaim.
Sollúnaím	Féile.	Spás	Aer, Am, Tomhas.
Sollúnta	Tromchúis.	Speabhraíd	Ait, Dóchas, Earráid, Samhlaíocht, Taibhse.
Sollúntacht	Féile, Searmanas, Tromchúis.	Speabhraídí	Buile.
Sollúntas	Deasghnáth, Liotúirge, Naomh.	Spéaclaí	Súil.
		Spéacláireacht	Fealsúnacht, Léann, Smaoinigh, Teoiric.
Solúbtha	Bog, Umhal.		
Somachán	Leanbh.	Speal	Arbhar, Fomhar.
Sómas	Sonas.	Spealaim	Gearraim.
Somhaoin	Buntáiste, Sochar.	Spéarthaí	Aer, Tír.
Somhaoineach	Usáideach.	Speiceáil	Cúl.
Somhúinte	Foighne, Umhal.	Spéiceáil	Buail.
Somhúnlaithe	Bog.	Spéicéireacht	Pósadh.
Sona	Athas, Pléisiúr.	Spéir	Aer, Néal, Socair.
Sonas	Athas, Buíochas, Maith, Pléisiúr, Sonas.	Spéirbhean	Ailleacht, Bean, Cailín, Draíocht, Feabhas.
Sonc	Béim, Buail, Tobann.	Spéireataí	Cárta.
Sonda	Clois.	Speirgeas	Beannaigh, Eaglais.
Sondas	Clois.	Speirim	Gearraim.
Sonnach	Dúnaim.	Spéiriúil	Ailleacht, Athas.
Sonra	Éiginnte, Foirm, Praghas, Taibhse, Tosca.	Spéirling	Aimsir, Anachain, Anord, Gaoth, Tobann.
Sonrach	Annamh.	Spéis	Aire, Grá, Litríocht, Páirteach, Spéis.
Sonraím	Aire, Breathnaigh, Cáilíocht, Cineál, Mínigh.	Speisialtacht	Cáilíocht.
Sónta	Ainbhios, Amaideach, Dobhránta, Simplí.	Speisialtóir	Cliste, Eolas.
		Spiagach	Ainmheasartha, Lonraigh.
Sop	Arbhar.	Spiagaí	Dath.
Soprán	Amhrán, Ceol.	Spiaire	Brathadóir.
Soranna	Furasta.	Spiaireacht	Ead.
Sorcas	Cluiche.	Spiara	Dúnaim.
Sorcóir	Cruinn, Gluaisteán.	Spidéal	Manach, Ospidéal.
Sorn	Dóigh, Teas, Tine.	Spidéiléir	Manach.
Sórt	Aicme, Cineál.	Spidireacht	Ith, Obair.
Sos	Cogadh, Conradh, Díomhaoin, Scíth, Síocháin.	Spídiúchán	Milleán, Urchóid.
		Spinséir	Manach.
Sos cogaidh	Cogadh, Conradh, Síocháin.	Spíodóir	Cogadh.
Sos lámhaigh	Cogadh.	Spíodóireacht	Brathadóir, Feall, Fiosrach.
Sotal	Bród, Dána.	Spiogóid	Snigh, Uisce.
Sotalach	Achasán, Dána, Misneach, Muinín.	Spíon	Planda.
		Spíonaim	Achrann, Ceist, Olann, Scrúdaigh.
Sothomhaiste	Cainníocht.		
Sothuigthe	Furasta.	Spíonta	Drochmhisneach, Lag, Tuirse.
So-úsáidte	Furasta.		
Spád	Uirlis.	Spiorad	Nádúr, Spiorad.
Spadach	Móin.	Spioradáltacht	Reiligiún.
Spadánta	Bog, Díomhaoin, Trom.	Splaideog	Buile, Tine.
Spadántacht	Drochmhisneach, Lag, Tuirse.	Splanc	Aimsir, Lonraigh, Solas, Tine, Tobann.
Spadchos	Troigh.	Splanctha	Ainmhian, Buile, Fabhar, Nóisean.
Spadhar	Buile, Nóisean, Tobann.		
Spadhrúil	Nóisean.	Spleá	Moladh.
Spág	Cos, Troigh.	Spleách	Coibhneas, Iochtarán, Spleáchas, Umhal.
Spágáil	Imeacht, Siúil.		
Spaillim	Milleán.	Spléachadh	Breathnaigh.
Spailpín	Obair, Siúil.	Spleáchas	Íochtarán, Spleáchas.
Spáinnéar	Madra, Seilg.	Spleodar	Áthas.
Spairt	Drochmhisneach, Fuílleach, Móin, Tiubh.	Spleodrach	Áthas.
		Splíonach	Dochar.
Spaisteoir	Siúil.	Spochadh	Cráigh, Drochmheas, Gáire, Magadh.
Spaisteoireacht	Cos, Siúil.		
Spalla	Taca.	Spochaim	Gearraim, Gnéas, Tóg.
Spallaíocht	Taithigh.	Spoir	Sliabh.
Spallann	Dóigh.	Spontáineach	Saoirse.

Spor	Cearc.	Sreangán	Ceangail.
Spórt	Athas, Cluiche, Pléisiúr, Scíth.	Sreangscéal	Foláireamh, Litir, Nuacht.
		Sreangshúileach	Deoir.
Spota	Marc.	Sriabhán	Báisteach.
Sprais	Aimsir, Báisteach.	Srian	Bua, Capall, Constaic, Crosaim, Measarthacht, Stad, Teorainn.
Spraoi	Athas, Drabhlás, Pléisiúr.		
Spré	Oidhreacht, Pósadh, Solas.		
Spreacadh	Neart.		
Spréach	Tine.	Srianaím	Measarthacht.
Spréachadh	Solas.	Srianta	Rith, Treoraigh.
Spreachall	Báisteach, Scaird.	Srincne	Saolú.
Spréadh	Móin.	Sról	Éadach, Lonraigh.
Spreag	Spreag.	Srón	Aghaidh, Boladh, Ceann, Srón.
Spreagaim	Áitigh, Comhairle, Tionchar, Treoraigh.		
		Srónach	Fuaim.
Spreagann	Ainmhian, Mothú.	Srúill	Abhainn.
Spreagthóir	Cúis.	Sruth	Abhainn, Snigh, Uisce.
Spreas	Drochmhisneach.	Sruthaire	Cuairt.
Spréim	Leathaim, Scaird, Sín, Taispeáin.	Sruthbhailbhe	Caint.
		Sruthlaím	Glan, Nigh.
Spreotáil	Gearraim.	Sruthnaím	Leathaim.
Sprid	Taibhse.	Stá	Cuma.
Sprioc	Cuspóir.	Stáca	Maide, Maraigh.
Sprioctha	Beacht.	Staca	Arbhar, Fomhar.
Sprionlaithe	Beag, Saint, Sprionlóir, Suarach.	Stad	Constaic, Críochnaigh, Stad.
Sprionlóir	Saibhir, Saint, Sprionlóir, Suarach.	Stadach	Caint.
		Stadaireacht	Caint, Mearbhall.
Sprochaille	Ceann.	Stádar	Faire, Gluaiseacht.
Spruan	Creim, Dochar.	Stagh	Bád, Seol, Taca.
Sprúille	Brúigh.	Stagún	Capall.
Spuaic	Ailtireacht, Ard, Craiceann, Créacht, Eaglais, Maisigh, Toirtiúil,Troigh.	Staid	Áit, Cáilíocht, Nádúr, Staid, Staidiúir, Tosca.
		Stáid	Cúl, Marc, Tomhas.
Spúinse	Cóiriú, Nigh.	Staidéar	Aire, Cuimhne, Léann, Léigh, Measarthacht, Oideachas, Scoil, Scrúdaigh, Smaoinigh.
Spúinseálaim	Glan.		
Sracadh	Neart.		
Sracaim	Bris, Faigh, Gearraim, Staidiúir, Stróic, Tarraing, Tóg.		
		Staidéarach	Cliste, Críonnacht, Cúram, Eagna, Foighne, Measarthacht.
Sracaireacht	Coir, Faigh, Tarraing.		
Sracléaráid	Easpa, Triail.	Staidiúir	Imeacht, Staidiúir.
Sracobair	Easpa.	Staidreamh	Uimhir.
Sráid	Bealach, Cathair, Siúil.	Staighre	Teach.
Sráidbhaile	Baile.	Stail	Capall.
Sráideog	Leaba.	Stailc	Anord, Ceannairc, Col, Díomhaoin, Obair.
Sraith	Cluiche, Coibhneas, Líne, Mórán, Ord.		
		Staimín	Planda.
Sram	Slaghdán.	Stainc	Fearg.
Srán	Gluaiseacht.	Stainnín	Siopa.
Srann	Anáil, Codladh, Fuaim, Torann.	Stair	Inis, Stair, Tarlaigh.
		Stáisiún	Iarnród, Stad.
Srannfach	Srón.	Staitistic	Uimhir.
Sraoill	Salach.	Stáitse	Amharclann.
Sraoilleadh	Pionós.	Stalacáil	Gaoth.
Sraoilleán	Bratach.	Stalcacht	Toil.
Sraoillim	Stróic, Tarraing.	Stalcánta	Tiubh.
Sraoillín	Ord.	Stalla	Amharclann, Leabhar, Suíochán.
Sraonadh	Solas, Troid.		
Sraonaim	Staidiúir, Tarraing.	Stamhladh	Gaoth.
Sraoth	Anáil, Slaghdán, Torann.	Stampa	Litir, Marc.
Sraothartach	Anáil, Slaghdán, Srón.	Stampálaim	Marc.
Srathair	Capall, Iallach.	Stánáil	Buail.
Srathnú	Móin.	Stánaim	Aire, Breathnaigh.
Sreabh	Abhainn, Snigh.	Stangadh	Gluaiseacht, Tit.
Sreabhann	Abhainn, Caol, Tanaí.	Stangaireacht	Imeacht, Siúil.
Sreang	Ceangail, Dídean.	Staonadh	Carghas, Measarthacht.

Staonaim	Diúltú, Easpa, Measarthacht, Vótáil.	Strabhas	Crap.
Staraí	Litríocht, Stair.	Strácáil	Tarraing.
Staróg	Inis, Scéal.	Stradúsach	Dána, Muinín.
Starrghiall	Ceann.	Stráicim	Tóg.
Stát	Coitianta, Pobal, Polaitíocht, Sochaí.	Straidhn	Obair, Tuirse.
		Stráiméad	Buail.
Státaire	Polaitíocht.	Strainc	Aghaidh, Crap.
Státseirbhíseach	Obair, Oifig.	Stráinséir	Eachtrannach.
Statúid	Ordú.	Straitéis	Arm, Cleas, Cogadh, Treoraigh, Troid.
Statúidí	Riail.	Strambán	Caint, Scéal, Tuirse.
Steall	Scaird.	Straois	Béal.
Stéig	Feoil.	Streabhas	Aghaidh.
Steiteascóp	Anáil.	Streachlaím	Tarraing.
Stiall	Créacht, Feoil, Tanaí.	Streancán	Amhrán, Ceol.
Stiallaim	Bris, Gearraim, Stróic.	Streill	Aghaidh.
Stíl	Cum, Cúram, Ealaín, Foirfe, Litríocht, Stíl.	Striapach	Bean, Drúis.
		Striapachas	Drabhlás, Drúis.
Stílí	Litríocht.	Stríocaim	Bog, Cogadh, Cuimil, Íseal, Seol.
Stilliúr	Meáchan.		
Stíobhard	Treoraigh.	Stró	Deacair, Díograis, Furasta, Gníomh, Obair, Tuirse.
Stiogmaí	Marc.		
Stioróip	Capall.	Stróic	Stróic.
Stiúgaim	Bás.	Stróicim	Bris, Stróic.
Stiúir	Bád, Imeacht, Staidiúir, Treoraigh.	Stróinéis	Bród.
		Struchtúr	Foirm, Nádúr, Ord.
Stiúraim	Ceol, Comhairle, Long, Tionchar, Treoraigh.	Strúp	Béal.
		Strus	Obair.
Stiúrthóir	Ceannaire, Ceol, Tráchtáil, Treoraigh.	Stua	Ailtireacht, Cuar, Eaglais, Líne, Oscailt.
Stiúsaí	Cailín.	Stuaic	Ard, Bagair, Brón, Eaglais, Fearg.
Stobhach	Tiubh.		
Stobhaim	Feoil.	Stuáil	Troscán.
Stoc	Airgeadas, Crann, Gramadach, Iasacht, Leaba, Siopa.	Stuaim	Cleas, Cliste, Críonnacht, Cumhacht, Eagna, Foighne, Intleacht, Measarthacht, Réasún, Tromchúis.
Stoc agus scaireanna	Airgeadas, Iasacht.		
Stócach	Aois, Duine, Leanbh, Óg.	Stuálaim	Lán.
Stocaí	Cos.	Stuama	Cliste, Críonnacht, Daingean, Eagna, Intleacht, Measarthacht, Tromchúis.
Stocaire	Cuairt.		
Stocaireacht	Cuairt, Gadaí, Iarr.		
Stóch	Foighne, Misneach.	Stuamacht	Cliste, Críonnacht, Dána,Intleacht, Measarthacht, Muinín, Socair, Tromchúis.
Stóchas	Foighne, Misneach.		
Stocmhargadh	Airgeadas, Margadh.		
Stodamach	Brón.		
Stoidiaca	Astralaíocht, Comhartha, Réalta.	Stuara	Ailtireacht, Ciorcal, Cuar, Eaglais, Oscailt, Siúil.
Stóil	Aifreann, Sagart.	Stuimine	Bád.
Stoirm	Aer, Aimsir, Anachain, Anord, Gaoth, Sneachta.	Stuipéad	Dúnaim.
		Sú	Leacht.
Stoithim	Amuigh, Bris, Stróic, Tarraing, Tóg.	Suaibhreas	Ard, Cur i gcéill.
		Suáilce	Acmhainn, Béas, Cáilíocht, Carthanacht, Gnáthaigh, Maith, Sonas, Suáilce.
Stól	Suíochán.		
Stollaim	Bris, Stróic.		
Stópa	Arthach.	Suáilceach	Ceart.
Stopaim	Constaic, Críochnaigh, Dúnaim, Ósta, Stad, Taisteal, Toirmisc.	Suaimhneach	Foighne, Furasta, Meon.
		Suaimhneas	Bás, Ciúin, Díomhaoin, Scíth, Síocháin, Socair, Sonas.
Stopallán	Dúnaim, Uisce.		
Stopán	Dúnaim.	Suaimhneasán	Ciúin.
Stór	Airgead, Cnuasach, Coinnigh, Luachmhar, Saibhir, Saint, Siopa, Sochar.	Suaimhním	Ciúin, Laghdaigh.
		Suairc	Áthas.
		Suairceas	Áthas, Pléisiúr, Sonas.
		Suaitheadh	Ainmhian.
Storrúil	Neart.	Suaitheantas	Ciallaigh, Comhartha, Íomhá, Maisigh, Marc.
Stoth	Gruaig.		

Suaithim	Croith, Cuimil, Spreag, Tadhall.	Suthaireacht	Ith.
Suan	Codladh, Scíth.	Tabarnacal	Aifreann, Eaglais.
Suansiúl	Codladh.	Tábhacht	Cur i gcéill, Spéis, Tábhachtach, Tionchar,
Suantraí	Ceol.		Tromchúis.
Suarach	Beag, Drochmheas, Íseal, Sprionlóir, Suarach, Uiríseal.	Tábhachtach	Riachtanach, Tábhachtach, Úsáideach.
Suarachán	Saint, Sprionlóir, Suarach.	Tabhaím	Sochar.
Suarachas	Beag, Íseal, Sprionlóir, Suarach.	Tábhairne	Ósta.
		Tabhartas	Bronntanas, Fial, Soghníomh.
Suathaireacht	Ungadh.	Tabhartasach	Fial.
Subhachas	Sásaigh.	Tábla	Cuspa.
Substaineadh	Beith.	Taca	Ailtireacht, Páirteach,
Substaint	Abhar, Beith, Maith, Prionsabal, Spiorad.		Tábhachtach, Taca.
Súc	Margadh.	Tacaím	Cabhair, Cosain.
Súdaire	Craiceann.	Tacaíocht	Fabhar, Soghníomh, Taca.
Súdaireacht	Craiceann, Íseal, Moladh.	Tacar	Fómhar.
Súgach	Áthas, Sásaigh.	Tachar	Troid.
Súgán	Ceangail.	Tachrán	Aois, Leanbh.
Súgradh	Áthas, Cluiche, Pléisiúr, Scíth.	Tachtaim	Maraigh.
		Tacraím	Bailigh.
Suí	Áitreabh, Cogadh, Easpag, Pápa.	Tacúil	Neart, Taca.
		Tadhall	Béim, Céadfa, Lámh, Tadhall.
Suibíocht	Ábhar, Beith.	Tadhlaí	Ciorcal, Líne, Tadhall.
Súiche	Dubh, Salach.	Tadhlaíocht	Tadhall, Taobh.
Súil	Breathnaigh, Deoir, Dóchas, Mian, Súil,	Tae	Ith, Ól.
	Tionchar.	Tafann	Gáir, Madra, Torann.
		Tagairt	Comhartha, Marc, Reitric.
Suim	Achoimre, Cainníocht, Cum, Gearr, Iomlán,	Taghd	Buile, Nóisean, Tobann.
	Laghdaigh, Leabhar,	Taghdach	Borb, Nóisean.
	Litríocht, Páirteach,	Tagrann	Coibhneas.
	Teoiric, Uimhir.	Taibhdhearc	Amharclann.
Suím	Áitreabh, Bun, Staidiúir,	Táibhle	Dún.
	Taca.	Taibhreamh	Codladh, Earráid, Samhlaíocht, Taibhse.
Súim	Bainne, Béal.	Taibhse	Draíocht, Taibhse.
Suimím	Tuilleadh.	Taibhseach	Cur i gcéill.
Súimín	Ól.	Taibhseacht	Uasal.
Suimiú	Iomlán.	Taictic	Cleas, Cogadh.
Súinte	Farraige, Gluaiseacht.	Taidhiúir	Brón.
Suíochán	Staidiúir, Suíochán, Troscán.	Taidhleoir	Polaitíocht.
		Taidhleoireacht	Conradh, Polaitíocht.
Suíomh	Áit, Staid, Staidiúir.	Taighde	Cúram, Fiosrach, Léann, Lorg, Scrúdaigh, Tionscal.
Suipéar	Eocairist, Ith, Tráthnóna.		
Suirbhéir	Ailtireacht.	Táille	Uimhir.
Suirí	Drúis, Grá, Leanbh, Taithigh.	Tailm	Béim, Buail.
		Táin	Buíon, Scata.
Suiríoch	Ainmhian, Drúis, Grá.	Táinseamh	Milleán.
Súiste	Arbhar, Fomhar.	Taipéis	Clúdaigh, Maisigh, Troscán.
Súisteáil	Buail.		
Suite	Cinnteacht, Neart.	Táiplis	Cluiche, Ord.
Súiteán	Farraige.	Táir	Drochmheas, Íseal, Suarach.
Súlach	Crann, Díleá, Leacht, Planda.	Tairbhe	Bua, Buntáiste, Sochar, Úsáideach.
Sult	Áthas, Pléisiúr, Scíth, Sonas.	Tairbheach	Úsáideach.
Súmaire	Iasacht, Sprionlóir.	Táirfhliuch	Báisteach.
Súncáil	Tionscal.	Táirgí	Sochar.
Suntas	Aire.	Táirgim	Déan, Talmhaíocht.
Suntasach	Annamh, Foirfe.	Tairgim	Gealltanas.
Súr	Lorg.	Táirgíocht	Tionscal, Tráchtáil.
Sursaing	Éide, Manach, Sagart.	Táirim	Drochmheas, Íseal, Mill, Náire, Uiríseal.
Suth	Prionsabal, Síol, Tús.		
Suthain	Buan, Fada.	Tairiscint	Bronntanas, Dearbhaigh.
Suthaire	Ocras.	Tairiseacht	Díograis.

Tairiseamh	Fan.	Taobhagán	Líne, Taobh.
Tairngreacht	Cinniúint.	Taobhaí	Compánach.
Tairngrím	Todhchaí.	Taobhaím le	Cabhair, Fabhar.
Tairseach	Doras.	Taobhaíocht	Fabhar.
Tairteoil	Feoil.	Taobhlíne	Amuigh, Imeall, Taobh,
Tairteolach	Tanaí.		Teorainn.
Tais	Leacht.	Taobhphort	Dún.
Taisce	Airgeadas, Bailigh,	Taoide	Uisce.
	Cnuasach, Dídean,	Taoille	Farraige.
	Luachmhar, Saibhir,	Taoiseach	Ceannaire, Parlaimint.
	Sochar.	Taom	Nóisean, Tobann.
Taiscéalaíocht	Cogadh, Garda, Lorg.	Taos	Arán, Brúigh, Cóiriú,
Taisceán	Coinnigh.		Cosmaid, Fiacail, Nigh.
Taiscim	Coinnigh, Saint.	Taoscadh	Uisce.
Taiscumar	Báisteach, Ola, Uisce.	Taoscán	Ól.
Taise	Cineálta, Cosúil, Draíocht,	Tapa	Díograis, Gníomh, Tapa.
	Leacht, Maithiúnas,	Tapaigean	Tobann.
	Soghníomh, Taibhse, Trua.	Tapaím	Tóg.
Taiséadach	Bás, Clúdaigh, Sochraid.	Tarathar	Uirlis.
Taisealbhaim	Taispeáin.	Tarbh	Astralaíocht, Bó.
Taisí	Bosca, Cuimhne, Ifreann.	Tarcaisne	Achasán, Bagair,
Taisleach	Leacht, Uisce.		Drochmheas, Fearg, Fuath,
Taisléine	Bás, Clúdaigh, Sochraid.		Mothú.
Taisme	Amhras, Anachain,	Tarcaisním	Milleán, Náire.
	Tarlaigh, Tosca.	Tarchéimneach	Foirfe.
Taispeáin	Taispeáin.	Tarchuirim	Abair, Leathaim.
Taispeánadh	Bíobla, Cuma,	Targaid	Cuspóir.
	Rúndiamhair, Samhlaíocht,	Tarlaigh	Tarlaigh.
	Taibhse, Taispeáin.	Tarlú	Arbhar, Tarlaigh.
Taispeánaim	Argóint, Cruthúnas,	Tarracóir	Talmhaíocht.
	Mínigh, Poiblí, Réasún.	Tarraiceán	Bosca, Troscán.
Taispeántas	Poiblí, Taispeáin.	Tarraing	Tarraing.
Taisríonn	Leacht.	Tarraingím	Tarraing, Tóg, Treoraigh.
Taisteal	Taisteal.	Tarraingteacht	Áilleacht.
Taistealaí	Siúil, Taisteal, Tráchtáil.	Tarrtháilim	Sábháil.
Taithí	Béas, Eagna, Eolas, Fíor,	Tarsann	Spleáchas.
	Gnáthaigh.	Tart	Gá, Mian.
Taithigh	Taithigh.	Tartar	Fiacail.
Taithím	Cairdeas, Láthair, Taithigh.	Tasc	Gníomh.
Taithleach	Faoistin, Maithiúnas.	Tásc	Bás, Lorg, Marc.
Taitneamh	Áthas, Lonraigh, Pléisiúr,	Tascar	Buíon, Scata.
	Sonas.	Tástáil	Triail.
Taitneamhach	Áilleacht, Athas.	Tástálaim	Aire, Blas.
Tál	Bainne, Uirlis.	Tátal	Breith, Comhartha,
Tálaim	Bainne, Ith.		Cruthúnas, Eolas, Galar,
Talamh	Domhan, Talmhaíocht, Tír.		Intleacht, Leigheas, Marc,
Tálann	Leacht.		Smaoinigh, Toradh,
Tallann	Acmhainn, Aigne,		Tuairim.
	Ainmhian, Bronntanas,	Táth	Drabhlás, Drúis.
	Buile, Cáilíocht, Cliste,	Tathag	Maith, Neart.
	Ealaín, Intleacht, Nóisean,	Tathagach	Tiubh.
	Samhlaíocht, Spiorad,	Táthaím	Ceangail.
	Tobann.	Tathaint	Comhairle, Spreag.
Talmhaím	Dún.	Táthaireacht	Moladh.
Talmhaíocht	Talmhaíocht.	Táthán	Fiacail.
Tamall	Am.	Tatú	Marc.
Támhach	Bog.	Teach	Ailtireacht, Aitreabh, Baile,
TámhaH	Farraige.		Dídean, Teach.
Támhnéal	Codladh.	Teach an phobail	Eaglais, Reiligiún.
Tanaí	Beag, Caol, Éadrom,	Teachta	Feidhm, Umhal.
	Tanaí.	Téachta	Tiubh.
Tanaím	Laghdaigh.	Teachta dála	Ceannaire, Parlaimint.
Tánaiste	Ceannaire, Compánach,	Teachtaim	Seilbh.
	Iochtarán, Parlaimint.	Teachtaireacht	Foláireamh, Litir, Nuacht.
Tancaer	Ola.	Téachtán	Fuil.
Tancard	Arthach.	Téachtann	Fuil.
Taobh	Taobh, Teorainn.	Téacs	Abhar, Cum, Leabhar.

Téad	Bád, Ceangail, Cláirseach, Seol.	Téatar	Ollscoil. Amharclann, Ealaín, Litríocht.
Téagar	Corp, Maith, Neart.		
Téagartha	Daingean, Neart, Toirtiúil.	Teibí	Beith, Doiléir.
Teagasc	Abair, Eolas, Léann, Mínigh, Oideachas, Taispeáin, Tuairim.	Teibiú	Intleacht.
		Teichim	Gluaiseacht.
		Teicneoir	Obair, Tionscal.
Teagascaim	Gnáthaigh, Treoraigh.	Teicneolaí	Obair, Tionscal.
Teagascóir	Oideachas.	Teicníocht	Ealaín, Meán.
Teaghlach	Aicme, Áitreabh, Baile, Bunús, Cineál, Coitianta, Dream, Gaol, Roinn, Sochaí.	Teideal	Ainm, Cáilíocht, Feidhm, Focal, Marc, Onóir, Scríobh, Seilbh.
		Teidhe	Nóisean, Tobann.
Teaghrán	Anásta, Ceangail.	Teidheach	Nóisean.
Teaglaim	Achoimre, Bailigh, Leabhar, Rogha.	Teifeach	Cogadh, Teith.
		Téigle	Ciúin, Farraige, Gaoth, Socair.
Teaglamaí	Litríocht.		
Teaglamaím	Bailigh, Cnuasach, Litríocht.	Téiglí	Lag.
		Téiglíocht	Drochmhisneach, Lag.
Teagmháil	Béim, Coibhneas, Tadhall, Taobh.	Teileagram	Litir, Nuacht.
		Teileascóp	Radharc, Súil.
Teagmhas	Amhras, Beith, Tarlaigh.	Teilgeoir	Scaird, Solas, Tine.
Teallach	Áitreabh, Baile, Dóigh, Teach, Teas, Tine.	Teilgim	Gluaiseacht, Scaird, Tús.
		Teilgthe	Dath.
Téaltaím	Gluaiseacht, Siúil, Teith.	Teimhlím	Salach.
Téama	Ábhar.	Teimhneach	Tiubh.
Téamh	Dóigh, Teas, Tine.	Teip	Anachain.
Teampall	Ailtireacht, Eaglais, Reiligiún.	Teir	Astralaíocht, Comhartha, Draíocht, Marc.
Teamparálta	Am.		
Teanchair	Saolú, Tóg.	Teirce	Annamh, Easpa.
Teanga	Caint, Stíl.	Téirim	Ainmhian, Rith, Scaird.
Teangeolaíocht	Focal, Gramadach, Léann.	Teiripe	Leigheas.
Teann	Buan, Crua, Daingean, Dána, Foirm, Muinín, Sláinte.	Teirmiméadar	Aimsir.
		Teirt	Guigh, Liotúirge.
		Téis	Ceist, Dearbhaigh, Léann, Tuairim.
Teannáil	Comhartha, Foláireamh, Lonraigh, Solas, Tine, Treoraigh.		
		Teiscinn	Farraige.
		Téisclim	Ullmhaigh.
Teannaim	Brúigh, Crap, Tadhall.	Teistím	Cruthúnas, Dearbhaigh.
Teannóg	Planda.	Teistiméireacht	Cinnteacht, Cruthúnas, Dearbhaigh.
Teannsáith	Ith.		
Teannta	Iasacht, Taca.	Teith	Teith.
Teanntaím	Sáinn, Stad, Tóg.	Teitheadh	Cúl, Teith, Troid.
Teanntás	Bród, Dána.	Teithim	Cúl, Seachain, Tréig.
Teanntásach	Saoirse.	Teochrios	Teas.
Teanór	Amhrán, Ceol.	Teochroí	Díograis.
Tearc	Annamh, Luachmhar.	Teocht	Teas, Tomhas.
Téarma	Ainm, Am, Beacht, Beith, Cáilíocht, Comparáid, Deireanach, Focal, Príosún, Teorainn, Triail.	Teoiric	Córas, Fealsúnacht, Léann, Mínigh, Prionsabal, Samhlaíocht, Smaoinigh, Teoiric, Tionscnamh.
Tearmann	Áitreabh, Cabhair, Cosain, Dídean, Teach.	Teoirim	Cinnteacht, Dearbhaigh, Léann, Teoiric.
Téarnamh	Galar, Leigheas, Sláinte.	Teolaí	Lag.
Teas	Grian, Teas.	Teorainn	Constaic, Imeall, Istigh, Scar, Teorainn.
Teasaí	Borb, Fearg, Foréigean.		
Teasaíocht	Díograis, Teas.	Teorannaím	Dúnaim, Teorainn.
Teasargaim	Sábháil.	Teoranta	Beag.
Teasc	Ciorcal, Cruinn.	Tiarach	Bun, Capall.
Teascaim	Gearr, Gearraim.	Tiaráil	Obair.
Teascán	Cuid, Roinn.	Tiargáil	Ullmhaigh.
Teaspach	Ainmhian, Díograis, Drúis, Teas.	Tiargálaí	Cuspa.
		Tiarna	Aicme, Ceannaire, Cumhacht, Dia, Seilbh, Talmhaíocht, Uasal.
Teastaíonn	Easpa.		
Teastas	Ceadaigh, Cinnteacht, Cruthúnas, Dearbhaigh,	Tiarnais	Aingeal.

Tiarnas	Cumhacht, Spleáchas, Tionchar.	Tionscnóir	Ailtireacht, Cúis, Gníomh.
Tiarpa	Bun, Borr.	Tiontaím	Abair, Athraigh, Cas, Ceartaigh, Ciallaigh, Mínigh.
Tibhre	Aghaidh.		
Ticéad	Iarnród, Taisteal.	Tiontú	Ciallaigh, Mínigh.
Tile	Bád, Cúl, Long.	Tíoránach	Ceannaire, Cumhacht, Iallach.
Timchaint	Fada, Gramadach, Reitric.		
Timireacht	Obair.	Tíorántacht	Polaitíocht.
Timpeall	Cas, Timpeall.	Tíosach	Beag, Measarthacht.
Timpeallacht	Áit, Tír.	Tír	Áit, Tír.
Timpeallaím	Dúnaim.	Tírdhreach	Radharc, Tír.
Timpeallghearradh	Giúdach, Mahamadach, Searmanas.	Tírghrá	Tír.
		Tit	Tit.
Timpist	Gluaisteán, Tosca.	Titim	Anachain, Gluaiseacht, Peaca, Tit.
Tine	Comhartha, Dóigh, Ifreann, Solas, Teas, Tine.	Tiubh	Brúigh, Tapa, Tiubh, Trom.
Tinfeadh	Comhairle, Ealaín, Samhlaíocht, Tionchar.	Tiúnaim	Aontaigh.
		Tiús	Tanaí, Tomhas.
Tinn	Fulaingt, Galar.	Tláith	Bog.
Tinneas	Fulaingt, Galar, Sláinte.	Tlú	Tine.
Tinteán	Aitreabh, Baile, Dóigh, Teach, Teas, Tine.	Tnáite	Drochmhisneach, Lag, Tuirse.
Tintreach	Aimsir, Solas.	Tnúth	Ainmhian, Creim, Éad, Fuath, Iarr, Iomaíocht, Mian, Mothú, Peaca.
Tintrí	Borb, Fearg.		
Tiobraid	Scaird, Uisce.		
Tíofún	Anachain, Gaoth.	Tnúthán	Mian, Toil.
Tíolacadh	Ealaín, Leabhar.	Tnútánaí	Saint.
Tíolacas	Conradh.	Tobainne	Tapa.
Tíolaice	Acmhainn, Aigne, Bronntanas, Cáilíocht, Cliste, Intleacht, Samhlaíocht.	Tobann	Borb, Foréigean, Tapa, Tobann.
		Tobar	Ola, Oscailt, Uisce.
Tiomáinim	Treoraigh.	Tobathrú	Fuath.
Tiománaí	Iarnród, Treoraigh.	Tobscor	Reitric.
Tiomargaim	Bailigh.	Tochaltán	Oscailt.
Tiomna	Bíobla, Uacht.	Tóchar	Bealach.
Tiomna nua	Bíobla, Críost, Reiligiún.	Tochard	Timpeall.
Tiomnaím	Naomh, Uacht.	Tochas	Craiceann, Fulaingt.
Tiomnú	Deasghnáth, Leabhar.	Tocht	Leaba.
Tiomsaím	Bailigh, Cnuasach, Méadaigh.	Tochta	Suíochán.
		Todhchaí	Am, Cinniúint, Dóchas, Todhchaí.
Tionacht	Seilbh.		
Tionchar	Áitigh, Astralaíocht, Brúigh, Comhairle, Cumhacht, Gníomh, Tábhachtach, Tionchar, Treoraigh.	Tóg	Tóg.
		Tógáil	Beatha.
		Tógaim	Ainmhí, Caomhnaigh, Déan, Faigh, Spreag, Tarraing, Tóg.
Tionlacaí	Ceol, Compánach.	Tógálaí	Ailtireacht.
Tionlacaim	Compánach.	Togha	Cliste, Feabhas, Foirfe, Rogha, Tábhachtach.
Tionlacan	Buíon, Ceol.		
Tionóisc	Anachain, Tarlaigh.	Toghairm	Athbheochan, Baisteadh, Deasghnáth, Diabhal, Draíocht, Gairm, Glaoigh, Guigh, Ordú, Reitric, Searmanas.
Tionól	Bailigh, Dream, Scata, Seilg, Sochaí.		
Tionólaim	Bailigh, Glaoigh.		
Tionónta	Seilbh, Talmhaíocht.		
Tionóntacht	Spleáchas.	Toghchán	Parlaimint, Vótáil.
Tionscadal	Tionscnamh.	Toghlach	Roinn, Vótáil.
Tionscal	Tionscal, Tráchtáil.	Toghluaisim	Gnéas.
Tionscantach	Tús.	Toghluasacht	Saolú.
Tionsclach	Cliste, Gníomh.	Togracht	Acmhainn, Ainmhian, Cáilíocht, Meon, Toil.
Tionscnaím	Déan, Samhlaíocht, Spreag, Tionscnamh, Tús, Ullmhaigh.		
		Togradh	Toil.
		Tograím	Smaoinigh, Toil.
Tionscnamh	Cliste, Cuspóir, Gníomh, Smaoinigh, Tionscnamh, Toil.	Toice	Saibhir.
		Toicí	Saibhir, Tábhachtach.
		Toighis	Aigne, Spiorad, Stíl, Toil.

Toil	Aigne, Ainmhian, Cuspóir, Drúis, Spiorad, Toil.	Tórramh	Bás, Faigh, Fómhar, Sochar, Sochraid, Tóg.
Tóileáil	Buail.	Torthúil	Úsáideach.
Toilghnústa	Saoirse.	Torthúlacht	Maith.
Toilím	Aontaigh, Ceadaigh, Toil.	Tosach	Buntáiste, Rogha, Teorainn, Tuilleadh, Tús.
Toiliúil	Saoirse.		
Toilleadh	Foirm, Istigh, Tomhas.	Tosaím	Bunús, Tús, Ullmhaigh.
Toillíocht	Istigh, Long, Meáchan.	Tosaíocht	Buntáiste, Fabhar, Rogha, Tuilleadh, Tús.
Toimhde	Smaoinigh.		
Toimhdiú	Cruthúnas, Cuma.	Tosca	Spleáchas, Staid, Tarlaigh, Tosca.
Tóin	Bun, Íseal.		
Tóineáil	Capall.	Tost	Caint, Tost.
Tointeáil	Gluaiseacht.	Tostach	Brón, Críonnacht, Tost, Tromchúis.
Toirbhirt	Deasghnáth, Leabhar.		
Toirceoil	Feoil.	Tostaíl	Reitric, Tost.
Toircheas	Saolú, Tús.	Tótamas	Dia, Reiligiún.
Toireasc	Uirlis.	Tothlaím	Dóchas, Mian.
Toirmeasc	Astralaíocht, Constaic, Ordú, Toirmisc.	Tothlú	Mian.
		Trá	Farraige, Gluaiseacht.
Toirmiscim	Crosaim, Foláireamh, Toirmisc.	Trácht	Cainníocht, Ceannaigh, Cos, Siopa, Tráchtáil, Troigh.
Tóirneach	Aimsir.		
Tóirse	Lonraigh, Solas, Tine.	Tráchtáil	Ceannaigh, Conradh, Cumann, Tráchtáil.
Toirt	Cainníocht, Foirm, Meáchan, Tomhas.		
		Tráchtaim	Abair, Achrann, Argóint, Mínigh.
Toirtéis	Cur i gcéill.		
Toirtéiseach	Bród.	Tráchtaire	Litríocht.
Toirtiúil	Toirtiúil.	Tráchtaireacht	Abair, Mínigh, Stair.
Toistiún	Airgead.	Tráchtálaí	Siopa, Tráchtáil.
Toit	Tine.	Tráchtas	Achrann, Argóint, Leabhar, Litríocht, Oideachas, Ollscoil.
Tolg	Leaba, Suíochán, Troscán.		
Tolgaim	Galar, Slaghdán, Tóg.		
Tolgán	Galar, Tobann.	Trádáil	Ceannaigh, Sclábhaí.
Tolgann	Bagair.	Trádálaí	Siopa, Tráchtáil.
Toll	Éiginnte, Fuaim.	Traein	Iarnród.
Tollaim	Istigh, Ola.	Traenáil	Béas.
Tollán	Bealach, Oscailt.	Traenálaim	Bua, Gnáthaigh.
Tom	Crann, Planda.	Traicé	Anáil.
Tomán	Fionnadh, Gnéas.	Traidisiún	Stair.
Tomhailt	Ith.	Traidisiún	Béas, Creid, Eolas, Gnáthaigh, Inis.
Tomhaisim	Todhchaí.		
Tomhaisiúil	Maith.	Traigéide	Amharclann, Litríocht, Tarlaigh.
Tomhaltach	Ocras.		
Tomhaltas	Ith.	Traiseolaim	Gluaiseacht.
Tomhas	Breith, Cainníocht, Ceist, Cluiche, Tomhas.	Tranglam	Anord, Doiléir.
		Tránn	Laghdaigh, Snigh.
Tomhlaím	Tóg.	Traochadh	Íseal.
Ton	Dath, Fuaim, Stíl.	Traochta	Drochmhisneach, Lag, Tuirse.
Tona	Meáchan.		
Tónacán	Imeacht.	Traoitheann	Gearr.
Tonn	Farraige, Súil, Uisce.	Traoithim	Crap, Laghdaigh.
Tonna	Meáchan, Tomhas.	Traoslaím	Páirteach.
Tonnach	Cuar.	Trasnaíl	Reitric.
Tonnaíl	Gluaiseacht.	Trasnaím	Athraigh.
Tonnáiste	Long, Meáchan.	Trastomhas	Ciorcal, Líne.
Tonnchrith	Croith.	Tráth	Am, Séasúr.
Tor	Crann, Planda.	Tráthnóna	Am, Lá, Tráthnóna.
Toradh	Buntáiste, Cúis, Planda, Sochar, Spleáchas, Tarlaigh, Toradh.	Tráthúil	Maith, Oiriúnach.
		Treabhaim	Talmhaíocht.
		Treabhann	Reitric.
Tóraí	Coir, Gadaí.	Treabhchas	Pobal.
Tóraíocht	Lorg.	Treabhlaid	Fulaingt.
Torann	Clois, Fuaim, Torann.	Tréad	Buíon, Scata.
Torchaire	Sochar.	Tréadaí	Easpag, Naomh, Treoraigh.
Tormán	Clois, Fuaim, Torann.	Treaghdaim	Fulaingt, Istigh.
Tornáil	Bád, Seol.	Trealamh	Meán, Spleáchas, Troscán, Uirlis.
Torrach	Saolú.		

Treall	Buile, Dath, Nóisean.	Triufanna	Cárta.
Treallchogadh	Cogadh.	Triús	Cos, Éide.
Treallús	Gníomh, Obair.	Trócaire	Carthanacht, Cineálta,
Treallúsach	Tús.		Maithiúnas, Soghníomh,
Tréan	Deasghnáth, Guigh, Lá,		Trua.
	Mórán, Neart.	Trochlaím	Mill, Salach.
Tréanas	Aithrí, Carghas, Diúltú,	Trodaí	Cogadh, Troid.
	Ith, Measarthacht, Ocras,	Troid	Achasán, Coimhlint,
	Troscadh.		Cosain, Fuath, Iomaíocht,
Tréas	Brathadóir, Coir, Feall.		Troid.
Treas	Ord.	Troigh	Ball, Cos, Tomhas, Troigh.
Treascarnach	Bris, Fuílleach.	Tróin	Aingeal.
Treascraím	Bua.	Trom	Meáchan, Saolú, Tiubh,
Treascraíonn	Trom.		Trom.
Tréaslaím	Áthas.	Tromaí	Tromchúis.
Tréatúir	Brathadóir, Feall, Urchóid.	Tromán	Meáchan.
Treibh	Buíon, Cineál, Pobal,	Tromchroíoch	Brón,
	Roinn, Scata, Uasal.		Drochmhisneach,Trom.
Tréig	Tréig.	Tromchúis	Socair, Tábhachtach,
Tréigean	Brathadóir, Easpa, Feall,		Tromchúis.
	Scar, Teith.	Tromlach	Polaitíocht, Tuilleadh,
Treighdeán	Fulaingt.		Uimhir, Vótáil.
Tréigim	Caill, Dearmad,	Tromluí	Codladh, Taibhse.
	Díbir,Diúltú, Feall, Scar.	Tróp	Cáilíocht, Ciallaigh,
Tréigthe	Dath, Tréig.		Comhartha, Comparáid,
Tréigtheoir	Brathadóir, Cogadh, Feall,		Reitric, Stíl.
	Saighdiúir, Teith, Tréig.	Troscadh	Aithrí, Carghas, Easpa, Ith,
Tréimhse	Am, Séasúr.		Ocras, Troscadh.
Tréimhsiúil	Minic.	Troscán	Cóiriú, Troscán.
Treise	Ainmheasartha, Méadaigh,	Trostal	Béim, Troigh.
	Reitric.	Trua	Cineálta, Maithiúnas,
Treisím	Méadaigh.		Mothú, Soghníomh, Spéis,
Tréith	Cáilíocht, Comhartha,		Tanaí, Trua.
	Marc.	Truachroíoch	Cineálta, Trua.
Tréithre	Cáilíocht, Staid.	Truaill	Bosca, Claíomh, Clúdaigh,
Treo	Cuspóir, Taobh.		Suarach.
Treoir	Marc, Ord, Ordú, Riail,	Truailleachán	Saint, Sprionlóir.
	Tionchar, Tomhas,	Truaillí	Suarach.
	Treoraigh.	Truaillím	Athraigh, Dochar, Íseal,
Treoirchartaí	Eolas, Oifig.		Mill, Salach.
Treoraí	Ceannaire, Compánach,	Truaillíocht	Ainmhian, Drabhlás, Drúis,
	Treoraigh.		Duáilce, Suarach, Urchóid.
Treoraigh	Treoraigh.	Truaillithe	Drúis, Duáilce, Urchóid.
Treoraím	Comhairle, Foláireamh,	Truailliú	Dochar, Drabhlás, Urchóid.
	Tionchar, Treoraigh.	Truaim	Mill.
Triail	Triail.	Truamhél	Litríocht, Reitric.
Triailim	Tús.	Truán	Bocht.
Trian	Beag, Cuid.	Trudaireacht	Caint, Doiléir, Mearbhall.
Triblid	Planda.	Trúipéir	Arm.
Trilse	Gruaig.	Trup	Troigh.
Trilseachán	Cóiriú.	Trúpa	Buíon.
Trilseán	Gruaig, Mórán, Tine.	Trúpaí	Arm, Cogadh.
Trína chéile	Anord, Deacair, Doiléir,	Truslóg	Siúil.
	Éiginnte, Mearbhall.	Truslógacht	Imeacht.
Trínse	Arm, Dídean, Dún.	Trust	Muinín.
Trioblóid	Brón, Dubh, Eagla, Fuath,	Tua	Uirlis.
	Fulaingt, Ullmhaigh.	Tuaileas	Cinniúint, Eolas,
Trioblóidí	Anord, Ceannairc.		Samhlaíocht, Smaoinigh.
Trioc	Troscán.	Tuáille	Cóiriú, Nigh.
Triomaíonn	Abhainn.	Tuairgním	Béim, Brúigh, Buail.
Tríonóid	Dia, Rúndiamhair.	Tuairgnín	Brúigh.
Triopall	Ailtireacht, Bailigh, Cuar,	Tuairim	Abair, Amhras, Breith,
	Planda.		Comhairle, Creid, Cuma,
Trípéad	Taca.		Smaoinigh, Tuairim.
Tríread	Ceol.	Tuairimím	Breith.
Tríréim	Long.	Tuairimíocht	Abair, Smaoinigh.
Triuch	Slaghdán.		

Tuairisc	Eolas, Foláireamh, Inis, Mínigh, Nuacht, Nuachtán.	
Tuairisceoir	Inis, Nuacht, Nuachtán.	
Tuairiscím	Abair, Inis, Litríocht, Taispeáin.	
Tuairt	Croith.	
Tuairteáil	Béim, Buail.	
Tuaithiúr	Grian.	
Tuama	Bás, Sochraid.	
Tuar	Cac, Cinniúint, Draíocht, Marc, Solas.	
Tuaraim	Comhartha, Dóchas, Glan, Nigh.	
Tuarascáil	Eolas, Inis, Mínigh, Nuacht.	
Tuarastal	Sochar.	
Tuaslagán	Leacht.	
Tuath	Roinn, Tír.	
Tuathal	Anásta, Earráid, Grian, Taobh.	
Tuathalacht	Staidiúir.	
Tubaiste	Anachain, Anord, Caill, Tarlaigh, Tobann.	
Tuí	Arbhar.	
Tuigim	Ciallaigh, Intleacht, Réasún, Smaoinigh.	
Tuile	Abhainn, Anachain, Báisteach, Farraige, Gluaiseacht, Snigh, Uisce.	
Tuilíonn	Snigh.	
Tuilleadh	Tuilleadh.	
Tuilleamaí	Spleáchas.	
Tuillim	Faigh, Sochar.	
Tuin	Caint.	
Tuíneach	Éide.	
Tuineadh	Comhairle, Guigh.	
Tuiní	Staidiúir.	
Tuirbín	Cas, Timpeall, Uisce.	
Tuireamh	Deoir, Filíocht, Olagón, Trua.	
Tuirlingim	Stad.	
Tuirne	Oíche, Olann.	
Tuirse	Brón, Drochmhisneach, Tuirse.	
Tuiscint	Aigne, Cliste, Eagna, Eolas, Intleacht, Réasún, Smaoinigh, Spiorad.	
Tuiseal	Gramadach.	
Tuisle	Béim, Constaic, Cos, Dúnaim, Tit.	
Tuislím	Tit.	
Tuisliú	Gluaiseacht, Imeacht, Siúil.	
Tuismeá	Astralaíocht.	
Tuismeadh	Saolú.	
Tuismitheoirí	Aicme, Compánach.	
Tulach	Ard, Sliabh.	
Túlán	Árthach.	
Tulca	Abhainn.	
Tulgharda	Arm, Garda.	
Tulmheitheal	Garda.	
Tumadh	Croith, Gluaiseacht, Uisce.	
Tumaim	Báigh, Íseal, Snámh.	
Túr	Ailtireacht, Ard, Dún, Eaglais, Maisigh.	
Turadh	Báisteach.	
Turas	Cas, Deasghnáth, Féile, Guigh, Naomh, Searmanas,	
Turasóir	Eachtrannach, Taisteal.
Turasóireacht	Eachtrannach, Taisteal.
Turgnamh	Léann, Oideachas, Triail.
Turlach	Uisce.
Turnamh	Anachain, Críochnaigh, Tit.
Turraing	Anachain, Croith.
Tús	Buntáiste, Bunús, Fabhar, Ord, Teorainn, Tús, Ullmhaigh.
Tús áite	Buntáiste, Fabhar, Rogha, Tús.
Tútach	Ait, Borb.
Tuthóg	Gaofaireacht.
Ua	Gaol, Leanbh.
Uabhar	Bród, Peaca, Saibhir.
Uachais	Dídean, Oscailt.
Uacht	Uacht.
Uachtar	Bainne, Foirm, Teorainn.
Uachtarán	Ard, Buntáiste, Ceannaire, Coibhneas, Difriúil, Treoraigh.
Uachtarlann	Bainne.
Uafaireacht	Eagla.
Uafás	Col, Eagla, Iontas.
Uafásach	Iontas.
Uaibhéaltacht	Iontas.
Uaiféaltas	Eagla.
Uaigh	Bás, Sochraid.
Uaigneach	Eagla.
Uaigneas	Aiféala, Eagla.
Uaill	Gáir, Olagón.
Uaillbhreas	Bród, Gáir, Gairm, Reitric.
Uaillghol	Olagón.
Uaillmhian	Ainmhian, Mian, Tionscnamh.
Uaillmhianach	Iarr.
Uaim	Reitric.
Uaimh	Carraig, Íseal, Oscailt, Sochraid.
Uain	Am, Oiriúnach, Tapa.
Uaineadh	Aimsir, Báisteach.
Uainíocht	Garda, Ord, Talmhaíocht.
Uair	Am, Minic.
Uaireachán	Am.
Uaireadóir	Am.
Uaireanta	Minic.
Uaisleacht	Bród, Fial, Onóir, Uasal, Urraim.
Ualach	Brón, Meáchan, Trom.
Uamhan	Eagla.
Uasaicme	Aicme, Áit, Ard, Pobal, Sochaí, Uasal.
Uasal	Aicme, Fuil, Luachmhar, Pearsa, Sochaí, Uasal, Urraim.
Uasalaicme	Pobal.
Uascánta	Eagla.
Uaslathas	Onóir, Polaitíocht.
Uasluach	Teorainn.
Uasmhéid	Teorainn, Tuilleadh.
Uathlathas	Cumhacht, Polaitíocht.
Uathoibritheach	Gluaiseacht.
Ubh	Ubh.
Úcaire	Glan.
Ucht	Sliabh, Staidiúir.
Uchtach	Dóchas, Misneach.

Uchtaím	Tóg.	Uraiceacht	Leabhar, Léann, Prionsabal.
Uchtú	Athair, Gaol.	Úras	Bainne.
Údar	Cúis, Déan, Gníomh,	Urchar	Cuspóir, Scaird.
	Litríocht, Scríobh.	Urchóid	Duáilce, Éagóir, Peaca,
Údarás	Acmhainn, Ceadaigh,		Urchóid.
	Cruthúnas, Cumhacht,	Urchóideach	Duáilce.
	Fabhar, Muinín, Neart,	Urchoillim	Crosaim, Toirmisc.
	Onóir, Tábhachtach, Toil.	Urchosc	Leigheas, Sláinte.
Ugach	Misneach.	Urdail	Praghas.
Uile	Iomlán.	Urghairdeas	Áthas.
Uilechumhacht	Cumhacht, Iomlán.	Urghaire	Foláireamh, Ordú,
Uile-íoc	Iomlán, Neart.		Toirmisc.
Uilíoch	Coitianta, Iomlán.	Urghairim	Crosaim.
Uillinn	Lámh, Taobh.	Urghráin	Col, Eagla, Fuath.
Úim	Capall, Ceangail, Clúdaigh,	Urla	Teach.
	Sean.	Urlabhra	Abair, Caint, Céadfa,
Uimhir	Cainníocht, Gramadach,		Léigh, Reitric, Stíl.
	Marc, Mórán, Uimhir.	Urlacan	Béal, Díleá.
Uimhríocht	Iomlán, Uimhir.	Urlámh	Tionchar.
Uimhriú	Marc, Ord, Uimhir.	Urlár	Aghaidh, Foirm, Teach.
Úimléid	Tábhachtach.	Urnaí	Deasghnáth, Guigh,
Úinéir	Seilbh, Siopa.		Liotúirge, Reiligiún.
Uinnimint	Ungadh.	Úrnua	Annamh, Deireanach,
Uireasa	Easpa, Gá, Riachtanach.		Difriúil, Nua.
Uiríocha	Gnéas.	Urphost	Arm.
Uiríoll	Abair, Caint.	Urraim	Onóir, Uiríseal, Urraim.
Uiríseal	Uiríseal.	Urramach	Onóir, Urraim.
Uirísleacht	Íseal, Náire, Uiríseal,	Urrann	Scar.
	Umhal.	Urrúnta	Neart, Sláinte.
Uiríslím	Brón, Náire.	Urrús	Cruthúnas, Cúiteamh,
Uirlis	Meán, Uirlis.		Dearbhaigh.
Uirrí	Uasal.	Ursain	Doras.
Uisce	Báigh, Leacht, Scaird,	Ursal	Tine.
	Snámh, Snigh, Uisce.	Úrscéal	Inis, Litríocht, Scéal,
Uisceadóir	Astralaíocht.		Tarlaigh.
Uiscealach	Bainne, Uisce.	Úrscéalaí	Litríocht, Scéal.
Uisciúil	Leacht.	Urtheilgean	Ainmheasartha, Reitric.
Uisinn	Ceann.	Urú	Ceil, Doiléir, Gramadach.
Ula	Gáir, Sochraid.	Ús	Airgeadas, Fiacha, Iasacht,
Ulchabhán	Oíche.		Sochar.
Úll	Claíomh, Cruinn.	Úsáid	Gá.
Ullmhaigh	Tús, Ullmhaigh.	Úsáideach	Maith, Riachtanach,
Ullmhaím	Todhchaí, Ullmhaigh.		Usáideach.
Ullmhóid	Ullmhaigh.	Úsáidim	Meán.
Ullmhúchán	Spleáchas, Tús, Ullmhaigh.	Úsaire	Iasacht, Saibhir, Saint,
Ulpóg	Anáil, Fuar, Slaghdán.		Sprionlóir.
Ultach	Meáchan, Trom.	Úscaim	Scaird.
Umar	Uisce.	Úscann	Leacht, Snigh.
Umhal	Fóin, Spleáchas, Uiríseal,	Uscar	Cloch.
	Umhal.	Úspaireacht	Obair.
Umhlaíocht	Iseal, Spleáchas, Uiríseal,	Úspánta	Anásta.
	Umhal.	Útamáil	Obair.
Umhlóid	Cabhair, Feidhm, Fial,	Útamálaí	Anásta.
	Fóin, Íochtarán, Íseal,	Uth	Bainne, Bó.
	Ósta, Uiríseal, Urraim.	Útóipe	Teoiric.
Umhlú	Deasghnáth.	Vaigín	Iarnród.
Uncail	Gaol.	Vaimpír	Draíocht.
Unfairt	Gluaiseacht, Sín, Staidiúir.	Valhalla	Neamh.
Ungadh	Beannaigh, Cosmaid,	Vardrús	Coinnigh, Troscán.
	Deasghnáth, Searmanas,	Véarsa	Filíocht.
	Ungadh.	Véarsaíocht	Filíocht, Gramadach.
Ungaim	Baisteadh.	Veist	Éide.
Unsa	Meáchan, Tomhas.	Vóitín	Guigh.
Úr	Gealach, Nua, Ubh.	Vótáil	Parlaimint, Vótáil.

Na Ceannfhocail

ABAIR
V. INIS, CAINT, FOLÁIREAMH
Caint: Deirim. Labhraím. Cuirim forrán ar; buailim bleid ar. Comhrá, comhráite. Cadráil. Béadán. Cabaireacht. Gliogaireacht. Sioscadh (cainte). Agallaim. Dialóg. Monalóg. Dualóg. Béaloideas. Urlabhra, urlabhraíocht. Friotal. Uiríoll. Focal. Briathar. Deis an bhéil; deisbhéalaí. Deachtaím. Insím. Aithrisím. Fuaimním. Iomrá. Caintím.
Tuairimíocht: Ráiteas. Cinntím. Deimhním. Dearbhaím. Tugaim tuairim, barúil. Athrá. Tugaim fianaise. Cuirim tharam. Ráiteachas. Cuirim i bhfriotal. Tuairiscím. Admhaím. Fógraím. Nochtaim; tugaim chun solais. Aistrím, aistriúchán; tiontaím. Tugaim breith; breithiúnas. Tráchtaim ar (rud); tráchtaireacht.
Tugaim eolas: Cuirim in iúl. Tugaim le fios. Insím. Fógraím. Múinim. Teagascaim. Comhroinnim (eolas, scéala) le (duine). Tugaim faisnéis. Craobhscaoilim. Craolaim. Tarchuirim. Poiblím. Scaipim (scéala, ráfla). Luaim. Ráfla. Luaidreán. Scéal reatha. Béadán, cúlchaint, dúirse-dáirse.
Go discréideach: Insím i modh rúin, faoi choim. Tugaim le tuiscint. Maím. Cuirim i gcéill. Tagraím (rud le duine). Spreagaim (smaoineamh). Scaoilim (rún). Ligim mo rún le (duine). Cuirim cogar i gcluas (duine).
Le húdarás: Ordaím. Aithním ar (dhuine). Tugaim rabhadh, foláireamh. Fógraím. Molaim (rud do dhuine). Comhairlím. Míním. Ceartaím. Beachtaím. Réitím (ceist). Ainmním. Líomhnaím. Cuirim ina luí, i bhfáth ar (dhuine).

ABHAINN
V. SNIGH, UISCE
Cúrsa: Sruthchúrsa. Abhainn. Sruth, sruthán. Caise. Glaise. Cláideach. Ribhéar. Sreabh. Srúill. Foinse. Béal. Bun abhann. Inbhear. Deilt. Craobh. Caismirneach. Camlinn. Camas. Áth. Eas. Grinneall. Leaba. Cora.
Gluaiseacht: Sruth. Feacht. Uisce reatha. Sníonn. Titeann. Sreabhann. Sceitheann. Éalaíonn. Tuile. Tulca. Guairneán. Ardaíonn. Íslíonn. Cuireann thar bruach. Cartann. Triomaíonn. Ritheann. Rabharta.

ÁBHAR
V. CEIST, CORP, NÁDÚR, PRIONSABAL, TIONSCAL
Staidr: Fisic. Ceimic. Meicnic. Fiseolaíocht. Histeolaíocht. Ábharachas. Nádúrachas. Posaitíbheachas. Céadfachas.
Staideanna: Staid chruánach, leachtach, ghásach. Ábhar orgánach. Ádamh. Cill. Móilín. Eithne. Leictreon. Nádúr. An chruinne. An cosmas. Créatúir. Eilimintí. Prionsabail. Substaint. Foshraith. Aicídí. Ríocht ainmhíoch, phlandúil, mhianrach. Bunábhar.
Ábhar le plé: Gnó. Ceist. Téama. Argóint. Alt. Caibidil. Aiste. Bunús. Fáth. Suibiacht. Oibiacht. Clár. Téacs. Innéacs. Tá baint ag (rud) le (rud eile). Bainteach.

ACHASÁN
V. BAGAIR, FEARG, IOMAÍOCHT
Drochíde: Achasán, drochíde, íde na muc is na madraí, ainíde, díbliú, éigneach, anfhorlann, aithis, oilbhéim, masla, tarcaisne, diamhasla, blaisféim, mallacht, cúlchaint, ithiomrá, béadchaint.
Conspóid: Achrann, troid, imreas, ionsaí. Bagairt; náire, céim síos.

ACHASÁN

Drochbhéas: Sciolladh. Cáineadh. Báirseoireacht. Leadhbairt teanga. Eascaine. Mionnaí móra. Cleithmhagadh. Ag caitheamh anuas ar (dhuine). Mímhúinte. Míbhéasach. Sotalach. Easurramach. Searbhasach. Magadh, fonóid, scigireacht, scigaithris, ábhacht. Easmailt.

ACHOIMRE
V. GEARR, LEABHAR

Scríbhinn: Luathscríbhneoireacht. Nod. Monagram. Achoimre. Coimriú. Suim. Gearrchuntas. Gearrthuairisc. Aicearra. Lámhleabhar. Buntús. Sliocht. Teaglaim. Gearr, gairid. Gonta. Connail.

Achoimriú: Déanaim achoimriú, coimriú, ar. Giorraím. Cuirim i suim. Athruaill.

ACHRANN
V. ACHASÁN, IOMAÍOCHT, TROID

Iomaíocht: Bruíon, coimhlint, iomaíocht, geamhthroid, comórtas, cluiche. Titim amach le, éiríonn idir.

Conspóid: Briatharchath, argóint; cloch sa mhuinchille; in adharca a chéile, nimh san fheoil agam do; ligim amach mo racht; raic a tharraingt. Bheith go holc le duine. Bheith ag baint as duine. Díospóireacht, míthuiscint, easaontas, deacrachtaí, aighneas, sáraíocht. Caschaint. Breall.

Plé: Pléim, ceistím, cíoraim, spíonaim, tráchtaim ar, ceist a ionramháil, conspóid, cointinn, tráchtas, agóid. Ainfhreagra. Aithrinneach.

ACMHAINN
V. BRONNTANAS, CUMHACHT

Féadann: Cumas, cumhacht, mianach, tallann, tíolacadh, bua, suáilce, togracht, eolas, inniúlacht, deis, caoi, dóigh. In ann; in inmhe. Ábalta. Seift, seiftiúil.

Ceart: Inniúlacht dlíthiúil. Éagumas. Cáilíocht, cáilithe. Saineolas, saineolaí. Údarás, údarú. Dínit. Gradam. Céim. Cumhacht. Ceart. Dlisteanacht. Dlíthiúlacht.

ADMHAIGH
V. ABAIR

Locht: Admhaím. Ciontaím mé féin. Cúisím mé féin. Ní cheilim (mo chion). Déanaim faoistin. Cuirim (mo pheacaí) i bhfaoistin. Glanaim mo choinsias. Nochtaim m'intinn do (dhuine); ligim m'intinn le duine. Insím a bhfuil ar mo chroí. Ligim mo rún le (duine). Insím (rud) i modh rúin. Oscailteacht. Cneastacht. Díríocht. Saontacht. Soineantacht. Doilíos. Do chulpa a thabhairt.

Fíric: Géillim. Tugaim isteach do. Ní shéanaim. Ní cheilim. Aontaím. Aithním. Admhaím. Fógraím. Áitím. Macántacht. Ionracas. Ligim le m'ais.

AER
V. AIMSIR, EITLEÁN, IMEACHT

Spéartha: Spéir, firmimint, atmaisféar, fíorghlinnte an aeir; bun, fíor, na spéire; gaoth, stoirm, spás, an spás amuigh. Amuigh faoin aer. Tá an ghrian ar an aer.

Análú: Anáil, aeraím, tugaim gaoth do; plúchta, múchta; siorradh, seoidire, aer truaillithe, (seomra) análach. Séidim. Aer glan, ~ úr.

Eolaíocht: Aeráid. Eitleán, eitlíocht. Brú an atmaisféir. Aer comhbhrúite, ~ leachtach. Folús. (Uirlis) aerobrithe. Baraiméadar.

AGHAIDH
V. CEANN

Ball coirp: Éadan, gnúis, cuntanós, dreach, éagasc, na ceannaithe, leiceann, grua, pluc, giall, smig, srón, súil, cluas, tibhre, loigín, féasóg, croiméal. Smuilcide. Smúrlach. Streabhas, strainc, streill. Caibín. Airdíní na grua. Fairbre.

Cúram: Cosmaidí, bearraim (mé féin), púdar, béaldath, smideadh.

Barr ruda: Dromchla, droim, urlár, craiceann, uachtar.

Dath: Bán, buí, tréithbhuí, crón, ciar, ruamanta, mílítheach, coirtithe, síondaite, báiteach, dearg, lasta griandaite.

Clúdach: Masc. Cealtair. Púic, púicín; gásphúicín. Aghaidh fidil, scaif.

AICME
V. CINEÁL, UASAL

Earnáil shóisialta: Cinseal, uasaicme, na huaisle, tiarna, duine uasal, ridire, maithe agus móruaisle; buirgéiseacht, buirgéiseach, meánaicme; pobal, coitiantacht, slua, daoscarshlua, bratainn, Clann Tomáis, íosaicme, pleibigh, tuataí. An Tríú hEastát. Lucht airgid, toicithe, bodaigh mhóra, bodairí na tíre, daoine beaga móra. Aos léinn, aos dána. Lucht gnó, ceannaithe, siopadóirí, tionscnóirí. Lucht tionscail, teicneolaithe, teicneoirí, oibrithe, sclábhaithe; feirmeoirí. Cléir, cléireach, pearsa eaglaise, cliarlathas.

Leibhéal sóisialta: Aicme, rang, coinníoll, scála sóisialta, ord, cineál, sórt. Cine, teaghlach, sliocht, síol. Tuismitheoirí. Sinsear. Fine griain. Céimse, céimseach.

AIFÉALA
V. BRÓN, COINSIAS

Dólás ó chaill: Brón, dobrón, caoineadh, mairgneach, briseadh croí, éadóchas, cumha, uaigneas, fadaíocht, gearán, ciapadh, buaireamh, crá, imní, anbhuain.

Dólás ó locht: Aithrí, aithreachas, croíbhrú, doilíos, mairg, scrupall. Ag ithe na méar díom féin. Casaim (rud) liom féin. Pardún, maithiúnas, a iarraidh. Buailim m'ucht. Caithim mé féin ar mo ghlúine. Déanaim aithrí. Tugaim mo chulpa. Adhnáire.

AIFREANN
V. EAGLAIS, LIOTÚIRGE, SEARMANAS

Aifreann: Aifreann, íobairt naofa, rúndiamhair, ard-aifreann, sacraifís, seirbhís, oifig, éagnairc, ofráil, fondúireacht, aifreann móideach, aifreann dúthrachta.

Trealamh beannaithe: Altóir, taibearnacal, cailís, cuach, sparán, corparáil, paiteana, fial, íontóir, abhlann, cruibhéad, creideán, almóir, léachtán, leicseanáir, leabhar aifrinn, leabhar gnásanna, portús, leabhar tráthanna, iolartán. Mias altóra.

Ceiliúradh: Sagart, ceiliúraí, déagánach, léachtóir, cléireach. Ceiliúraim, léim, freastalaim, friothálaim. Miocht, léine, stoil, casal, cóip.

Codanna: Iontróid, urnaí, léacht, salm, soiscéal, ofráil, preafáid. Paidir eocairisteach, coisreacan, sácráil, comaoineach, iargomaoineach, canóin, cóir na naomh, cóir na dtráthanna.

AIGNE
V. ANAM, INTLEACHT, NÁDÚR, RÉASÚN, SMAOINIGH

Cumais na haigne: Smaoineamh. Intleacht. Tuiscint. Réasún. Breithiúnas. Coinsias. Mothúcháin. Croí. Coinsiastacht. Toil. Carachtar. Instinn. Dúil, toighis. Samhlaíocht, íomháineacht. Meabhair, cuimhne. Éirim, ardéirim. Tallann, tíolaice, bua. Idéanna. Smaointe. Cogúsacht. Meanmanra.

Tréitheanna: Meon, meanma. Ardmhian. Doimhneacht. Móraigeantacht. Idéalachas. Grinneas. Machnamh. Géarchúis. Neart. Caolchúis. Cáiréis, íogaireacht. Beogacht. Fadaraí.

ÁILLEACHT
V. BEAN

Daonna: Scéimh. Dathúlacht. Dóighiúlacht. Breáthacht. Galántacht. Maise. Cuannacht. Spéirbhean. Stáidbhean. Áille. Foirfeacht. Ball seirce. Álainn, sciamhach, breá, deas, dea-chumtha, dea-dhéanta, dathúil, dóighiúil, spéiriúil, galánta, cuanna. Innealta.

Rudaí: Bláth. Maise. Ornáid, ornáideachas. Sárshaothar. Pictiúrthacht. Breá, ealaíonta, iontach, cuanna, cúirialta. aíbhseach. Dathannach.

Tarraingteacht: Caithis. Draíocht. Grástúlacht. Creatúlacht. Bláth na hóige. Cluain, cluanaireacht. Snúúlacht. Caithiseach. Caoin, séimh. Leabhair. Seang. Canta. Meallacach. Taitneamhach.

AILTIREACHT

V. EALAÍN

An ghairm: Institiúid Ríoga Ailtirí na hÉireann. Dámh na hailtireachta. Oifig na nOibreacha Poiblí. Ailtire. Tógálaí. Foirgneoir. Tionscnóir. Innealtóir. Suirbhéir, suirbhéir cainníochta. Stiúrthóir oibreacha. Saor cloiche.
Foirgnimh: Foirgneamh. Ceap oifigí, ceap tithe, ceap arasán. Pálás. Caisleán. Ardeaglais. Teampall. Séipéal. Séadchomhartha. Teach. Áras. Pailliún. Túr. Droichead. Teach spéire. Clogás. Spuaic. Doinsiún. Gailearaí.
Stíleanna: Ord Dórach, ~ Iónach, ~ Corantach, ~ Eatrúscach. Ailtireacht mheigiliteach, Éigipteach, Aisiriach, Ghréagach, Bhiosántach, Rómhánach, Rómhánúil, Ghotach, Arabach, Shíneach, Sheapánach, nuachlasaiceach, nua-aimseartha.
Ornáidíocht: Colún, ceannpháirt. Piléar. Stua, Stuara. Boghta. Taca crochta. Fríos. Múnláil. Cuairsce. Duillí acantais. Bláthfhleasc. Triopall. Rósfhuinneog. Gairéad. Rinnstua.

AIMSIR

V. AER

Feiniméin: Tuar ceatha. Na saighneáin. Fáinne gealaí. Tintreach, cló tintrí, splanc thintrí. Toirneach. Ceo. Ró samh. Báisteach. Fearthainn. Cith. Múr. Múraíl. Ceobháisteach. Ceobhrán. Bailc. Sprais. Sneachta; síobadh sneachta; flichshneachta; cloch-shneachta. Sioc. Siocán. Sioc-cheo. Sioc bán, ~ geal, ~ liath, ~ dubh. Gaoth. Gála. Stoirm. Anfa. Spéirling. Néal. Scamall. Gealán. Aiteall. Eatramh. Uaineadh. Aimliú. Flichne, ag flichniú.
Cineálacha: Soineann. Doineann. Aimsir mhaith, ~ the, ~ fhuar, ~ bhrothallach, ~ mheirbh, ~ aimlithe, ~ ghruama, ~ chrua. Drochaimsir. Deardan. Aimsir luaineach. Breacaimsir. Síon, garbhshíon.
Faisnéis aimsire: Caileantóir, caileantóireacht. Réamhaisnéis. Néaladóireacht. Meitéareolaí, meitéareolaíocht. Oifig na hAimsire. Baraiméadar. Teirmiméadar. Méadar báistí. Léarscáil na haimsire. Iseabar. Brú baraiméadrach. Réimse lagbhrú, ~ ardbhrú. Fronta fuar, ~ te. Milleabar. Grád. Fórsa (gaoithe). Réamhaisnéis fhadthréimhseach. Aeráid. Clíoma. Iomaire ardbhrú. Log.

AINBHIOS

V. ÉAGUMAS

Easpa teagaisc: Ainbhiosach, ainbhiosán, barbartha, barbarthacht, barbarach, barbarachas, bómánta, dallarán, neamhliteartha, saoithín, búr, bodach.
Easpa cleachtaidh: Aineolas, aineolach, aineolaí, éagumas, ainchleachtadh, ainchleachta, neamhinniúil, gan éifeacht, ciotach, amscaí, gliúmáil. Núíosach, glas-stócach, printíseach, cotúil, cúlánta.
Saontacht: Saonta, sónta, neamhurchóideach, gan dochar, amadán, óinseach, gamal, leathdhuine, soineanta, simplí, gan choir gan chealg.

AINGEAL

V. NEAMH

I gcoitinne: Aingeal, ainglí, ainglíocht. Slua neimhe. Léigiúin na bhflaitheas. Aingil an tsolais. Aingil an dorchadais. Turnamh na n-aingeal. Diabhail. Saraifíní. Ceiribíní. Tróin. Tiarnais. Suáilcí. Cumhachtaí. Prionsachtaí. Ardaingil. Aingil.
Aingil ar leith: Mícheál. Raphael. Gaibréal. Lúisifear. Sátan. Béalzabúl. Asmódaes. Aingeal coimhdeachta. Aingeal maith. Aingeal na scriostóireachta. Fáilte an Aingil. Clog an aingil. Aingeal an eirligh.

AINM

V. CÁIL, FOCAL, GAOL

Ainm duine: Ainm, ~ sinsearachta, ~ cleite, ~ ceana, ~ baiste, ~ bréige, ~ crábhaidh. Leasainm. Sloinne. Teideal. Fear gan ainm. Forainm. Síním. Saighneálaim. Monagram. Ceannlitreacha. Inisealacha.

Ainmniú: Ainmním, ainmniúchán, ainmnitheoir, ainmnitheach. Ainmneoir. Ainmliosta. Ainmníocht. Sloinnim. Sloinnteoir. Baistim, baisteadh; cara as Críost. Tugaim (ainm) ar. Muinním as. Glaoim (ainm) ar; deirim (ainm) le. Focal. Téarma, téarmaíocht. "Ná baintear an t-ainm den bhairín."

Ainmfhocal: Ainmfhocal. Ainmníocht. Ainmneach. Ainmchlásal. Forainm. Ainm dílis, ~ coitianta; cnuasainm. Comhainm. Comhchiallach. Comhfhocal. Onamataipé. Meatainime. Meafar. Díochlaonadh. Tuiseal. Inscne. Uimhir.

AINMHEASARTHA
V. AINMHIAN

Easpa measarthachta: Ainmheasarthacht, dul thar fóir, díréir, áiféiseach, ollmhór, arrachtach, gan stiúir, gan ord gan eagar, ainrialta, thar cuimse, thar meán, ceas.

Cúrsaí cainte: Aibhéil, treise, gáifeach, gréagach, spiagaí, urtheilgean, radamandádaíocht, cuirim craiceann ar, fanaiceach, díograiseoir, béalscaoilte.

Cúrsaí pléisiúir: Ainriantacht, drabhlás, ragairne, drúis, ainmhian, craos, póit, spraoi.

AINMHÍ

Ginearálta: Beithíoch, ainmhí allta, eallach, géim, iasc, iasc sliogach, éan, éanlaith, míol, míolta mara is tire, éan creiche, éan eachtrach, péist, nathair, feithid, féileacán, cuileog, míoltóg, crumhóg, fríd, brúid, béithíoch éigiallta, béithíoch iompair, ainmhí tí, ~ clóis, ~ riata. Créatúr, dúil. Cineál. Dómhra. Ceathair.

Ionramháil: Pór, póraím, síolraím, tógaim, ceansaím, tugaim chun tíreachais, seilgim. Clóim. Damhnaim. Riata.

Pórú: Snafach, eachmairt (láir). Dáir (bó). Adhall (madra). Catachas (cat). Clíth (muc). Reith (caora). Imreas (gabhar). Mothas. Ionphóraithe. Oirthí.

AINMHIAN
V. DRÚIS, FEARG, GRÁ, TOIL

Corraí anama: Nádúr, nádúrtha. Carachtar. Meon, meanma. Instinn. Claonadh. Luí. Togracht. Duáilce. Truaillíocht. Áthas. Brón. Dóchas. Eagla. Grá. Fuath. Mian. Dúil. Fonn. Saint. Éad. Tnúth. Formad. Mórmheas. Dúthracht. Mothú. Uaillmhian. Cíocras. Drúis. Ampla. Fearg. Leisce. Paisean. Glóirmhian.

Grá: Bheith splanctha i ndiaidh (duine). Bheith doirte do (dhuine). Bheith ceanúil ar. Cumann. Teasghrá. Bheith sa chiall is aigeantaí ag (duine). Tá mo chroí sáite i (nduine); tá mo chroí istigh i (nduine). Pian an ghrá. Leannán. Suiríoch. Grá geal (duine). Collaíocht. Teaspach. Macnas. Miangas. Sáile. Pléisiúr na colainne. Toil.

Gluaiseacht ainmhéine: Corraí, corraíl. Broidearnach. Coipeadh. Bladhm. Pléascadh. Téirim. Maidhm. Sitheadh. Borradh. Suaitheadh. Racht. Tallann. Taom. Fiabhras. Meisce. Saobhnós. Lasair. Fraoch. Dásacht.

Tréithe: Déine, dian. Brúidiúlacht, brúidiúil. Faobhar. Lasántacht, lasánta. Teaspach. Díbhirce. Daille. Ainmheasarthacht, ainmheasartha. Báiní. Leithleachas. Leatrom, leatromach. Fanaiceacht. Díocas. Driopás. Fuadach croí.

Forás: Músclaíonn. Dúisíonn. Spreagann. Lasann. Adhnann. Faobhraíonn. Corraíonn. Truamhéalach. Traigéideach. Drámata. Méaldrámata.

AIRE
V. SMAOINIGH

Aigne: Aire, aireach, aird, airdeall, aireachas, faichilleach, cúram, cúramac staidéar. Tugaim aird ar; cuirim san áireamh; cuirim spéis i; smaoinim ar; machnaím; fiosraím; scrúdaím; sonraím. Faire, dúthracht, díograis. Tugaim faoi deara. Suntas.

Céadfaí: Breathnaím, iniúchaim, stánaim ar; cuirim na súile trí; cuirim cluas, cluas le héisteacht, orm; tástálaim; blaisim; ag smúrthacht, ag gliúmáil.

Goin aire: Aird a tharraingt; spéis a spreagadh, a mhúscailt; dul i bhfeidhm ar. Seachain! Aire duit! Fainic! Coinním ar bís. Bioraím mo chluasa. Goineann m'aire mé. Airím uaim, consaím, cronáim. Fuireachair.

AIRGEAD
V. AIRGEADAS

Miotal: Airgead geal, beo; gabha geal; sainmharc. Scragall airgid.
Mona: Monaíocht, bonn, airgead reatha, nóta bainc. Airgead tirim, crua. Airgead síos. Fiacha, iasacht. Ciste, maoin, gustal, acmhainn, stór, lab. Caipiteal, rachmas. Ciste an Stáit. Pinginí, iarann. Gaimbín. Airgead soghluaiste.
Déantús: Mionta, muileann airgid, bonn a bhualadh. Ceann, cláirseach. Airgead bréige. Brionnaím. "Ní féidir Dia a riaradh, agus an t-airgead."
Boinn: Pingin, scilling, réal, leathréal, toistiún, cianóg, feoirling, marc, airgead croise, flóirín, coróin, píosa. Bonn óir, geal, rua. Sciúrtóg. "Cianóg na baintrí." Pinginí corra.

AIRGEADAS
V. AIRGEAD, TRÁCHTÁIL.

Stocmhargadh: Stoc agus scaireanna. Stoc bintiúir, ~ ráthaíochta, ~ inscríofa, ~ cláraithe. Stocshealbhóir. Stocbhróicéir. Clár na stocshealbhóirí. Scairshealbhóir. Amhantraí. Ráta malairte.
Fuilleamh: Scair, scair thosaíochta, ~ fondúra, ~ bhónais. Gnáthscair. Scairchairt. Scruith. Bannaí, bannaí seachadóra. Díbhinn. Us. Eisiúint scaireanna. Fiachmhúchadh.
Baincéireacht: Banc. Baincéir. Nóta bainc. Ráta bainc. Dréacht bainc. Cuntas bainc. Cuntas reatha, taisce. Banc taisce. Seic, seicleabhar. Pasleabhar. Coimisiún. Lascaine. Creidmheas. Tráchtaisnéis. Airgeadóir. Bunchúil.
An ciste poiblí: Aireacht an Airgeadais. An Banc Ceannais. Ard-Reachtaire. Cuntas agus Ciste. An Státchiste. Cáinaisnéis. Buiséad. Fiacha stáit. Fuillimh stáit. Bannaí stáit, státchiste. Airleacan stáit. Ioncam an stáit. Na Coimisinéirí Ioncaim. Státchíos. Cáin; tobhach cánach. Airgead reatha. Slándáil shóisialta. Custaim agus mál.
Príobháideach: Caipiteal, caipiteal fiontair. Fiontraí. Cuntasaíocht. Airgeadóir. Fáltais. Costais; caitheamh. Sochar agus dochar. Easnamh. Clár fuílleach. Suncáil (airgid). Infheistím, infheistíocht. Fuilleamh. Achtúirc. "Briste as airgead". Feidheartha. "An cam a chur ar an tine".

AIT
V. IONTAS

Daoine: Arrachtach, gruagach, abhlóir, cábóg, tútachán. Éan corr, ~ cuideáin; duine corr, aisteach; gealt, amadán, óinseach.
Rudaí: Amaidí, amadántacht, aistíl, seafóid, brionglóid, speabhraíd, ciméara. Neamhghnách, barrúil, aisteach, greannmhar, aduain, áiféiseach, barócach.

ÁIT
V. TÍR

Cónaí: Tír, dúiche, ceantar, réigiún, cúige, baile, baile fearainn, áit chónaithe, áitreabh, áras, lóistín, timpeallacht, fearann, fód dúchais. Suíomh, láithreán, láthair, ionad, ball. Ar na gaobhair; sna bólaí seo; filleadh ar na seanulacha.
Sóisialta: Cinseal, aicme, rang, céim, post, ionad, staid, uasaicme, íosaicme, daoscar.
Dobhriathra: Anseo, ansin, ansiúd. Thall is abhus. Istigh, amuigh, isteach, amach. Anonn, anall. Thuas, thíos; suas, síos; anuas, aníos. Lasmuigh, laistigh, lastuas, lastall. I gcéin, i gcóngar.

AITHRÍ
V. AIFÉALA, LOGHA, PEACA, PIONÓS, SACRAIMINT

Staid anama: Aithrí, aithreachas, neamhaithreachas, spiorad na haithrí, iompú (chun Dé), peacaí a admháil, doilíos, aiféala, moirtniú, dólás.

Sacraimint: Faoistin, oide faoistine, dul chuig faoistin, peaca a chur i bhfaoistin. Croíbhrú, croíbhrúite. Rún leasaithe. Breithiúnas aithrí. Aspalóid. Leorghníomh. Logha. Sacraimint na haithrí. Sailm aithrí. Sásamh, aisíoc. Maithiúnas (i bpeacaí). Peannadóir.
Cleachtadh: Breithiúnas aithrí a chomhlíonadh, an Carghas a dhéanamh, troscadh, tréanas, éadach róin, sacéadach, luaithreach, Céadaoin an Luaithrigh. Croisbhigil. Sceilpín gabhair, gabhar peaca.
Daoine: Aithríoch, oilithreach, díthreabhach, ancaire, anamchara.

AITHRIS
V. COSÚIL, INIS

Bréagach: Aithris, falsú, góchumadh, (rud) bréige a dhéanamh, scigaithris, caracatúr, paróide. Brionnaím.
Fíor: Macasamhail, déanaim macasamhail, atáirgim. Cóip, déanaim cóip de, cóipeáil, athscríobh, cóipeálaí. Athdhéanaim. Ligim orm, cuirim i gcéill. Athluaim. Scáthántacht.
Ar shampla: Eiseamláir a leanúint, sampla a ghlacadh; aithriseoir, deisceabal, dalta. Lorg duine a leanúint. Déanaim aithris ar.

ÁITIGH
V. ABAIR, CRUTHÚNAS, REITRIC, TIONCHAR

Rud a dhéanamh: Cluain a chur ar dhuine chun rud a dhéanamh. Meallaim liom. Tagaim timpeall ar (dhuine). Imrím draíocht ar. Meabhlaím. Dallraím. Cuirim ina luí ar (dhuine rud a dhéanamh). Cuirim cathú ar. Spreagaim. Saighdim. Brostaím. Gríosaím. Séidim faoi (dhuine). Tugaim ar mo thaobh. Corraím chun. Liostálaim. Fruilím. Fostaím.
Rud a chreidiúint: Cuirim (rud) ina luí ar (dhuine). Cuirim (rud) ar a shúile do (dhuine). Cuirim (rud) i bhfáth ar. Déanann (rud) mo shúile dom. Cuirim i bhfeidhm ar. Cuirim (rud) i gceann (duine); dingim (rud) isteach i gcloigeann (duine). Imrím tionchar ar. Cruthaím, léirchruthaím. Dearbhaím. Deimhním. Geallaim do. Dallaim. Meallaim. Cuirim m'anáil faoi (dhuine).

ÁITREABH
V. TEACH

Cónaí: Cónaím, áitrím, seadaím, lonnaím; teach, díon, tinteán, áras, baile, seoladh. Caisleán, lios, dún; díseart, clochar. Campa, garastún, beairic, puball, bothán, bothóg, buaile.
Teach cónaithe: Lóistín, árasán. Cillín, áiléar. Seomra; seomra suí, ~ codlata. Cistin, teaghlach, teaghlachas. Cónaí a aistriú, cóisir infir.
Cónaí sealadach: Fanaim, stopaim, cuirim fúm, táim ar lóistín. Campálaim, suím campa; coinmheadh. Dídean, tearmann. Téim ar ceathrú. Ósta, óstaíocht, óstán, óstallán; teach ósta, ~ aíochta. Óstóir, aoi, lóistéir, cuairteoir. Cuid oíche.

AM
V. AIMSIR, AOIS, CEOL

Roinnt an ama: Bliain, mí, seachtain, lá, uair, nóiméad, soicind, meandar. Tréimhse, ré, aois, céad, séasúr. Síoraíocht, aoiseanna, tráth. Seanreacht, seanam, meánaois, nuaré. Am i láthair, freacnairc, am atá caite, am atá le teacht, todhchaí. Stáir, sealad, tamall, spás, achar, seal, scaitheamh. Maidin, meán lae, iarnóin, tráthnóna, ardtráthnóna, oíche, meán oíche. Trean, naomhaí, coicís.
Tomhas an ama: Imeacht aimsire. Clog, uaireadóir, uaireachán, orláiste, clog gréine.
Ag tagairt don am: Croinic; teampartálta, comhaimseartha. Am a mheilt, a chur amú. I dtráth is in antráth; caitheamh aimsire. Fastaím. Téarma, cairde. I bhfaiteadh na súl, ar toradh moille, uain, uair, ionú. Ar an phointe, ar an ribe. Féichiúnta.

AMAIDEACH
V. AINBHIOS, ANÁSTA
Gan chéill: Dobhrán, dobhránta. Bómán, bómánta. Dúramán. Dalldramán. Maolaigeanta, maolcheannach, maolintinneach. Leamhcheannach. Leathcheann, leathdhuine, leathbhuachaill. Gearrbhreathnaitheach. Caolaigeanta, cúngaigeanta. "Níl ciall ná réasún leis".
Ábhar magaidh: Ceap magaidh. Pleidhce. Amadán. Óinseach. Gamal. Saonta. Gan dochar. Gan choir gan chealg. Simplí, simpleoir. Bogintinneach. Baoth. Éaganta. Seafóideach. Saoithín. Turas Góidrisc.

AMHARCLANN
V. EALAÍN
Foirgneamh: Amharclann, téatar, Amharclann na Mainistreach, an Taibhdhearc. Stáitse, cliatháin, balcóin, amfaitéatar, fargáin, bosca, stalla, poll an leideora, forthosach, forstua.
Drámaíocht: Dráma, gníomh, radharc; coiméide, traigéide, méaldráma, ceoldráma, fronsa. Plota, pearsanra, dialóg, monalóg. Séasúr, seallach, lucht féachana, ~ éisteachta. Fógra, suíochán a chur in áirithe, áirithint. Cleachtadh, feistiú. Aisteoir, léiritheoir, drámadóir, ceolfhoireann, leideoir, dreachadóir, dearthóir.

AMHRÁN
V. FILÍOCHT
Ceol eaglasta: Cantaireacht, ~ Ghréagórach; cantaire, séipéalmháistir; cór, claisceadal; liotúirge. Ainteafan, freagra, salm, iomann, caintic, carúl.
Ceol is cantairí: Canaim, ceolaim; fonn, port, streancán, rabhcán, ailleog, cuaichín; amhrán grá, ~ óil, ~ máirséala. Amhrán na bhFiann. Loinneog, curfá, saranáid, rann, móitíf. Bard, oirfideach. Teanór, dordghuth, soprán, contralt. Glór cuachach.

AMHRAS
V. CREID, ÉIGINNTE, MÍMHUINÍN
Staid an amhrais: Dabht, barúil, tuairim, meath-thuairim, buille faoi thuairim, cur i gcás, hipitéis, teagmhas, coinníoll, acht, comha, intodhchaíoch, amhantar, fiontar, priacal, contúirt, féidearthacht, dóchúlacht, cosúlacht, fadhb, conspóid, cointinn, éiginnteacht, éideimhne, éagosúlacht, seans, taisme, cinniúint, ádh, aineoil, doiléire, diamhracht, scéal scéil, idir dhá chomhairle, drochamhras.
Amhrasach: Athbhríoch, déchiallach, barúlach, contúirteach, dochreidte, éiginnte, coinníollach, in amhras. Sochar an amhrais.
Daoine: Lucht amhrais, ainchreidmheach, díchreidmheach, saorintinneach. Agnóisí. Sceipteach.
Beart an amhrais: Mímhuinín, drochiontaoibh, díth creidimh, braiteoireacht, dóbartaíl. Scrupall, drochamhras, cuirim in amhras, táim ar m'aire, cuirim i gcás.

AMUIGH
Ionad amuigh: Forimeallach. Leathimeall, leathimeallach. Imeall, ciumhais, gruaimhín, bruach. Corr. Dromchla. Clúdach. An taobh amuigh. Seachtrach. Imlíne. Taobhlíne. Leataobh. Dígeann. Fo-bhaile. Cóigríoch. Thar lear. Eachtrannach. I gcéin. Lasmuigh, lastall. Amuigh faoin aer. Taobh amuigh. Taobh thall. (Fágaim) ar lár.
Gluaiseacht amach: Díbrím, ruaigim, cuirim an ruaig ar, caithim amach. Ionnarbaim. Coinním amach. Eisiaim. Stoithim. Bainim amach. Eiseachadaim. Onnmhairím, easpórtálaim. Craolaim, craolachán, astaíocht. Fearaim, eisfhearaim. Eiscim. Eisiachtaim. Eisilim. Eisimirce. Eisíocaim. Eisím.
As an gceist: Eisceacht. Lasmuigh de; diomaite de; cé is moite de; ach amháin. As bealach; as alt; as úsáid; as ord; as an ngnáth; as miosúr; as cuimse. Seachmall, scéal thairis.

ANACHAIN
V. FULAINGT, URCHÓID

Cineálacha: Angar. Mí-ádh. Míchinniúint. Mífhortún. Míshéan. Léan. Doilíos. Tubaiste. Donas. Ainnise. Léirscrios. Báine. Buaireamh. Anacair. Anbhroid. Anó. Imní. Duainéis. Crá. Clipeadh. Bearrán. Leatrom. Lionn dubh. Díomá. Drochmhisneach. Diomú. Beaguchtach. Éadóchas. Buille fill.

Saintarlú: Tubaiste. Tionóisc, taisme. Turraing. Stoirm. Anfa. Spéirling. Tíofún. Gorta. Plá. Cogadh. Tuile. Dóiteán. Ár. Éirleach. Longbhriseadh. Coscairt. Scrios. Slad. Creach. Dochar, damáiste. Turnamh. "Tonnbhriseadh an tseanaghnáthaimh". Teip. Titim. Briseadh. Abhcailpteach.

ANÁIL
V. AER, CUMHACHT, TIONCHAR

Cineálacha: Riospráid. Análú, inanálú, easanálú. Tarraingt anála. Faighim, tugaim, an anáil liom. An anáil i mbarr an ghoib agam. Saothar anála. Giorra anála. As anáil. Snag anála. Smeacharnach. Osna, osnaíl. Méanfach. Srann. Sraoth. Feadaíl. Feadalach. Díogarnach.

Meicníocht: Baill análaithe, ~ riospráide. Coguas na sróine, ~ an bhéil. Faraing. Píobán garbh; traicé, na píobáin; broincí. Scamhóga. Steiteascóp. Éisteachán. Athmhúscailt anála. Análaitheoir.

Galair anála: Slaghdán. Ulpóg. Sraothartach. Casachtach. Broincíteas. Niúmóine. Eitinn. Plúchadh; asma, múchadh. Cársán; piachán, ciach. Fail. Anáil bhréan.

ANÁSTA
V. AMAIDEACH

Anástacht láimhe: Ciotach, ciotaí. Ciotrúnta, ciotrúntacht. Ciotrainn, ciotrainneach. Uspánta, úspántacht. Neamhinniúil. Printíseach. Núíosach. Cábóg. Útamálaí. Breallmhéarach. Místuama.

Anástacht aigne: Ainchleachtadh. Éagumas. Dobhrántacht. Bómántacht. Seafóid. Amaidí. Díth céille. Neamhchríonnacht. Botún. Dearmad. Tuaiplis. Meancóg. Faillí. Neamhaire. Easpa fadaraí. Earráid. Tuathal. Místuama, místuaim. Liopasta, liopastán, liopastacht. Maolscríobach.

Anástacht iompair: Amlóir, amlóireacht. Déanaim uascán díom féin. Cábóg. Gamal, gamalóg. Breallán, brealsún. Bheith ar teaghrán ag (duine). Dul in aimhréidh. Dul in abar. Fágaim ábhar magaidh orm féin. Sceithim rún. Déanaim botún, tuathal. "Níor theip an tuathal riamh air".

ANCHUMTHA
V. DUÁILCE, LAG

Míchumtha: Éagrua, éagruas. Míchumthacht. Anchúinse. Arrachtach. Mídhéanamh. Abhac. Arc. Bacach. Cam reilige. Cruiteachán. Caoch. Fiarshúileach. Ciorrú. Riastradh.

Anchumtha: Míghnaoi, míghnaíúil. Míofar, míofaireacht. Gránna. Gráiniúil. Fuafar. Cranda. Craptha. Crampánach. (Lámha) cranraithe. Cromshlinneánach. Cromshrónach. Graifleach. Ainspianta.

Ábhar magaidh: Ceap magaidh. Caracatúr. Áiféiseach. Barrúil. Drúth, óinmhid.

ANNAMH
V. LUACHMHAR

Neamhghnách: Tearc, neamhchoitianta, teirce, neamhchoitiantacht, éagoiteann. As, thar, an gcoitiantacht; aisteach, iontach, saoithiúil, ait, corr, barrúil, áiféiseach, suntasach, cuid suntais, ábhar iontais, bunúil, ar leith, sonrach, áirithe. Ainmhinic.

Eisceachtúil: Leithleach, aimhrialta, mínormálta; eisceacht, iontas, aireagán; úrnua; feiniméan; éan corr, ~ cuidéain; arrachtach.

ANORD
V. CEANNAIRC, DRABHLÁS

Sa dúlra: Arrachtach, tubaiste, spéirling, stoirm, éagruth, galar, aicíd, aimhrialtacht.

San aigne: Míréasún, míréasúnach, scaipthe, seachrán, mearbhall, smaointe fáin.
San iompar: Drabhlás, doscaíocht, clampar, callóid, racán, griolsa, círéib, gleo, iomarbhá, imreas, ainriantacht.
Rudaí ginearálta: Trína chéile, bunoscionn, droim ar ais, tranglam, meascán mearaí, praiseach, mí-ord, mí-eagar, míshlacht, éagruth.
Anord sóisialta: Trioblóidí, achrann, ceannairc, easaontas, aighneas, stailc, círéib. Ainriail, réabhlóid, muirthéacht, meirleachas, reibiliún, éirí amach. Gráscar. Meirleachas.

AOIS
V. AM
Aoiseanna an duine: Naíonacht, leanbaíocht. Óige, inmhe, oirbheart, ógántacht, meánaosta, scothaosta, bunaois, seanaois, ~ leanbaí, mionaois, ~ na céille, ~ linbh, ~ fir, ~ mná, ~ discréide, caithriú, naíonán, páiste, leanbh, tachrán, gasúr, girseach, garsún, malrach, stócach, buachaill, cailín, ógánach; fear, bean déanta; seanduine, seanfhondúir, duine fásta, aosánach, aosaithe.
Aoiseanna na staire: Sean-am, seansaol, seanreacht, ré órga, meánaois, nuaré, nua-aois, aois Chríost, dubhaois.
Suíomh aoise: I mbláth na hóige, i mbun a mhéide, anonn in aois, ag dul in aois, an aois ag luí air, i ndeireadh a shaoil, idir an dá aois. Anaosta, anaosach.

AONTAIGH
V. CEANGAIL
Ar aon-tuairim: Aontaím le, réitím le, tigim le, ar aon intinn, ag cur le chéile, ag teacht le chéile, toilím le, socraím, d'aon-toil, téim i gcomhairle le.
Ar aon mhothú: Cairdeas, comrádaíocht, coibhneas, bá, dáimh, bráithreachas, mór le chéile, comhbhá, síocháin, muintearas, athmhuintearas. Ceann Réitigh,
Aon leas: Réiteach, socrú, comhleas, cúlchead, comhpháirtíocht, comhpháirteachas, conradh. Iaim le (dream). Comhréiteach, leamhréiteach.
Aontú daoine: Cleamhnas, pósadh, lánúin, aontíos, cumann, caidreamh, comhluadar, coiste, comhcheilg, coibhneas. Comhiaim le (dream)
Ceol, gramadach: Comhchorda, comhghléas, tiúnaim, armóin, rithim, ar aon bhuille. Géilleadh, comhtheacht, comh-ardacht.

ARÁN
V. BAINNE, ITH
Déanamh: Báicéir, bácús, oigheann. Bruithim, beirím, fuinim; taos, giosta, gabháil, laibhín, sóid aráin, crústa, grideall, losaid.
Cineálacha: Arán cruithneachta, ~ coirce, ~ buí, ~ plúir, ~ prátaí. Arán bán, ~ donn, ~ geal. Cáca, císte, builín, bairín breac, císte boise, bonnóg, bulóg. Grabhróg, arán tíortha, briosca, canta, ceapaire, caiscín, toirtín. Arán laethúil, arán na beatha. "Ní ar arán amháin a mhairfidh an duine."

ARBHAR
V. FÓMHAR
Cineálacha: Gránbharr. Cruithneacht. Eorna. Coirce. Seagal. Arbhar Indiach. Ruán. Rís. Muiléad. Cruithneacht gheimhridh, earraigh. Coirce faoilleach, ~ cuaiche.
Mionsonraí: Grán, gráinne. Geamhar. Sifín. Dias. Craobh. Croithleog. Coinleach, coinlín. Cochán. Tuí. Sop. Cáith. Plúr. Ceannóg. Cáfraith. Scilligeadh. Bran. Min choirce, ~ chruithneachta, bhuí, seagail, chalóg, tíortha.
Fómhar: Corrán, speal, inneall bainte. Punann, staca, stuca, cruach. Iothlainn. Gráinseach. Scioból. Tarlú. Súiste. Inneall buailte. Tórramh.

ARD
V. UASAL
Talamh: Sliabh, cnoc, droim, ard, ardán, tulach, mullach, binn, barr, maolán, aill, ros, dumhach, méile, mala, móraid.

Foirgneamh: Túr, clogás, spuaic, briotáis, colún, gallán, stuaic, barr binne, díon, cíor mhullaigh, áiléar, lochtán, port, léibheann, croch, balcóin.
Fuaim: Gáir, glaoch, béic, liú, scread, scréach, scairt, fead, búir, búireach. Os ard. In ard a ghutha, nóta géar.
Rangú sóisialta: Uachtarán, a shoilse, a mhórgacht. Uasaicme, éirí in airde. Suaibhreos, snobaireacht, díomas, mórchúis. Cinseal, an chinsealacht.

ARGÓINT
V. ÁBHAR, ACHOIMRE, ACHRANN, RÉASÚN

Modhanna: Loighic, anailís, analach, sintéis, déaduchtú, ionduchtú, fealsúnacht, dialachtaic, siollóg. Cothaím (argóint)
Argóinteacht: Réasúnaím, pléim; conspóid, cointinn, díospóireacht, idirdhealaím, agóid, bréagnaím, cruthaím, léirím, taispeánaim, tráchtaim, tráchtas, conclúid, briatharchath. Tagra slim. Caibidil, cailicéireacht, plé, caismirt, caschaint, caidirne. Cuirim trí chéile. Cíoraim. Cardálaim. Ag baint boghaisíní. Teilgean (argóinte)

ARM
V. SAIGHDIÚIR

Eagraíocht: Slógadh. Earcú. Coinscríobh. Buannacht. Coinmheadh. Dul san arm. An scilling a ghlacadh. Preasáil. Arm náisiúnta. An cúltaca. An Fórsa Cosanta Áitiúil. An Slua Muirí. An tAerchór. Armáil. Armlón. Armlann.
Foroinnt: Cór airm. Rannán. Briogáid. Reisimint. Cathlán. Complacht. Buíon. Gasra. Ceanncheathrú. Ceannasaíocht. Coisithe. Marcshlua. Airtléire. Scuaine bhagáiste. Costadh. Cór liachta. Lónroinn. Tascar.
Saol an airm: Postú. Garastún. Dún. Campa. Cuibhreann. Puball. Feachtas. Inlíocht. Urphost. Patról. Gíotáil. Paca. Stán bia. Buidéal uisce. Saighdiúir. Earcach. Trúipéir. Glasearcach. Seansaighdiúir. Athóglach
Ealaín mhíleata: Straitéis. Beartaíocht. Plean feachtais. Inlíocht. Oibríocht. Sluaíocht. Ionsaí. Forghabháil. Ionradh. Cúlú. Fáiteall. Colún. Tulgharda. Cúlgharda. Colún reatha. Fronta. Línte tosaigh, cúil. Brollach catha. Eite dheis, chlé. Cliathán. Lár. Tromchuid. Trúpaí líne, ~ turrainge, ~ ionsaí, ~ cúltaca. Eadarnaí. Dún, daingean. Oibreacha. Trinse. Léigear, imsuí. Tairne airm. Imscaraim.

ÁRTHACH
V. LONG

Árthaí Éagsúla: Buidéal, crúsca, crúiscín, flaigín, cruibhéad, pota, báisín, mias, coire, sáspan, scilléad, citeal, túlán, corcán, soitheach, bosca, calán. Feadhnach. Buicéad, stópa, árthach (fuail), fualán. Áras. Corm na bhFuíoll.
Soithí óil: Cupán, gloine, babhla, cailís, cuach, scála, eascra, corn, tancard, ciota.

ASPAL
V. CRÍOST, NAOMH, SEANMÓIR

Na haspail: Aspal, an Dáréag, aspal na ngintlithe (Naomh Pól), prionsaí na n-aspal (Peadar agus Pól), Eoin Broinne, soiscéalaí, comharbaí na n-aspal (easpaig), Pádraig aspal Éireann.
Aspalacht: Gníomhartha na n-aspal, Cré na nAspal, aspalda, soiscéal, misean diaga, gairm dhiaga, ministreacht aspalda, na misin thar lear, seanmóireacht, soiscéalaíocht, bráthair préisdiúr.

ASTRALAÍOCHT
V. DRAÍOCHT

Ealaín: Astralaíocht. Asarlaíocht. Draíocht. Bainim fios as na réaltaí. Astralaí, astralaíoch. Déanaim fáistine. Réamhinsím. Réamhaisnéis.
Tionchar: Pláinéad, pláinéad a bheith anuas ar (dhuine). Teir. Toirmeasc. Céalmhaine. Tuismeá. (Réalta) in uachtar. Réalta sonais. Andráíocht.
An Stoidiaca: An Reithe, Tarbh, Cúpla, Portán, Leon, Mhaighdean, Meá, Scairp, Saighdeoir, Gabhar, An tUisceadóir, Na hÉisc.

ATHAIR
V. DIA, MANACH
Teidil: Daidi, athair mór, ~ críonna, daideo, athair altrama, ~ céile, ~ teaghlaigh, an tAthair Síoraí, Dia an tAthair, athair barúlach, leasathair.
Feidhm athar: Atharthacht, páiste a aithint, páiste a uchtú, ginim, athartha, clann a thógáil.

ÁTHAS
V. PLÉISIÚR, SONAS
Meon áthasach: Áthasach, aerach, sona, sásta, lúcháireach, suairc, sultmhar, aigeanta, meidhreach, croíúil, súgach, soilbhir, aoibhiúil, sochma, so-ranna, suáilceach.
Áthas a mhothú: Aeracht, sonas, sástacht, lúcháir, suairceas, sult, aigeantacht, meidhir, aoibhneas, taitneamh, áineas, ríméad.
Áthas a léiriú: Lúcháir, gairdeas, sult, spraoi, gliondar, ríméad, spleodar, spórt, macnas, súgradh, gáire, beogacht, urghairdeas.
Áthas a thabhairt: Taitním le; cuirim aoibhneas, draíocht ar. Aoibhinn, taitneamhach, spéiriúil, spleodrach, greannmhar.
Páirteach san áthas: Comhghairdeas, tréaslaím (rud) do (dhuine), déanaim ollghairdeas do, gártha molta, bualadh bos. Is méanar do ~ .

ATHBHEOCHAN
V. BEATHA
Beatha nua: Athbheoim, tagaim chugam féin, aiséirí, leigheasaim.
Fuinneamh nua: Athfheidhmím, athréimním, músclaím, fadaím, athnuaim, cuirim (iaróg, taibhse) ina shuí, toghairm, athbhunaím, athspreagaim.
Gaeilge: Athbheochan, athréimniú, Conradh na Gaeilge, An Claíomh Solais, Caint na nDaoine, Gaeilge éigeantach, coláiste samhraidh.

ATHRAIGH
Cruth: Claochlaím, cuirim ó chuma, as a riocht, iompaím, leasaím, cuirim atheagar ar, athchóirím, cuirim athchruth ar.
Mionathrú: Maolaím, mionathraím, ceartaím, truaillím, falsaím.
Ionad a athrú: Aistrím, díláithrím, iompaím. Luaineach, guagach, mídhílis, neamhsheasmhach, coileach gaoithe. Éalaím, bailím liom, aistrím cónaí, cóisir infir. Gluaisim, bogaim. Trasnaím.
Malairt: Malartaím, aistrím seilbh, tiontaím. Malairt, iomlaoid.

BÁD
V. LONG, SEOL
Cineálacha: Bád seoil, ~ iascaigh, ~ tarrthála, ~ iomartha, an bád bán. Nae. Bád farantóireachta, eathar. Curach, naomhóg, gleoiteog, púcán, húicéir, bád mór, naibí, leathbhád. Bád iomlachta. Luamh. Bíoracán.
Codanna: Tosach, deireadh, cabhail, cíle, stiúir, gunail, trasnán, casadhmad, halmadóir, seas, tile, stuimine, post, tochta.
Trealamh: Rigín, crann, seol, scód, feistiú, téad tíre, ancaire, éadach, slat seoil, stagh, siota, anairt.
Daoine: Foireann, criú, mairnéalach, píolóta, captaen, cosa báid.
Stiúradh: Loingseoireacht, seoltóireacht, seolaim, rámhaím, iomraím, tornáil, bordáil, cuirim ar ancaire. Iompaíonn béal faoi, téann go tóin poill.

BAGAIR
V. DAINSÉAR, EAGLA, FOLÁIREAMH, MILLEÁN
Foláireamh: Tugaim foláireamh, rabhadh, do. Aithisím, aithis; iomardú. Dúshlán. Cuirim forrán ar (dhuine). Fógra. "Ar do phionsa!" Cuirim fainic ar.
Cúis eagla: Bagraíonn, bagairt. Imeaglaím. Scanraím. Sceimhlím. Cuirim eagla, faitíos etc. ar (dhuine). Tolgann (galar). Práinn.

Foréigean: Masla, tarcaisne, achasán. Maslaím. Imrím éigneach, feillbheart, anfhorlann, ar (dhuine). Cuirim stuaic, olc, fearg ar (dhuine). Bagraím dorn ar. Beartaím orm chun (duine).

BÁIGH
V. BÁS, UISCE

Báim: Caithim san uisce, cuirim faoi uisce. Tumaim, plúchaim. Cuirim go grinneall, go tóin (poill).
Féinbhá: Báim mé féin. Báiteachán, plúchadh, lánmhúchadh. Idir dhá uisce. Snámh na cloiche bró.
Sábháil: Sábháil, tarrtháil, bád tarrthála, baoi tarrthála, athmhúscailt anála, gartharrtháil, riospráid shaorga.

BAILE
V. CATHAIR, GAOL, TEACH

Cineálacha: Baile mór, sráidbhaile, baile fearainn, baile bó, baile biataigh, fobhaile, bruachbhaile.
Cónaí: Teallach, tinteán, teaghlach, teach.

BAILIGH
V. MÓRÁN

Bailiúchán: Iomlán. Cainníocht. Slua, plód, drong. Slógadh. Conlán. Glac. Meall. Díolaim. Cnuasach. Deascán. Teaglaim. Cruinniú. Tionól. Moll. Carn, carnán. Comóradh.
Sainbhailiú: Punann. Burla. Corna. Crobhaing. Triopall. Cruach. Maoiseog. Ceirtlín. Duanaire. Ceirtleán.
Airgead: Stór, taisce. Ciste. Cuirim i dtaisce. Caipiteal. Maoin. Sealúchas. Saibhreas. Lab. Rachmas. "Ag cruinniú píosaí is ag déanamh stóir".
Bailím: Tiomsaím. Teaglamaím. Tiomargaim. Tacraím. Cnuasaím. Cruinním. Tionólaim. Carnaim. Tugaim le chéile. Cruachaim. Comóraim. Seánchruinním.

BAINNE
V. BÓ, ÓL

Bainne: Bainne cíche, ~ bó, ~ gabhair. Bainne milis, ~ briste, ~ géar, ~ ramhar. Leamhnacht, bleacht, lacht, bó bhainne, climirt, sniogadh, úras.
Tairgí: Im, cáis, gruth, meadhg; gruth buí, ~ núis, ~ thúis; maothal, bláthach, púdar bainne, bainne paistéartha, ~ aimridithe; lachtós; uachtar, ~ téachta, ~ treamhnaithe, ~ bearrtha.
Tionscal: Crúim, blím, inneall crúite, fear bainne, bean bhainne, bainne ar díol, déiríocht, uachtarlann, comharchumann, scagaim, síothlaím, cuirim uisce trí, caolaím, uiscealach, sniogaim.
Tál: Tugaim an chíoch do, oilim; cíoch, ballán, sine, úth, tálaim ar, diúlaim, súim, siolpaim, banaltra chíche, bean oiliúna, scoithim. Bainim den chíoch, ~ de dhiúl; buidéal diúil, dide.

BÁISTEACH
V. AIMSIR, UISCE

Cineálacha: Cith, bailc, múr, múraíl, sprais, ráig, barrchith, díle, cith gealáin, fearthainn, tuile, brádán, draonán, ceobhrán, cafarnach, sriabhán, síobráil, riascacha, tuairt, spreachall, rilleadh, tuile liaga.
Ag cur: Ag cur báistí, fearthainne; ag stealladh, ag greadadh, ag balcadh, ag gleadhradh, ag leidearnach, ag lascadh báistí; braon i mbéal na gaoithe; tá báisteach air; tá sé ag cur go trom; ag caitheamh sceana gréasaí; aimsir cheathach; rilleadh; uaineadh. Táirfhliuch, béalfhliuch. Turadh. Ag cur de dhíon a's de dheora.
Faoi choinne agus i gcoinne báistí: Díon, ceann tí, fánphíobán, gáitéar, silteán, cláideach, clais, deán, geargáil, taiscumar, sistéal, scáth báistí, ~ fearthainne; cóta báistí; éadaí díonmhara; ola-éadaí, aidhleanna. Fliuch báite; fliuch go craiceann; libín.

BAISTEADH
V. BEANNAIGH, NIGH, SACRAIMINT

An tSacraimint: Baistim, baistealann, umar baiste, baisteadh urláir, ~ tuata, ~ le huisce, ~ dúile, ~ fola, ~ le tine. Criosma, ungaim, toghairm, cóta baiste, dul chun baiste.

Daoine: Baistíoch, leanbh gan bhaisteadh, cara as Críost, crístín; athair, máthair. mac, iníon baistí; gealltanais an bhaiste. Diúltaím do Shátan, dá oibreacha, dá chleasa. Caiticiúmanach, nuachreidmheach, mineastrálaí, coibhneas spioradálta, ainm baiste, naomhéarlamh. Eoin Baiste, an Baisteach.

BALL
V. CORP, CUID, CUMANN

Den chorp: Ball den chorp. Baill bheatha. Orgán. Ball éisteachta, baill ghiniúna, etc. Baill uachtair, íochtair, fhorimeallacha. Lámh, rí, cos, troigh. Géag. Eireaball, eite, crúb.

De chumann: Comhalta, Bráthair. Páirtí, comhpháirtí. Comrádaí. Comhbhráthair. Comhchealgaire. Comhchoirí. Comhoibrí. Comhleacaí. Ballraíocht.

BÁN
V. DATH, SNEACHTA

Dath: Bán, bánaím, geal, liath, mílí, mílítheach, caorgheal, fionnbhán, chomh geal leis an sneachta.

Rudaí bána: Bánú an lae, ailb, airgead bán, cailc, plúr, marmar, eabhar, bainne, sneachta, lile, líon, eala, leathanach bán, teach bán, sioc bán, béal bán, talamh bán, Canónach Bán, Bráthair Bán. Saol an mhadra bháin.

BÁS
V. MARAIGH, SOCHRAID

Bás: Buille, goin, galar báis; buille etc. marfach; éag-ghonta, bithghonta, éag, críoch, bás le hadhairt, anbhás, bás gan sagart, críoch dhéanach, uair dhéanach, féinmharú, bás umhal, mortlaíocht. Orchra.

Ag fáil bháis: In airteagal an bháis, ag saothrú an bháis, idir bás is beatha, céadéaga, tá a phort seinnte, tá a chipe déanta, tá sé réidh; síothlaím, stiúgaim; ó luaith go luaith, ó chré go cré; leaba an bháis, i mbaol an bháis, i bpriacal a anama, glothar an bháis, an ola dhéanach, ola agus aithrí, faoistin an bháis, smiogaim. I bpointí an anama; ag na pointí deiridh. Srannán an bháis.

Tar éis báis: Marbhán, corp, corpán, morgadh. Caide an éaga, cré, faire, tórramh, os cionn cláir, tonach, taisléine, taiséadach, cónra, balsamú, sochraid, cluiche caointe, cróchar, crócharnaid, adhlacadh, reilig, uaigh, tuama, feart, creill bháis, cóiste bodhar, créamatóir, créamadh, aifreann éagnairce. Nach maireann. Suaimhneas síoraí, síoraíocht, solas na bhflaitheas, leaba i measc na naomh, aiséirí, dobrón, éide bróin, baintreach, dílleachta, "Ní maith liom do bhris", "Tá mé buartha faoi do thrioblóid". "Go ndéana Dia grásta air (uirthi)". Lá na marbh. Ar shlí na fírinne. Comhairí, comhairíoch, comhairíochas. "Ar dheis Dé go raibh a (h)anam". Tásc. Marbhfháisc. Ainbhlinn. Caoineadh, daonán. Eileatram.

BEACHT
V. CEART, CINNTEACHT, FÍOR, LÁTHAIR

De réir sonraí: Ceart, ceartaithe. Leasaithe. Ar dheilbh (ruda). Macasamhail díreach. Cuirim (rud) ar beacht. "De réir na rúibricí". Fuarlitir an dlí. Go litriúil. Gan litir ná lúibín litre a fhágáil ar lár. Focal ar fhocal. Aistriú sclábhánta.

De réir rialach: Réasúnach. Rianúil. Matamaiticiúil. Geoiméadrach. Dearfach, deimhneach, diongbháilte. Cinnte, cinnteacht. Dearfa. Rialta, rialtacht. In ord. Cuí; cruinn. Mar ba chóir. Cuibhiúil. Nath. Téarma teicniúil. Iomchuí.

Poncúlacht: Sprioctha, poncúil. Ar bhuille na huaire. Féiltiúil. Riailbhéasach.

Mionchúis: Diongbháilte. Grinn, grinneas. Mionchúiseach. Scrupallach. Dian, géar. Righin.

BEAG
V. ACHOIMRE, LEANBH, UIRÍSEAL
Airde: Íseal, abhac, leipreachán, leanbh, cnádaí, díthreabhach, giortach, giortachán.
Méid: Beag, beagán, bídeach, suarach, caol, tanaí, leochaileach, aibrisc, gearr, comair, connail. Píosa, giota, blúire, blogh, cuid, ruainne, gráinne, bolgam, leath, trian, ceathrú, teoranta, cuimsithe, gann; laghdaím, bainistí, tíosach, sprionlaithe; beagán ar bheagán, de réir a chéile, ar a laghad.
Tábhacht: Mionrud, suarachas, beag is fiú, íochtarán, neamhbhuan, sealadach, luaineach, beagmhaitheas, beaginmhe, beagthairbhe, etc.

BÉAL
V. FIACAIL
Codanna: Giall, leiceann, corrán, fiacail, déad, drandal, beola, liobar; liopa, liopa uachtair, ~ íochtair; carball, coguas, sine siain, scornach, sceadamán, faraing, laraing, céislín, seile, anáil, cairb, cab, gob, draid, soc, smut, clab, pus, strúp, cár, straois, craos; tá leathbhéal air. Diúlfaíoch.
Feidhm: Osclaím, dúnaim, druidim, mo bhéal; cognaím, meilim, muirlím, munglaím, cnagaim, gearraim, bainim alp as, gargraisim, méanfach, leathadh, béaloscailte, pógaim, cuirim pus orm, súim, slogaim, urlacaim, cúr, caithim seileog, brúchtaim, análú, gáire, miongháire, labhraím, scairtim, etc. Éistim mo bhéal.
Ceangal: Gobán, mantóg, meilceadán, marbhfháisc.

BEALACH
V. IARNRÓD, SIÚIL
Bealaí: Bealach mór, slí, bóthar, ród, mótarbhealach, bóithrín, cosán, aibhinne, sráid, siúlóid, cúrsa, pasáiste, lána, scabhat, dorchla, tollán, droichead, rian, cabhsa, tóchar, seachród, tuathród, cuarbhóthar. Conair. Acomhal.
Sonraí: Pábháil, cosán, fána, mala, fánán, port, gruaimhín, greallóg, gabhal, crosbhóthar, cóngar, cor, aicearra, coirnéal, cuaille eolais, méar eolais, leataobh, soilse tráchta, compal. Timpeallán. Aistear agus cóngar.

BEAN
V. GNÉAS, PÓSADH
Gnéas baineann: Bean, banda, baineann, máthair, mamaí, bean chéile, brídeach. Cailín, seanchailín, girseach, gearrchaile, maighdean, leannán, seanmhaighdean.
Teidil: Bean uasal, bantiarna, dame, doña, donna, lady, madame, mademoiselle, banríon, banimpire, banphrionsa, máthairab.
Cineálacha: Spéirbhean, ainnir, bé, bruinneall, cúileann, máistreás, bean tí, ~ rialta, ~ sí, ~ feasa, ~ siúil, ~ sráide, ~ ghlúine, báirseach, raicleach, rálach, óinseach, striapach, meirdreach, stáidbhean, céirseach, céileann, céibheann. Rata, raibiléir.

BEANNAIGH
Gníomh: Beannacht aspalda, phápúil, ~ Dé, ~ na hEaglaise, ~ do mhuintire, ~ na Naomh-Shacraiminte, ~ an phósta; sácráil, coisreacan, coisricim, baistim, aspalóid, cóineartú, ungadh, altú.
Fearais: Uisce coisricthe, umar; arán, salann coisricthe; criosma, ola bheannaithe, abhlann, arán slim, fíor na Croise, na hocht mBiáidí, speirgeas, aisréad.

BÉAS
Béasa: Nós, cleachtadh, cleachtas, gnás, gnáthamh, bealaí, taithí, aibíd, suáilce, duáilce, oiliúint, traenáil, ceansú, gnáthobair, leannán peaca, leannán smaoinimh. Iompar, giúlán. Rachairt.

Nós beatha: Traidisiún, traidisiúnta, béaloideas, béascna, nósmhaireacht, nósmhar, gnách, comónta, seanchaite, coiteann, coitianta, faisean, faiseanta, seanfhocal, sean-nós, seanchas. Sobhéasa.
Béasach, cneasta, garúil, lách. Drochmhúinte. Modh agus múineadh.

BEATHA
V. BEITH, ITH, SAOLÚ

Bheith beo: Beatha, anáil na ~, ~ shaolta, ~ shíoraí; beo, beogacht, fuinneamh, brí, inmharthana, beith, eisim, fás, teacht chun saoil, athbheoim. Beatha agus sláinte. Is é do bheatha! Cuid Chothaithe.
Achar: Blianta, do bheatha, a chaitheamh; earrach, geimhreadh na beatha; fiche bliain ag fás, síoraíocht, cinniúint. An bheatha thadhaill.
Giniúint: Síolrú, baill ghiniúna, pór, saolú, goradh, tógáil, oiliúint, éabhlóid, beathaisnéis, cuimhní cinn.

BÉIM
V. BUAIL, IONSAÍ

Béim láidir: Buailim faoi; maidhm shléibhe, ~ shneachta, ~ thalún, ~ chatha, ~ thoinne, ~ bháistí; bruth farraige, pléasc, greadadh, tuairteáil, smíste, tailm, trostal, orlaíocht. Buille báire.
Béim ghnách: Tuisle, buille, cnag, teagmháil, tadhall, leadhb, sonc, cniog, sá, smitín, poltóg, bosóg. Buailim, brúim, cnagaim, croithim, tuairgním.
Buille éadrom: Sceiteadh, smalóg, smeach, smailc, snamóg, broideadh, priocadh, griogadh.

BEITH
V. BREITH, PEARSA

Beith phearsanta: Pearsa, pearsantacht, pearsanú, indibhid, indibhidiúil, indibhidiúlacht; créatúr, cruthaím, suibiacht; breith, teacht ar an saol.
Beith nithe: Rud, ní, oibiacht, gnó, fíoras, teagmhas, cúrsaí (an tsaoil), ábhar, dúil, ~ chruthaithe, coincréiteaach, nithiúil, réaltacht, réalta. Achtáilte.
Beith theibí: Teibíocht, téarma teibí, coincheap, eisint, substaint, aicíd, substainim, substaineadh. Féiniúlacht. Foladh.

BÍOBLA
V. GIÚDACH, LIOTÚIRGE, REILIGIÚN

Seantiomna: Scrioptúr naofa, an dlí, na fáithe, leabhair na heagna, caintic, saltair, salm, na Deich nAitheanta, Maois, Solamh, Dáibhí, conradh, cúnant, an Seachtód.
Tiomna Nua: Soiscéal, soiscéalaí, Gníomhartha na nAspal, eipistil; Matha, Marcas, Lúcás, Eoin, Pól, Peadar; Taispeánadh; parabal.

BLAS
V. CÉADFA

Ilbhlasanna: Blas milis, ~ searbh, ~ dóite, ~ deataigh, ~ leamh, ~ géar, ~ breán, ~ cortha, ~ na gaoithe, ~ goirt, ~ láidir, ~ borb. Domlas, iarbhlas, seanbhlas, so-bhlas, blaisín, lorg, leid, snas, blaistiú. Sochaite.
Céadfa: Carball, éisealach, beadaí, blastacht, leamhas, míbhlastacht, goile, flosc chun bia, ocras, airc, féar gorta; íogaireacht, mothálacht, samhnas, déistin, col. Blaisim, tástálaim blas, faighim blas ar, cuirim dea-bhlas ar, blaistím, blastóir, blastóireacht. "Má éiríonn an salann leamh, cad a dhéanfaidh anlann dó?" Goinbhlasta. Rinnbhlasta.

BÓ
V. BAINNE

Mar ainmhí: Bó, tarbh, gamhain, lao, bullán, bearach, bodóg, colpa. Bó thórmaigh, ~ mhothais, ~ bhainne, ~ bhleacht, ~ bhisigh, ~ inlao. Úth, sine. Bó bhainniúil. Maolán, bó mhaol. Ceartaos. Bólacht. Eallach. Damh. "An lao biata." Aoibheall. Fianscar. Dodach.

Táirgí: Táirgí déiríochta. Bainne. Im. Cáis. Leathar. Bó sheithe. Vacsaíniú; gearradh na bolgaí.
Tógáil: Buachaill bó. Fosaíocht. Bóitheach. Buaile. Innilt, féarach, talamh féaraigh. Bleán, crú. Ramhrú, beathú (eallaigh). Eallach stóir. Buachailleacht.

BOCHT
V. CINEÁL, EASPA, GÁ

Easpa airgid: Gan phingin, gan cianóg rua, feidheartha, beo bocht, dealbh, pócaí folmha, briste as airgead, clisiúnach, íochtarán, bochtán, prólatáireacht.
Ainnis: Déirc, déircínteacht, iarraim déirc, iarraim mo chuid, bacachas, dearóil, ar an trá fholamh, bochtaineacht, daibhreas, gorta, ganntanas, almsóireacht, carthanas, íosaicme. Teach na mbocht. Táim ar an trá fholamh, sna miotáin, ~ sportha spíonta.
Daoine: Bochtán, truán, ainniseoir.

BOG
Gan righneas: Bog, bogaim, aclaím, maolaím, meathlaím, sáimhrím, lagaím; mín, tláith, coscairt, praiseach, prácás, brachán, láib.
Soláimhsithe: Solúbtha, somhúnlaithe, sodheilbhithe, sobhogtha, athscinmeach, scaoilte; aclaím, leáim, coscraim; ligthe, aclaí. Sáimhríoch.
Carachtar: Maoth, tláith, mín, caoin, séimh, mánla, moiglí, meata, cladhartha, leisciúil, falsa, aimhleasc, marbhánta, spadánta, támhach, faon. Eanglach, Fuaimnimh. Anbhann, neamhurchóideach, géillim, stríocaim, clisim, loicim. Sodamán. Blióg, blindeog.

BOLADH
V. CÉADFA, SRÓN

Boltanas: Boladh, bolú, bolaíocht, boltanas, srón, polláire, soc, smúraim, bolaím, braithim, faighim boladh, ionanálaím.
Bolaithe: Dea-bholadh, cumhracht, drochbholadh, boladh bréan, bréantas, blas, cumhrán, miasma, aicíd; boladh láidir, ~ géar, ~ cumhra, ~ borb. Mos.

BORB
Mímhúinte: Garbh, tútach, giorraisc, tobann, grusach, confach, míbhéasach, grod, gairgeach, brúidiúil, dúr, cadránta, gáirsiúil, graosta, neamhbhalbh. Tugaim aithis, masla, do. Corraiceach. Conróideach. Deoranta.
Foréigean: Cantalach, colgach, confach, aghaidh a chraois, fearg, mífhoighne, fiáin, fiata, danartha, díocasach, teasaí, tintrí, lasánta, taghdach, dásachtach.

BORR
V. MÉADAIGH

Borradh coirp: Otair, ramhar, beathaithe. Ag titim chun boilg. Bolg, peasán, ceailis, maróg. Tiarpa, tiarpach. Feolmhar. Cruinnbhallach. Plucach.
Galair: Atann, at. Aineoras. Dronn. Eimfiséime. Fuachtán. Iorpais. Éidéime. Siad.
Borradh: Borrann. Bolgann. Atann. Méadaíonn. Cuireann i mborr. Ramhraíonn. Beathaíonn. Leathann. Séideann. Boilscíonn.

BOSCA
Ginearálta: Bosca, gabhdán; clár, inse, glas; cairtchlár, scipéad, tarraiceán, cófra, scrín, cás, clúdach, glac a bhfaighir, caibhéad.
Boscaí ar leith: Bosca ceoil, ~ faoistine, ~ compáis, ~ abhlainne, ~ seod, ~ snaoise; truaill, faighin, cumhdach (taisí), bosca cípíní, bosca toitíní, bosca Phandóra.

BRAON
V. BÁISTEACH, DEOR

Leacht: Braon báistí, ~ drúchta, ~ allais, ~ bainne, ~ uisce, ~ poitín, ~ coinnle, braonán; braon a ól; an braon crua; drúchtín.
Braon ag titim: Sileadh, braon ar braon, braon anuas, ag titim ina dhrúcht, ag sileadh anuas ina bhraonta.

BRATACH
V. SAIGHDIÚIR, TUAIRIM
Cineálacha: Bratach. Meirge. Sraoilleán. Bratach na dTrí Dhath; an Trídhathach. Iolar na Róimhe. An Bhratach Dhearg. Bratainn, bratainn bheannach. Bratach gheal, ~ dhubh, ~ na síochána.
Mionsonraí: Crann, bratchrann. Faighin. Crios gualainne. Filleasc. Bratach a ardú, a stríocadh, a chur ar foluain, ~ a chur i lár crainn. Cúirtéis don bhratach. Meirgire. Bloscarnach (brataí).

BRATHADÓIR
V. FEALL, TRÉIG
Coir: Brathadóireacht, tréas, tréatúir, tréatúireacht, feileonacht, tréigean, tréigtheoir, cúl le cine, feall, fealltóir, fealltóireacht.
Mídhílseacht: Mídhílis, fealltach, gan cur le d'fhocal, dul ar gcúl i d'fhocal, falsa, mealltach; séanadh (creidimh); buille fill a thabhairt; luíochán, éirí slí; feall ar iontaoibh; gaiste a chur; cleas; spiaire, spiaireacht; focal mór is droch-chur leis. Colúr cluana.

BRÉAG
V. CUR I gCÉILL, EARRÁID
Gaotaireacht: Craiceann a chur ar scéal; dath a chur ar scéal; déanamh áibhéil; scaothaireacht; bladar, plámás, moladh bréige, raiméis, radamandádaíocht; maíomh, gaisce, mórtas, bladhmann, galamaisíocht; gaotaireacht, séitéireacht; ag baint as duine. Fadhbóg. "Dos mór"
Easpa fírinne: An fhírinne a chur as a riocht; bréag a dhéanamh, ~ a insint; bréagadóireacht, bréagach; cumadóireacht, brionnú; falsaím; camaim (an fhírinne); cumraíocht; ráfla, luaidreán bréige; scéal scéil; mealladh; éitheach.
Mealltach: Meallaim, duine a chur amú, cealgaireacht, cluain a chur ar dhuine, cluanaireacht, caimiléireacht, camastaíl; leithscéal. Meabhlaím. Cliúsaíocht.
Cur i gcéill: Ligim orm; fimíneacht; fianaise bhréige; ag ceilt na fírinne.

BREATHNAIGH
V. AIRE, RADHARC, SÚIL
Féachaint: Amharc, radharc, stánaim, cuirim na súile trí; amharcaim, breathnaím idir an dá shúil ar; bainim lán na súl as; caithim súil ar; féachaim ar, tugaim catsúil ar (rud); caithim catsúil le (duine); stánaim ar an bhfairsinge. Buille súl. Dearcaim ar; sillim, silleadh súl. Spléachadh. Súil fhiata, súil teaspaigh, gabhgaire. Cúlchoimhéad. Néaladóireacht.
Meabhrú: Machnaím ar; meabhraím; déanaim rinnfheitheamh ar; scrúdaím; iniúchaim; tugaim faoi deara; sonraím; tugaim aghaidh ar; aimsím; tugaim amas ar.

BREITH
V. ABAIR, BREITHEAMH, REASÚN, SAOLÚ, TUAIRIM
Meas: Measaim, meastóir, meastóireacht, meastachán; tuairimím; scrúdaím, scrúdú, scrúdúchán; meáim; áirím; ríomhaim; critic, criticeoir; léirmheas, léirmheastóireacht; molaim, moltóir, moltóireacht; eadráin, eadránaí; milleán.
Cás a shocrú: Socraím; rialaím ar; tugaim breithiúnas; déanaim an ceart; tugaim a cheart do (dhuine); réitím, ceann réitigh; scaoilim (fadhb); ciontaím, daoraim, teilgim chun báis; cinneadh; comhairle.
Tuairim: Barúil, tuairim a thabhairt; creidim, measaim, sílim, ceapaim; idé, mothú, mothaím; déanaim amach; fionnaim ó; bainim as; tátal; conclúid; bainim meabhair as; déaduchtaím; tomhas, buille faoi thuairim; admhaím. Coinsias. Lé, claonadh.

BREITHEAMH
V. DLÍ
Breithiúna: Moltóir. Réiteoir. Bille measa. An Príomh-Bhreitheamh. Breitheamh dúiche. Giúistís. Seanascal. Propast. Giúistíocht. Breithiúnaí.

BRIATHAR
V. ABAIR, CRÍOST, GRAMADACH

Cineálacha: Gníomhach. Céasta. Diúscartach. Uireasach. Neamhphearsanta. Rialta; neamhrialta. Aistreach; neamhaistreach. Cúnta. An briathar saor.

Codanna: Réimniú. Faí. Modh. Aimsir. Pearsa. Uimhir. Fréamh. Deireadh. Ainm briathartha. Foirceann.

Modhanna: Táscach. Ordaitheach. Foshuiteach. Infinideach. Guítheach. Coinníollach.

Aimsirí: Láithreach. Caite. Fáistineach. Gnáthláithreach. Gnáthchaite. Foirfe. Ollfhoirfe. Fáistineach foirfe.

BRIS
V. MILL, STRÓIC

I bpíosaí: Brisim as a chéile, ina dhá chuid, ina phíosaí, ina smidiríní, ina chonamar, ina chiolaracha. Bruscar, bruar, smionagar, treascarnach. Stiallaim, réabaim, roisim, stróicim, scoiltim, sracaim, stollaim. Sobhriste, leochaileach, briosc. Bearnaím, gearraim, cnagaim, pléascaim, sáraím.

Briseadh: Scoilt, scáineadh, gág, maidhm.

Baint ó chéile: Dealaím, scaraim, stoithim, scoirim, scoithim, cuirim as alt, cuirim as ionad; deighilt, roinnt; ciorraím, loitim, millim, scaoilim. Oirneachadh.

BRÓD
V. CUR I gCÉILL, UASAL

Duáilce: Uabhar, díomas, mórchúis, éirí in airde, leithead, mórluachacht, sotal, mustar, baothghlóir, poimpéis, móiréis, postúlacht, teanntás, méadaíocht, méirnéis, ceartaiseacht, uaill.

Suáilce: Bród, mórtas, móráil, uaisleacht, dínit, mórgacht, móraigeantacht.

Gníomhartha: Déanaim gaisce; cuirim gothaí orm; ligim geáitsí orm; ag gearradh suntais; ag éileamh breathnaithe; gairéadach, toirtéiseach, maingléiseach; dímheasúil, drochmheasúil; ceanntréan. Stróinéis. In airdeoga.

BRÓN
V. AIFÉALA, FULAINGT

Fulaingt aigne: Brón, dobrón, doilíos, léan agus leatrom, angar, anbhá, alltacht, buaireamh, tuirse, lionn dubh, anbhuain, duainéis, éadóchas, ainnise, dólás, crá, pionós, ualach, bráca, anachain, anó, antrom croí, searbhas, domlas, broid, duais, iarghnó, mairg; bheith dubhach, tromchroíoch, croíbhrúite; ag caoineadh, ag caoi, ag gol, ag sileadh na ndeor, ag smeacharnach, ag osnaíl, ag cneadach, ag ochlán, ag éagaoineadh, ag olagón; méala, púir, pian, pionós, imní, corraí, trioblóid, anacair, cumha, fadaíocht, i gcás (faoi rud). Cian, duairceas, éagmais, gruaim.

Goilleann ar dhuine: Goillim ar, gortaím, táim gonta; tá ceann faoi orm; tá mo chleiteacha síos liom; tá stuaic orm; náirím, uiríslím; táim stainceach, stodamach; díomá, diomú.

Lionn dubh: Míshásta, achrannach, clamhsánach, casaoideach, tostach, gruama, dúnárasach, doirbh, doicheallach, dúrúnda, mosach, bagrach. Tá muc ar gach mala agam. Tá cuil orm le. Tá pus orm. Dúlionnach, míchaidreamhach. Na lionnta dubha a dhéanamh. Ciach. Truamhéala.

Léiriú bróin: Caoinim, cásaím. Déanaim mairgneach, caoi, gol. Taidhiúir. Osnaíl. Meacan (caointe srl.). Ochlán, éagaoin, éagnach. Cluiche caointe. "Gol agus díoscán fiacal."

BRONNTANAS
V. EALAÍN, SOGHNÍOMH

Bronntanais: Tabhartas, tíolacadh, féirín, tairiscint, comaoin, gar, síneadh láimhe, séisín, bua, tallann, ainsile, dámhachtain, gréithe, séad suirí. Fleasc. Pabhsae

Féile: Féile, flaithiúlacht; fial, fairsing; déirc, almsóireacht; deontas, fóirdheontas; tagaim i gcabhair ar; déanaim íobairt; iasacht, airleacan; maithim fiacha do; síntiús; sásaím; féiníobairt, garaíocht; seachadaim. Boigéis.

BRÚIGH
Gníomh: Brúim, fáiscim, bascaim, dingim, teannaim, meilim, mionbhrúim, leacaím. Pasálaim, satlaím ar. Déanaim bruscar, bruar, de. Brisim, buailim, greadaim, cnagaim, tuairgním, scriosaim, rúiscim, leathaim, sáim, ropaim.
Gléasanna: Muileann, bró, tuairgnín, moirtéar, fáisceán, cantaoir, clóphreas, rollóir, bís.
Ábhar brúite: Laíon, brúitín, sprúille, bruscar, púdar, paist, taos, deannach, easair chosáin, cosair, cosamar. Tiubh, dlúth, ramhar, trom.
Brú morálta: Tionchar; cuirim brú ar; cuirim anáil faoi; oibrím ar; téim i gcion ar; téim i bhfeidhm ar; cuirim iallach ar; luím go trom ar; goillim ar. Imrím ansmacht, anfhorlann ar. Cuirim domheanma, lagmhisneach ar. Soinním ar. Sáirsingím ar. Tathantaim ar.

BUA
V. BRONNTANAS, COGADH, TROID

Buailim: Faighim, beirim, an bua ar; cloím; buaim ar; bristear ar; faighim an lámh in uachtar, an ceann is fearr, ar; buaim an lá, coscraím; leagaim ar lár; treascraím. Bua, craobh, caithréim, curadhmhír, comhramh. Scriosaim, millim, cuirim ar neamhní, ruaigim, cuirim an teitheadh ar; scaipim an namhaid; cuirim de dhroim an tsaoil. Maidhm chatha. Concas. Fearann claímh. Leabhar Gabhála. Gabháltas Gall.
Sáraím: Sáraím; faighim an ceann is fearr ar; beirim an chraobh ó; tá barr agam ar; treascraím; cuirim de dhroim slí; cuirim faoi chois, faoi smacht.
Smachtaím: Ceansaím, tugaim chun míneadais; traenálaim; cuirim srian le; brisim (capall); cinnirim; faighim máistreacht ar. Clóim.
Gnóthaigh: Gnóthaím duais, geall. Bainim cluiche, craobh. Déanaim éacht. Buaiteoir, curadh. Éadáil, sochar, tairbhe, brabach, duais, craobh, corn, cuach.

BUAIL
V. BÉIM, BUA, TROID

Le foréigean: Tarraingim buille ar; léasaim, leadhbaim, lascaim, leadraim, liúraim, greadaim, smiotaim, smístim, smíochtaim; gabhaim de dhoirne, de bhata, de chlocha, ar; tugaim drochíde do; tuairgním; buailim leithead a chraicinn ar; léirím. Slisim. Stánáil. Stráiméad. Dornáil, foréigean, forneart. Súisteáil. Tailm. Tóileáil. Tuairteáil. Orlaíocht. Spéiceáil. Ó mhaoil do ghualainne.
Go héadrom: Buailim smitín ar; cniogaide, boiseog, leadóg, paltóg, leiceadar, snag, sonc; calcaim (cré); sceiteadh; smalóg; smeachaim; smailcim.
Le hairm: Cath, comhrac; gortaím; cneá, créacht; sáim.
Rudaí a bhuailtear: Arbhar, bainne, druma, sciatháin, ubh, port.

BUAN
V. DAINGEAN

A mhaireann: Marthanach, leanúnach. Imeacht aimsire. Mairim beo; leanaim ar aghaidh. Seasmhach, buanseasmhach. Cuirim fad le; sínim, fadaím. Saolach, fadsaolach. Seanaois, aostach. Fadtéarmach. Ilbhliantúil. Bithbheo, bithbhuan, neamhbhásmhar, síoraí, suthain; síoraíocht, trí shaol na saol, go deo, go brách, go brách na breithe, go Lá an Luain, go Lá Philib an Chleite. Gan chríoch, i gcónaí, i dtólamh, le cuimhne na ndaoine. Suthaineacht.
Seasmhach: Daingean, bunúsach, seasmhach, docht, teann, dílis, diongbháilte, rúndaingean, dianseasmhach, dígeanta, dalba, dáigh, ceanntréan. Dobhogtha, do-athraithe, do-aistrithe, doshantaithe, dothruaillithe, doscaoilte, doscriosta, dochaite, dochealaithe.

BUILE
V. FEARG

Gealtacht: Buile, mire, gealtacht, báiní, deargbhuile, díth céille; ar mire, le buile, le craobhacha, as a mheabhair, splanctha, scafa chun, sa chéill is aigeantaí.

Fearg: Le buile, ar mire; fearg, fraoch, cuthach, dásacht; ar an daoraí; nílim le scaoileadh ná le ceangal. Fiúir. Fiúnach.

Easpa céille: Ait, corr, aisteach, gan splaideog; spadhar, treall, speabhraídí, ciméara, taghd, tallann; amaideach, seafóideach, seachmallach.

BUÍOCHAS
V. SOGHNÍOMH

Suáilce: Buíochas, buí, altú buí; tugaim, gabhaim, buíochas le; buíoch, buíoch beannachtach.

Foirmlí: Altú roimh, i ndiaidh, bia; go raibh maith agat; fad saoil agat; go bhfága Dia do shláinte agat; go méadaí Dia thú, do stór; sonas ort; buíochas le Dia; a bhuí le Dia.

BUÍON
V. ARM, SAIGHDIÚIR

Míleata: Arm, cór, rannán, briogáid, reisimint, cath, cathlán, scuadrún, complacht, gasra, buíon, scuad, picéad, díorma, trúpa, colún, cipe, coimhdeacht, garda, tionlacan, tascar, mílíste, léigiún, ceithearn. Ceithearn timpill.

Grúpa daoine: Pobal, muintir, treibh, cine, slua, daoscar, baicle, scata, scuaine. Dáil, comhdháil, cumann, comhlacht, cuallacht, cruinniú, slógadh. Mórshiúl, próisisiam, cipe, meitheal, foireann, paca, aicme, rang, feadhain.

Ainmhithe: Tréad, táin, graí, scaoth, ál, cuain, leachtar, nead seangán, ealta, scoil éisc, báire éisc, conairt, saithe.

BUN
V. BUNÚS

Bonn: Dúshraith, fuaimint, bonn, bunús, bunsraith, leaba, leac iompair, foras, cloch bhoinn, bunchloch, máithreach. Ceap (colúin). Fuílleach, iarmhar, deascadh, dríodar. Tóin, íochtar. Tiarpa, tiarach, cairín, proimpín, bundún.

Ar bun: Bunaím, cuirim ar bun; fondúireacht; buanaím, cuirim faoi bhuanréim; déanaim bun; fódaím mé féin; foirmím, deilbhím, cumaim; suím; foirgneamh, foirgním; eagraím; cóimeálaim; cuirim le chéile.

BUNTÁISTE
V. FABHAR, SONAS

Barrchéim: Uachtarán, ar thús cadhnaíochta, barr feabhais, tús áite, tosaíocht, ceannas; ceann urra, ~ comhairle, ~ treora, ~ coimirce, ~ ócáide, ~ teaghlaigh, ~ foirne, ~ feadhna. Scoithim; bainim an tosach de; sáraím; beirim buntáiste ar; fágaim síos siar i mo dhiaidh; beirim barr liom; faighim an lámh in uachtar ar; beirim an chraobh, an churadhmhír, liom; beirim caithréim.

Rath: Rath, conách, bua, sochar, tairbhe, brabach, toradh, leas, somhaoin, ádh, bláth, rathúnas, séan.

BUNÚS
V. BUN, CÚIS, TÚS

Daoine: Bunadh, sliocht, muintir, teaghlach, cine, dúchas, breith, beireatas, fuil, nádúr, ginealach, géaga ginealaigh, síol, pór, glúin. Ginim; síolraím ó.

Tús: Tagaim ó; tosaím; fréamhaím ó; díorthaím; éirím ó; eisilim ó. Bunchúis, bunúdar, prionsabal, foinse, buntobar, bunábhar, máthair (aicíde, oilc), fréamh, sanasaíocht.

Pointe imeachta: Bunsraith, bun, bunáit; prionsabal, cúis, siocair, ceannfháth, cionsiocair; cuspa, sampla, eiseamláir, fréamhshamhail; bunúsach, bunúil, bunúlacht. Máithreach.

CABHAIR
V. CARTHANACHT, COSAIN, SÁBHÁIL, TACA

Beart cabhraithe: Cabhraím le, cuidím le, tugaim cúnamh do; tugaim lámh chuidithe, chúnta do; tacaím le, taobhaím le, neartaím le; tagaim i gcabhair ar; comhoibrím le, téim i gcomhar le; cuirim comaoin ar; réitím an bóthar do; glacaim páirt i. Caomhnaím, cosnaím; coimirce. Déanaim fónamh do, déanaim freastal ar; umhlóid. Déanaim gar, fabhar do. Téim i gcúram ruda. Tugaim sólás do. Sábhálaim. Fuasclaím. Cabhair, cuideachta, cúnamh.

Meáin chabhraithe: Carthanacht, comhar, comaoin, déirc, cúram, áiseanna, garchabhair, tearmann, dídean, deontas, soilíos.

Daoine: Ollamh etc. ~ cúnta; ionadaí, fear ionaid; leas, leasuachtarán, leasrúnaí, etc. cúntóir, cuiditheoir, cabhróir; fear, crann, taca. Giolla gualainne, fuascailteoir, sólásaí. Garúil, oibleagáideach, soilíosach. Sáilghiolla. Seirseanach. Angarúinneach.

CABHLACH
V. LONG

Ionaid: Port cogaidh, port tráchtála; bunáit chabhlaigh; longcheárta, longchlós, longlann, longbhoth, dugaí, ród, caladh, céanna, armlann mhuirí, coláiste mairnéalachta.

Eagraíocht: Cabhlach cogaidh, cabhlach trádála; loingeas, scuadrún; an Slua Muirí, oifigeach cúltaca, gasóga mara. Foireann, mairnéalach, mairnéalach cabhlaigh, ~ trádála, loingseoir, píolóta. Costadh agus cóiriú. Garda cósta.

Daoine: Aimiréal, leasaimiréal, captaen, máta, méanloingseach, maraí.

CAC
V. SALACH

Ainmfhocail: Aoileach, fearadh, cainniúr, cunús, bualtrach, eiscréid. Otrach. Otrann. Carn aoiligh. Múnlach. Tuar. Mún, fual, leatra. Buinneach, trime. Leithreas, losán, príobháid. Camra, séarach, séarachas. Teach beag, teach an asail. Ionlann.

Briathra: Fearaim, eiscréidím, cacaim. Téim chuig an leithreas. Déanaim mo ghnó. Eisfhearaim. Cuirim tríom, suím liom féin.

CÁIL
V. POIBLÍ

Eolas poiblí: Clú, dea-chlú, droch-chlú, míchlú, gáir, iomrá, aithis. Clúiteach, míchlúiteach, cáiliúil, iomráiteach, nótáilte, ainmniúil. Tá sin amuigh orm; (scéal atá) i mbéal an phobail. Scéal a chloisfidh tír is a cheilfidh muintir.

Forleathan: Onóir, glóir; tuairim an phobail; aigne an phobail; gnaoi an phobail, scéal reatha; luaidreán; ráfla; scéal scéil; dúirt bean liom go ndúirt bean léi.

Cáil a ionsaí: Aithisím, cuirim míchlú ar; cúlghearradh, ithiomrá, clúmhilleadh.

CAILÍN
V. AOIS, BEAN, MAIGHDEAN

Staid nádúrtha: Páiste mná, girseach, gearrchaile, cailín beag, cailín óg, cailín inphósta, ógbhean. Maighdean, maighdeanas. Comharthaí na maighdine, cúrsaí, cúraimí.

Staid shóisialta: Gearrchaile scoile, iníon léinn; ainnir, bruinneall, banóg, bé, cúileann, spéirbhean; seanchailín; cailín Domhnaigh, céirseach, faoileann.

Tarcaisneach: Stiúsaí, sodóg, raibiléir, geidimín, giodróg, fuaidrimín, caile, toice, ceailiseog, etc. Féileacán parlúis, ~ fómhair.

CÁILÍOCHT
V. CINEÁL

Cáiliú: Cáilím, cáilithe, socháilithe, docháilithe. Aidiacht, buafhocal, bua-aidiacht. Faisnéis, preideacáid. Ainmním, aicmím; ainm dílis; téarma, fíortha, coincréiteach, teibí; tróp. Sonraím, sainím, sainmhíním. Tugaim mar ainm ar, deirim le. Teideal. Dícháilím.

CÁILÍOCHT

Cáilíocht: Cáilíocht, staid, coinníoll, modh beithe. Carachtar, tréith, airí, bua, tréithre, togracht. Nádúr, meon, coimpléasc, cuma, caoi, cruth, tallann, tíolacadh, suáilce, speisialtacht, sainghné, éagasc.

CAILL
V. DOCHAR, MILL

Seilbh: Caillim; ligim amú; ligim ar bóiléagar; aistrím seilbh; cuirim rud díom; tugaim suas; tréigim; diúltaím do rud; ligim uaim; díshealbhaítear; cuirtear as seilbh; caitear amach; cuirtear as oidhreacht; diomlaítear.

Buntáiste: Táim thíos le; cuirtear (cluiche) orm; bristear (cath) orm; teipeann orm; téann díom.

Dochar: Caillteanas, díth, scrios, creach, díothú, dochar, anás, tubaiste, díobháil.

Imeacht: Téann amú, ar ceal, i léig. Ídítear. Leáim. Caill. Bris. Bás. Baintreachas.

CAINNÍOCHT
V. TOMHAS, UIMHIR

Inmhéadaithe agus inlaghdaithe: Cainníocht, cainníochtúil; toirt, láine, fairsinge, sínteacht, mais, fórsa, neart, fuinneamh, déine. Dothomhaiste, sothomhaiste.

Uimhir: Cuid, candam, suim, ráta, ráta faoin gcéad, céatadán, líon. Méid, mórchuid. Líonmhar, do-áirithe. Beagán, mórán.

Tomhas: Tomhas, airde, leithead, fad, doimhneacht, trácht, dromchla, limistéar, miosúr, cion, ciondáil, páirt, codán, meáchan, céim, each-chumhacht, achar.

CAINT
V. ABAIR, REITRIC

Acmhainn: Labhraím, caintím, canaim. Cumas labhartha. Osclaím mo bhéal. Brisim an tost. Labhraím os ard, go hard; ardaím mo ghlór. Labhraím os íseal; íslím mo ghlór. Cogar, cogarnach, monabhar. Deirim. Urlabhra, briathraíocht, friotal. Tá (teanga) agam. Líofa. Deis a labhartha. Cainteach, béalscaoilte, cabach. Aitheascaim. Cuirim mé féin in iúl. Brisim isteach ar. "Ní ag teacht romhat é." Spruschaint. Strambán. Teanga. Uiríoll. Deisbhéalaí.

Fuaim: Fuaimním, blas, barróg. Munglaím, cognaím (mo chuid focal). Cuirim béim, aiceann, ar. Canúint, tuin, titim chainte. Trudaireacht, stadaireacht, stadach, briotach. Plobaireacht, glagaireacht. Snagaireacht. Gaeilge na leabhar. Sruthbhailbhe. An crampa gallda. Amhlabhrach.

Poiblí: Óráid, óráidíocht, óráidí, reitric, éifeacht chainte, solabharthacht. Tugaim óráid, aitheasc. Cuirim tharam. Radamandádaíocht. Rosc. Roiseadh cainte. Cuirim díom. Pléim. Soilbhia.
Bolscaireacht. Seanmóireacht, seanmóirí; tugaim seanmóir. Tugaim liosún uaim. Áitím ar (dhuine). Cuirim ina luí (ar dhuine). Ag spalpadh (bréag, eascainí, Gaeilge).

CAIRDEAS
V. GRÁ

Mothúchán: Cairdeas, cion, dáimh, dlúthchaidreamh, muintearas, bráithreachas, comrádaíocht. Tá mé mór le (duine); tá mé ceanúil ar (dhuine).

Coibhneas: Aithne, seanaithne, caidreamh, cumann, ceangal, coibhneas, nasc, comhluadar, comhroinn, cuideachta. Cuairt. Síocháin. Cairdeas Críost. Titim amach, doicheall, fuarchúiseach.

Cleachtadh: Taithím (duine); déanaim fosaíocht le (duine); éirím ceanúil ar (dhuine). Cara dílis, cléibh, rúin. A chara na gcarad. Cara as Críost.

Cairde: Seanchara, bráthair, comrádaí, compánach, comhghleacaí, cara gaoil. Orestes agus Pylades. Alastar agus Hephaistion. Cú Chulainn agus Fear Dia.

CÁISC
V. LIOTÚIRGE

Críostaí: Domhnach Cásca, comóradh an Aiséirí, an tSeachtain Mhór, Céadaoin an Bhraith, Tréan na Cásca, Déardaoin Mandála, Aoine an Chéasta, Luan Cásca. Aimsir na Cásca. Tine Chásca. Uibheacha Cásca. Clúdóg, cúbóg, Chásca. Dualgas na Cásca. Mioncháisc. Bigil na Cásca.

Giúdach: Cáisc na nGiúdach, Uan Cásca, an Cháisc a ithe.

CAITH
V. AM, SCAIRD

Caithim airgead: Costas, caitheamh. Saor in aisce. Caiteachas. Riar airgid. Cuntas. Cáinaisnéis. Buiséad, buiséadacht. Cuntasaíocht. Costas maireachtála. Muirear. Costasach. Íocaim, íocaíocht. Aisíocaim, cúitím. Íocaim an téiléireacht, an píobaire. Costas cothaithe. Dearbhálaim.

Róchaiteachas: Doscaíocht, doscaí. Caifeach. Drabhlás. Raidhsiúlacht. Diomailt, diomlaím. Cuirim amú. Scaipim (maoin). Rabairne. Anchaitheamh.

Caithim tobac: Toitín, tudóg, píopa. Dúidín, nuta, smután. Smailc. Cnámhóg, gríodán. Luaith. Snaoisín.

CAOL
V. LAG, TANAÍ

Caol: Caoile; seang, seinge; tanaí, tanaíocht; cúng, cúinge; mín, míneadas; fíneálta, fíneáltacht; biorach, gobach; leabhair, slim.

Rudaí caola: Snáth, snáithín, ribe, filiméad, scannán, sreabhann, seicin, duille, lann, tointe.

CAOMHNAIGH
V. COSAIN, GARDA, SÁBHÁIL

Caomhnú: Caomhnaím, cosnaím, cumhdaím, coinním, coimeádaim. Coinním ar siúl, ar bun. Cothaím, cothabháil. Beathaím. Tugaim aire do. Tógaim cúram (duine) orm féin. Buanaím. Buanaím cuimhne duine.

Daoine: Caomhnóir, garda, gairdian, coimeádaí. Páirtí coimeádach, caomhach. Coimirceoir, oide, cosantóir, bean choimhdeachta, aingeal coimhdeachta. Feighlí.

CAPALL

Cineálacha: Capall, láir, stail, gearrán, searrach, bromach, cliobóg, clibistín, falaire, stagún. Capall folaíochta, ~ diallaite, ~ céachta, ~ rásaíochta. Capall maide. Capall na hoibre. Capaill bhána. Capall luascáin. Each. Marclach. Capall marclaigh. Cairiún. Capaillín, ~ Chonamara, ~ spáinneach; meainc, pónaí. Ráineach, miúil. Leathchapall. Falafraidh.

Dathanna: Capall glas, donnrua, buírua, gríséadach, buí, rua, dubh, bán. Liath Macha, Dubh Saingleann.

Lucht capaill: Marcach. Marcra. Marcachas. Marcach cinnireachta. Ascar. Grafainn.

Úim: Srian, béalbhach, iall bhrád, púicín, amaí, coiléar, diallait, srathair, gad tairr, stioróip, bríste, araí, tiarach, bréadach.

Imeacht: Sodar, cosa in airde, falaireacht. Leathchasadh. Coisíocht. Éarmaíocht. Tóineáil. Ardimrim. Pocléim. Gan scinneadh gan scáth. Scinnideach.

CARGHAS
V. CÁISC, LIOTÚIRGE

An Tréimhse: Inid, Máirt na hInide. Carnabhal. Céadaoin an Luaithrigh, Domhnach na Páise, na Pailme. An tSeachtain Mhór. Céadaoin an Bhraith. Tréan na Cásca. Déardaoin Mandála, Caplaide. Séire an Tiarna, Aoine an Chéasta, Bigil na Cásca.

Dualgais: Troscadh, tréanas, an luaithreach a fháil, aithrí a dhéanamh, dul chuig faoistin. Staonadh. An Carghas a dhéanamh, a bhriseadh. Dispeansáid.

CARRAIG
V. CLOCH, SLIABH

Cineálacha: Carraig, cloch, sceilg, aill, fochais, líonán, creig, carracán, fargán, uaimh, carraig bháite. Carraig bhunata, dhríodair, bholcánach. Scairbh, gallán, stacán, boilg, bollán, scoth, starraic etc.

Carraigeacha ar leith: Carraig Thairpéach. Carraig Shiosafais. Carraig Aonair. Carraig Pheadair.
Meafarach: Carraig d'fhocal. Carraig de dhuine.

CÁRTA
V. CEARRBHACHAS
Cineálacha: Cárta Aifrinn, ~ bainise, ~ beannachta, ~ cuimhneacháin, ~ fógraíochta, ~ gnó, ~ lae breithe, ~ Nollag, ~ poist, ~ scóir.
Imirt cártaí: Cártaí imeartha, cluiche ~ í, paca ~ í. Hairt, triufanna, muileataí, spéireataí. Rí, banríon, cuireata, an t-aon, na méir, cíoná. Mámh, drámh. Cárta cinn. Dath. Ríchártaí. Cárta cúil. Tugaim cárta. Lomaim cárta. Tagaim chun boird. Fear na gCrúb. Na cártaí a mheascadh, a roinnt; lámhdhéanamh. Clár na himeartha. Tugaim (cárta) le clár. Gearraim. Bainim a chreat de (dhuine). Glanaim (duine).

CARTHANACHT
V. CREID, FIAL
Meon: Suáilce dhiaga; creideamh, dóchas, carthanacht; grá Dé agus na comharsan. Grádiaúil. Cineálta, fial, flaithiúil. Trócaire, caoinfhulaingt. Dea-ghníomhach, soghníomhach. Dea-chroíoch, lách. Daonnacht, daonna.
Gníomh: Dea-ghníomh, soghníomh, oibreacha na trócaire, déirc, almsóireacht. Cabhair, garchabhair. Siúracha na Carthanachta.

CAS
V. CEOL
Ag dul timpeall: Casaim, coraim, rothlaím, faoileáil; iompaím, tiontaím; tugaim cuairt (áite); cuirim cor bealaigh orm féin. (gluaiseacht) rothlach, (trácht) timpeallach, compal (tráchta).
Gluaiseacht chiorclach: Cuairt, cúrsa, imlíne, turas. Rothlam, guairne, fiodrince, mearbhlán, guairneán, cor. Glinneáil.
Rudaí a chasann: Roth. Tuirbín. Dineamó. Lián. Muileann. Bró. Coileach gaoithe. Cuaranfa. Caisirnín. Bís. Guairneán. Sí gaoithe, camfheothan. Cúlchaise.

CAT
Cineálacha: Cat baile, ~ fiáin, ~ crainn, ~ mara, ~ fireann.
Bainteach le cait: Catachas. Crúba, leadán, ingne. Crónán. Féasóg, guairí. Meamhlach.
Meafarach: Cat an dá eireaball; chomh bródúil le ~ . Cat Breac. ''Bhainfeadh sé gáire as cat''. ''Cat ag crú na gréine''. ''Níor chríonna an cat ná an coimhéadaí''.

CATHAIR
V. BAILE
Cathracha: Cathair, baile mór, ardchathair, príomhchathair; ceannchathair; fobhaile, bruachbhaile. An Chathair Shíoraí, Cathair na Seacht gCnoc (an Róimh); Cathair an tSolais (Páras), An Chathair Naofa (Iarúsailéim). Cathair Neimhe, Cathair na ngrást, na glóire.
Riarachán: Halla na Cathrach, bardas, méara, comhairleoir, garastún.
Daoine: Daonra, cathróir, oibrithe, lucht gnó, lucht tionscail, fámairí.
Leagan amach: Sráid. Cearnóg. Aibhinne. Cosán. Port coisithe. Múrtha. Geataí. Leachtanna. Scairdeáin. Gairdín poiblí; páirc. Céanna. Eastáit tithíochta. Ceartlár.

CEADAIGH
V. SAOIRSE, TACA
Aontoil: Ceadaím, tugaim cead; glacaim le; admhaím; deonaím; toilím; aontaím; géillim do (ordú); ligim rud le duine; faomhaim; lamhálaim; dámhaim.

Glacadh: Fulaingim; fadfhulaingt, caoinfhulaingt. Déanaim peataireacht ar (dhuine); millim (páiste). Cuirim suas le (rud). Faomhaim.

Ceadanna: Údarás, ceadúnas, cead taistil, pas, pasport, paitinn, litreacha paitinne, teastas, dintiúr.

CÉADFA
V. EOLAS

Córas: Na cúig céadfaí; radharc, boltanas, blas, cloisteáil, tadhall. Céadfaíocht, aireachtáil, braistint. Ball céadfachta, néaróg, córas na néaróg, inchinn.

Céadfacht: Íogaireacht. Pian, pléisiúr. Gan aithne gan urlabhra. Meabhair; meabhair na méar. Braithim, airím, mothaím. Inchéadfa.

CEANGAIL

Gléas ceangailte: Sreang, téad, rópa, corda, cábla, sreangán, slabhra, teaghrán, iall, banda, ribín, beilt, gad, snaidhm, greim, súgán, nasc, geimheal, glas, glais lámh, cuibhreach, cuing, laincis, sine, crios.

Gníomh ceangailte: Ceanglaím, feistím, nascaim, snaidhmim, greamaím, fáiscim, Cuibhrím. fím, fuaim. Cuirim úim ar (chapall), cuirim (madra) ar iall. Táthaím. Comálaim.

Ceangailte: Ceangal na gcúig caol; fite fuaite; ceangal an phósta.

CEANN
V. AGHAIDH, AIGNE, CEANNAIRE

An ceann: Cloigeann, éadan, na ceannaithe, aghaidh, leiceann, grua, pluc, giall, uisinn, baithis, baic (an mhuiníl), gruaig, folt, féasóg, croiméal, muinice. Plaicide. Srón, gaosán, geanc. Smig. Muineál, scornach, sceadamán, sciúch, scóig, scrogall, scroig, sprochaille, smiolgadán, starrghiall. Diúlfaíoch.

Gluaiseacht: An ceann a thógáil, ~ a chromadh, ~ a chroitheadh, ~ a sméideadh; crapaim, cruinním, mo mhalaí.

Bainteach leis: Dícheannaim. Ceanndána, ceanndubh, ceannéadrom, ceannchrom, ceann-nocht, ceanntreán, ceanntrom. Tinneas cinn, freagra cinn, mígréin.

CEANNAIGH
V. TRÁCHTÁIL

Lucht ceannaigh: Ceannaitheoir, custaiméir, cliant, ceannaí, gníomhaire, gnóthaire.

Ceannach: Ceannach, ordú, margadh, conradh, sladmhargadh. Ceannach ar airgead síos, ar cairde, ar an mórchóir. Ceannaím, soláthraím, déanaim margáil, ardú praghais. Miondíol. Éarlais. Béaláiste.

Gnó: Margadh, tráchtáil, trácht, trádáil. Síomóntacht. Fuascailt. Lamháltas, lacáiste, coimisiún, monaplacht, athcheannach. Creanaim.

CEANNAIRC
V. ANORD

Gluaiseacht phobail: Callóid, racán, clampar, caismirt, corraí, coipeadh, easumhlaíocht, anord, míshásamh, diomú, míchéadfa.

Foréigean: Ceannairc, reibiliún, éirí amach, círéib, cogadh cathartha, réabhlóid, muirthéacht, trioblóidí, baracáid, bacainn, stailc, stailc ocrais, dlí airm, sainchumhachtaí, Acht na Círéibe, cruinniú mídhleathach, cumann rúnda, comhcheilg. Acht na Sainchumhachtaí. Meirleachas.

CEANNAIRE
V. CEANN, COGADH, TREORAIGH

Lucht cumhachta: Rí, banríon, impire, monarc, flaith, prionsa, banphrionsa, uirrí, leasrí, deachtóir, tíoránach, tiarna. Maithe agus móruaisle. Diúic, iarla, marcas, cúnta, barún, mórmhaor. Uachtarán, taoiseach, tánaiste, aire, seanadóir, teachta dála, méara, comhairleoir, giúistís, breitheamh.

Cliarlathais dhifriúla: Pápa, cairdinéal, easpag, biocáire ginearálta, sagart paróiste. Ginearál, coirnéal, ceannfort, captaen, leifteanant. Coimisinéir, ceannfort, cigire, sáirsint.

Ginearálta: Treoraí, cinnire, stiúrthóir, ceannasaí. Comandar, comandracht.

CEARC
Cineálacha: Coileach, eireog, sicín, cábún, puiléad, scalltán, ál, béaróg. Cearc ghoir, ~ áil.
Codanna: Cíor, sprochaille, curca, cleití, clúmh, crúb, spor.
Bainteach le cearca: Cleiteach, cur na gcleití, cur na cluimhrí, píoblach, gor. Gocarsach, grágarsach, glagarnach, gairm na gcoileach. Piocadh, scríobadach, piocaireacht. Craiceann circe. Ar fáir, chun sochaird, ag breith amuigh, foladh. Cnáimhín súgach, geadán, proimpín.

CEARRBHACHAS
V. CÁRTA
Gealltóireacht: Cluiche gill, geall, imirt, dul sa seans, teach cearrbhachais, geallghlacadóir, crannchur, gealltóireacht, suimitheoir geallta. Corrlach.
Cineálacha: Cártaí a imirt, díslí a chaitheamh, crainn a chaitheamh. Cleas na méaracán, cleas na lúibe, troid coileach, rásaíocht capall, rásaíocht cúnna, geallta bád.

CEART
V. BEACHT, MAITH
Ceartas dlí: Dlíthiúlacht, dlisteanacht, dleathach, ceadaithe; cothromas, cóir; ceartas dáileach; cúiteamh dlí; riaradh cirt; dlínse. Breitheamh cóir, ionracas, gan chamadh gan chlaonadh.
Ceartas morálta: An mhaith, an t-olc. Naomh, naofacht. Suáilce, suáilceach. Coinsias, coinsiasach, cogús. Dea-rún, intinn mhaith. Scrupall, scrupallach. Ionraic, macánta, neamhurchóideach, diongbháilte, inmhuiníne. Dílis, díreach, cneasta, glan, íogair. Moráltacht, morálta, moráltóireacht. Cothrom na Féinne. Ceartbhreith Dé. Fíor fear.
Ceartas intleachtúil: Ceart, cruinn, beacht, fíor, fírinneach, fírinne. Réasúnta. Réasúnach, inchreidte, inchosanta. Éargna, grinneas aigne. Coigeartaím.

CEARTAIGH
V. SCRÍOBH, OIDEACHAS
Daoine: Smachtaím, pionósaím, cuirim pionós ar, cloím, leigheasaim duine ar locht, múinim ceacht do. Déanaim aithrí, leasaím mo bheatha, rún leasaithe.
Rudaí: Leigheasaim (dearmad), leasaím (téacs), coigeartaím, léirmheasaim (leabhar), beachtaím. Tugaim chun foirfeachta, foirfím, scagaim, cuirim suas ar, maisím, cóirím, deisím, cuirim feabhas ar, feabhsaím, bisím.
Athchruth: Claochlaím, cuirim athrú gné ar, tiontaím, athraím. Athchóirím, tugaim ar ais, aiseagaim, athnuaim, atheagraím, athleasaím.

CEIL
V. RÚN, TOST
As amharc: Folaím, cuirim i bhfolach; go rúnda, faoi choim; clúdaím, duaithním. Bréagriocht, ceileatram. Urú, faoi scamall.
I leataobh: Cuirim faoi scáth, faoi dhíon, ar leithligh. Tugaim (duine) ar fhód ar leith. Cró folaigh, clúdach, cúinne, iargúil; ag déanamh na bhfolachán.
Mothú a cheilt: Discréid, foscadh, folach an chait a dhéanamh, fimíneacht, cur i gcéill, falsacht. ar chúl scéithe.
Gníomh a cheilt: Uisce faoi thalamh; gníomhaím faoi rún, faoi choim, gan fhios, os íseal; beartaím comhcheilg. Sáinním. Ceileantas.

CEIST
V. LORG
Ceist a chur: Cuirim ceist ar, fiafraím de, ceistím; cuirim faisnéis (ruda), cuirim tuairisc (duine), fiosraím. Iarraim (rud), iarratas. Ceastóireacht. Agallamh. Cúistiúnaí, cúistiúnach, cúistiúnacht. Fiosracht, caidéis. Tomhas, dúthomhas, dúfhocal. Cunórtas. Ceist reitriciúil. Anscrúdú.
Ceist le cíoradh: Pléim, cíoraim, spíonaim (ceist). Tarraingím anuas (ábhar). Ardaím, tógaim (ceist). Fadhb le réiteach, an pointe i gceist. Téis. Ceist scrúdaithe. Doréitithe. Scaoileadh na faidhbe.

CEOL
V. EALAÍN

Foirmeacha: Ceol traidisiúnta, ~ clasaiceach, snagcheol, popcheol. Suantraí, geantraí, goltraí. Ceol eaglasta, ~ seomra, ~ scannáin, ~ amharclainne, ~ rince. Fonn, amhrán, cor, port, cornphíopa, ríl. Streancán. Siansa, séis. Ceoldráma.

Ceoltóirí: Tríréad, ceathairéad, seisréad. Ceolfhoireann. Stiúrthóir. Soprán, contralt, teanór, baratón, dordghuth. Cór, claisceadal. Oirfideach.

Ceoltóireacht: Ceolaim, canaim, gabhaim, deirim, amhrán; seinnim. Stiúraim (ceolfhoireann). Cumaim, cumadóir. Tionlacan, tionlacaí. Oirfide. Ceiliúr (éan). Amhránaíocht, cantaireacht, portaireacht, crónán, ceol béil. Síreacht. Ceolmhar, ceolmhaireacht. Ceolchar, ceolchaire. Ceadal.

CIALLAIGH
V. EAGNA, FOCAL, MÍNIGH

Rud a rá: Ciallaím, ciall, brí. Brí litriúil, bunbhrí; brí mheafarach, fhíortha, leathan, chúng. Tróp, fíor cainte. Comhchiallach. Friotal, cuirim i bhfriotal.

Rud a mhíniú: Tuigim, míním, idirmhíním. Scaoilim (deacracht). Ciallaím (rud do dhuine). Aistrím, aistriúchán. Tiontaím, tiontú. Léirmhíním. Sainmhíním, sainmhíniú, deifnid. Grinnléitheoireacht. Parafrás.

Comharthú: Comharthaím, ciallaím, léirím, samhlaím; cuirim in iúl, i gcéill. Siombail, allagóire, fáithscéal, suaitheantas, comhartha. Sainbhríoch.

CINEÁL
V. AINMHÍ, NÁDÚR, ROINN

Catagóir: Earnáil. Ord, aicme, gné, craobh, brainse, catagóir, sórt, saghas, roinn, foroinn. Rang, rangaím. Ríocht na n-ainmhithe, na bplandaí, na mianraí. Gnéasanna.

Grúpa ar leith: Sainím, sonraím. Gaol, cine, treibh, sliocht, síol, teaghlach, pobal, muintir, clann. Comhthíreach. Coiteann.

Nádúr: Sórt, saghas, nádúr, carachtar. Cáilíocht. Gné. Comharthaí sóirt. Eisint.

CINEÁLTA
V. FIAL, FOIGHNE

Carthanach: Dea-chroíoch, grádiaúil; fial, flaithiúil, lách. Trua, taise, trócaire. Daonnachtúil, déirceach. Truachroíoch. Garúil, soilíosach, oibleagáideach. Sochroíoch.

So-ranna: Sochma, séimh, mánla, lách, soirbh, soilbhir, ceansa, caomh, caoin, cneasta. Béasach, múinte. Sochaideartha, caidreamhach, cuideachtúil.

CINNIÚINT
V. TODHCHAÍ

Cumhacht: Cinniúint, dán, seans, ádh, séan, rath, conách, só, mí-ádh, míshéan, míchinniúint, fortún. Na Fáithe, baindéithe na cinniúna. Neimisis, oirchill. Tá i ndán do, tá daite do; cumhacht na cinniúna. Drochphláinéad. Iardraí. Teiriúil, cincíseach.

Todhchaí: Fáistine, fáidh, fáidheadóireacht, tairngreacht, tuar, drochthuar, mana, céalmhaine, oracal, aitheascal, tuaileas. Tuarann, tairngríonn, réamhaithrisíonn, comharthaíonn, réamhinsíonn. Réamhordaíonn, réamhordú, gairm. In ucht na cinniúna. Samplaí agus iontais.

CINNTEACHT

Ó phrionsabal: Cinnteacht, ~ absalóideach, ~ mhatamaiticiúil, ~ fhisiceach, ~ mhorálta, ~ mheitifisiciúil. Fírinne eisintiúil, bunfhírinne. Soiléirse, aicsím; dogma, dogmach; teoirim. Aindiúid. Greamús.

Ó theastas: Dearfacht, deimhneacht; dearbhaím, deimhním, daingním. Fianaím, mionnaím, cruthaím, léirchruthaím. Dintiúr, teastas, teistiméireacht, doiciméad. Cruinn, barántúil, aiceanta, fódúil, diongbháilte. Dobhréagnaithe, doshéanta. Oifigiúil. Foirmeálta. Tá urra maith agam leis.

Ó chreideamh: Bunalt creidimh, soiscéal, foirceadal, teagasc. Creidim. Áitím ar, cuirim ina luí ar. Do-earráideacht.

Firínne aitheanta: Follasach, féinléir. Ní gá a rá go, ní call a rá go. Glan le feiceáil. Admhaím, aithním. Cinnte, dearfa, deimhin, siúráilte, suite sealbhaithe. Gan amhras, gan dabht. Beacht, cruinn.

CIORCAL
V. CRUINN, CUMANN

Céimseata: Imlíne, trastomhas, ga, tadhlaí, ceathrú, lárphointe, stua.

Rudaí ciorcalacha: Fáinne, boghaisín, cúrsa, cuar, lúb, dol, ribe, teasc, diosca, roth, rollán, sféar, meall, cruinneán.

Leathchiorcalacha: Stua, bogha, stuara, áirse, boghta, corrán, rinnstua.

CIÚIN
V. FARRAIGE, SCÍTH

Ciúnas anama: Síocháin, suaimhneas. Suaimhním, ceansaím (duine), cuirim foighne (i nduine). Fuarchúis, patuaire, neamhshuim, leisce. Sámh, socair, sochma. Síothlaíonn (fearg).

Ciúnas dúlra: Calm, téigle, lagar, báinté; (farraige) ina clár, ina léinseach. Ligeann (stoirm) fúithi; titeann chun suaimhnis.

Ó phian: Maolaím, (brón, buaireamh); múchaim, tugaim faoiseamh ó (phian). Anailgéiseach, ainéistéiseach, suaimhneasán. Leigheas. Sólás. Sáimhrím.

Ó thorann: Maolaím, plúchaim, laghdaím, torann. Cuirim (duine) ina thost. Torann a bhodhrú.

CLAÍOMH
V. ARM, SCIAN

Cineálacha: Claíomh mór, ráipéar, miodóg, daigéar, bóidicín, colg, pionsa, marc-chlaíomh.

Codanna: Lann, faobhar, dorn, feirc, dornchlúid, úll, colg, cros, crios, scothóg, truaill, scabaird, sciathdhorn, faighin.

Láimhseáil: Claimhteoireacht, pionsóireacht; sáim, coscaim; beartaím; cuirim murlán ar (chlaíomh). "An té a ghlacann an claíomh, is leis an chlaíomh a thitfidh sé."

CLÁIRSEACH
V. UIRLIS

Cláirseach, cruit, téad, lámhchrann, corr, com, leac, gléas. Cláirseoir, cruitire; seinnim. "Ceann nó cláirseach".

CLEAS
V. CLISTE, CRÁIGH, SÁINN

Clisteacht: Cleasaíocht, críonnacht, scil, stuaim, plásántacht, plámás, caolchúis, gliceas, cáiréis, seift, seiftiúlacht. Beartaíocht, taictic, straitéis. Beart, cleas, mioscais, mailís. Intleacht. Inleog.

Cealg: Imeartas, feall, cealg, bréag, cur i gcéill, calaois, cam, meabhal, caimiléireacht, cneámhaireacht. Bithiúnach. (Duine) sleamhain, slíoctha. Slíomadóir. Sionnach i gcraiceann na caorach. Cealgaireacht, mealltóireacht.

Seift mhí-ionraic: Cleas, bob, sás, sáinn, uisce faoi thalamh, cor, cúbláil. "Cor in aghaidh an chaim".

CLISTE
V. EALAÍN

Ó lámh srl.: Deaslámhach, deis láimhe; scil, ceird, sciliúil, ceardúil; aclaí, lúfar, éasca, réidh. Grástúlacht. Grástúil, ealaíonta, cuanna. Gasta, mear, beo. Stuaim láimhe.

Oilte: Oilteacht, oilte, cleachtach. Tá seantaithí ag (duine) ar (ghnó). Inniúil, ábalta, acmhainneach, cumasach. Stuamacht. Táim in ann, in inmhe. Eolaí, saineolaí, speisialtóir. Bua, tallann, tíolacadh. Máistreacht. Ealaíontóir. Sársaothar. Curadh. Togha agus rogha. Fiosúil.

Intleacht: Aibí, éirimiúil, intleachtach, stuama, críonna, géarchúiseach, fadcheannach, fadaraíonach. Tuiscint, grinneas, gaois. Céillí, réasúnta, staidéarach, seiftiúil, glic, cleasach. Cleas. Friochanta.

Seiftiúil: Seift, intleacht, aireagán. Cruthaím. Intleachtach. Tionscnamh. Tionsclach. Eagna chinn, éirim, mianach, féith, ardéirim. Inspioráid. Samhlaíocht.

CLOCH
V. CARRAIG

Gnéithe cloiche: Carraig, carracán, cairéal, síog, leac, gallán, púróg, méaróg, duirling, scaineagán, gairbhéal, scileach, scealla, eisléir, doirneog, bró, cromleac, dreige, scaineamh.

Cineálacha: Eibhear, aolchloch, marmar, basalt, grianchloch, laibhe, breochloch, glaschloch.

Obair chloiche: Cairéalaí, saor cloiche, saoirseacht, snoíodóir, greanadóir. Clocha a ghearradh.

Clocha uaisle: Seoid, cloch lómhar, diamant, adhmaint, smaragaid, saifír, rúibín, séad, criostal, carrmhogal, péarla, néamhann, uscar.

CLOIS
V. FUAIM

Fuaim a aireachtáil: Cloisim, cluinim, cloisteáil, cluinstin. Céadfa éistitheach. Cluas ghéar, spadchluas, cluas bhodhar, bodhaire, allaíre, bodhrán. Airím fuaim, fothram, torann, tormán, callán. Glór, guth, ceol; sondas, sonda. Fuaimíocht, fuaimeolaíocht.

Aire a thabhairt: Cuirim cluas (le héisteacht) orm féin. Éistim, éisteacht, éisteoir. Cloisim á rá go; cloisim iomrá ar. Cloisim scéala. Scéal scéil. Dúirt bean liom go ndúirt bean léi, dúirse dáirse. Aire, aird; aireach, airdeallach. Caidéis, fiosracht, caidéiseach, fiosrach. Lucht éisteachta. Tugaim an chluas bhodhar, éisteacht na cluaise bodhaire, do. Bodhaire Uí Laoire. Clostrácht.

CLÚDAIGH
V. COSAIN, ÉADACH

Le cumhdach: Cuirim ceann ar (theach); díonaím, díon. Pailliún, puball. Clár, clúdach. Clogad gloine. Folaím. Adhlacaim. Truaill, faighneog; cafarr, cathéide; sliogán, blaosc, mogall. Scrín, cumhdach.

Le héadaí: Ceannbheart, coisbheart, bráidbheart. Éadach, culaith, brat, cochall, fallaing, clóca, cóta mór, casóg, cába, caille, fial. Taiséadach, taisléine. Úim, srathar.

Le brait: Brat (péinte, sneachta); brat dín, ~ urláir, ~ altóra. Coirt, screamh. Craiceann. Scannán, seicin fionn. Scáth, cuirtín, dallóg, comhla. Masc. Feisteas (seomra, troscáin), taipéis, pláistéireacht. Sceo, scim, screab, smeadar. Smearaim. Bradhall.

CLUICHE
V. CÁRTA, CEARRBHACHAS

Cluichí baile: Cluichí clisteachta, ~ áidh. Caitheamh aimsire. Súgradh. Cártaí, ficheall, táiplis, táiplis mhór. Leadóg bhoird, billéardaí. Luascán, cluiche púicín, na folacháin, eitleog, caiseal, bábóg, lúrapóg lárapóg, crandaí bogadaí, liathróid, caitheamh pinginí. Ceann nó cláirseach; corr nó cothrom; dúbailt nó cothrom.

Cluichí poiblí: Spórt, cleasa lúith. Rásaíocht capall, rothar, carranna. Geallta bád. Coraíocht, dornálaíocht; peil, iománaíocht, camánacht, camógaíocht, liathróid láimhe; sacar, rugbaí, galf, leadóg, hacaí. Cluiche ceannais, ~ comórtais, ~ sraithe, ~ craoibhe. Cluichí Oilimpeacha; sorcas, airéine, gliaire; Aonach Tailteann; cluichí caointe.

Le haghaidh cluichí: Foireann (peile, fichille); paca (cartaí); clár (fichille, táiplise). Fiann fichille. Liathróid, sliotar, camán, clogad, raicéad. Páirc, réileán, cúirt, pinniúr, cró (dornálaíochta), raon (rásaíochta), linn snámha, machaire gailf.

Cluichí focal: Crosfhocal, tomhas, casfhocal, rabhlóg, imeartas focal, agallamh beirte, briatharchath, burdún, rannaireacht. Rainn pháistí. Dúfhocal.

CNUASACH
V. MÓRÁN

Ginearálta: Iomlán, candam. Slua, plód, dream, drong, conlán, scata, gasra, díorma. Moll, carnán; bailiúchán, cnuasach, cruinniú, deascán.

Speisialta: Cruach (fhéir, mhóna); carn (airgid); punann (choirce); gróigéan (móna); maoiseog (phrátaí, éisc); ceirtlín (olla). Díolaim (filíochta). Cnuasaím, cruinním, bailím, deascaim, díolaimím, diasraím, cuirim i dtoll a chéile. Mámálaim. Tiomsaím. Teaglamaím.

Airgid: Taisce, stór, ciste, slám, lab, carn, suim, spré; na múrtha; cuntas, caipiteal, taisce bainc, sparán, maoin. "An áit a mbíonn do stór, is ann a bheidh do chroí."

CODLADH
V. SCÍTH

Cineálacha: Fonn codlata, néal codlata, dreas codlata, snap codlata. Suan, codladh trom, ~ sámh. Scíth, scís, scíth nóna, sámhán. Codladh corrach, ~ na súl oscailte, ~ go headra. Codladh gé, ~ giorria, ~ na Caillí Béarra. Codladh grifín. Slán codlata! Néalfartach. Tionnúr. Míogarnach. Sámhán.

Codlaigh: Codlaím; tá codladh orm; marbh leis an chodladh. Méanfach. Téim a chodladh. Codlatóir, codlatán. Tagann, titeann, néal orm. Tá sé ina chnap codlata. Srann, sranntarnach, srannaim. Deoch shuain, codlaidín, biorán suain. Sileadh suain. Am luí, ~ domhain. Suansiúl. I sorm suain. Deabhaid.

Brionglóid: Aisling, aislingeacht, brionglóideach, támhnéal, suansiúl, tromluí, taibhreamh. Taibhríodh dom go. Bruadar.

Múscailt: Músclaím, dúisím, dúisím de gheit; neamhchodladh. Déanaim airneán, ~ faire na hoíche.

COGADH
V. COIMHLINT, TROID

Cineálacha: Cogadh cathartha, cogadh i gcéin, cogadh creidimh, cogadh beannaithe, crosáid, cogadh domhanda, cogadh mara, cogadh fomhuirí, treallchogadh. Cogaíocht, feachtas, ionradh.

Eagraíocht: Arm náisiúnta, arm proifisiúnta; Óglaigh na hÉireann, Fórsa Cosanta Áitiúil; cúltaca, mílíste. Earcaíocht, liostáil, coinscríobh. Aire Cosanta, Ceanncheathrú. Armáil, coisithe, airtléire, marcshlua, aerchór, armúr, soláthar. Ealaín an chogaidh, straitéis, taictic, eagar.

Cogaíocht: Campa, ceathrú; seilbh a ghabháil ar shuíomh; ionsaí, cosaint; inlíocht, cath, ruathar, séirse, luíochán, éirí slí, léigear, imshuí, fogha, patról, taiscéalaíocht, eadarnaí, suí forbhaise. Bua, briseadh, cúlú. Gabháil, coigistiú, foréileamh. Fáiteall. Imscaradh.

Lucht cogaidh: Trodaí, lucht comhraic, gaiscíoch, laoch. Saighdiúir, mairnéalach, spiaire. Trúpaí, athneartú, cúltaca. Ceannaire. Namhaid, céile comhraic. Teifeach, tréigtheoir, fágálach, príosúnach. Cogaíoch, neamhchogaíoch, neodrach. An Saighdiúir Anaithnid. Easpaí, taismigh. Cuid chaite.

Céimeanna cogaidh: Fógairt, slógadh. Crioslach cogaidh. Idirbheartaíocht. Sos lámhaigh. Sos cogaidh. Géillim, stríocaim, tugaim suas. Conradh síochána. Géilleadh gan chomha.

Stair: Cogadh an dá Aodh; Cogadh an dá Rí; Cogadh na Talún; Cogadh na Saoirse; Cogadh na gCarad. Cogadh Gael re Gallaibh.

COIBHNEAS
V. SPLEÁCHAS

Idir rudaí: Gné, croí na ceiste; analach, analachúil; cosúlacht, samhlaoid; coibhneas, coibhneasacht; comhfhreagrach, freagraím do; ceangal, cónasc. Spleách, neamhspleách. Baineann le; oireann do; baineann le hábhar. Déanaim comparáid; tagraíonn do; sraith (smaointe).

Idir dhaoine: Coibhneas, déileáil, teagmháil, comhroinnt, caidreamh. Cairdeas, gaol, muintearas, cumann, cleamhnas. Bheith mór le chéile; bheith amuigh le chéile. Comhlacht, cumann, comhshnaidhm, comhluadar, compántas, Dlúthchaidreamh. cuallacht. Cara, comrádaí, comhghleacaí, bráthair, siúr, uachtarán, íochtarán. Díbhlíonach

COIMHLINT
V. ÉAD, TROID

Coimhlint: Iomaíocht, achrann, comórtas, coimheascar, comhrac, coinbhleacht, gleic, troid, deabhadh, imreas, cluiche, clampar, bruíon. Eascairdeas, éad. Plé, díospóireacht. Fuath, formad, naimhdeas.

Lucht coimhlinte: Coimhlinteoir, iomaitheoir, céile iomaíochta, ~ comhraic. Iarrthóir. An tÁibhirseoir.

Gníomh: Téim san iomaíocht. Tugaim dúshlán (duine). Cuirim troid ar (dhuine).

COINNIGH
V. COSAIN, SEILBH

Coinneáil: Coimeádaim; cumhdaím (duine ar rud); gardálaim; ceiliúraim (féile); taiscim (airgead); comhlíonaim, seasaim le (gealltanas); leanaim (riail); seasaim le (conradh); cothaím (duine); tógaim (ainmhí); cosnaím (báire); aoirim (caoirigh); Fanaim (socair, i mo sheasamh); mairim (ag ithe, etc.) liom.

Sás coinneála: Taisceadán, almóir, cófra; stór, idirstór, armlann, iosta; vardrús. Cuisneoir; príosún, cillín.

Lucht coinneála: Maor, ~ seilge, ~ uisce, ~ stóir, ~ tí. Bairdéir. Aoire. Muicí. Garda. Gairdian. Bean tionlacain, choimhdeachta; Aingeal coimhdeachta. Fairtheoir.

COINSIAS
V. AIGNE, BREITH, SMAOINIGH

Mar acmhainn: Cogús; glór an choinsiasa. Solas inmheánach. Glór an chroí. Fóram inmheánach. Anam. Croí. Ciall don mhoráltacht. Acmhainn mhóralta.

Staid choinsiasa: Coinsias maith, droch-choinsias. Dínit an duine. Oineach. Coinsias íogair, ~ scrupallach, ~ glan. Coinsias scaoilte, ~ leathan, ~ calctha.

Gníomhaíocht: Scrúdú coinsiasa; cás coinsiasa. Coinsiasach. Dlí morálta. Moráltacht. Scrupaill choinsiasa. Doilíos. Croíbhrú. Aithrí. Aithreachas.

COIR
V. ÉAGÓIR, MARAIGH, PEACA, URCHÓID

Coireanna: Cionta, coirpeacht. Dúnmharú, dúnorgain, fionaíl, cion báis. Banéigean. Coirloscadh. Tréas. Feileonacht. Sacrailéid. Ainghníomh. Oilghníomh.

Oilghníomh: Míghníomh, míbheart, sarú dlí, peaca, cion, oilbhéim. Calaois, camastaíl, caimiléireacht. Dúmas, dúmas bréige. Goid, gadaíocht, mionghoid, tromghoid. Cúigleáil, cúbláil, sracaireacht, falsaíocht, brionnadh.

Coirpigh: Dúnmharfóir, murdaróir, fionaíolach, sladaí, robálaí, ceithearnach, tóraí, ropaire. Mac na croiche. Gadaí, buirgléir, ropaire tí. Daoránach. "Rugadh air san fhoghail, san ócáid". Coirím (duine).

Pionóis: Breith báis; príosún, príosún saoil; pianseirbhís; díbirt, deoraíocht.

CÓIRIÚ
V. COSMAID, MAISIGH, ORD

Cúram an choirp: Sláinteachas. Glaineacht. Ním, glanaim, folcaim (mé féin); Ionladh. Cithfholcadh. Tuáille. Gallúnach; bloc, sparra, gallúnaí. Spúinse. Scuaibín fiacla. Taos fiacla. Scuaibín ingne. Lúfach. Scuab ghruaige. Cíor. Trilseachán. Triomadóir gruaige. Cuirim tonnadh i (bhfolt). Biorán; fáiscín, eangach, ungadh, ~ gruaige. Bearraim (mé féin). Rásúr. Bearrthóir leictreach. Scuab, gallúnach bhearrtha. Diogáil féasóige. Smideadh. Prapáil.

Troscán: Clóiséad, foireann, cás, clár, ~ maisiúcháin. Seomra gléasta. Folcadán; dabhach folctha. Báisín níocháin. Scáthán.

COITIANTA
V. POIBLÍ

Coiteann ginearálta: Coitianta, coitiantacht. Comónta, comóntacht. Comhchoitianta, uilíoch. Ar aon tuairim, d'aon ghuth. Ginearálta, ginearáltacht. Poiblí, poiblím. Cumarsáid, comhroinnim le (daoine). Gnách, iondúil. I gcomhroinn. Comhsheilbh, comhleas. Coiteann.

Coiteann sóisialta: Comhluadar, cuibhreann, pobal, stát, teaghlach, cumann, ceardchumann, comhdháil, páirtíocht, comhlacht.

Coiteann eaglasta: Comhthionól, muintir, mainistir, clabhstra, clochar, coinbhint, ord, cuallacht, riail, manach, bean rialta. Comaoin na Naomh. Uilechoiteann.

Coiteann polaitiúil: Páirtí polaitíochta; Marxachas, Cumannachas, Sóisialachas. Común.

COL
V. EAGLA

Déistin: Déistin, samhnas, múisiam, gráin. Fuath. Fonn múisce, múisc, masmas. Iompú goile, casadh aigne. Urghráin, uafás. Is gráin liom. Déistineach, samhnasach, gráiniúil, múisiamach, fuafar, gránna, míofar, urghránna. Leimhe, leamhas, seanbhlas. Leamh. Salach, cáidheach, brocach, broghach, bréan, lofa. Tá ceas orm. Tá mé dubh dóite. Tá mé dóthanach, bailithe. Tá col agam le. Seanbhlas. Bamba.

Drogall: Drogall, doicheall, leisce. Drogallach, doicheallach, leasc. Loicim, obaim. Cuirim stailc suas. Táim ag braiteoireacht. Gearán. Is deacair liom; is doiligh liom. Tá col orm (rud a dhéanamh). Mífhonn, aimhleisce. Mífhonnmhar, aimhleasc. Aiféala. In aghaidh mo thola. De m'ainneoin. Níl an dara suí sa bhuaile agam. Rogha an dá dhíogha.

COMHAIRLE
V. FOLÁIREAMH

Comhairle a thabhairt: Rabhadh, foláireamh, faisnéis. Inspioráid, tinfeadh, oideas. Leid, leathfhocal. Rún, molaim rún. Tuairim, barúil. Moladh. Maím, cuirim i gcéill. Tá cead cainte agam sa scéal. Sanas.

Comhairliú: Cuirim comhairle ar, tugaim comhairle do. Stiúraim, treoraím. Oide spioradálta, anmchara. Abhcóide. Tionchar, anáil. Brostaím, gríosaím, spreagaim, misním. Ag tathant ar, ag tuineadh le. Áitím ar, cuirim ina luí ar.

Comhairle a leanúint: Iarraim, glacaim, comhairle. Téim i gcomhairle le (duine), cuirim (rud) i gcomhairle (duine). Táim ar chomhairle (duine). Déanaim comhairle (duine).

COMHARTHA
V. BRATACH, MARC

Taispeáint: Comhartha fearainn, ~ teorann; cloch chríche; cuaille eolais, méar eolais. Saighdín, réiltín. Suaitheantas. Brat, bratach, meirge. Libhré. Nod, tagairt; lipéad, scríbinn. Uimhir. Comhartha sóirt, tréith. Siombail, figiúr, fíor, tróp, meafar. Teannáil, rabhchán, tine rabhaidh. Teir.

Leigheas: Airí, tátal, siondróm.

Fógra: Fógraím, léirím, soiléirím, craolaim, bagraím, tuaraim, tugaim foláireamh, cruthaím.

Stoidiaca: Comharthaí an ~ : Reithe, Tarbh, Cúpla, Portán, Leon, Maighdean, Meá, Scairp, Saighdeoir, Gabhar, Uisceadóir, Éisc.

COMPÁNACH
V. CAIRDEAS

Páirteach i saol duine: Compánach, comrádaí. Cuideachta, cuibhreann, comhroinn, cuibhreannas. Comrádaíocht, compánachas. Compántas. Comhscoláire. Comhghleacaí. Cara. Cuibhreannach. Lucht gaoil. Céile, fear céile, bean chéile. Tuismitheoirí. Comharsana.

Atá in éineacht: Tionlacaim. Bean choimhdeachta. Coimhdire. Treoraí. Cinnire. Fear solais. Ridire, scuibhéir. Seirbhíseach, searbhónta. Cúlaistín. Garda cosanta. Giolla gualainne. Lucht coimhdeachta. Gobadán na cuaiche. Caoifeach, caoifeacht. Comóradh. Tionlacan na n-óinseach.

A thugann cúnamh: Cúntóir, cuiditheoir, cabhróir, lucht cabhrach. Fear comhair. Páirtí, comhpháirtí, comhchoirí, cúlpháirtí, acalaí. Tánaiste, cóidiútar, rúnaí, tionlacaí, comhoibrí, cúlmhuintir, cúlchearrbhach.

Atá ar aon mheon: Bráthair, siúr, comhshaoránach, comhthíreach, comhchreidmheach, cara, rúnchara, dlúthchara, lucht leanúna, taobhaí, cúlaistín, fear páirte, leathbhádóir, páirtíneach. Bráithreachas, bráthairse, cumann, comhbhráithreachas, cuallacht, conlán, páirtí (polaitíochta), meitheal (oibre), ceardchumann, comharchumann.

COMPARÁID
V. COIBHNEAS, COSÚIL

Le bunsamhail: Cuirim i gcomórtas, i gcomparáid, i gcóimheas, le; cóimheasaim le. Téarma comparáide. Cuspa, eiseamláir, sampla. Coibhneas, comhréir. Cosúlacht, éagosúlacht. Difríocht, ionannas. Céimeanna comparáide, breischéim, sárchéim. Analach. Coinnealg.

Tróp liteartha: Comparáid, samhail, íomhá, fíor, meafar, allagóire, fáthscéal, fabhalscéal. Cuirim i gcosúlacht le.

CONRADH
V. AONTAIGH, TRÁCHTÁIL

Dlí: Conradh oibre, ~ béil, ~ i scríbhinn, ~ coinníollach, ~ intuigthe, ~ sainráite. Conradh díolacháin, ~ seirbhíse, ~ slánaíochta, ~ ráthaíochta. Clásal. Foráil. Airteagal. Conraím. Díolachán. Tíolacas. Léas. Cíos. Conradh pósta. Briseadh conartha.

Tráchtáil: Conraitheoir, conraitheoir comhpháirteach, conraitheoir neamhspleách. Fochonraitheoir. Cairtéal. Dréacht bainc. Bille malairte, ~ díolacháin.

Taidhleoireacht: Ionstraim dioplamáideach. Conradh, conradh síochána. Páirtí conartha. Conradh tráchtála. Concordáid. Cúnant. Coinnealg. Comhaontú. Comhghnás. Sos cogaidh, lámhaigh. Daingním (conradh). Comhaiseag.

CONSTAIC
V. CROSAIM

Stad: Stadaim, stopaim. Cuirim deireadh, stad, stop, le. Ceapaim. Coiscim. Cuirim srian le.

Bac: Cosc, srian, ceangal, toirmeasc, teorainn, bacainn, baracáid, claí, dris chosáin, ceap tuisle. Freasúra. Coiscim, crosaim; coinním ó; coinním cúl le; cuirim faoi chois; brúim fúm. Maolaím ar. Dúnaim (bóthar). Deacracht, fadhb, sáinn, géibheann, cruachás.

Smacht: Cuirim faoi smacht; smachtaím. Fearaim, cuirim, cogadh ar. Ceansaím, cloím, sáraím.

CONTRÁRTHA
V. CONSTAIC

De réir áite: Os comhair. I láthair. In aghaidh; in éadan. Ar aghaidh amach. Os coinne. Le cúl a chéile. Droim ar ais. Bunoscionn. Taobh thiar aniar. Ar malairt treo. I ndiaidh a chúil. In aghaidh stoith. Téim ar gcúl. Fillim ar ais. Iompaím thart. Déanaim volte-face. I bhfrithing. Sa treo contrártha.

De réir nadúir: Éagsúil. Difriúil. A chontráil sin. Contrártha, contrárthacht. Neamhghnách, mínormálta. Eisceachtúil. Codarsnacht. Col. Drogall. Míbhá. Éaguibhreannas, éaguibhreannach. Olc agus maith. Dubh agus bán. Gruth agus meadhg. Lá agus oíche. Sonas agus donas. Thuas agus thíos. Uasal agus íseal. Saibhir agus daibhir. Soineann agus doineann. Sólás agus dólás.

Gníomhaíocht: Cuirim, téim, in aghaidh, i gcoinne. Frithghníomh, frithbheart. Cóimheáchan. Sáraím (dlí etc.). Diúltaím do (thairiscint etc.). Bacaim, coiscim. Cealaím; cuirim ar ceal. Cuirim ar neamhní. Frithiarracht. Frithnimh. Frithréabhlóid. Frithcheilg. Cor in aghaidh an chaim.

Idéanna: Coimhlint. Céile comhraic. Coinbhleacht leasa. Conspóid, argóint, achrann. Freasúra. Fritéis. Plé. Díospóireacht. Cointinn. Caismirt. Agóid. Frithchomhartha. Bréagnú. Easaontas. Scoilt. Eiriceacht. Siosma.

CÓRAS
V. ORD

Eagar: Eagraíocht, eangach (iarnród), gréasán (bóthar), díolaim (scríbhinní). Modh, bealach, oibre. Idirlíon. Gréasán domhanda.

Smaoineamh: Teoiric, teoiriciúil. Coincheap. Hipitéis. Sistéam, sistéamach. Scoil. Prionsabail. Foirceadal. Dogma.

CORP
V. MEON

A ghné: Colainn, déanamh an choirp, cruth, cuma, cló, riocht, deilbh. Corp umhal, éasca, cuanna, fuinte, fáiscthe, córach, téagartha, lom, etc. Téagar, raimhre, airde. Siúl, imeacht, iompar, dóigh. Coimpléasc, cuntanós, gnúis. Marbhán. Baill. Corpán, cabhail, conablach, creatlach, cnámharlach. "Mar a mbíonn an corpán, is ann a bheidh na badhbha."

COS
V. SIÚIL, TROIGH

An chos: Troigh, trácht, rúitín, murnán, colpa, pluc, meall, glúin, glúinalt, ioscaid, ceathrú, leis, láirig, corróg, cromán, sliasaid, gorún, más. Clabhca, spág. Crúb, crobh, crúcán.

A gluaiseacht: Siúl, rith, sodar, cosa in airde, spaisteoireacht, fálróid. Téim ar mo ghlúine, feacaim glúin; sínim, searraim mo chosa; léim, rince, damhsa; tuisle; princeam.

Éadaí: Bríste, osáin, triús, stocaí, giosáin, máirtíní, gairtéar, loirgneáin.

COSAIN
V. COINNIGH, DLÍ

Le hairm: Cosantóir, arm, cathéide, culaith chatha, armúr, armáil; téim faoi airm. Sciath, lúireach. Bábhún, rampar, múr. Dún, dúnphort, daingean. Baracáid. Garda, garastún, barda. Coimhdeacht, gaiscíoch, seaimpín. Troidim; troid, comhrac. Crann cosanta.

Le briathar: Cosaint, féinchosaint. Abhcóide, aturnae, aighne. Pléadáil, aighneas, pléadálaim. Freagraím, bréagnaím, déanaim aighneas, pléim. Gabhaim, glacaim, páirt (duine). Téim i bpáirt (duine). Glacaim (duine) faoi mo choimirce. Déanaim pátrúnacht ar (chúis). Díonchruthú, díonchruthúnas. Déanaim leithscéal, idirghabháil, eadráin, idirghuí ar son (duine).

Cumhdach: Caomhnaím, cumhdaím, gardálaim. Fear faire, madra faire. Bean choimhdeachta. Coimirce. Cuirim ar láimh shábhála. Téim i mbannaí ar (dhuine). Déanaim faire, feighil, ar. Sábhálaim, slánaím, slánaitheoir, slánú. Tagaim i gcabhair ar; cuidím le, cabhraím le, tacaím le. Clúdaím, díonaim. Tearmann, dídean, teach dídine. (Fórsa) teasargain.

COSMAID
Béaldath, púdar, cumhrán, gallúnach, taos, ungadh, dearg, breasal. Smideadh. Snuaphúdar, snua-ungadh. Prapáil. Ball seirce. Dreachadh.

COSÚIL
V. COMPARÁID

Cosúlacht: Cosúlacht, dealramh. Táim cosúil le; táim ag dul i gcosúlacht le; tá cosúlacht, dealramh agam le. Athghin, pictiúr, scáil, taise, samhail. Cúpla, gaol, dúchas, oidhreacht. Ionann. Céanna. Macasamhail. Séad samhla. Ina chruth daonna. Simleadh.

Comhnádúr: Ionannas, céannacht, féiniúlacht. Analach. Aonchineálach; de réir a chéile. Coibhneas. Aifinideacht. Comhtheacht, réiteach, teacht le chéile. Bá, comhbhá. Comhionann, aonghnéach. Siméadracht. Comhchosúlacht.

Athchruth: Athchruthaím, léirím, samhlaím; macasamhlaím; déanaim aithris ar. Déanaim cóip de; cóipeálaim, dúblaím, iolraím. Macasamhail, íomhá, samhlaoid.

CRAICEANN
V. CORP

Cineálacha: Seicin, scannán, fionnadh, clúmh, coirt, screamh, sceo, seithe, peall.

A shaothrú: Súdaire, súdaireacht, leathar. Déanaim súdaireacht ar; leasaím, coirtím. Seitheadóir, fionnadóir. Pár. Feannaim.

Machailí: Neascóid, goirín, spuaic, creagán, colm, fearb, reang, roc, méirscre, fuachtán, fochma, gág, gríos, tochas, bruth, lobhra, faithne, balscóid, fairbre. Ball broinne, dearg, dobhráin, seirce. Cáithníní. Breicneach. Carrach.

CRÁIGH
V. FULAINGT, IONSAÍ

Crá: Céasaim, cráim, ciapaim, déanaim géarleanúint ar, clipim, bím ag gabháil do (dhuine), ag baint as (duine), ag spochadh le, ag saighdeadh le, ag griogadh, ag cleithmhagadh faoi (dhuine). Buairim, cuirim isteach ar, bodhraím, corraím, cuirim fearg ar. Imrim cleas ar, buailim bob ar.

CRANN
Codanna: Crann, tom, tor; bun, stoc, barr, gabhal, gabhlóg, craobh, géag, craobhóg, slaitín, cipín, duille, duilliúr, coirt, buinneán, péacán, bachlóg, bláth, fréamh, súlach, meas. Bile. Toradh.

A shaothrú: Plandáil, nódú; cuirim, plandálaim, athphlandálaim, nódaím; coillteoireacht, athchoilltiú, foraoiseacht. "Tá an tua le fréamh na gcrann."

Cnuasainm: Coill, foraois, dos, muine, fál, scrobarnach, casarnach, doire, fáschoill, mothar, garrán, dufair.

CRAP
Dul i laghad: Crapaim, giortaím. Cúbaim chugam, conlaím. Cúngaím. Caolaím, traoithim. Giorraím. Déanaim ceirtlín díom féin. Dolúbtha, righin. Teacht aniar. Giorrúchán, nod.

Filleadh: Fillim ar ais; iompaím ar ais. Dúblaím. Rocaim. Lúbaim.

Crapadh féithe: Grainc, strainc, strabhas. Crampa. Ríog, freanga. Arraing. Rím, teannaim.

CRÉACHT
V. BUAIL

Cineálacha: Créacht, cneá, lot, goin. Goin bháis, gearradh, gortú, scoradh, gránú, fearb. Stiall claímh, goin philéir. Colm, reang, forba. Othras, fiolún. Dó, cealgadh. Brú. Sceachaill. Spuaic, neascóid. Scríob.

Staid na gcréachtaí: Béal créachta, faolmhach, ábhar, braon, angadh, gor, máthair an ghoir, ~ bhúidh; cur fola, fuiliú, brachadh, morgadh. Ag déanamh othair, ábhair.

CREID
V. BREITH, MUINÍN

Muinín: Creidim, creidim go daingean, ar fhocal duine. Inchreidte, sochreidte, róchreidmheach, saonta; inchreidteacht. Creidiúint. Creidmheas. Iontaoibh. Cuirim muinín, iontaoibh i. Géillim do (thuairisc). Gabhdán.

Tuairim: Glacaim le tuairim, barúil, teagasc. Creideamh, áitiús, cinnteacht.

Reiligiún: Creidim i (nDia). Cré. Bunalt creidimh. Admháil chreidimh. Gníomh creidimh. Siombail na nAspal. Caiticiosma, teagasc críostaí. Dogma. Coinfeasóir. Fíréan, creidmheach, caiticiúmanach. Ceartchreidmheach. Deabhóid, traidisiún, eiriceacht, ainchreideamh, piseogacht, éigreideamh, neamhchreideamh, fáschreideamh, baothchreideamh. Athleasú Creidimh.

CREIM
V. FIACAIL, LAGHDAIGH

Ceimiceach: Aigéad, aigéadacht. Loiscneach. Scairbh, garg. Creimim, cnaím, creimeadh, creimneach. Caithim, ithim, leáim.

Orgánach: Ailse, ailseach. Eitinn, eitinneach. Morgadh, morgthach. Lobhadh. Déanaim smúdar, spruan. Titim ó chéile.

Morálta: Gairge, seirbhe, searbhas, searbhasach, géire, géar. Éad, tnúth, formad, eagla, doilíos. Cruimh, leamhan, meirg. Domheanma. Dímheanmnáim.

CRÍOCHNAIGH
V. FOIRFE

Cuirim críoch le: Cuirim deireadh le, clabhsúr ar. Cuirim stad le. Stopaim. Scaoilim anuas an brat. Séanaim (conradh). Réitím, scaoilim (fadhb). Réiteach, leigheas, "Fíolta fálta fuirsithe".

Teacht chun críche: Críoch, ceann, foirceann, eireaball, cuspóir, ceann cúrsa, deireadh. Ar deireadh, i ndeireadh na dála, sa deireadh thiar thall. Focal scoir, iarfhocal, eipealóg, loinneog. Sciath thar lorg. An Breithiúnas Deireanach. Síothlaím, táim i ndeireadh na péice. Meath, turnamh, dul i léig. Éagaim, faighim bás. "Gob na seachtaine."

Tugaim chun críche: Cuirim i gcrích, comhlíonaim, tugaim chun foirfeachta, foirfím, cuirim barr feabhais ar. Comhallaim.

CRÍONNACHT
V. EAGNA

Ó charachtar: Stuaim, gaois, stuamacht; stuama, gaoismhear, críonna, aireach, airdeallach, fadbhreathnaitheach, fadaraíonach. Staidéarach, meáite, mionchúiseach, faichilleach, éideimhin. Réchonn.

I gcaint: Discréideach, tostach, cliste, seanchríonna. Glic, aigeanta. Dúnárasach.

Ó thaithí: Éargna, stuamacht, críonnacht, ciall cheannaithe. Siosmaid. Iarchonn.

CRÍOST

Pearsa Chríost: Íosa, Íosa Críost. Uan Dé. Agnus Dei. Mac Dé, Mac an Duine, Mac Dé Bhí, Mac Dháiví, Mac Mhuire, Mac na hEabhraí. An Gailíleach, an Nasarthach. An Briathar. An Meisia. Ungthach an Tiarna. Ár Slánaitheoir. An Fuascailteoir. Rí na hAoine.

An Chríostaíocht: Na hAspail, aspalda. An Dáréag. Na deisceabail. Eoin Baiste. Eoin Bruinne. Soiscéal, soiscéalaí. Críostaí. An Eaglais. Na fíréin. Na hAithreacha. Biocáire Chríost. An Pápa. An Chros. An Bíobla. An Tiomna Nua. Rúndiamhra an chreidimh. Na Seacht Sacraimintí. Caitliceachas, Protastúnachas, Ceartchreidmheach.

Beatha Chríost: Teachtaireacht an Aingil; an Fiosrú; Saolú an Tiarna; an Chéad Nollaig; an Eipeafáine; an Teitheadh chun na hEigipte. Baiste Chríost, an Cathú.

Míorúiltí, parabail. Seanmóir an tSléibhe. An Claochlú. Séire an Tiarna, an Suipéar Déanach. Gairdín na nOlóg. An Pháis. Séanadh Pheadair. An Sciúrsáil. An Corónú le deilgne. An Chroch Chéasta. Calvaire. An tAdhlacadh. An Taisléine Bheannaithe. An tAiséirí. An Deascabháil. Beithilín.

CROÍ
V. FUIL, GRÁ, LÁR

Orgán: Copóg, méadailín, comhla, siostól, diastól, cuisle, buille, bualadh, preabadh, fuadach. Taom croí; laige ~ ; galar ~ .

Morálta: Croí bog, crua, cloiche, dúnta, trom, éadrom, íseal. Croí na féile. Fáilte ó chroí. Briseadh croí. Crá croí. Croíbhrú. Croídhícheall. Ní ligfeadh mo chroí dom. Faighim de chroí rud a dhéanamh. Cuirim mo chroí amach (ag ceol etc.). Mo chroí thú. A rún mo chroí. Níl mo chroí leis.

CROITH
V. GLUAISEACHT

Bogaim, suaithim, bagraím (lámh), claonaim (mo cheann). Ar crith, ar ballcrith, á tholgadh (ag gaoth), tonnchrith. Turraing, tuairt, preab, geit, tumadh agus luascadh (long). Airleog.

CROS
V. CRÍOST, EAGLAIS

Cros Chríost: An Chros Naofa, crann na Croise, an Chroch Chéasta. Iompar na Croise, an Céasadh. Stáisiúin na Croise. Turas na Croise. Calvaire. Aoine an Chéasta. An tSeachtain Mhór.

Siombail Chríostaí: Comhartha na Croise, fíor na Croise. Gearraim fíor na Croise orm féin. Cros uchta. Cros Bhríde, ~ Phádraig. Cros Cheilteach, Ghréagach, Laidineach, Mháltach. An Chros Dhearg. Cogaí na Croise. Meirge na Croise. Airgead croise. Cros an Deiscirt. Cros claímh. Crosfhighil.

CROSAIM
V. ÉAGÓIR

Coisc: Crosaim, coiscim (rud ar dhuine), toirmiscim. Urghairim, damnaím, coinnealbháim, eisreachtaím, fógraím, eisiaim. Baghcat, baghcatálaim. Eascoiteannú.

Bac: Stopaim, bacaim, coiscim. Cuirim cúl ar (mothú), urchoillim. Éadulaingt. Cuirim faoi chois. Cuirim srian le. Cuirim guaim ar. Cuirim ar fionraí.

I gcoinne dlí: Crosta, toirmiscthe, neamhdhlisteanach, aindleathach, éagórach, neamhcheadaithe, míbhunreachtúil.

CRUA
V. DAINGEAN

Don tadhall: Cruacht, cruas, crua. Chomh crua le cloch. Clochchrua. Righin. Dlúth. Cruánach. Teann.

Don tuiscint: Deacair, doiligh; casta, duaisiúil, doréitithe, dócúlach.

Ó charachtar: Géar, dian, éadrócaireach, danartha, míthrócaireach, cadránta, do-ranna, giorraisc, gairgeach, grusach, cruálach, barbartha, gangaideach, binbeach, fuarchroíoch, fuarchúiseach, neamh-mhothálach, mígharach, dalba.

Cruas saoil: Anróiteach, maslach, trom, léanmhar. Seochrua. Diantréanach, aiséitiúil; measarthacht; barainneach.

CRUINN
V. BEACHT, CIORCAL, CUAR

Déanamh cruinn: Ciorcal, leathchiorcal, sféar, sorcóir, áirse, stua, cuar, cruinne, boghta.

Déanamh cuarach: Cuarach, cuasach, dronnach. Borr, borrtha. Cruinnbhallach. Marógach, peasánach.

| CRUINN | 131 | CUIMHNE |

Rudaí cruinne: Liathróid, cloigeann, piléar, bolgán, cloigín. Ubh, úll. Fáinne. Cruinneán. Crioslach. Cruinneachán. Cloigtheach. Ráth. Cnap. Meall. Murlán. Cnaipe. Cuairsce. Rolla. Druma. Teasc. Paiteana. Diosca. Ceirnín. Roth.

CRUTHÚNAS
V. ARGÓINT, CÚIS

Cruthúnas: Cruthú, cruthaím. Profach. Toimhdiú. Admháil. Mionn. Cruthú doshéanta. Deimhniú, dearbhú, dearbhascadh. Údarás. Cinnteacht.

Fianaise: Tugaim dintiúr, teastas, teistiméireacht. Teistím. Cáipéis dheimhnithe. Tugaim fianaise. Fianaím. Fianaise, finné, finnéacht. Fianaise dhoiciméadach. Taispeánaim. Léirím. Deimhneascaim. Promhaim, cuirim (ceist) ó amhras. Téim i mbannaí, in urrús, ar (rud, dhuine). Fianaise a thabhairt ar aird. Fianaise chlostráchta.

Léirchruthú: Pléim, déanaim argóint faoi. Réasúnaim. Infeirím; déaduchtaím. Fionnaim ó; bainim tátal as. Conclúid. Bréagnaím. Áitím.

CUAIRT
V. CAS

Cuairteanna: Tugaim cuairt ar; téim ar cuairt chuig. Cuairteoir. Cuairt chúirtéise; ~ chomhbhróin; ~ mhíosa. Cuartaíocht. Cárta cuairte. Coinne. Téim ar thuairisc duine; cuairt tuairisce. Cuirim (duine) in aithne. Stocaire, stocaireacht. Sruthaire, sruthaireacht. Agallamh.

Fáiltiú: Cuirim fáilte roimh; fáiltím roimh; fearaim fáilte roimh. Fearadh na fáilte; fíorchaoin fáilte; forbhfáilte; fáilte Uí Cheallaigh. Fáilteach, forbhfáilteach. Fáilte agus fiche; céad míle fáilte. Doicheall. Ag brú ar an doicheall. Fáilte an doichill. Friotháil.

CUAR
V. CRUINN

San ealaín: Arc. Áirse. Stua. Stuara. Boghta. Cruinneachán. Cupóla. Fíochán. Cuas. Dronn. Triopall. Corrán. Ilchuar.

I línte: Cas. Caslúbach. Lúbach. Lúb. Caismirneach. Cuasach. Dronnach. Droimneach. Cuarach, cuarlíneach. Tonnach.

CUID
V. ROINN

Roinnt: Roinnt, cuibhreann. Páirt. Cuid ranna. Dáilim. Dathaim do (dhuine). Riaraim. Inroinnt, cion ranna. Codán, leath, trian, ceathrú. Caibidil, paragraf, alt, mír. Cuirim i leataobh. Cionroinnim.

Cuid phearsanta: Bheith páirteach, rannpháirteach i (rud). Níl baint ná páirt agam le. Cuid an bheagáin, cuid Pháidín den mheacan. Cuid an leoin, cuid Mhic Craith den fhia. Ciondáil, cuidiú, síntiús, ranníocaíocht. Cionpháirtí. Rannpháirtí.

Cuid d'iomlán: Ball, páirt, roinn (cainte), príomhranna (briathair), eilimint, mír. Adamh, cill, móilín. Ceapach, cuibhreann. Mionsonrú. Táthchuid. Píosa, giota, smut, blúire. Teascán, slis, slisne, scair. Rannóg, foroinn, rannán, earnáil. Blogh. Slaimice. Smidiríní. Smionagar. Canta. Candam. Slánchuid.

CUIMHNE
V. EOLAS, SMAOINIGH

Acmhainn aigne: Cuimhne, meabhair, cuimhneamh, comhcheangal smaointe. Cuimhní cinn, cuimhne na seacht sinsear, le cuimhne na ndaoine, sruthmheabhair.

A fáil: Cuirim de ghlanmheabhair, foghlaimím, déanaim staidéar ar. Tá rud neadaithe i mo chuimhne. Seinnim ceol as mo chluas.

A coinneáil: Coinním cuimhne ar. Cuimhne (duine) a bhuanú. Comóraim, ceiliúraim. Dúisím cuimhne. Cuimhneachán, iarsmaí, taisí. Meabhrán, meamram. Beathaisnéis. Séadchomhartha, leacht, cuimhne, cloch chuimhne.

A cailliúint: Dearmad, déanaim dearmad ar; díchuimhne, ligim i ndíchuimhne. Aimnéise, díth cuimhne. Dímheabhair, dímheabhrach, dearmadach. Mearchuimhne.

CUIMIL
V. TADHALL, UNGADH
Go bog: Snasaim; cuirim snas ar (rud), loinnir i (rud); cuirim slacht, craiceann, ar (rud). Glanaim, ním, réitím. Scuabaim. Caithim. Míním, slíocaim, líomhaim. Muirním; cuirim cigilt, dinglis (i nduine).
Go crua: Scríobaim, sciúraim, sciomraím. Cíoraim. Rácálaim. Scrabhaim, roisim, gránaím. Stríocaim, greanaim, gearraim. Feannaim, scamhaim. Plánálaim. Meilim, cuirim faobhar ar (uirlis). Déanaim díoscán, gliúrascnach. Suaithim. Fuinim.

CÚIS
Prionsabal: Cúis. Bunchúis. Príomhchúis. Céadchúis. Neaschúis. Cúis éifeachtach, ~ eiseamláireach, ~ ábhartha, ~ ionstraimeach, ~ fhoirmiúil, ~ mhorálta, ~ phríomha. Cúisíocht. Cúisiú. Bunphrionsabal. Iarmhairt, toradh, éifeacht. Réasúnú. Ionduchtú. Déaduchtú. Pointe tosaigh. Foinse.
Fáth: Ceannfháth. Siocair. Cionsiocair. Bunchúis. Réasún. Intinn. Leithscéal, cúis súl. Ócáid. Críoch. Cuspóir. Cúis chuspóireach. Socrú. Míniú. Cuirim (cuspóir) romham.
Gníomhaí: Údar. Feidhmeannach. Ceard. Cruthaitheoir. Gríosóir. Tionscnóir. Spreagthóir.

CÚITEAMH
Morálta: Aithrí, leorghníomh, sásamh, leigheas. Feabhsaím, ceartaím, cóirím. Éilím cúiteamh; iarraim éiric. Díoltas. Taithleach.
Airgid: Cúiteamh airgid, damáistí, urrús, slánaíocht. Costais a íoc; fiacha a ghlanadh. Bainim amach (fiacha); gnóthaím damáistí; athghabhaim seilbh ar (mhaoin). Tugaim mo bhris isteach. Eineachlann, éiric.

CÚL
Sa spás: Cúlbhalla, cúlbhá, cúlseomra, cúlaon, cúlteach. Cúlchríoch, cúltír. Cúlráid, cúlán, cúláisean, cúláire. Cúl an tí. Cúl na tíre. Cúlánta, cúlriascach, aistreánach. Tír chúil. Cúl cinn, droim láimhe, leath deiridh, baic an mhuiníl, cúlphlaic. Cúlóg, cairín. Cúlra, cúlionad. Craos (gunna). Taobh cúil, tuathail. Tile, tile deiridh, bord deiridh, post deiridh. Stáid. Lorg.
San imeacht: Cúlaím, cúlú, téim ar gcúl. Dul ar gcúl, siar, i ndiaidh do chúil. Fillim ar mo choiscéim. Teithim, teitheadh. Tugann (rud) uaidh. Conlaím chugam. Cúlbhealach, cúlsráid. Cúlghluaiseacht, cúltarraingt, cúlsruth. Cúlgharda, sciath thar lorg, cath cúlchosanta.
I ngníomh: Frithghníomhú, freagairt, freasú, cúloibriú. Cúlaitheach, cúlghabhálach. Cúlamharc. Cúlbhrú. Cúlchaint. Cúlchoimhéad, cúléisteacht. Cúlfhéachaint. Cúlcheadaím, cúlghearraim. Cúlghairim. Cúlsleamhnaím. Speiceáil. Frithbhuille. Athbhuille.
San aigne: Athsmaoineamh. Déanaim athmhachnamh. Dul siar ar (ghealltanas). Scrúdú coinsiasa. Beirim orm féin. Tá sé ag breith chuige féin.

CUM-
V. LITRÍOCHT, SCRÍOBH, STÍL.
Saothair chumtha: Cumadóireacht liteartha. Scríbhinn. Alt. Aiste. Achoimre. Suim. Dréacht. Plean. Aistriúchán. Prós. Cumraíocht.
Obair an chumtha: Coimpeart (saothair); coimprím. Cuirim le chéile. Cóimeálaim. Ceapaim, ceapadóireacht. Cuirim i bhfriotal; cuirim friotal ar. Stíl.
Staideanna: Foirm. Leagan cainte. Cor cainte. Inneach na cainte. Friotal. Canúint. Téacs. Comhthéacs. Rédhréacht. Tuairisc. Cóip. Leagan.

CUMA

V. FOIRM

Gné: Cuma. Gné. Snua. Éagasc. Stá. Snamh. Craiceann. Lí. Dath. Imeacht. Cruth. Déanamh; déanamh coirp. Coimpléasc. Fíor. Forimeall. Foraghaidh. Dromchla. Taobh amuigh; taobh seachtrach. Clúdach. Cosúlacht. Íomhá. Gnaoi. Méin. Creatúlach. Drochleagan.

Teibí: Cosúlacht. Samhail. Toimhdiú. Ceapadh. Barúil, tuairim. Hipitéis. Dóchúlacht. Paradacsa. Léire, soiléire. Mothú, aireachtáil, braistint. Taispeánadh.

Bréagach: Cealtair. Masc. Feisteas bréige. Bréagshamhail. Cur i gcéill. Leithscéal. Fimíneacht. Galamaisíocht. "An dubh a chur ina gheal ar (dhuine)".

CUMANN

V. CAIRDEAS, COMPÁNACH, DREAM

I gcoitinne: Cumann a bhunú. Ceanglaím i gcumann. Comhthoghaim ball; glacaim ball isteach. Cumascann (cumann le cumann eile). Compánachas. Comrádaíocht. Comhoibrí. Aontas. Comhpháirtí. Cuideachta. Foireann.

Tráchtáil: Comhlacht; comhlacht fiachtheoranta, ~ poiblí, ~ reachtúil, ~ trádála. Comhlacht árachais. Cumann foirgníochta. Ceardchumann. Cumann lucht tráchtála.

Polaitíocht: Páirtí. Coiste. Conradh. Cúnant. Cónascadh. Comhcheangal. Cumann rúnda.

Sóisialta: Compántas (amharclainne). Foireann (aisteoirí). Comhlachas. Comhghleacaí. Club. Comharchumann. Comhairle. Ciorcal. Gild. Cumann liteartha, carthanachta.

Eaglasta: An chléir. Ord eaglasta. Comhthionól. Pobal. Coinbhint. Clochar. Nóibhíseacht. Cliarcholáiste. Comhlachas. Bráithreachas. Cuallacht.

Reáchtáil cruinnithe: Cathaoirleach. Rúnaí. Cisteoir. Coiste. Cruinniú. Bheith sa chathaoir. Rún; rún a mholadh. Leasú. Agóid. Rud a rialú as ordú. Éirí ar phointe ordaithe. Duine a ghairm chun réire. Riar na hoibre. Miontuairiscí. Gnáthrialacha a chur i leataoibh. Tuarascáil. Cead cainte. Ceist a chur ar vóta. Vóta réitigh. (Rún, cruinniú) urghnách.

CUMHACHT

V. ACMHAINN, GNÍOMH, NEART, TIONCHAR

Cumas gnímh: Gníomhaím, feidhmím. Téim i bhfeidhm ar. Tionchar. Inniúil, inniúlacht. Acmhainn, cumas, ábaltacht, bua, stuaim, scil, oilteacht, deis, ceird. Féadaim; tá mé in ann; tá mé in inmhe; is féidir liom. Údarás. Ealaín.

Féidearthacht: Féideartha, dodhéanta. Is féidir; ní féidir. Braitheann sé ar. Tá cead agam. *An réimír* in-, so-, *mar* soléite, intuigthe, etc.

Neart: Cumhacht, údarás, ceannas, smacht. Tionchar, fabhar, pribhléid, monaplacht. Máistreacht. Lánchumhachtach. Uilechumhachtach. An Chinsealacht. Na bodaigh mhóra. Ceannairí, cinn fheadhna. Urlámh.

Ceannas: Flaitheas, uilechumhacht, lánchumhacht. Absalóideachas. Uathlathas. Réimeas. An choróin. Rí, flaith, ríora, ríshliocht, tiarna. Tiarnas, smacht, ceannas. Tíoránach, aintiarna; tíoránacht, aintiarnas. Ansmacht. Deachtóir. Ollsmacht. Máistir, máistreacht. "Ní féidir dhá mháistir a riaradh."

CÚRAM

V. AIRE, FAIRE

Cúram a dhéanamh: Tugaim aire do; cuirim cóir leighis ar; cóireálaim. Leigheas, cóireáil. Caithim go maith le (duine); bheith i do cheann maith do (dhuine). Muirním, déanaim peataireacht ar. Téim i gcúram (ruda). Iongabháil.

Cúram oibre: Obair chúramach, duine cúramach. Dúthracht (i gceann oibre). Aire. Dícheallach, dúthrachtach, díograiseach. (Stíl) ghreanta, shlachtmhar, chuanna. Mionchúis. Taighde. Ord is eagar. Coinsias, coinsiasach; scrupall, scrupallach. Staidéarach. Cúram gan chúiteamh, gan chion. Cáiréis.

Bheith cúramach: Réamhchúram, airdeall. Bí san airdeall, seachain tú féin, aire duit! Imní, buairt. Oirchill Dé. Mortabháil, muirear, freagracht, dualgas. Ollaireach.

CUR I gCÉILL
V. BRÉAG
Suáilce: Fimíneach, fimíneacht. Fairisíneach. Piúratánach. Ceartaiseach. Ceartaiseacht. Saobhnáire, rónáire. Bréagchráifeacht. Vóitín.
Tábhacht: Maíomh, mórtas, mór is fiú, mórchúis. Maíteach, mórtasach, bladhmannach, mórluachach. Éirí in airde. Díomas. Baois. Toirtéis.
Iompar agus caint: Forcamás, galamaisíocht (chainte). Geáitsí, gothaí. Taibhseach, mustrach. Poimpéis. Mínineacht, deismíneacht. Mionchúiseach. Cuanna, cuannacht, cúirialta, cúirialtacht. Snobaireacht. Suaibhreos. Bheith san fhaisean.

CUSPA
V. AITHRIS, COMPARÁID, MAITH
Ábhartha: Samhail, mionsamhail. Riochtán. Cuspa. Múnla. Mainicín. Dealbh. Macasamhail. Fréamhshamhail, prótaitíp. Sampla. Patrún. Deilbh. Maitrís. Dearadh. Deismireacht.
Morálta: Eiseamláir; sampla, dea-shampla. Tugaim dea-shampla uaim. Ceannródaí, tiargálaí. Drochshampla. Scannal, scannalach. Réamhshampla, fasach.
Scríofa: Canóin. Foirmle; leabhar foirmlí. Buntéacs. Dréacht (conartha, litreach, etc.). Sampla. Tábla. Oideas. Ceannlíne.

CUSPÓIR
V. TIONSCNAMH
Lámhach, cluiche: Cuspóir, sprioc, targaid, báire, marc, aidhm. Urchar, iarraidh. Dírím (gunna). Aimsím. An sprioc a bhualadh. Súil sprice.
Tionscnamh: Tionscnamh, scéim, beart. An Gúm. Intinn. Treo. Smaoineamh. Toil. Aisling. Mian. Éileamh. Críoch. Iarintinn.

DAINGEAN
V. CRUA
Docht, dlúth, fódúil, fuaimintiúil, téagartha, buan, seasmhach, buanseasmhach, diongbháilte, teann, dílis, socair, crua, righin, cinnte, stuama. Cobhsaíocht.

DAINSÉAR
V. DEACAIR
Dainséar: Dainséarach. Contúirt, contúirteach; baol, baolach; guais, guaiseach; priacal, priaclach. Dul i gcontúirt, Sás, gaiste; cleas, feall; éirí slí, luíochán; sáinn; líon, dol.
Fiontar: Amhantar, fiontar, priacal. Dul i bhfiontar, etc. Dul sa seans. Eachtra, guaisbheart, gábh, dúléim. Cuirim m'anam i ngeall ar (rud). Ainchríonna, meargánta. Bruachaireacht. Cuntar
Dála crua: Éigeandáil, cruachás, géibheann. Idir dhá thine Bheltaine. Gábh. Bheith san fhaopach; bheith i dteannta. In anchaoi; in anchás. Bearna bhaoil. Uair na cinniúna.

DALL
V. RADHARC, SÚIL
Díth radhairc: Dall, daille, daille radhairc. Fionn, fionn ar shúil. Dorchacht súl. Ag gliúmáil; ag méarnáil; láfairt, póirseáil, smúrthacht, dallacáil, amharcáil. Súile an daill; an dall ag giollacht an daill. Urchar an daill faoin abhaill.
Laghdú radhairc: Caoch, caoiche, caochadóir, caochóg, caochaíl, caochshúilí. Caochaim. Dallachar. Dallacán, dallacántacht. Dallradharc. Dallóg, dallamullóg, dallbheart, daillicín. Cluiche daillicín. Mallachar radhairc.

DÁNA
V. DAINSÉAR, MISNEACH

Misniúil: Móruchtúil, cróga, calma, neamheaglach. Meargánta. Dúshlán; tugaim dúshlán (duine). Téim i bhfiontar.

Neamhnáire: Dínáireach, soibealta; mínáirí, soibealtacht. Dalba, dalbacht. Deiliús, clóchas, teanntás. Dailtín, dalbóg, maistín. Sotal, sotalach. Ciniciúil, ciniceas. Borrachas. Éadan dána. Bhí d'éadan air (rud a dhéanamh). Fuair sé de chroí (rud a dhéanamh). Ainrianta, drabhlásach. Luathbheartach.

Féinmhuinín: Muiníneach, teann (asam féin). Stuamacht. Stradúsach. Diongbháilte. Buannúil. Ag déanamh gaisce. Móiréis, mórtas.

DATH
V. BRATACH, STÍL

Cineálacha: Dath boinn, bundathanna. Ton. Imir. Treall. Lí. Leathdhath, cúldath, bándath, daoldath. Dealramh. Scáth. Gealán. Réim (dathanna). Luisne. (Dealramh) moirithe. Breac, breacadh. Riabhach. Ballach. Deann. (Dath) spiagaí, gairéadach, aibhseach. Mílítheach, bánghnéitheach; báiteacht. (Dath) tréigthe, teilgthe, murtallach. Gealdath, dúdhath. Dathannach. Lasánta, círíneach. Trom gorm, trom dearg, etc. Lí-ór, lí-ómra, etc.

Dathú: Dathaím, cuirim dath ar; deannaim; péinteálaim. Dathadóir, deannaire, péintéir. Maisím, maisitheoir, maisiúchán, Ruaimním. Lasaim (san aghaidh). Rónóg.

Lagú datha: Lagaím, millim dath. Teilgeann (éadach); tréigeann (dath). Bánaím. Tuarann, gealann, liathann, buíonn, deargann, etc. Snáithím.

DEACAIR
V. CONSTAIC, DAINSÉAR

Deacair teacht slán: Deacracht, dainséar, doghrainn, angar, bráca, pionós. Fadhb. Crá, ciapadh. Gátar. Géibheann. Constaic. Cathair ghríobháin. Aimpléis.

Deacair a dhéanamh: Obair, saothar, dualgas, sclábhaíocht. Dua, duais, duainéis. Stró. Dhá shaothar déag Earcail. Doiligh, doilíos. Ilchodach.

Deacair a thuiscint: Doiligh, casta, crua, achrannach, aimhréiteach, trína chéile. Doiléir, dothuigthe, dorcha. Dúfhocal, dúthomhas, cruacheist. Fadhb. Caolchúiseach. Ní hansa. (Duine) conróideach. Ilghnéitheach.

DÉAN
V. CÚIS, GNÍOMH, SOCHAR

Cruthú: Cruthaím, cruthaitheoir. Giniúint, bunús. Geineasas. Tugaim ar an saol. As neamhní. Saolaím; beirim, breith; ginim. Cuirim (rud) á dhéanamh. Cuirim faoi deara. Cúisím, cúis, cionsiocair. Tionscnaím, táirgim. Tugaim ann. Cumaim. Soláthraím. Údar. Fabhraím. Achtálaim. Monaraím.

Déantús: Déanaim, cumaim, saothraím. Dealbhaím, múnlaím, foirmím. Déantóir. Ceardaí, fear ceirde. Deilbh, cumadóireacht, déantús, déantúsaíocht. Doilbhim.

Bunú: Bunaím, cuirim ar bun; fódaím. Fondúir, fondúireacht. Comhdhéanaim. Reachtaím. Comhshuím. Socraím. Beartaím. Foirgním, foirgneamh; tógaim. Cuirim suas; ardaím, crochaim.

Cur i gcrích: Cuirim i gcrích; cuirim críoch ar. Tugaim chun críche. Críochnaím, críochnú. Cuirim bailchríoch ar. Foirfím; tugaim chun foirfeachta. Comhlíonaim (dualgas); déanaim de réir (reachta); coinním (dlí). Cleachtaim. Gníomhartha, macghníomhartha. Iompar, giúlán.

Cur i bhfeidhm: Gníomhaím. Forghníomhaím. Feidhm, saothar. Oibrí. Cuirim i ngníomh. Réalaim. Tugaim faoi. Tógaim cúram (ruda) orm. Bainim leas as (ceart). Modh oibre, bealach oibre, slí oibre. Meán.

DEARBHAIGH
V. ABAIR, CINNTEACHT

Tuairim a dhearbhú: Dearbhaím, dearbhú, dearbhúchán. Deimhním, deimhniú, deimhniúchán, deimhneach. Nochtaim (tuairim); cuirim (tuairim) chun tosaigh. Éilím (ceart). Deirim, rá, ráiteas. Fógraím. Cosnaím (cúis); cuirim ar son (cúise). Maím. Seasaim ar phointe. Réitím (ceist, fadhb). Líomhnaím, líomhain. Áitím. Déanaim agóid.

Dearbhú barántúil: Geallaim. Cuirim (rud) in áirithe do (dhuine). Cinnteacht. Gealltanas. Dearbhaím ar mo mhionn; fianaím. Teistím, teistíocht. Tugaim teastas, teistiméireacht. Dearbhálaim, dearbháil. Dearfa, deimhnithe, teastaithe. Téis, tairiscint, teoirim. Dogma. Léirchruthú. Cruthaím, cruthúnas; cruthaím (rud) ar (dhuine). Urrús, bannaí, ráthaíocht. Barántas. Ráthaím; téim in urrús, i mbannaí ar (dhuine, fiacha). Gabhaim de láimh. Mise faoi duit! Go maramas tú! Cuirim geall. Mionnaím.

Abairtí dearfacha: Is ea. Cinnte. Go deimhin. Go dearfa. Ar m'fhocal. Ar m'anam. Dar Dia; dar an leabhar; dar seo is dar siúd, etc. Ar ndóigh. Gan amhras. Gan dabht. Gan bhréag. I láthair Dé (tá a léithéid seo amhlaidh). Nár fhága mé an áit seo má ~ .

DEARMAD
V. CUIMHNE, EARRAÍD, MAITHIÚNAS

Díth cuimhne: Díth meabhrach, cliseadh cuimhne. Aimnéise. Mearchuimhne. Dearmadaim; déanaim dearmad ar; dearmadach. Tá mearbhall orm.

Easpa aire: Neamhaird, neamhaire, faillí, neamart. Buairim, mearaím (duine). Fágaim ar lár; fágaim gan déanamh. Neamhchúram, sleamchúis. Siléig. Siobarnach. "Cuid an daimh den eadra". Leisce. Le haimhleacht.

Gan sonrú a chur: Féindiúltú. Tugaim suas; tréigim; cuirim suas de; diúltaím do. Maithim, maithiúnas. Tugaim aspalóid do (dhuine). Éigiontaím. Pardún. Fágaim i leataobh. Déanaim neamhshuim de. Téim siar ar (ghealltanas). Meancóg, earráid, botún, tuaiplis, mearbhall. Mainním, mainneachtain.

DEASGHNÁTH
V. CUR I gCÉILL, POIBLÍ

Eaglasta: Searmanas. Ceiliúraim. Sollúntas. Seirbhís. Oifig. Sacraimint. Liotúirge. Féile liotúirgeach. Aifreann. Beannú. Urnaí. Paidir. Tréan. Nóibhéine. Próisisiam. Oilithreacht. Turas. Coisreacan, sácráil. Proifisiún, móidghealladh. Toghairm. Tiomnú, toirbhirt. Ungadh.

Saolta: Comhghnás. Béasaíocht, dea-bhéas. Poimp, mustar. Umhlú. Ómós. Nósmhaireacht. Gnás. Cúirtéis, beannú. Forcamás. Geáitsíocht, gothaí. Fáiltiú, bainis, insealbhú, sochraid, mórshiúl, paráid, comóradh.

DEIREANACH
V. CÚL, NUA

De réir aimsire: Úrnua, nua (-). Déanach. Nua-aimseartha, nua-aoiseach. (An lá) roimhe. (Leanbh) dheireadh teaghlaigh. Le déanaí. Le tamall anuas. I ndeireadh na dála. An chríoch dhéanach. Na Críocha Déanacha. An Breithiúnas Déanach. An Slua Déanach. Fógra deiridh. Críoch, clabhsúr, téarma, lá cairde, lá gála.

De réir oird: Ar deireadh scuaine. Cúlgharda, sciath thar lorg. Foirceann, dígeann, earr. Scíontachán, fágálach. Leathdheireanach. Deireadh an áil.

DEISIGH
V. CEARTAIGH, CÓIRIÚ, ORD

Rudaí a dheisiú: Cothabháil. Cóirím. Cuirim caoi ar. Cuirim eagar ar. Cuirim bail ar. Athnuaim, athnuachan. Athchóirím; athghléasaim; athfheistím. Leasaím, athleasaím, leigheasaim. Cuirim feabhas ar. Cuirim biseach ar. Deisiúchán, athchóimeáil.

DEOIR
V. BRAON, BRÓN

Caoineadh: Deoir a ghol; ag sileadh na ndeor. Chaoin sé uisce a chinn. Bhí na deora leis. Bhí na deora i gceann a cuid súl. An deoir a bheith ar an tsúil ag (duine). Tá na deora i ndeas don tsúil aici. Caoineadh, gol, caí. Éagaoin, olagón, ochlán. Marbhna, tuireamh, caoineadh. Súile dearga, ata. Sreangshúileach. Snagarsach. Déanaim snagaireacht; déanaim smaoisíl. Táim ag smeacharnach, ag osnaíl, ag geonaíl. Triomaím mo shúile. Tirimshúileach. Gan deoir a theacht i mo shúil.

DIA
An Diacht: An Neach Naofa; an tArdneach; an Neach Síoraí. An tAthair Síoraí. An Tiarna. An tUilechumhachtach. An tAthair Neamhaí. Rí na Glóire; Rí na bhFeart; Rí an Domhnaigh; Rí na Rí; Rí na bhFlaitheas; Rí na Reann; Rí na nDúl. An Cruthaitheoir. An Dia Beo. An Tríonóid; an Diacht thrí-aonta. Dia na trócaire, Dia na fírinne, Tiarna Dia na Slua. An Fear Thuas.

Teoiricí faoin diagacht: Dias, diasaí. Diachas. Aondiachas. Ildiachas. Pandiachas. Aindiachas. Págántacht. Tótamas. Feitiseachas. Diagacht, diagaire. Miotas, miotaseolaíocht.

Ag tagairt don Diacht: Diaga. Diagaím, diagú. An Domhnach, lá an Tiarna. Deonú Dé. Slite an Tiarna. Lámh Dé. Glór an Tiarna. An Foilsiú Diaga. An tIonchollú. Naofacht; osnádúrtha; osdaonna. Grásta Dé. Creideamh. Cultas. Iobairt. Liotúirge. Íoladhradh. Neamh, na Flaithis, Parthas. Oirchill Dé. Toil Dé. Iol. Déithe urláir.

DIABHAL
V. IFREANN, URCHÓID

An Diabhal: Sátan. An tÁibhirseoir. An Deamhan. Prionsa an dorchadais. An Mac Mallachta. An Drochrud. Aingeal an Uabhair. An tAinspiorad. An Spiorad neamhghlan. An Diabhal mór. An Fear Thíos; an Fear Dubh; Fear na gCrúb; Fear na nAdharc.

Ag tagairt don diabhal: Deamhaneolaíocht, deamhnacht, deamhnóir, deamhanta. Diabhlaíocht, diabhaldánacht. Diabhlaí, diabhlóir. Sátanachas. Diach. Diabhalta, diabhlánach. An ealaín dhubh. Toghairm. Deamhandíbirt. Deamhan coimhdeachta; peata deamhain. Conradh leis an diabhal. Sabóid. Cailleach. Don diach é! Is cuma sa riach! Bíodh an diabhal aige! D'imigh an diabhal air! Go dtuga an diabhal leis é! Allas an diabhail. Ar shanas an diabhail.

DÍBIR
V. BRÚIGH

Cuirim as ionad: Tugaim an bóthar do (dhuine); tugaim bata agus bóthar do (dhuine). Buail bóthar! Cuirim (rud) díom. Fáil réitithe, réidh le (rud). Cuirim (namhaid) dá chois. Díbrím, ruaigim, ionnarbaim. Ar deoraíocht. Tugaim béim síos do (dhuine). Cuirim as seilbh, díshealbhaím. Coinnealbháim, coinnealbhá. Eisreachtaím. Séanaim (cara). Tréigim (bean). Idirscarann (lánúin phósta). Colscaradh. Eascoiteannú.

Cuirim ar ceal: Cealaím. Díobhaim. Ardaím (rud) liom. Coiscim. Cuirim faoi chois. Glanaim. Réitím. Scaoilim (tionól). Scoirim; lánscoirim (parlaimint). Scaipim. Eisréidhim. Cuirim ar neamhní; díothaím.

DÍDEAN
V. CEIL, TEACH

Áit dídine: Foscadh, fothain, scáth. Teach, scáthlán, puball, both, bothán. Cró (ainmhithe). Tearmann. Dúnphort, daingean. Taisce. Gnáthóg, pluais, uachais, brocais (ainmhithe fiáine). Ábhach. Loca, banrach. Teálta. Rapach.

Dídean farraige: Port, calafort, cuan, ród, caladh, cé, duga, leaba ancaire.

Dídean mhíleata: Dún, daingean. Múr, rampar, bábhún. Caisleán. Trinse. Armúr. Lúireach. Sciath. Bacainn, baracáid. Sreang dheilgneach.

Dídean a thabhairt: Díonaim. Cosnaím. Clúdaím. Caomhnaím. Cumhdaím. Ainicim. Anacal, coimirce, ceathrú anama. Foscúil. Díonmhar.

DIFRIÚIL
V. CONTRÁRTHA, SCAR

Rud nach cosúil: Éagsúil, éagosúil, neamhionann, mífhreagrach, éagothrom. Nach bhfuil inchomórtais. Uachtarán, íochtarán. Difríocht, difear; difriú, difreáil.

Rud nach ionann: Eachtrannach. Úrnua. A athrach. A mhalairt. Coimthíoch. Éagothrom.
A bhfuil athrú air: Cuirim malairt chuma ar. Athraím. Athchóirím. Coimhthiú. Fuarú (cumainn). Éagsúil. Meascaim, measctha, meascán. Cumasc. Crossíolraím. Croschineálach. Slánchóirim (dhá rud ina cháile)
Atá i gcoinne: Contrártha, contrárthacht. Codarsnacht. Frithshuíomh. Contráil, contráilte. Freasúra. Eisceacht. Ar a chonlán féin.

DÍLEÁ
V. GAOFAIREACHT, ITH, ULLMHAIGH
Feidhm: Goile. Ithim, caithim, ligim siar. Cogaint. Meilt. Seiliú. Díleáim, díleá. Asamhlú. Cuirim (rud) ar mo ghoile. Súlach goile. Domlas. (Ainmhithe:) Athchogaint; cogaint na círe. Athchogantach. Goile na bhfeoirlingí, ~ an leabhair, ~ duilleach. Méadail. Stomaig.
Drochfheidhmiú: Díleá duaisiúil. Tinneas goile; pian goile; iompú, taom goile; fiabhras goile; othras goile. Tinneas bhéal an ghoile. Daigh bhoilg. Mídhíleá. Glóraíl, geonaíl bhoilg. Brúchtadh. Gaofaireacht. (Bia) a bhrúchtann aníos; ~ a thógann gaoth. Múisc. Tonn taoscach. Masmas. Urlacan. Coiliceam. Caidéal goile.

DÍOGRAIS
V. AIRE, CÚRAM, OBAIR
Déine: Teochroí, teochroíoch. Croíúil. Ar gor, i mbroid (chun rud a dhéanamh). Díograis, díocas. Scailéathan. Iomaíocht, coimhlint. Dánacht. Lántoil. Mionchúis. Cúramach. Faoi chroí mór maith. Díbhirce. Siabhránach.
Dílseacht: Dúthracht. díograis. Caoindúthracht, deabhóid. Dílseacht. Fanaiceacht, fanaiceach. Tairiseacht. Bolscaireacht, propaganda, síolchur. Crosáid, crosáidí.
Gníomhaíocht: Fuadar, fuinneamh, tapa. Beoga. Griothalán, driopás, fuirseadh, fothragadh. Cuirim stró orm féin (le rud). Teasaíocht. Teaspach. I bpéiniste an anama. Bruithean.

DÍOLTAS
V. FUATH, PIONÓS
Fonn: Tá olc agam do (dhuine); tá an t-olc istigh aige (dom). (Rud a dhéanamh) le holc (ar dhuine). Faltanas. Doicheall. Tá an nimh san fheoil aige (dom). Fuath. Drochfhuadar.
Gníomh: Imrím díoltas ar. Bainim díoltas, sásamh as (duine). Bainim éiric amach (i masla). Le díoltas. In éiric. Díbheirg. Díoghail. Bainim mo chúiteamh as (duine). Cor in aghaidh an chaim. Súil sa tsúil agus fiacail san fhiacail. Dlí an díoltais.

DÍOMHAOIN
V. DEARMAD, SCÍTH
Scíth: Déanaim, ligim, mo scíth. Sos. Tarraingt anála. Faoiseamh. Fóillíocht. Sáimhín só; suaimhneas. Siamsa. Saoire; laethanta saoire. Féile. Fastaím.
Gan obair: Ag fálróid, ag feamaíl, ag fámaireacht. Fámaire. Díomhaoin. As obair. Dífhostaithe, dífhostaíocht. Gan chúram. Leisce, leisciúil; falsa. Leisceoir. Ualach ghiolla na leisce. Codlaím déanach; codlaím go headra. Stailc. Spadánta, marbhánta.

DIÚLTÚ
V. CONTRÁRTHA, EASPA
Diúltach: Diúltaím; séanaim; diúltaím do. Séanadh; séantach; inséanta; séantóir. Colaim, colfairt. Eisiaim. Fanaim glan ar. Fanaim neodrach. Éaraim, éimím, eitím. Cúlaitheach.
Contráilte: Bréagnaím. Tugaim éitheach do (dhuine). Frithrá, frithráiteach. Contráil. Tréigim. Éaraim. Obaim. Cuirim in aghaidh (fianaise). Conspóid, sáraíocht, aighneas. Déanaim agóid. Cuirim (ordú) ar ceal. Frisnéis. Frithingeach.

Neamhní: Easpa, díth, ceal. Folús. Bearna. Náid, dada. Déanamh gan (rud). Tréanas. Scriosaim, cealaím. Cuirim ceal i (rud). Cuirim ar neamhní. Staonaim ó (rud a dhéanamh).

DLÍ
V. BREITH, CEART

Cineálacha: Dlí an nádúir; dlí Dé; dlí na tíre; an dlí coiteann. Dlí idirnáisiúnta, sibhialta, míleata, canónta, bunreachtúil, coiriúil. Cúirt, binse.

Lucht dlí: Dlíodóir, feidhmeannach dlí, abhcóide, aturnae, aighne. An tArd-Aighne. Breitheamh, giúistís, an Príomh-Bhreitheamh. Nótaire poiblí. Cléireach cúirte. Canónaí. Achtóir, reachtóir. Dlí-eolaíocht.

A chur i bhfeidhm: Bille, reacht, reachtaíocht. Dlí a achtú, ~ a fhógairt; ~ a leasú; ~ a aisghairm; ~ a fhoilsiú. An Iris Oifigiúil. Maolú dlí. Dlínse. Caingean. Cúis. Breith. Fuarlitir an dlí. In eochair dlí. "Ní imeoidh litir ná lúibín litre den dlí."

DOBHRÁNTA
V. AINBHIOS

Gan tuiscint: Dúr, bómánta. Chomh dúr le slis. Dallintinneach. Cúngaigeanta, caolintinneach. Amaideach, seafóideach. Éigiallta, aingiallta. Gearrbhreathnaitheach. Éaganta. Maolaigeanta.

Ina ábhar gáire: Seafóideach, áiféiseach. Ceap magaidh. Saonta, soineanta. Amscaí, anásta, ciotrúnta. Bogintinneach. Saoithín, saoithíneacht.

Duine dobhránta: Amadán, óinseach, pleidhce, gamal, leathcheann, leathbhuachaill, simpleoir, dobhrán, leibide, pleota, bómán, leadhb.

DOCHAR
V. ANACHAIN, CAILL, MILL

Athrú chun donais: Dochar. Damáiste. Díobháil. Meath. Meathlaím. Donaím. Téim in olcas, ~ chun donais, ~ ó mhaith. Millim. Loitim. Cuirim ó mhaith, ó chrích, amú. Scriosaim. Caithim. Seanchaite, smolchaite. Falsaím. Camaim. Bréagnaím. Téim in aois. Seargaim. Críonaim.

Truailliú: Truaillím. Dreonn. Feonn. Lobhann. Morgann. Géaraíonn (bainne). Salaím. Sáraím. Tá cor i (mbainne, i bhfeoil). Tagann meirg air. Bréan, bréantas. Splíonach, ablach. Brachadh, angadh. Miasma. Spruan, smúdar; caonach liath. (Ubh) ghlugair.

DÓCHAS
V. CREID, MIAN, TODHCHAÍ

Réamhamharc: Tá dóchas agam; tá súil agam. Táim ag dréim, ag súil, ag coinne le. Tá coinne, brath agam go (dtarlóidh rud). Tá gach dealramh go ~. Tuaraim; feicim romham. Is é mo thuairim láidir go ~. Éilím. Santaím, tothlaím. Mian. Dúil.

Muinín sa todhchaí: Dóchas, muinín, uchtach. Táim inuchtaigh go ~. Táim cinnte, dearfa go ~. Níl lá amhrais orm nach ~. Níl ceist ar bith orm nach ~. Aislingeacht. Speabhraíd. Dúil gan fáil. Tá deireadh dúile bainte agam de (rud). Somheanma.

DÓIGH
V. TEAS, TINE

Dóiteán: Téann trí thine. Dóitear; dóiteán. Lasair. Caor thine. Adhnaim, adhaint. Lasaim, lasadh; inlasta. Créamaim, créamadh, créamatóir. Loiscim, loscadh, loiscneach. Múchtóir dóiteán.

Gníomhú tine: Dónn. Téann. Loisceann. Bruithníonn. Cailcíníonn. Carbónaíonn. Déanann luaith de. Róstann. Gríoscann. Beiríonn. Bruitheann. Friochann. Leánn. Scallann. Scólann. Spallann.

Téamh: Connadh. Breosla. Ábhar tine. Móin. Gual. Ola, dó-ola. Adhmad, brosna. Tine, tinteán, teallach. Sorn. Foirnéis. Ciseán tine. Lasán, cipín solais. Téamh lárnach, radaitheoir.

DOILÉIR
V. AMHRAS, DUBH, RÚNDIAMHAIR

Radharc: Dorchadas, dorchacht, dorcha. Oíche. Dúchan, duibhe. Duibhré. Duifean. Dúlaíocht. Modartha, modarthacht. Clapsholas, coineascar, contráth, crónú an lae, idir dhá sholas. Ceo, modarcheo, ró samh, ceobhrán, brádán. Néal, scamall, scamallach. Scáth, scáil, leathscáil. Urú.

Teanga: Briotaireacht, trudaireacht, stadaireacht, plobaireacht. Niúdar neádar. Glagaireacht, sclaibéireacht. Friotal amscaí, ciotach, aimhréiteach, achrannach, scaipthe, neamhchruinn, leadránach, fadálach, liosta, doraidh. Diamhair, rúndiamhair, diamhracht. Oracal, aitheascal, céalmhaine. Dúfhocal. Béarlagair. Béarlagair na saor. Béarla Féine. Rúnscríobh.

Ciall dhoiléir: Deacair a thuiscint. Dothuigthe. Teibí. Déchiallach. Athbhríoch. (Brí) do-aimsithe, do-aisnéise, do-aitheanta, do-bhraite, dochinntithe, dochurtha i bhfriotal, domhínithe, doshroichte. Ainbheacht.

Tosca doiléire: Anord, éagruth, easordú, tranglam; gan ord gan eagar, trína chéile. Ruaille buaille, clampar. Bunoscionn. Ciseach, praiseach; an phraiseach ar fud na mias. Gan bhun gan bharr. Cíor thuathail, gírle guairle. Cathair ghríobháin. Rírá. Rachlas.

DOMHAN
V. NÁDÚR, RÉALTA

Na spéartha: An chruinne, ~ cheathartha; an cheathairchruinne, an cheathairdhúil. An dúlra, an nádúr. An éigríoch. Cosmagnaíocht. Cosmeolaíocht. An cosmas, cosmach. Réalteolaíocht. Córas na Gréine.

An Talamh: An Domhan. Ceithre hairde an domhain, na cruinne. Domhanda. An chruinne dhomhanda. Éacúiméineach. Iltíreachas, iltíreach. An saol seo. An Treas Domhan. Teacht ar an saol. Domhnán. Alltar. An Domhan Thoir; an Domhan Thiar.

DOMHNACH
V. AIFREANN

Ag baint leis: Domhnach. Lá an Tiarna. Friotháil an Domhnaigh. Aifreann Domhnaigh. Domhnach Cásca, ~ Cincíse, ~ na Pailme, ~ na Páise, ~ na hImrime. Domhnach Chrom Dubh. Domhnach na cogarnaí. Domhnach na Mart. Domhnach na bhFraochán. An Domhnach a choinneáil. Obair shaothrach. Staonadh ó obair shaothrach. "Coimeád an tSaoire mar is cóir". Rí an Domhnaigh. Bean, cailín, Domhnaigh.

DORAS
V. TEACH

Cineálacha: Doras isteach, ~ amach. Doras tosaigh, ~ cúil. Doras na sráide, ~ na gaoithe. Doras éalaithe. Doras fillte, ~ sleamhnáin, ~ luascáin. Doras carráiste. Doras dhá chomhla. Doras dúbailte. Leathdhoras.

Codanna: Fardoras, tairseach, ursain, comhla, fráma, boschrann, murlán. Leac an dorais. Imeacht idir chleith agus ursain. Glas, laiste, insí, bacáin, lúdracha. Maide éamainn; sabh dorais. Lindéar.

Gluaiseacht: Osclaím, dúnaim, druidim. Doirseoir. Buailim cnag ar (an doras). Ar leathoscailt, ar faonoscailt. Dúnadh an dorais i ndiaidh na foghla.

DRABHLÁS
V. DUÁILCE, ÓL

Cineálacha: Truailliú, corbadh, truaillíocht. Dul thar fóir, thar cuimse. Dínáire, mínáirí. Ainmheasarthacht, ainriantacht. Sámhas. Mímhoráltacht. Drochiompar. Drúis, collaíocht, ainmhian, macnas, áilíos, pléisiúr. Craos, meisce, meisceoireacht, póit. Carbhas. Pótaireacht.

Gníomhartha: Ragairne; dul ar an ól, ar an spraoi. Scléip. Scloitéireacht, meisceoireacht, ólachán; póit a dhéanamh. Adhaltranas, striapachas, meirdreachas, táth, banéigean; ag bualadh leathair, craicinn. (Bean) a chur ó chrích. "An mac drabhlásach." Fuíoll póite; braon nimhe.

DRAÍOCHT
V. RÚNDIAMHAIR

Ag baint le draíocht: Draíocht, asarlaíocht, an ealaín dhubh, gintlíocht. Ailceimic. Tuar, ortha, céalmhaine. Diabhaldánacht. Toghairm. Cruth, claochlú. Teir. An drochshúil, an tsúil choirithe. Ciorraím, ciorrú. Smolaim. An slua sí. Slat draíochta, fáinne draíochta. Long sí. Teach siúil. Crócharnaid. Cronaím. (Áit) uasal, aerach. Breachtraíocht. Siabhradh.

Neacha draíochta: Diabhal, deamhain, síóg, bean sí, lucharachán, púca. Conriocht, vaimpír, deamhan fola. Cailleach feasa, draíodóir, draoi. Síofra. Malartán. Síogaí. Taibhse. Taise. Spéirbhean. Aosán. Iarlais.

DREAM
V. CUMANN, MÓRÁN

Iolracht: Mórán (daoine); slua, líon (daoine, tí, tionóil), plód, ollslua. Iomad, mórchuid. Scata, mathshlua.

Cumann: Coiteann, comhroinn, tionól, comhthionól, comhluadar, pobal, muintir. Cuallacht, cuallaíocht. Comhlacht, comhlachas, comhshnaidhm, corparáid, compántas. Náisiún, teaghlach, cumann. Comhar, meitheal, comharchumann. Ceardchumann.

DROCHMHEAS
V. BRÓD, NÁIRE

A aireachtáil: Tá drochmheas, dímheas, agam ar. Drochmheasúil. Lagmheas, lagmheasúil. Le teann drochmheasa. Tarcaisne. Scorn. Is beag orm (duine). Is beag liom. Déistin. Caithim drochmheas ar. Táirim. Achasán, aithis. Easurraim. Masla. Measaim (rud) faoina luach. Is cuma liom faoi (rud). Tarcaisne.

Ábhar drochmheasa: Beag le rá. Beag is fiú. Ábhar, ceap, magaidh. Díol trua, tarcaisne. Táir, suarach, ainnis, anuasal. Íochtarán. Leathdhuine. Cunús. Staicín áiféise. Luí faoi tharcaisne.

A léiriú: Breathnú anuas ar (dhuine). Déanaim fonóid, magadh, ábhacht, seitgháire, scigireacht faoi (dhuine). Ag baint as (duine); ag spochadh as. Caithim achasán, aithis, le (duine). Déanaim neamhshuim de. (Rud, duine) a fhógairt don diabhal, go dtí an diabhal. An tarcaisne a chur i gceann na héagóra.

DROCHMHISNEACH
V. BRÓN

Easpa misnigh: Beaguchtach, lagmhisneach, domheanma, éadóchas, leatrom, léan, dobrón, lionn dubh. Dólásach, dubhach, tromchroíoch, duairc, gruama. Lionnta dubha a dhéanamh. A Mhuire is trua! Bainim (duine) dá threoir. Meatacht, claidhreacht. Déistin. Táim dubh dóite de (rud). Mí-mheanma. Domheanma.

Easpa urra: Tuirse, tuirseach. Marbh tuirseach, cortha, traochta, tugtha tnáite, sáraithe amach, spíonta, seangaithe. Laige, lagar, lag. Anbhainne, anbhann. Lagsprid, lagspridiúil. Lagbhrí. Spadántacht. Marbhántacht. Meirtní. Téiglíocht. Leisce. Fuarchúis. Spreas, spairt. Antrom.

DRÚIS
V. DRABHLÁS, DUÁILCE

Tréithe: Ainmhian, ainmhianta na colainne; collaíocht. Drúisiúil, collaí, macnasach. Miangas, miangasach. Sáile. Pléisiúr na colainne. Áilíos, áilíosach. Mian. Drúisiúlacht. Béistiúlacht. Truaillíocht. Mígheanmnaíocht. Teaspach, teaspúil. Graostacht, gáirsiúlacht. Neamhghlaine. Salachar. Mínáireach, mímhodhúlacht. Droch-chaidreamh. Suirí, suiríoch. Mígheanas. Sámhas. Antoil. Ragús. Toil chollaí.

Gníomhartha: Drabhlás. Ainriantacht. Táth. Striapachas. Meirdreachas. Banéigean. Ciorrú coil. Caidreamh collaí. Glacaireacht thruaillí. Suirí. Pornagrafaíocht. Drúthlann. Teach striapach. Ionsaí mígheanasach. Ag bualadh craicinn, leathair. Féinsuaitheadh. Súil theaspaigh.

DUÁILCE
V. AINMHIAN, DRABHLÁS, MILL, PEACA, URCHÓID
Duáilce: Truaillíocht. Mímhoráltacht. Urchóid. Neamhghlaine. Drabhlás. Ainriantacht. Mínairí. Peaca. Olc. Coir. Cion. Locht. Aineamh. Drochnós. Mailís. Mianta truaillithe. Oilbhéas. Diomar. Máchail. Éalang. Cron.
Duáilceach: Drochbheathach. Mímhorálta. Truaillithe. Urchóideach. Drabhlásach. Ainrianta. Mínáireach. Peacúil. Coiriúil. Ciontach. Mailíseach. Peacach, meisceoir, drúiseoir, ragairneálaí, coirpeach. Oilbhéasach.

DUBH
V. DATH
Dath: Dubh, ciardhubh, ciar, ciardhonn, dúdhonn, dúghorm, dúghlas, dúliath. Gualdubh, gualda. Modartha, dorcha. Crón, dúchrón. Daoldubh. "Glacann dath dubh, ach ní ghlacann dubh dath".
Rudaí dubha: Gual, dúch, smearadh bróg, lon dubh, dubh súiche, dubh cnámh, dubh an eabhair. Lionn dubh. An Galar Dubh. Éide bróin, sípris. Margadh dubh. Dúchan oíche. Daolbhrat. Chomh dubh leis an daol.
Dubh morálta: Lionn dubh. Lionnta dubha a dhéanamh. Gruaim. Brón, dobrón. Bris, trioblóid. Dúrantacht.
Daoine: Fear gorm, bean ghorm, gormán. Ciardhuán. An cine gorm. Saighdiúir dubh. Dúchrónach. An Fear Dubh.

DUINE
V. BEAN, PÓSADH
Cineál: An cine daonna; ciníocha, treibheanna. An cine geal, buí, gorm. Na hIndiaigh dhearga. Fathach, abhac. Daonnaí, diúlach, baistíoch; ceartfhear.
Gnéas: Fireann, baineann. An cineál banda, fearga. Fear fásta; bean déanta. Buachaill, stócach, ógfhear, garsún, gasúr, páiste fir, ~ mná, gearrchaile, girseach, cailín, ógbhean, ainnir. Leanbh, naíonán. Seanduine. Scorach. Siota. Déagóir.
Tréithe: Indibhid, pearsa. Comharsana. An mhuintir seo againne. Bráithre. Intleacht, réasún, smaoineamh, idéanna, ainmhianta, idéil, instinní. Daonna, daonnacht, daonnachas. Fearúlacht, fearaíocht. Bandacht. Básmhaireacht.

DÚN
V. ARM, COSAIN, DÍDEAN, DÚNAIM
Cineálacha: Dún, daingean, caisleán, caiseal, ráth, dúnán, dúnáras, dúnbhaile, dúnfort, túr, bábhún, port, oibreacha cosanta, dúnchla. Longfort.
Codanna: Múr, rampar, forbhalla, claonfort, urdhún, doras rúide, táibhle, briotáis, poll lámhaigh, móta, díog, trinse, leathluan, taobhphort.
Ionsaí: Léigear, imshuím, imdhruidim. Buamáil, bombardaím, tuairgneálaim. Bataire, airtléire, gunnaí móra. Ionsaí, fogha. Innealtóirí. Mianach. Sapar. Lomaim, scriosaim, leagaim, leacaím. Talmhaím.

DÚNAIM
V. CONSTAIC
Dúnadh: Dúnaim, druidim (doras, teach). Cuirim glas ar (dhoras). Glasálaim. Cuirim sparra, maide éamainn, ~ iarainn, le (doras, fuinneog). Iaim. Coiscim (bóthar ar thrácht). Bacainn, baracáid. Dúnaim, éistim, mo bhéal. Bac, claí, dris chosáin, ceap tuisle. Sparra, maide éamainn, bolta, laiste. Slabhra. Comhla foscaidh. Cuirtín. Glas. Eochair. Scannán, dallán, spiara, matán iata. Iatóir (ciorcaid). Comhathraitheoir. Cnaipe, dúntóir, crúca, scorán. Maide mullaigh, eochair. Gobán, marbhfháisc, féasrach, mantóg.

Iamh: Fálaím, crioslaím, timpeallaím. Iaim. Foriaim. Cuirim ballaí, fál, srl. timpeall ar. Múr, rampar, bábhún, port, sonnach, pailis. Imshuím, cuirim léigear ar. Cuimsím. Teorannaím. Fillim (i bpáipéar), burlálaim, cornaim. Iniaim, infhillim.

Stopadh: Stopaim, iaim, poll. Calcaim. Cuirim stopallán, stopán, dallán, stoipéad, i. Cuirim corc (i mbuidéal), plocóid (i mbairille). Sconna, fóiséad, coc. Líonaim (log, cuas).

EACHTRANNACH
V. DIFRIÚIL, TAISTEAL, TÍR

Daoine: Eachtrannach, coimhthíoch, allúrach. (Duine) thar tír isteach, inimirceach. Strainséir, turasóir, cuairteoir, fámaire. Eadóirseach. Deoraí. Eisimirceach. Coilíneach. Oilithreach. Eachtarchine, eachtartha. Gall, gallda. Ean cuideáin. Andúchasach.

Caidreamh: Gnóthaí eachtracha. Dlí na gciníocha. Dlí idirnáisiúnta. Díolúine taidhleora. Conradh, comhaontú, concordáid, comhdháil. Eiseachadadh. Easpórtáil, iompórtáil. Onnmhairím, allmhairím. Ionnarbaim, díbrím. Plandáil, coilíniú. Imirce. Eadóirsiú. Turasóireacht. Pas, pasport.

ÉAD
Cineálacha: Éad, formad, tnúth. Ag, in, éad le (duine). Iomaíocht, coimhlint, sáraíocht. Drochamhras.

Éad a léiriú: Bheith ite, á chreimeadh, ag éad. Bheith in amhras faoi (dhuine). Bheith gruama, dúranta. Drochamhrasach, goilliúnach, íogair. Cúléisteacht. Gliúmáil, cúlchoimhéad, spiaireacht.

ÉADACH
V. ÉIDE

Cineálacha: Olann, cadás, síoda, sról, bréidín, báinín, ceanneasna, líon, línéadach. Glas caorach. Corrán. Leámhán. Snáithín saorga.

Déanamh: Dlúth, inneach, caitín, gréasán. Cardáil, fíochán, sníomhachán. Fí chorráin, dhúbailte, chíorach. Ríd. Éadach, culaith, a chumadh.

ÉADROM
V. FURASTA, TANAÍ, ÚSÁIDEACH

Meáchain: Éadrom, soláimhsithe, iniompartha, áisiúil. Coséadrom, aclaí, lúfar, cosluath, éasca (ar a chois). Chomh héadrom le cleite, le sop. Chomh héasca le meannán. Tanaí, seang, caol. Mear.

Carachtar: Éadrom, baoth, baothánta, baoithe. Luaineach, guagach, éaganta, aerach, fánach, díomhaoin. Óg (ina shaol), gan taithí, aineolach, ainchleachta.

EAGLA
V. DAINSÉAR

Eagla a airítear: Eagla, faitíos; eagla anama, chroí. Uamhan, scéin, scanradh, sceimhle, imeagla, scáth, uafás. Cearthaí, cotadh, cúthaileacht. Scaoll. Meas daonna. Scrupall. Mearbhall. Crá, duainéis, anbhuain, imní, anbhá. Coisciú. Miteachas. Uaiféaltas. Adhfhuath. Uafaireacht.

Eagla a chur: Cuirim eagla etc. ar (dhuine). (Rud) a eaglú do (dhuine). Buairim. Déanaim imní do. Cráim. Cuirim trioblóid ar. Scanraím, imeaglaím, sceimhlím. Cuirim san airdeall. Bagraím ar (dhuine). (Rud) creathnach. Babhdán. ''Urghráin an lomscriosta''. Scanrúil.

Eagla a thaispeáint: Eagla chroí, ~ chraicinn, ~ a bháis, ~ an domhain. Ar crith, ar bharr amháin creatha. Creathnaím. Bán san aghaidh. D'éirigh mo chuid fola fuar. Geitim. (Rithim) sna featha fásaigh, mar bheadh an diabhal á rá liom. Braiteoireacht. Fionnachrith.

Meon eaglach: Eaglach, faiteach, scanraithe, scéiniúil, scaollmhar, scanraithe. Cúthail, cotúil. (Lámh, guth) creathach. Corrach, buartha, imníoch. Piseogach. Meata, cladhartha, lagmhisniúil, duairc. Scáithínteach. Scóchas. Seachantacht.

Uascánta, uascántacht. Uaigneas, uaigneach. Aduantas. Aerachtúil, aerachtúlacht. (Áit) uasal.

EAGLAIS
V. AILTIREACHT, CREID, PÁPA, REILIGIÚN

Tionól na bhfíréan: Eaglais chaitliceach, aspalda, rómhánach. Eaglais Ceartchreidmheach, Laidneach, Ghréagach, Anglacánach, Phreispitéireach. Eaglais na hÉireann. Eaglais chathach, fhulangach, chaithréimeach. Comaoin na Naomh. Corp mistiúil Chríost.
Foirgneamh: Ardeaglais, eaglais chaiteadrálta, baisleac, eaglais pharóisteach. Teampall, séipéal, teach an phobail. Aireagal. Eaglais choinbhintiúil, choláisteach. Mainistir. Séipéal cúnta. Reigléas. Sionagóg.
Codanna: Eardhamh, foraghaidh, aghaidh, túr, spuaic. Corp, taobhroinn, croslann, saingeal, córlann, cúlbhá, áiléar, stuara, barrbhalla. Altóir, ambó, léachtán, taibearnacal, sanctóir. Clogás, lusca, boghta, stuaic. Stua, áirse, rósfhuinneog, umar baiste, crannóg, bosca faoistine. Iolartán.
Pearsana eaglaise: Cléir, pearsa eaglaise, eaglaiseach, cléireach, sagart, easpag, biocáire, deochain, déagánach. Séiplíneach, canónach, déan. Cléireach aifrinn, túiseoir. Suibeaspag.
Trealamh: Cros, scrín, cumhdach taisí. Abhlann, arán slim, fíon, cruibhéad. Criosma, ola choisricthe, chaiticiúmanach. Éide aifrinn. Uisce coisricthe, aisréad, speirgeas. Leabhar aifrinn, leicseanáir, portús, leabhar na dtráth, leabhar na ngnás. Cailís, paiteana, cuach abhlann, pioscas. Túis, túisbhád, túiseán. Oisteansóir. Sacráir.
Cultas: Aifreann, oifig, seirbhís, easparta, iarmhéirí. Liotúirge. Beannú na Naomhshacraiminte.
Riaradh: Pápa, cliarlathas, cléir, fíréin. Comhairle éacúiméineach, áitiúil; sionad. Caibidil, sionad sagart. Deoise, déanacht, paróiste. Cléir rialta, dheoiseach. Dlí canónta. Cúram anamacha. Dualgas na cléire. Sanasáin na hEaglaise. Screaball. Paróiste méise.

EAGNA
V. CRÍONNACHT, LÉANN, MEASARTHACHT, RÉASÚN

Taithí: Saoi. Ciall cheannaithe. Cleachtadh, aithne. (Duine) cleachtach. Seacht saoithe (na Gréige). Trí Ríthe (an Oirthir); na Saoithe anoir. Solamh. Morann. Eagna na gciníocha. Seanfhocal. Aos eagna.
Tuiscint: Eagna, eagnaí; críonnacht, críonna; tuiscint, tuisceanach; gaois, gaoismhear. Intleacht. Éargna. Réasún, réasúnta. Ciall, ciallmhar. Ciall chomónta. Machnamh, meabhrú. Fadcheannach, fadaraíonach, fadaraí. Stuaim, stuama. Eagna chinn. "Tá sé ina cheap céille". "Níl crithir ann." Iarchonn.
Dea-iompar: Críonnacht, críonna. Stuama, staidéarach. Socair, sochma, sochomhairleach. Measarthacht, measartha. Féinsmacht.

ÉAGÓIR
V. URCHÓID

In aghaidh an chirt: Éagórach, éigeart, éigeartas, gníomh éagóra, míghníomh, urchóid, ainghníomh. Mí-úsáid cumhachta. Forghabháil, forlámhas. Cúngú (ar cheart duine). Fabhar. Leatrom, claon. Leithcheal. Laofa.
In aghaidh an dlí: Aindleathach, neamhdhlíthiúil. Neamhdhlisteanach. Nèamhcheadaithe. Inlochtaithe, inmhilleáin. Coir, coiriúil; cion. Bithiúnach, bithiúntas. Caimiléir, caimiléireacht. Calaois.
In aghaidh moráltachta: Mímhorálta. Feall, gníomh fill; meabhal. Mídhílis, éadairise. Mí-ionraic, mímhacánta, míchneasta. Locht, lochtach. Peaca, col.

ÉAGUMAS
V. AINBHIOS

Gan chumas: Éagumasach, neamhábalta, neamhinniúil. Neamhbhríoch, lagbhríoch. Gan mhaith, gan bhrí. Níl neart agam ar (rud). Lag, laige; anbhann, leochaileach. Neamhurchóideach, gan dochar. Neamhleor. Seasc, aimrid; coillteán.

Gan eolas: Ainbhios, aineolas. Neamhoilte, neamhchleachtach, gan taithí. Aineolaí. Tá (an obair) ainchleachta agam. (Duine) beag de mhaith; beagmhaitheasach; cúl le rath. Neamhéifeachtach. Níl cur amach agam ar (rud). Anásta, amscaí, liobarnach, ciotach. Núíosach. Glas ar ghnó.

Gan chearta áirithe: Éagumas buan, sealadach, iomlán; páirtéagumas. Ar meisce agus ar neamhchumas. Mionaoiseach.

EALAÍN
V. CUMHACHT, RIAIL

Na healaíona: Na healaíona uaisle, na míndána, na saorealaíona. Ealaíona plaisteacha, maisitheacha, tionscalacha, meicniúla. Litríocht. Filíocht. Téatar. Péintéireacht. Dealbhóireacht. Ailtireacht. Greanadóireacht. Scannánaíocht. Ceol. Damhsa. Líníocht. Cabhraíocht.

Saothair: Saothar ealaíne. Sárshaothar. Obair ealaíonta. Ornáid. Feisteas.

Mianach ealaíontóra: Idéal. Inspioráid, tinfeadh. Gairm. An lasair naofa. Díograis. Ardéirim, bua, tallann, tíolacadh. Mianach. Máistreacht. Eolas. Teicníocht. Cultúr ealaíonta. Cleachtadh. Ceird, ceardaíocht. Stíl. Deis láimhe.

Foirceadal ealaíne: Aeisteitic. Teoiric ealaíne. Ealaín an tseansaoil, Rómhánúil, Ghotach, Chlasaiceach, Rómánsach, Réalaíoch, Impriseanaíoch, Nua-aimseartha, Chiúbach.

Saol na n-ealaíon: Ealaíontóir, aos dána. Máistir, rímháistir. Dalta. Ceardaí, fear ceirde. Amaitéarach. Pátrún, pátrúnacht. Criticeoir. Iris ealaíne, leabhar ealaíne, critic ealaíne. Músaem, gailearaí, dánlann. Taispeántas. Comórtas. Duais. Acadamh.

EARRÁID
V. BRÉAG, URCHÓID

Dearmad a dhéanamh: Déanaim dearmad, meancóg, botún, earráid (ghramadaí), mearbhall (cuntais). Tá mé ag dul amú, ar seachrán; cearr.

Locht: Lochtach, mícheart, neamhchruinn. Botún, míthapa. Ciotrúntacht. Tuathal. Mainneachtain. Iomrall. Faillí. Easnamh.

Mealladh: Seachmall. Speabhraídí. (Tá) dul amú ar. Ciméara. Brionglóid. Taibhreamh. Meascán mearaí. Dallach dubh. Caisleáin óir. Saochan céille. Tír na nÓg. Siabhrán.

Dul amú: Bréag, bréagach, falsa. Saobhchiall, saobhthuairim. Saobhchreideamh. Eiriceacht. Baothchreideamh, piseogacht.

EASPA
V. GÁ, MILLEÁN

Easpa: Gann, neamhleor, ganntanas, ganntar. Díth, díobháil, éagmais, easnamh. Ceal. Gannchúis. Uireasa. Teirce. Briseadh (gnó), clisiúnas. Laghdú, ísliú, caillteanas. Maolú (teochta, ~ ar phionós). Lochtach, máchaileach. Neamhiomlán, neamhfhoirfe. Anfhoirfe.

Loiceadh: Cliseadh, loiceadh, tréigean, feall. Mídhílis. Éirím as (rud). Díomhaoin. Díláthair. Díolúine. Faillí.

Easnamh: Bheith in easnamh (ruda). Tá gá agam le (rud). Gátar. Déanaim gan (rud). Staonaim. Táim ar aiste (bia). Bochtaineacht. Daibhreas. Anás, anó. Gorta. Gannchuid. Troscadh. Teastaíonn.

Faillí: Déanaim dearmad ar (rud); déanaim faillí i rud. Neamart. Mainneachtain. Fágaim ar lár, i leataobh. Léimim (leathanach, uimhir). Ceilim. Seachnaím (ceist). Cailicéireacht. Fágaim (líne, spás) bán. Briseadh, bearna, folús.
Ar lár sa fhriotal: Bá, focalbhá. Nod, giorrúchán. Séagma. Le tuiscint as. Déchiallach.
Lochtach: Locht, éalang, ainimh, máchail, smál. Uireasa. Mícheart, míchruinn. Easlán, ciorraithe, bacach, caoch, fiarshúileach. Sracobair, sracléaráid; rédhréacht, réleagan. Aineolach, glas ar an ngnó.

EASPAG
V. SAGART
Teidil: Easpagóideacht. Cliarlathas. Cóidiútar. Easpag cúnta. Easpag in partibus. Biocáire aspalta. Patrarc. Príomháidh. Easpag na Róimhe, Pápa. Prealáid. Pontaif. Tréadaí. Comharba na nAspal. Comharba Phádraig. Nuinteas an Phápa; idirnuinteas; leagáid.
Gradam: Oirniú, coisreacan, sácráil. Insealbhú. Suíochán easpaig. Suí. Ardeaglais, eaglais chaitéadrálta. Mítéar, bachall, fáinne, cros. Pailliam.
Feidhm: Feidhm easpaig. Cumhacht an oird. Dlínse. Oirniú, beannú, cóineartú. Criosma. Comhairle, sionad. Turas ad limina. Deoise. Suibeaspag. Ardeaspag oireachais.

ÉIDE
V. ÉADACH, MAISIGH
Éadach: Cóiriú, maisiúchán. Feisteas, culaith, éide. Arm agus éide. Libhré. Feisteas bréige. Culaith Aifrinn. Éadaí cnis. Cuirim orm. Cóirím, gléasaim, éidím. Feistím. Feileann, oireann, téann, (ball éadaigh) dom. Cuirim bréagríocht ar (dhuine).
Cineálacha: Éide fir tíre. Feisteas foirmiúil. Culaith mhaidine, ~ thráthnóna. Fallaing (mhná). Éide bhróin. Éide chogaidh. Culaith shnámha, spóirt, sheilge, oibre, Dhomhnaigh. Gléasta go slachtmhar, péacach, pioctha néata, cuanna, cáiréiseach, gioblach, modhúil, mígheanasach. Tuíneach.
Éide fir: Culaith éadaigh. Bríste. Triús. Gealasacha. Veist. Carabhat. Léine.
Éide mná: Gúna. Sciorta. Cóitín. Bráidbheart. Brístín. Cóirséad, sursaing, crios gairtéar. Ionar. Ceardán.

ÉIGINNTE
V. AMHRAS
Nach cinnte: Braiteoireacht. Idir dhá chomhairle. Neamhchinnte. Éiginntitheach. Éideimhin. Trína chéile. Galar na gcás. Faiteach. Guagach, luaineach. Scrupallach. Bheith anonn is anall le (rud). Righneáil. Iomlat.
Nach cruinn: Athbhríoch, déchiallach. Amhrasach. Doiléir. Luaineach. Neamhchinntithe. Fódóireacht. Ag baint boghaisíní.
Nach soiléir: Mearbhall. Éagruth, éagruthach. Sonra. Doiléir. Dothuigthe. Dorcha. Diamhracht. (Torann) toll. Gliúmáil. Caoch. Meascán mearaí. Bunoscionn.

ÉIRE
Ainmneacha: Éire, Banba, Fódla. Fia fuinidh. Críoch Féilim. Inis Ealga. Inis Fáil. Oileán na Naomh is na nOllamh. Insula Sanctorum et Doctorum. "Inis fá réim i gcéin san iarthar tá". Clár Choinn. Róimh Iarthair Bheatha. Inis na bhFíobhadh. Scotia. Hibernia. Gort Féilim. Fearann Choinn. Achadh Airt.
Daoine: Éireannaigh. Gaeil. Clann Mhíle; Tuatha Dé Danann; Fir Bholg. Lochlannaigh. Normannaigh. Sean-Ghaill, Nua-Ghaill.
Stair: Rí, rí cúige, ardrí. Uirrí. Oireachtas, taoiseach, tánaiste, breitheamh. Parlaimint. Poblacht. Saorstát. Dáil Eireann. Críochdheighilt. Cogadh Gael re Gallaibh. Cogadh an dá Aodh. Cogadh an dá Rí. "Tonnbhriseadh an tseanaghnáthaimh". Na Péindlithe. Éirí amach. Cogadh na nDeachúna. Cogadh

na Talún. Cogadh na Saoirse. Cogadh na gCarad. An Cogadh Eacnamaíoch. Sinn Féin. Fine Gael. Fianna Fáil. Gabháltas Gall. An Pháil.

An Tír: Ulaidh, Laighin, Mumhain, Connachta, Mí. Cúig cúigí na hÉireann. Cúig Achadh Uisnigh. An Ghalltacht. An Ghaeltacht. Leath Choinn; Leath Mhogha. Tonn Chlíona; Tonn Rúraí; Tonn Tóime. Eiscir Riada. "Ó Charn Uí Néid go Cloch an Stocáin, agus ón Inbhear Mór go hIorras Domhnann".

EITLEÁN
V. AER

Cineálacha, codanna: Muireitleán, scairdeitleán, héileacaptar, aerbhus, aerárthach. Monaplána, déphlána. Eití, cabán, cabhail, inneall, plána deiridh, focharráiste. Luamhán stiúrtha, riarbhata. Lián. Soc.

Eitlíocht: Eitleoir, píolóta. Meicneoir. Meitéareolaíocht, meitéareolaí. Aerphost. Aerfort. Rúidbhealach. Haingear. Faoileoireacht. Aeráracha. Tuirling. Tugaim (eitleán) chun talún. Éiríonn (eitleán) den talamh. Tumann, eitlíonn. Ardaíonn; íslíonn. Aerbhealach. Aerchonair. Aeradróm. Aerlíne. Aerloingseoireacht. Aerruathar. Aerstiall. Aeróstach.

EOCAIRIST
V. AIFREANN, SACRAIMINT

An deasghnáth: An Suipéar Déanach. Séire an Tiarna. An Seomra Uachtair. An Eocairist, eocairisteach. Na haicídí naofa. Faoi ghné aráin agus fíona. Corp agus Fuil Chríost. An tUan Cásca. Sacraimint na hAltóra. Na rúndiamhra naofa. An Cháisc. Dualgas na Cásca.

Comaoineach: An Chomaoineach Naofa, Comaoineach a ghlacadh, a chaitheamh. Cailís, paiteana, abhlann, cuach, pioscas. Arán slim. An coisreacan; briathra an choisreacain. Briseadh an aráin. Comaoineach faoin dá ghné. Comaoineach spioradálta. Lón anama.

Cultas: Beannú na Naomhshacraiminte. Adhradh an daichead uair. Síoradhradh. Oisteansóir. Lúinéad. Taispeáint na Naomhshacraiminte. Féile Chorp Chríost.

EOLAS
V. SMAOINIGH

Spontáineach: Comhfhios, cogúsacht. Coinsias, cogús. Aithne. Fios. Mothú. Faighim fios (ruda). Idéanna inbheirthe. Iomas. Tuaileas. Éachtaint, leid. Mothaím, airím. Súilaithne. Oireas. Sanas. Léargas, léirstean. Leatheolas.

Eolas a fuarthas: Foghlaimím. Foghlaim, teagasc, foirceadal. Cuirim eolas ar. Fiafraím. Cuirim bun (ruda). Cuirim tuairisc (duine). Fiosraím. Faisnéis. Tuairisc. Fiosrúchán. Fiafraí. Eolaíocht. Léann. Saíocht. Saineolas, saineolaí. Speisialtóir. Éargna. Tá (rud) de ghlanmheabhair agam. Tá (rud) ar bharr na méar agam. Tá cur amach agam ar (rud). Tá taithí agam ar (rud). Tá scil agam i (rud). Faisnéis. Mearaithne.

Faisnéis: Cumarsáid. Comhroinnim (eolas, scéala) le (daoine). Cuirim (rud) in iúl. Táim chun reatha le (scéala, scil, eolas). Cuirim (duine) ar an eolas. Foilsím. Scaipim scéala, luaidreán, ráfla. Scéal reatha. I mbéal an phobail. Luaidreán poiblí.

Foinsí eolais: Intleacht. Aigne. Tuiscint. Mothú. Aireachtáil. Braistint. Céadfa. Radharc. Tadhall. Eolaíocht, teagasc, foirceadal. Taithí, cleachtadh, tátal. Traidisiún, dúchas, béaloideas. Nuachtán. Leabhar, tuarascáil, comhad, treoirchartaí. Poiblíocht, fógraíocht, bolscaireacht.

FABHAR
V. BRONNTANAS, SOGHNÍOMH

A dhéantar: Caithim go maith le (duine); táim i mo cheann maith do (dhuine). Tá dáimh agam le (duine). Déanaim peataireacht ar. Millim, loitim (páiste). Fabhraíocht. Tá dúil agam i (nduine). Bheith splanctha i ndiaidh (duine). Brúim, sáim (duine) chun cinn. Táim claonta le (duine). Gar, garaíocht, soilíos,

comaoin. Soghníomh. Taobhaím le, cuidím le. Taobhaíocht. Tacaíocht. Maithiúnas.
A fhaightear: Tá fabhar agam. Tá gnaoi (daoine) orm. Táim isteach le (duine). Pátrún, coimirceoir. Dalta coimirce, cliant. Ceanán, peata. Lámh isteach. Cara; focal sa chúirt.
Pribhléid: Buntáiste, tús áite, tosaíocht, pribhléid, lé, díolúine, cead, ceadúnas, údarás, monaplacht, dispeansáid.

FADA
V. SÍN

Aimsir: Síoraí, síoraíocht; buanmharthanach, suthain, buan. Buanseasmhach. Mairim, leanaim, seasaim. Ainsealach. Saolach, fadsaolach; fad saoil. I bhfad, anallód, fadó, trí shaol na saol, go brách na breithe, go deo, go Lá Philib an Chleite; i ndeireadh na dála.
Caint: Fadálach, leadránach, liosta. Foclach, briathrach. Scéal fada ar an anró. Forleathnú (smaoinimh). Timchaint, imlabhra.
Fadú: Cuirim fad le. Bainim fad as. Coinním cúl ar. Cuirim siar, cuirim ar cairde. Sínim, rím, searraim (baill choirp). Méadú. Forlíonadh. Aguisín.
Fad i gcéin: Imigéiniúil; i bhfad i gcéin, ar shiúl, ó bhaile, ó láthair. Iargúil, iargúltacht, iargúlta. Scoite. Aistreánach.

FAIGH
V. SEILBH

Go dleathach: Faighim. Soláthraím (dom féin). Faighim seilbh ar. Bainim (rud) amach. Ceannaím, ceannach. Cnuasaím, deascaim, cruinním, bailím. Tiomsaím. Fómhar, tórramh. Gnóthaím. Sochar, brabach, beathúnas. Tagaim i seilbh (ruda); sealbhaím. Bainim (duais). Tuillim.
Go mídhleathach: Gabhaim, buaim. Gabháil, concas. Tógaim (cathair, creach). Sciobaim, snapaim, aimsím. Sracaim, sracaireacht. Seadaim. Goidim. Robálaim.

FAIRE
V. BÁS, COSAIN, GARDA, OÍCHE

Gan chodladh: Níor dhún mé súil; níor leag mé fabhra. Déanaim faire na hoíche; déanaim faire leapa. (Oíche) ar neamhchodladh. Neamhchodladh. Fanaim i mo shuí, i mo dhúiseacht. Déanaim airneán. Bigil. Oíche go maidin. Airneánach. Ag faire na dtráthanna.
San airdeall: Bheith ag faire, san airdeall, ar d'aire, ar d'fhaichill. Faire a sheasamh. Fear faire, garda oíche, fairtheoir. Bheith ar do chorr. Coimhdire. Faichill, feighil, feighlím. Ar stádar.

FAN
V. DÓCHAS, FOIGHNE

Fanacht: Fanaim, fanacht. Feitheamh. Fuireach, fuireachas. Seadaím, seadú. Tairiseamh. Moilleadóireacht. Síománaíocht. Máinneáil. Loiceadóireacht. Righneáil. Leadrán. Faire. Airdeall. Ar bís. Dréim. Dóchas. Foighne. Fadaíocht. Ionchas.
Moill: Cuirim moill ar (dhuine). Fuirím (duine). Cuirim ar athlá, siar, ar gcúl, ar cairde; ~ ar an méar fhada. Déanaim siléig. Braiteoireacht. Fadáil, fadálacht.

FAOISTIN
V. ADMHAIGH, AITHRÍ, PEACA

An peacach: Aithríoch. Scrúdú coinsiasa. Croíbhrú. Gníomh croíbhrú. Croíbhrú neamhiomlán. Aithreachas. Doilíos, dólás. Rún daingean. Téim chun faoistine. Déanaim m'fhaoistin. Cuirim (peaca) i bhfaoistin. Cion faoistine. An Fhaoistin Choiteann. Faoistin phoiblí. Caibidil na locht. Déanaim leorghníomh, aithrí. Taithleach. Athmhuinteartas le Dia. Breithiúnas aithrí.

An sagart: Oide faoistine. Athair spioradálta. Canónach aithrí. Faoistin (duine) a éisteacht. Faoistin bhéil. Maithiúnas na bpeacaí. Aspalóid. Séala na faoistine. Rún na faoistine.
Aithrí: Sacraimint na haithrí. Bosca faoistine, comhla. Cás coinsiasa. Gnás na faoistine. Seacht Sailm na hAithrí. Oibreacha aithrí.

FARRAIGE
V. UISCE

An fharraige: An fharraige mhór; an t-aigéan; na farraigí arda; farraigí an domhain; farraige chósta. Muir, bóchna, teiscinn. An mhórmhuir. An doimhneacht. Farraige intíre, dhruidte. Lear, sáile. Duibheagán na farraige. An tseanfharraige. Ar fhormna na farraige. (Oibreacha) béal chósta.
Cóstaí: Cladach, trá, caladh. Aill, ros, corrán, iorras, rinn, scoth, ceann tíre. Scaineamh. Duirling, muirbheach. Cuan, camas, crompán, gaoth, inbhear, murascaill, bá, ród. Sceirdeanna, oitir, dumhach, líonán, oileán, oileánrach. caolas, muirceann.
Gluaiseacht: Taoide; tuile, trá; díthrá, tús trá, leath-thrá, lán mara; rabharta, mallmhuir; tonn; súiteán, cúlsruth; bruth, brachlainn, oibriú, súinte, mórtas, bréitsíní. Clagfharraige. Capaill bhána. Toirm na dtonn. Tibheann (le cladach).
Staid na farraige: Farraige shuaite, bhainte. Mórtas farraige. Calm, téigle, lagar; tá an fharraige ina báinté. Roiseanna farraige móire. Farraige choipthe, chorraithe, oibrithe.
Cuan: Caladh, calafort, ród, port, duga, cé, bábhún, teach solais. Grinneall, grúntáil. Longbhriseadh. Acarsóid, ancaireacht. Támhall. Lamairne.

FEABHAS
V. LEIGHEAS, TUILLEADH

Feabhsú: Feabhsaím. Dul i bhfeabhas, chun cinn, ar aghaidh. Leasaím. Ceartaím. Maisím. Míntírim (talamh). Leigheasaim. Coigeartaím. Cóirím, deisím; cuirim caoi ar. Athdhéanaim, athchumaim, athnuaim. Forbraím. Foirfím. Íonghlanadh. Scagaim. Prógras.
Atá ar fheabhas: Eiseamláir; sampla (feabhais); cuspa. Togha. Rogha. Péarla. Spéirbhean. Plúr. Cuisle. Bláth. Scoth. Saolann Súl.

FEALL
V. DIÚLTÚ, TRÉIG

Faillí i ndualgas: Feallaim ar (dhuine); tréigim. Tréas, ardtréas. Tréatúir, feallaire. Feileon. Tréigean, tréigtheoir. Tugaim (duine) suas do (namhaid). Díolaim. Meabhal.
Easpa dílseachta: Mídhílis, mídhílseacht; éadairise, éadairiseach. Braithim (duine). Brathadóir. Téim siar ar (m'fhocal). Éitheoir. Séantóir. Buille fill. Éirí slí. Meallaim. Póg an bhrathadóra. Cealg. Spiaireacht. Cealgaireacht. Cealgrún. "Triocha píosa d'airgead geal."

FEALSÚNACHT
V. ARGÓINT, RÉASÚN

Ábhar staidéir: Fealsúnacht, fealsamh. Smaoineamh, smaointeoir. Spéacláireacht, spéacláireach. Córas, córasach. Teoiric, teoiriciúil. Foirceadal. Máistir, deisceabal. Argóinim, argóint, argóinteacht. Réasúnaím, réasúnaíocht. Cruthaím, cruthúnas. Sofaisteach, sofaisteachas. Scoil, teagasc. Modh. Cúrsa. Ceachtanna. Téiseanna. Síceolaíocht, síceolaí. Loighic, loighiceoir. Moráltacht, morálaí. Eitic, eiticí. Meitifisic. Aestéitic. Dialachtaic, dialachtaí. Diagacht, diagaire. Diagacht nádúrtha. Diasúnacht. Socheolaíocht, socheolaí. Eacnamaíocht pholaitiúil.

FEARG
V. BAGAIR, FORÉIGEAN

Cineálacha: Fearg, feargach. Fíoch. Fraoch. Fiúir. Cuthach, cuthach feirge. Báiní. Taom cuthaigh. Racht feirge. Téim as mo chranna cumhachta. Buile, mire, mearchiall. I mbarr a chéille. Fiúnach. Dásacht feirge. Corraí. Mothú feirge. Colg. Lasántacht. Gairgeach, confach. Cuil. Stuaic. Míchéadfa. Naimhdeas. Doicheall. Faltanas. Olc. Fuath. Téim le báiní, le craobhacha. Foréigean. Cuimlím (duine) in aghaidh an fhionnaidh. Bagrach, goilliúnach, grusach, mífhoighneach, sochorraithe, teasaí, tintrí. Aonachas. Diomú.

A léiriú: Borradh feirge. Ag fiuchadh le fearg. Lasadh feirge. Díoscán fiacla. Lonn. Pléascaim (le fearg) ar (dhuine). Masla, tarcaisne, aithis. Mallaitheoireacht. Mionnaí móra a thabhairt. Stainc. "Bhí fionnadh air chugam". Dodach.

FEIDHM
V. GAIRM, GNÍOMH, OBAIR

Cineálacha: Feidhm, fónamh, dualgas, seirbhís, feidhmeannas, umhlóid, mineastráil, mineastrálacht. Post, grád, oifig, ionad, cúram, misean. Aireacht, giúistíseacht, cathaoir. Céim, cáilíocht, teideal.

Daoine: Feidhmeannach. Oifigeach. Comhairleoir, giúistís, aire. Riarthóir. Teachta.

Usáid: Feidhmiúchán, feidhmím. Riarachán. Mineastrálacht. Bainisteoireacht. Comhlíonaim dualgas. Freastalaím (mo) chúram. Fónaim. Éirím as (post). Téim amach (ar pinsean).

FÉILE
V. SEARMANAS

Cineálacha: Lá saoire, lá saoire bainc, pátrún, oilithreacht, turas, aonach, aeraíocht, geallta, fleá cheoil, mórshiúl, próisisiam, tine chnámh. Lá breithe. Bainis. Oíche mhór. Oíche chinn féile.

Féilte: Nollaig, Cáisc, Cincís. Lá Fhéile Bríde, ~ Pádraig, ~ Muire Mór, ~ na Naomh Uile, ~ na Marbh. Oíche Fhéile Eoin, ~ sin Seáin. Domhnach. Sollúntacht. Imbolg, Bealtaine, Lúnasa, Samhain. Domhnach Chrom Dubh. Púirím, Ióm-Ciopúr, Sabóid, Féile na dTaibearnacal.

Ceiliúradh: Ceiliúraim, Comóraim. Sollúnaím. Searmanas, deasghnáth. Culaith Dhomhnaigh.

FEOIL
V. CORP

Daonna: Feoil dhaonna. Feolmhar, feolmhaireacht. Titim i bhfeoil, chun feola. Tógaim feoil, caillim feoil. Ainfheoil. Colainn.

Mar bhia: Feoil dhearg, fhola, bhán. Mairteoil, muiceoil, caoireoil, laofheoil. Feolmhach. Tairteoil. Saill. Toirceoil.

A réiteach: Búistéireacht. Cócaireacht. Bruithim, friochaim, róstaim, gríoscaim, stobhaim. Anraith. Stéig, gearrthóg, camóg, gríscín, stiall. Ispín, drisín, putóg bhán, dhubh. Ae, croí, duán, inchinn, crúibín.

FIACAIL
V. BÉAL

Ag baint le fiacla: Béal, corrán, déad, cár, draid, cab. Clárfhiacail, géarán, cúlfhiacail. Starrfhiacail. Fiacla diúil, forais, bréige, uachtair, íochtair. Fiacail a ghearradh, a stoitheadh, a tharraingt. Ag cur na bhfiacla. Mant, mantach; séanas. Drandal. Fréamh, coróin, eabhar, déidín, cruan, néaróg, logall. Diúlfhiacail. Cairb.

Cúram na bhfiacla: Fiaclóir, fiaclóireacht. Scuab, taos, púdar, bior fiacla. Lobhadh, cáiréas. Fiacail chuasach. Déideadh. Easpa. Déidlia. Tartar, plaic. Fiacail bhog, fiacail ar bogadh. Glanaim. Na fiacla a chailleadh. Fiacail a líonadh. Táthán. Cíor fiacla.

FIACHA
V. AIRGEADAS, IASACHT

Fiacha: Bheith, dul i bhfiacha. Cuirim (duine) i bhfiacha. Tá fiacha ag (duine) orm. Bheith báite i bhfiacha. Íocaim, glanaim, fiacha. Fiachóir, féichiúnaí.

Féichiúnaím. Féichiúnas. Drochfhiacha. Fiacha amhrasacha, iarchurtha, teagmhasacha, tosaíochta. Cairde; lá cairde. Gála; lá gála. Riaráiste. Iasacht. Airleacan. Fiacha poiblí; ~ náisiúnta. Clisiúnas; briseadh gnó. Leachtú.
Creidmheas: Creidmheas. Creidiúnaí. Cuntas; cuntas sochair agus dochair. Seic. Ús. Ráta bainc. Fuílleach; fuílleach dochair, íocaíochta, trádála. Féimheacht.

FIAL
V. BRONNTANAS, MAITH, UASAL
Faoi mhaoin: Soghníomh. Carthanacht. Déirc, almsa, almsóireacht. Féile. Flaithiúil, flaithiúlacht. Fial fairsing. Tabhartas, bronntanas, féirín, síneadh láimhe, séisín. Flúirseach. Tabhartasach.
Féintabhairt: Féiníobairt, féindiúltú. Umhlóid, dúthracht. Féindearmad. Cineáltas. Uaisleacht anama. Mórchroíoch, mórchroí. Móraigeantacht.

FILÍOCHT
V. AMHRÁN, EALAÍN, LITRÍOCHT
Filíocht: Bua na filíochta. Inspioráid. Samhlaíocht, íomháineacht. Liriceacht. Díbhirce (filíochta). Fiuchadh foinn. Dán. Duan. Rithim, rím, fonn, dúnadh, loinneog. Pribhléid an fhile. Prosóid, meadaracht. Véarsaíocht, véarsa, rann, líne. Naoi mná deasa Pharnasais. File, banfhile, fileoir, bard. Scoileanna na mbard. Cúirt filíochta. Dámhscoil. Gairm scoile. Éigeas, éigse, éigsín. Rannaireacht.
Dánta: Dréacht, fearsaid. Dán, amhrán, marbhna, caoineadh, tuireamh, adhmholadh. Liric, eipic, caintic, salm. Dánfhocal, burdún, eipeagram. Laoi, laoi chumainn, dán grá, amhrán grá. Aoir. Soinéad; Trí Rann agus Amhrán. Óid, eipistil. Feartlaoi. Deascán, duanaire.

FIONNADH
V. GRUAIG, OLANN
Cnuasainm: Féasóg. Croiméal. Fabhraí. Meigeall. Coc, curca, cuircín. Cíor. Mothall. Moing. Eireaball. Scothán. Lomra. Peall. Clúmh. Clúmhnachán. Caithir. Tomán. Bruis. Rón. Guaire.
Aidiacht: Fionnaitheach. Gruagach. Féasógach. Giobach. Mosach. Clúmhach. Clúmhnachánach. Ribeach. Scothánach. Mothallach.

FÍOR
V. BEACHT, CINNTEACHT
Fírinne: Fíor. Fírinneach. Beacht, cruinn. Cinnte, cinnteacht. Deimhin, deimhneacht. Dearfa, dearfacht. Follasach, soiléir. Loighiciúil. Réasúnta. Cruthaithe, léirchruthaithe. Cosúlacht na fírinne. Dealraitheacht. Réalta. Arranta, corónta, tiomanta, cruthanta. Fíorúil.
A fhíor a rá: Fírinne. Fírinneacht. Tugaim m'fhíor le (rud). Ceartchreideamh, ceartchreidmheacht. Ionraic, ionracas. Macánta, macántacht. Neamhbhalbh. Saonta, saontacht. Eolas, dintiúr, taithí, cruthúnas. "Ar m'fhocal agus ar m'fhírinne". "Ar fhíor m'oinigh".
Fíorú: Fíoraím. Cruthaím. Deimhním. Dearbhaím. Coigeartaím. Scrúdaím. Promhaim. Dearbhálaim. Grinnbhreathnaím. Léirmhíním. (Rud) a chur i léire, a thabhairt chun léire.

FIOSRACH
V. SPÉIS
Fonn eolais: Fiosrach, cunórach. Aireach. San airdeall. (Léitheoir) cíocrach. Taighde, taighdeoir. Caidéiseach, fiafraitheach. Cuirim faisnéis, tuairisc (duine). Scrúdaím, iniúchaim. Cuardach, cúistiúnacht, cúistiúnaí. Bleachtaire, bleachtaireacht, lorgaireacht. Ransaím, siortaím. Spiaireacht.
Místuaim: Cúlchoimhéad, cúléisteacht, cluasaíocht. Mídhiscréid. Déanfasach. Gnó gan iarraidh. Speicéir, néaladóir.

FOCAL
V. AINM, LÉIGH

Cineálacha: Focal, briathar, téarma. Caint, leagan cainte, cor cainte, friotal. Onamataipé. Ainm, ainmfhocal. Teideal. Téarma teicniúil. Nuafhocal. Ársaíocht (cainte). Seanfhocal. Leathfhocal. Buafhocal. Comhfhocal. Carcair, carraig. Casfhocal. Forfhocal.

Staideár focal: Aibítir, litir, siolla. Litrím. Léim, léitheoireacht. Scríobhaim, scríbhinn, scríbhneoireacht. Litriú, caighdeán. Gramadach, graiméar. Foghraíocht, deilbhíocht, comhréir, séimeantaic, sanasaíocht, teangeolaíocht. Foclóir, sanas, sanasán, gluais. Téarmaíocht. Foclóireacht.

Ciall: Brí, éifeacht. Ciall aitheanta. Bunbhrí. Ciall cheart, mheafarach, fhíortha, litriúil. Dúblóg. Comhchiallach. Comhainm. Imeartas focal. Ciallú focail.

FOIGHNE

Fulaingt: Fadfhulaingt. Stóchas, stóch. Fuarchúis, fuarchúiseach. Buaine. Coinním guaim (orm féin). Glacaim (rud) ina mhórmhisneach. Dochorraithe. Buanseasmhacht, buanseasmhach. Féinsmacht. Neamhchorrabhuais. Stuaim. Ula mhagaidh. Mairtíreach. Do chroí a chur ina áit chónaithe.

Géilliúil: Cineálta. Soghluaiste, somhúinte, sochomhairleach. Ceadaitheach; caoinfhulaingt, caoinfhulangach. Buailim ort, ligim leat. Fadaraí. Séimh, caomh, cneasta, bog, modhúil, mánla. Éirím cleachta le (rud); tagaim isteach ar (rud).

Fanacht: Feitheamh, fuireach. Foighneach. Déanaim foighne le (duine, rud). Faigheann foighne fortacht. Moilleadóireacht. Righneáil. Cuirim (rud) ar cairde. Socair, sochma, suaimhneach, staidéarach.

FÓIN
V. SOCHAR, SOGHNÍOMH, ÚSÁIDEACH

Fónaim: Freastalaím ar. Friothálaim. Táim i seirbhís (duine). Táim umhal do. Déanaim gar do (dhuine). Déanaim rud ar (dhuine). Riaraim ar (dhuine), déanaim riar (duine). Seirbhís, feidhmeannas, aimsir, umhlóid, riar, cabhair. Cuidím le. Cabhraím le. Seirbhíseach, searbhónta, banóglach, ionailt. Sclábhaí, sclábhaíocht, moghsaine. Sclábhántacht, sclábhánta. Feidhmeannach, fostaí. Bheith ar dualgas, ar diúité. Giolla. Cuidiúil. Garúil.

FOIRFE
V. MAITH, ROGHA

Staid na foirfeachta: An absalóid. Infinideach; éigríoch, éigríochta. Idéal, idéalach. Oirirc, ardchéimiúil. Diaga. Ardcheannasach. Iontach, éachtach, éagsamhalta. Dosháraithe. Tarchéimnitheach. Do-inste, do-aisnéise. Éaguimseach. Dolabhartha.

Saothar foirfe: Foirfe. Críochnúil. Ar fheabhas. Iomlán. Gan locht. Sárshaothar. Saothar clasaiceach, ealaíonta. Stíl ghreanta, chuanna. Cuirim bailchríoch ar. Cuirim snas ar, Slachtmhar. Scagaim. Tugaim chun míneadais.

Cáilíocht: Sármhaith, dearscnaitheach, suntasach, luachmhar, aoibhinn, fíneálta. Togha agus rogha. Nua gach bia agus sean gach dí.

FOIRM
V. CUMA

Daonna: Cruth, cló, deilbh, déanamh, pearsa (fir, mná). (Duine) daingean, déanta, teann, leabhair, caol, seang, téagartha. Reanglamán, cliobaire, balcaire, puntán, sodamán, pánaí, geitire. Creatúlacht. Drochleagan. Fuath. Éagasc.

Rudaí: Cruth, cló, cosúlacht, déanamh, cuma. Sonra. Gné. Taobh amuigh. Riocht. Struchtúr. Dromchla, craiceann, éadan, uachtar, barr, urlár. Toirt. Toilleadh. Imlíne. Forimeall. Foirmím, cruthaím, dealbhaím. Fabhraím. Cuirim ó chuma, as a riocht. Claochlaím, claochlú. Múnla. Cuspa. Múnlaím.

FOLÁIREAMH

V. ABAIR, COMHAIRLE, MÍNIGH

Cur in iúl: Rabhadh. Insím, cuirim in iúl. Eolas, faisnéis, scéala, tuairisc. Táim chun reatha le (cúrsaí). Múinim. Deirim. Cuirim i gcuimhne do (dhuine); meabhraím (rud do dhuine). Cuirim scéala chuig (duine). Riaraim mo bharúlacha ar (dhuine). Comhroinnim eolas le duine. Cuirim i gcéill. Maím. Ráiteas, preasráiteas, litir, sreangscéal, teachtaireacht, foilseachán, fógra, réamhrá. Comhartha. Cuirim duine ar a fhaichill. Aláram, rabhchán. Teannáil, séamafór. Cuaille eolais, méar eolais. Adharc, fead, clog rabhaidh. An Barr Bua. Comhairc.

Aithint: Foláireamh, moladh, comhairle. Inmheabhrú. Aithne, ordú, urghaire. Fágaim parúl ar (dhuine gan rud a dhéanamh). Crosaim, toirmiscim. Treoraím (le comhairle). Áitím ar (dhuine).

Casaoid: Iomardú, aithis. Cuirim milleán ar (dhuine). Tugaim masla do (dhuine); maslaím. Déanaim agóid le (duine). Tugaim liosún do (dhuine). Sciolladh, bearradh, feannadh, scalladh, leadhbairt teanga. Bagraím, bagairt. Déanaim mo ghearán le (duine). Meabhraím a dhualgas do (dhuine). Gairim (duine) chun réire.

FÓMHAR

V. ARBHAR, BAILIGH

Arbhar: Fómhar, baint an arbhair, inneall bainte, buanaí. Corrán, speal, spealadóir. Punann, stuca, cruach. Punann a cheangal. An fómhar a tharlú. Iothlainn, garraí na gcruach, gráinseach, scioból, gairnéal. Déanaim, bainim, cuirim isteach an fómhar. Féasta an tarlaithe, méilséara. Buailim an t-arbhar. Inneall buailte. Súiste. Urlár buailte. Cáithim (arbhar). Roithleán, dallán, cáiteach. Láithreán (buailte). Ceannóga. Foscnaim. Diasraím.

Eile: Tórramh; cnuasach coille, ~ trá, ~ mara agus tíre. Fómhar na fíniúna. Stoithim, bainim, toradh. Piocaim, cruinním, (iasc sliogánach). Tacar.

FORÉIGEAN

V. BUAIL, IALLACH, NEART

Meon: Giorraisc, gairgeach, grod, borb, garbh. Brúidiúil, danartha, cruálach. Rachtúil; rachtaíl. Ceanndána, teasaí, tobann. Feargach. Foréigneach, dásachtach, dian.

Gníomhartha: Imrím foréigean ar (dhuine). Imrím an lámh laidir ar (dhuine). Cuirim iallach ar (dhuine). Cuirim faoi deara do (dhuine). Éigean, forneart. Anbhás. Banéigean, éigniú. Fuadach. Drochíde, ainíde. Ionsaím. Cuirim cogadh ar; fearaim cogadh ar. Anfhorlann, ansmacht. Cos ar bolg.

FUAIM

V. CEOL, CLOIS, TORANN

Cineálacha: Fuaim, fothram, torann, tormán, callán, gleo, clisiam. Foghar, faí, glór, guth. Macalla. Ceol, armóin, comhcheol, comhshondas, díshondas. Rithim, ton. Cling, gliográn, cloigíneacht. Srann, srannan, crónán, dordán, seabhrán, siosarnach, scol.

Nádúr na fuaime: Cruinn, beacht, fíor. As tiúin. Ard, íseal. Glan, gléineach, soiléir. Bodhar, toll, balbh. Scolard. Géar, maol. Caoin. Glinn, glébhinn. Srónach, scornúil.

Sa teangeolaíocht: Fóinéim, guta, consan, défhoghar. Fuaim oscailte, dhúnta, fhada, ghearr. Srónach, carballach, liopach, déadach, coguasach, scornúil.

FUAR

V. SIOC

Fuacht: Íslíú teochta. Geimhreadh. Fionnuar. (Aimsir) ghlas. Sioc, sneachta, oighear, leac oighir, reo, siocán. Fuacht feanntach, nimhneach. (Aimsir) a d'fheannfadh gabhar, a chonálfadh na corra. Fuarghaoth, fuaramán. Tá goimh sa ghaoth. Argail, sceirdiúil, feidheartha, rite.

Toradh fuachta: Gorm san aghaidh. Greadadh, bualadh, (fiacla). Eanglach, fuairnimh. Táim ar crith (le fuacht). Táim préachta (le fuacht). Fuachtán, fochma. Gág. Craiceann circe. Cáithníní seaca. Slaghdán, ulpóg, fliú.

FUATH
V. AINMHIAN, DÍOLTAS

Mothú: Fuath, gráin; fuath nimhe, ~ an diabhail, ~ buile. Col, míthaitneamh. Tobathrú. Míbhá. Adhfhuafaireacht. Urghráin. Naimhdeas. Eascairdeas. Iomaíocht, coimhlint. Searbhas, gangaid. Tá an nimh san fheoil aige dom. Tá sé go dubh i m'éadan. Éad, tnúth, formad. Mioscais. Mírún.

A léiriú: Achrann, troid, geamhthroid, clampar, aighneas, imreas, easaontas, trioblóid, cointinn, coinbhleacht. Fearg, diomú, corraí, faltanas, olc, doicheall. Díoltas, éiric. Eascaíní. Drogall. Samhnas, déistin. Béim síos, náire, míchlú, mífhabhar. Tarcaisne, drochmheas, dímheas. Drochíde.

FUIL
V. CORP, GAOL

Sa chorp: Cúrsa na fola, imshruthú na fola. Croí, artaire, féith, feadán ribeach, ribeadán. Cuisle. Frithbhualadh. Rithim chairdiach, siostól, diastól. Téachtann; téachtán. Fuileadán. Fuilchill. Deontóir fola. Smál fola. Fuilghrúpa. Ródach.

Sa chaint: Fuil a dhoirteadh, a tharraingt. Doirteadh fola. Cur fola. A chuid fola a ligean le duine. Dearg ina chuid fola. Lucht fola, feallaire fola. Fuilteach. Fuilchraosach, fuilchíocrach. Íota fola. Fuil uasal, anuasal. Folaíocht. Fíorfhuil. Braon den fhuil mhór. Fuil, a choiligh! (Déan é), má tá fuil ionat!

FUÍLLEACH

Atá le coimeád: Fuílleach, iarmhar. Fuíoll. Crosfhuíoll. Farasbarr, barraíocht, iomarca. Grabhar, grabhróga, bruscán. Iarsma. Ceannóga. Deascán.

Atá le caitheamh amach: Bruscar, smionagar, treascarnach. Dríodar. Sail mhiotail. Conamar. Salachar. Scamhadh, craicne (prátaí, etc.). Scileadh, scileach. Deascadh, moirt. Spairt. Sálóg. Scadarnach. Cnámhóg. Cunús.

FULAINGT
V. FOIGHNE, GALAR

Cineálacha: Pian, gortú, tinneas. Céasadh. Léan agus leatrom. Crá croí. Dólás. Doilíos. Scoilteach. Daigh. Freanga. Coiliceam. Fiabhras. Múchadh, plúchadh. Gúta. Tinneas cinn, fiacaile, goile, caoldroma. Tinneas clainne; luí seoil. Greamanna fáis. Arraing (sa leataobh). Tochas. Ríog. Cealgadh (beiche); dó (neantóige). Treighdeán. Frithir, nimhneach, tinn. (Pian) ghéar, threascrach, dhásachtach, dhian. Piolóid, peannaid, ciapadh, crá, treabhlaid, trioblóid, buaireamh, doghrainn, dua. Anbhuain, anbhroid.

Cúis fulaingte: Cráim, céasaim, ciapaim, scólaim. Pollaim, treaghdaim, goinim, gortaím. Goilleann ar. Páisím. Scrúdaim. Conabhrú.

Ag fulaingt: Fulaingím, gabhaim trí (phian). Bheith faoi bhráca (na hainnise). Cuirim mo phurgadóir díom. Iompraím mo chros. Foighneach, fadfhulangach. Fulangaí.

FURASTA
V. FOIGHNE, SIMPLÍ

Sodhéanta: Furasta, sodhéanta, saoráideach. Gan dua. Gan stró. Níl ann ach caitheamh dairteann. Ní dada é. Éasca a dhéanamh. Go seolta. Éascáim.

So-úsáidte: Áisiúil, acrach, sásta. Soláimhsithe. So-iompair. Réitím an bóthar do. Déanaim éascaíocht do (dhuine). Líofacht (chainte), deis an bhéil. Éasca a láimhsiú.

Sothuigthe: Intuigthe, soiléir, simplí, soiléasta. Míním. Bunús, buntús. Scaoilim (fadhb).

Sochaideartha: Bog, réidh, so-ranna, boigéiseach, neamhchas. Socair, suaimhneach, sámh. Sochma, soghluaiste, séimh, cneasta. Caidreamhach, cuideachtúil, lách, garúil, soilíosach, oibleagáideach. Soirbh, soilbhir.

GÁ
V. EASPA

Easpa: Gá, bochtaineacht, bocht, daibhreas, daibhir, ainnis, ainniseach, dearóil, dealbh, angar, anás, gannchuid, ganntanas, anró, anó, ocras, tart, easnamh, díth, uireasa. Gorta.

Riachtanas: Gá, riachtanach, práinn, cruóg, cruachás, géarghá, géibheann. Úsáid, feidhm, fónamh, call.

GADAÍ
V. TÓG

Gadaíocht: Goidim, gadaí, gadaíocht. Peasghadaí. Buirgléir, buirgléireacht. Ropaire tí. Gadaí dreapadóireachta. Gadaí bóthair. Glacadóir. Cleipteamáine. Mionghoid. Mionghadaíocht. Pluais ladrann; teálta bithiúnach; brocach bhradaíle; uaimh robálaithe. Dílseacht na gceithearnach. "Bithiúnach na hAithrí."

Calaois: Cúbláil, camastaíl, cúigleáil. Falsaíocht, falsaitheoir. Brionnaím, brionnú, brionnaitheoir. Cam, calaois, caimiléireacht, meabhal, feall, cneámhaireacht, séitéireacht. Caimiléir, cneámhaire, séitéir. Bithiúnach, rógaire. Dúmhál, dúmhálaí. Cuirim ceal i (rud). Cluicheáil, siolpaireacht, stocaireacht, diúgaireacht.

Le foréigean: Robálaim, sladaim, creachaim. Robálaí, creachadóir, foghlaí, ladrann. Meirleach, ceithearnach coille, tóraí, ropaire. Do bheo nó do sparán! Fuadach. Scrios. Argain. Eisreachtaí.

GÁIR
V. GAIRM, GEARÁN

Cineálacha: Gáir mholta, ~ mhagaidh, ~ mhaíte. Gáir chatha, ~ sheilge, ~ chluiche. Scread, scairt, scréach, liú, béic. Glóraíl, glafarnach, goldar, scol, uaill, glam, hurla harla, búiríl. In ard mo chinn, mo ghutha.

Uaillbhreas: Agall, intriacht. Hó! Huit! Hoips! Hois! Hóra! Hóigh! Hula hairc! Hup! Hurá! Husá! Huth! Hulúiste huláiste! Fuil, a choiligh! Faobhar! srl. Cois! Do tharraingt aniar! Siliúir! Tiuc, tiuc!

Ainmhithe: Grágaíl (asail), géimneach (bó), méileach (caorach), meigeallach (gabhair), dord (damh alla), meamhlach (cait), tafann, amhastrach, glam (madraí), seitreach (capaill), gnúsacht (muc), glagarnach (cearc), gogalach (géanna, turcaithe), scréachach (ceann cait), bíogarnach (mionéan), búir (tarbh, leon).

GÁIRE
V. ÁTHAS, MAGADH

Cineálacha: Aoibh, aoibh an gháire, leamhgháire, draothadh gáire, miongháire, frigháire, meangadh gáire, fáthadh gáire, racht gáire. Gáire Sheáin dóite; gáire nach bhfuil a fhonn orm. Gáire gáifeach, ~ geal, ~ croíúil, ~ rachtúil, ~ leamh, ~ fann, ~ tur, ~ magúil, ~ dóite, ~ searbh. Seitgháire, scigireacht, míog. Na tríthí gáire, scairteadh gáire. Sclogadh gáire. Sciotaráil.

Cúis gháire: Ábhar magaidh, staicín áiféise, áiféiseach. Déanaim magadh, ábhacht faoi. Bheith ag baint as (duine); ag spochadh as, le; ag saighdeadh faoi, le; ag griogadh. Bainim gáire as (duine); cuirim fonn gáire ar (dhuine). Greann, áilteoireacht, cleasaíocht. Fronsa, coiméide. Fuirseoir, airleacán, braíodóir. Léaspairt, léaspartaíocht.

GAIRM
V. GAIR

Le guth nó comhartha: Glaoim ar; scairtim ar. Bagraím ar. Fógraím (rud). Cuirim fios ar; cuirim faoi choinne; cuirim faoi dhéin. Tugaim (cruinniú) le chéile. Sméidim ar. Ligim fead ar. Agall, intriacht, uaillbhreas.

Ordú nó achainí: Tugaim le chéile. Gairm scoile. Gairm slógaidh. Barántas. Fógra, foláireamh. Cuireadh. Coinne. Gairm chrábhaidh. Dúshlán. Toghairm. Dúisím (spiorad). Sluaghairm.

Sainchomharthú: Ainmním, muinním, sloinnim. Ceapaim (duine i bpost). (Rí, srl.) a ghairm de dhuine. Deirim (teideal, gradam) le (duine).

GALAR
V. FULAINGT, LEIGHEAS

Cineálacha: Galar, aicíd, tinneas, breoiteacht. (Duine) aicídeach, galrach, easlán, tinn, breoite. Leannán (galair), (galar) ainsealach. Galar forleata. Galar tógálach, ~ gabhálach; ~ urchóideach, ~ neamhurchóideach; ~ marfach, ~ doleigheasta, mailíseach. Plá. Saoth.

Céimeanna galair: Tolgaim (galar), tolgán, taom, ruaig. Galrú, ionaclú, tréimhse goir. Forás, éabhlóid. Seachghalar. Aothú, aothaím. Airíonna. Maolú, athiompú. Leigheas. Biseach. Téarnamh. Fainnéirí. Cróilí. Naomhaí.

Cúram: Míochaine. Fáthmheas, tátal. Cóireáil. Aiste bia. Reigimin. Comhairle (dochtúra), cuairt, scrúdú, oideas, cóir leighis, cógas. Obráid, dul faoi scian, sceanairt. Lia, dochtúir, lia comhairleach, speisialtóir máinlia. Ospidéal, otharlann, clinic. Banaltra. Otharcharr. Othar, easlán.

GAOFAIREACHT
V. DÍLEÁ, TORANN

Gaoth a scaoileadh: Gaoth, gaofaireacht, gaofar. Fail, snag. Glóraíl bhoilg, geonaíl bhoilg. Broim, tuthóg. Broim a dhéanamh. Broimneach. Pléasc. Brúcht, brúchtaim, brúchtadh. (Bia) a thógann gaoth, a bhrúchtann aníos. Gaoth ar ghoile. Gaoth a bhriseadh. Pian ghaoithe.

GAOL
V. AINM

Fréamh ghaoil: Gaolta, muintir. Gaolmhar, gaolmhaireacht. Muintearas, muinteartha. Sinsear, sinsearacht. An tseanmhuintir. An mhuintir a chuaigh romhainn. Ár n-aithreacha romhainn. Sliocht, sóisear, clann. Ginealach, líne, síolbhach. Cine, teaghlach, glúine. Garghaolta. An mhuintir seo againne, etc. Gar i ngaol. Gaol i bhfad amach. Coibhneas. Cleamhnas. Altram. Uchtú. Pósadh. Fine, deirbhfhine.

Teaghlach: Garathair, seanathair, athair mór; garmháthair, etc. Daideo, mamó. Ó, iaró. Athair, máthair, mac, iníon. Ua, clann clainne, garmhac, gariníon. Athair céile, máthair chéile. Cliamhain. Cleamhnaí. Leasathair, leasmháthair. Uncail, aintín, nia, neacht. Col ceathar, cúigir, seisir, etc. An dá ó, an dá fhionnó, an dá dhubhó. Gaol scaipthe. Dáimh.

Coibhneas teaghlaigh: Ceann tí, ceann urra teaghlaigh. Ceann fine. Céile, fear céile, bean chéile. Lánúin, lánúnas. Clann, muirín, cúram. (Páiste) thús teaghlaigh, dheireadh teaghlaigh. Sinsear, sóisear. Iaró. Aithrím, máithrím. Oidhreacht, oidhre. Atharthacht. Comhoidhre. Tagaim díreach ar threibh (duine). Dúchas. Craobhacha ginealaigh. Sloinnteoireacht. Tá fréamh ghaoil agam le (duine). Bíonn (duine) ag maíomh gaoil ar (dhuine eile). Fréamhacha gaoil a chuntas; gaol a dhéanamh suas, a chur isteach. Garphósadh. Gaol fola; col fola. Ciorrú coil. Corbadh. Neasghaol.

GAOTH
V. AER, ANÁIL, GAOFAIREACHT, SEOL

Cineálacha: Anfa, stoirm, gála. Roiseanna gaoithe móire. Feothan, friota, leoithne, geoladh. Seadán, siorradh, séideán, soinneán. Cuaifeach, guairneán, sí gaoithe. Cóch. Spéirling. Tíofún. Cuaranfa, iomghaoth. Pléata. Saotrún. Scalach. Smeámh. Stalacáil. Stamhladh. Siota. Siolla. Gailbh.

Gníomhaíocht: Ardaíonn (gaoth). Ligeann faoi. Séideann. Síobann. Fuadaíonn. Ag glóraíl, ag glafarnach, ag siollántacht, ag seordán, ag feadaí, etc. Téigle, calm, lon. Siollfarnach. Camghaoth, camfheothan. Muileann gaoithe; coileach gaoithe. Cóir ghaoithe. Contráil ghaoithe.

GARDA
V. COINNIGH, COSAIN, DLÍ, FAIRE

Míleata: Gardálaim. Tulgharda, cúlgharda. Sciath thar lorg. Garda cliatháin. Tulmheitheal, forairí. Post faire, cosantach. Dúnchla. Garastún. Díorma clúdaigh. Slógaim, slógadh. Coimhdeacht (mhíleata). Iargharda.

Ar dualgas: Dul ar garda; garda a sheasamh. Cuirim garda ar (rud). Post faire, fear faire. Seomra an gharda. Focal na faire. Picéad. Uainíocht. Scor de gharda. Garda gradaim. Patról. Taiscéalaíocht. Ar diúité. Ar stádar.

Drong: An Garda Síochána. Garda cósta. Garda an Rí. Garda cuain, abhann, coille, traenach, srl. Garda cosanta. Coimisinéir. Ceannphort. Sáirsint.

GEALACH
V. RÉALTA

Gnéithe: Rinn, ré, éasca. Cruthanna na gealaí. Gealach úr, nua, nuaré. Ceathrú gealaí; seanghealach; leath gealaí; iomlán gealaí; gealach lán. Gealach i mbéal ceathrún, ina ceathrú dheireanach. Solas na gealaí, ga gealaí, loinnir na gealaí. Oíche ghealaí, ~ smúitghealaí, ~ réabghealaí, ~ scairtghealaí, ~ spéirghealaí, ~ rédhorcha. Fáinne, lios, garraí, ar an ngealach. Corrán. Gealach na gcoinleach.

Gluaiseacht: Cuairt na gealaí; mí na gealaí, na ré. Gealach na Cásca. Éirí, luí, dul faoi, na gealaí. Cianphointe, garphointe, na gealaí. Sisige. Líonadh, cúl, dul ar gcúl, na gealaí. Goin ré.

Eile: Dónall na gealaí. Tinn le goin na ré.

GEALLTANAS
V. DEARBHAIGH

Rud a gheallúint: Geallaim. Tairgim. Ofrálaim. Geallaim grian is gealach, na hoire is na haire, do (dhuine). Tugaim na geallta geala. Dearbhaím, áitím, maím.

Foirmlí: Geallaimse duit! Gan teip! Féadann tú bheith ag brath orm! Ní ligfidh mé síos thú! Mise i mbannaí go ....! Dar m'fhocal!

Gníomh a gheallúint: Gabhaim orm; téim i mbannaí. Tugaim m'fhocal, mo mhóid. Mionnaím, móidím. Tugaim an leabhar ann. Bhí sé ar na mionnaí marbha go. Oibleagáid. Gealltanas pósta; lámh is focal.

Comhlíonadh: Comhlíonaim, cuirim le, seasaim le, gealltanas. Cuirim le m'fhocal. Téim siar ar, tarraingim siar, brisim, m'fhocal.

GEANMNAÍ
V. MAIGHDEAN, SUÁILCE

Measartha: Measarthacht. Geanmnaí, geanmnaíocht. Soineanta, soineantacht. Íon, íonacht. Ógh, ócht. Maighdean, maighdeanas. Gan smál; gan teimheal. Móid gheanmnaíochta: manach, bean rialta, bráthair, rialtach. Aontumha; sagart.

Modhúil: Modhúlacht. Banúil, banúlacht. Moráltacht. Náire. Cuibheas. Geanas, geanasach. Dílseacht céile. Cuibhiúlacht. Dea-iompar. Cúisiúil, cúisiúlacht. Róchúisiúlacht.

GEARÁN
V. GÁIR

Le pian etc.: Clamhsán, fuasaoid, ceisneamh, casaoid, éagaoineadh, éileamh, éamh, cearbháil, cnáimhseáil. Cneadach, ochlán, olagón, lógóireacht. Caoineadh. Ag sileadh na ndeor.

Míshástacht: Gearán, casaoid, ceasacht, ciarsán, banrán. Monabhar. Ceasnaím. Sciollaim, scallaim. Báirseoireacht. Cnádánacht. Déanaim agóid. Téim ag áiteamh ar (dhuine). Iomardú. Cuirim tharam. Seamsán. Cantal, cuil, confadh.

Dlí: Gearán, éileamh, cúiseamh.

GEARR

V. ACHOIMRE, BEAG

Faoi am: Nóiméad, meandar, seal fhaiteadh na súl. Ar an bpointe, in áit na mbonn. Ar luas lasrach. Gal soip. Rith searraigh. Ciorraím. Gairid. Gearrshaolach, neamhbhuan, díomuan, sealadach, duthain.

Faoi spás: Giorraím. Laghdaím. Crapann; caolaíonn, traoitheann. Téann i (rud). Giortaíonn. Cúbaim, conlaím, (chugam). Cuirim teorainn le, téarma le. Crioslaím. Gearraim, smutaim, teascaim, scoithim. Ciorraím. Aicearra.

Easpa airde: Abhac, arc. Giortachán, giortach. Bunán, bunbhean, sodóg, balcaire, etc.

Caint: Gonta, achomair, connail, beacht. Coimriú, achoimre, gearrthuairisc, aicearra, suim, aicearrach.

GEARRAIM

V. ARBHAR, SCIAN

Gearraim siar: Bearraim, lomaim, scoithim, teascaim. Sciotaim, smutaim. Crinnim. Scoraim. Coirním. Leagaim (crann). Spealaim. Timpeallghearraim. Smólaim (coinneal). Scrabhaim. Scríobaim. Snoím. Bainim.

Ina chodanna: Sceanaim; stiallaim; sracaim ó chéile. Mionaím. Dioscaim. Speirim. Coscraím. Scláraim. Spreotáil.

Ball coirp a ghearradh: Ciorraím. Teascaim. Smutaim. Spochaim, coillim. Dícheannaim. Sciotaim. Scrabhaim. Slaiseálaim.

GIÚDACH

V. BÍOBLA, REILIGIÚN

Cine: An Phalaistín. Iúdáia. An Tír Naofa. Tír Tairngire. Erets Iosrael. Eabhrach. Giúdach, Giúdachas. Iosraeilíteach. Iosraelach. Iarúsailéim. Siónachas. Seimíteach. Frith-Sheimíteachas. An Cine Tofa. An dá threibh déag. Gailíleach, Samárach. Fairisíneach, fairisíneachas. An Eabhrais. An Ghiúdais.

Reiligiún: Teampall, ardsagart, leibhítigh. Sionagóg, raibí, raibíneachas. An tIonad Sárnaofa. Táblaí an Dlí. Airc an Chonartha. An Bíobla. Tórá. Talmúd. Maois, dlí Mhaois.

Nósanna: Timpeallghearradh. Sabóid. Bliain shabóideach. Sainhéidrín. Féile na Cásca, ~ na dTaibearnacal, ~ an tSlimaráin. Ióm Ciopúr. Róis Haiseaná. Bar Mitsbhea.

GLAN

V. CÓIRIÚ, NIGH, SNAS

Glanadh coirp: Ním. Folcaim. Ionlaim. Coinním glan. Cóirím. Cuimlím. Cíoraim. Spúinseálaim. Sláinteachas. Glaineacht. Gliostaire. Purgóid.

Glanadh éadaigh: Scuabaim. Dustálaim. Buailim. Glanaim. Smúdálaim. Dathaím. Tuaraim. Dathadóir. Úcaire. Glantóir. Sobal. Tuirpintín. Smál. Pointeálaim. Piocaim. Cuirim ar maos.

Glantóireacht: Scuabaim. Scagaim. Sciúraim. Slíocaim. Slíobaim. Sciomraím. Sliochtaím. Síothlaím, síothlán, sáirse. Cáithim, roithleán. Scinceálaim. Dímheirgím. Sceidim, bearraim (bainne). Scamhaim. Sruthlaím. Fothragaim.

GLAOIGH

V. GÁIR

Glór nó comhartha: Gairim, scairtim, glaoim. Cuirim fios ar dhuine; cuirim faoi dhéin (duine), faoi choinne (duine). Ligim fead ar (dhuine). Bagraím ar, sméidim ar. Déanaim comhartha do. Croithim chuig (duine); croithim (lámh, etc.) ar (dhuine). Apastróf. Aitheasc. An tuiseal gairmeach.

Ordú nó achainí: Cuirim toghairm ar (dhuine). Tionólaim (daoine). Tugaim cuireadh do. Fógraím (duine as áit, etc.). Tugaim rabhadh, foláireamh, do. Déanaim achomharc. Gairm. Fógra. Dúshlán. Impí. Gairm shlua, sluaghairm.

Teideal: Ainmním. Gairim (teideal) do (dhuine). Deirim (teideal) le (duine). Ceapaim (duine in oifig). Tugaim (ainm, leasainm, teideal) ar (dhuine).

GLUAISEACHT
V. ATHRAIGH, GNÍOMH, STÍL

Ó áit go háit: Bogaim, corraím, aistrím. Imím, déanaim imirce. Druidim le. Déanaim malairt áite le (duine). Siúlaim, téim chun siúil, tugaim coiscéim. Rithim. Ag fánaíocht, ag fálróid. Ar fán, ar seachrán. Ag dul timpeall. Dul chun cinn, chun tosaigh. Tugaim rúid, ruathar, rúchladh, sciuird, srán, ionradh, sitheadh, áladh, etc. Léimim. Cúlaím, téim ar gcúl. Teithim. Ruaigim. Sleamhnaím, sciorraim. Éalaím, caolaím, téaltaím. Lámhacán, snámhaíl. Sníonn. Scoithim. Eitlím, téim ar eitilt. Titim. Síothlaíonn. Claonaim. Sciurdaim. Mangairt. Luail. Scinnim. Silim. Abhóg. Glinneáil. Corp ar aghaidh. I mbéal a chinn.

Anonn is anall: Teacht is imeacht. Iomluail. Iomlat. Iomlaoid. Iomlacht. Luascaim. Trá agus tuile. Aife. Réasac. Tointeáil. Stádar. Cáblaisce.

In áit na mbonn: Tonnaíl, súinte. (Long) ag tumadh is ag luascadh. Únfairt, iomlasc. Casaim. Preabaim. Crithim. Cuirim cor díom. Tuisliú, stangadh. Crúbáil. Geitim. Piastáil. Searraim.

Meicnic: Gluaiseacht dhronlíneach, chuarlíneach, chiorclach, chaisirníneach, lártheifeach, láraimsitheach, ascalach, etc. Uathoibríoch, uathoibreán. Inneall, mótar. Luas. Ruthag.

Ceol: Rithim, buille, fonn, am. Méadranóm. Largo, adagio, andante, allegro, presto, prestissimo, etc.

Cur ag gluaiseacht: Traiseolaim, gléas traiseolta. Beilt tiomána. Lámh dhúisithe. Tiomáinim. Teilgim. Seolaim. Scaoilim. Láinseálaim. Caithim. Brúim. Beartaím. diúracaim. Slógaim. Iompraím. Bogaim. Síobaim. Cartaim.

GLUAISTEÁN

Fráma: Carra. Fearsaid. Sprionga. Crochadh. Roth, bonn. Umar. Inneall. Bloc. Sorcóir. Loine. Comhla. Roth tiomána. Radaitheoir. Plocóid. Adhaint. Giarbhosca. Coscáin. Troitheán. Crág. Luasaire. Maide giar.

Cabhail: Boinéad. Cosantóir. Sciathán. Sciath ghaoithe. Doirsín. Suíochán. Cófra. Ceannsolas. Taobhsholas. Solas cúil. Cuimilteoirí. Treosholas. Adharc. Uimhirchlár. Luasmhéadar. Dúisire. Tachtaire.

Tiomáint: Ceadúnas tiomána. Cáin bhóthair. Árachas; árachas cuimsitheach; árachas tríú páirtí. Dúisim (inneall). Fostaím giar; cuirim i ngiar, as giar. Luathaím. Casaim. Cúlaím. Timpist. Cliseadh. Polladh (boinn). Tuairteáil. Deisím. Páirt bhreise. Garáiste. Sciorradh. Locaim. Páirceálaim. Cód an bhóthair. Garchabhair. Carr.

GNÁTHAIGH
V. BÉAS

Gnáthamh: Gnáthamh. Nós. Cleachtadh. Béas. Gnás. Gnáthbhéas. Gnáth, gnách. Gnáthnós. Gnáthrud. Gnáthúlacht. Taithí. Aibíd (mhorálta). Suáilce. Duáilce. Leannán peaca, ~ smaoinimh. Deilín. Traidisiún.

Cleachtadh: Cleachtaim (duine) le (rud). Tugaim taithí (ruda) do (dhuine). Oilim. Clóim. Traenálaim. Ceansaím. Teagascaim. Múnlaím. Tugaim chun tíreachais, chun sibhialtachta.

GNÉAS
V. AINMHÍ, DUÍNE

Baill ghiniúna: Bod. Magairle. Pit, bálta. Breall. Faighin. Broinn. Síol. Náire. Caithir. Úiríocha. Caideanna. Clocha. Boidín. Coileach. Tomán. Bruis. Ball fearga. Adharc. Cadairne, cochall, bosán. Sílne. Cuiteog. Stothóg. Geolbhach.

An duine: Caidrím le (duine). Cumascaim le. Bhí cuid aige di. Comhriachtain. Cláraím. Ag bualadh craicinn, leathair. Fireann. Baineann. Teacht in oirbheart, in inmhe, chun sleachta. Giniúint. Céile. Lánúin, lánúnas. Gnéasghalar, Bolgach, ~ fhrancach; bainne bolgaí. Coillim. Coillteán. Cábúnach. Aimrid.

Aimridím. Frithghiniúint. Coiscín. Toghluaisim; ginmhilleadh. Adharcachán.
Tiompaire tóna. Piteog. Míostrú. Sileadh suain. Suirí. Stocghalar. Sramadas. Sciorrachán.
Ainmhithe: Pórú. Éastras, dáir, eachmairt, adhall, catachas, ruith, mothas, clíth.
Oirthí. Cúpláil. Pórtha a mheascadh. Ionphóraithe. Spochaim. Séasúr,
séasúrach.

GNÍOMH
V. CUMHACHT, FEIDHM, GLUAISEACHT, TROID

Cineálacha: Gníomhaíocht, gníomhú, beart, obair, gnó. Frithghníomhú, freagairt.
Freasaíonn. Cor. Imeartas. Inlíocht. Éacht. Eachtra. Post, slí bheatha; ceird,
feidhm; cleachtas; gairm. Saothar, tasc. Fiontar. Cluiche. Cuirim (rud) chun
tosaigh ar (dhuine). Cion, coir, dúchoir, peaca. Nós imeachta. Modh oibre.
Tionscnamh. Foiche Dé. Achtáil.

Fonn gnímh: Gníomhaíocht, fuinneamh, tapa, treallús, déanfas, fuadar.
Tionscantach, tionsclach. Dúthracht, díograis, díbhirce. Dásacht.

Conas gníomhú: Téim i mbun, i gceann (ruda). Luím isteach ar (rud). Cuirim
chuig (rud). Déanaim iarracht. Cuirim stró orm féin le (rud). Cuirim ar obair,
ar siúl, i mbun gnó. Cuirim (rud) i bfeidhm. Gríosaím. Comhlíonaim (dualgas).
Oibrím. Déanaim eadráin, idirghabháil idir (dhaoine). Glacaim páirt i (rud).
Comhoibrím le. Feidhmím. Tionchar. Feidhmeannas.

Lucht gnímh: Gníomhaí, gníomhaire, feidhmeannach. Údar, tionscnóir,
bunaitheoir, cumadóir, ceapadóir. Seiceadóir. Fostóir, fostaí. Comhoibrí,
cuiditheoir. Idirghabhálaí, eadránaí.

GRÁ

Grá a mhothú: Gráím; tugaim grá do; titim i ngrá le; tá grá agam do. Táim
geallmhar ar, splanctha i ndiaidh, doirte do, ceanúil ar. Grá, cion, gean, searc,
páirt, cumann. Is ionúin liom. Spéis. Teasghrá. Bheith sa chiall is aigeantaí
(ag duine). Lúb istigh a bheith agat i (nduine). Ceanúlacht. Grámhaireacht. Ansacht.

Daoine: Leannán. Céadsearc. Suiríoch. Cúirtéir. Mo ghrá, mo rún, mo shearc.
A ghrá, a rún, a chuid, a stór, a mhuirnín, a thaisce, a chuisle, a chroí, a
chumann. Úillín óir. Meanmarc. "Ní fheiceann leannán locht." "Folaíonn
grá gráin." Dáimh, connailbhe.

Léiriú grá: Muirním. Peataireacht. Pógaim, póg; flaspóg. Láínteacht. Mán.
Cúirtéireacht. Suirí. Ag déanamh fómhair. Ag crágáil ar. Cluanaireacht. Giobaim.

GRAMADACH
V. REITRIC

Staidéar gramadaí: Gramadach. Graiméar. Gramadóir. Gramadach ghinearálta,
stairiúil, chomparáideach. Teangeolaíocht,   ~ fheidhmeach; teangeolaí.
Focleolaíocht. Foclóireacht. Sanasaíocht. Foghraíocht. Deilbhíocht. Comhréir.
Critic théacs, ~ liteartha; criticeoir. Pailéagrafaíocht. Prós. Véarsaíocht.
Meadaracht. Prosóid. Rím. Comhardadh. Rithim. Comhshondas.

Fuaim agus litreacha: Aibítir. Litreacha. Gutaí, gearra, fada, srónacha. Consain,
phléascacha, liopacha, choguasacha, scornaí, chaola, leathana. Siollaí.
Aiceannú; séimhiú, síneadh fada, urú. Poncaíocht.

Téarmaíocht: Dioscúrsa. Ainmfhocal. Alt. Forainm. Aidiacht. Briathar.
Dobhriathar. Réamhfhocal. Cónasc. Intriacht. Inscne. Fireann. Baineann.
Neodrach. Uimhir. Uatha. Iolra. Déach. Díochlaonadh. Tuiseal. Ainmneach.
Cuspóireach. Ginideach. Tabharthach. Gairmeach. Ocslaí. Áitreabhach.
Réimniú. Briathar rialta, neamhrialta. Faí ghníomhach, chéasta, mheáin.
Diúscarthach. Modh, ordaitheach, táscach, coinníollach, foshuiteach, guítheach,
infinideach. Ainm briathartha. Rangabháil. Aimsir, láithreach, ghnáthláithreach,
chaite, ghnáthchaite, fháistineach, fhoirfe, ollfhoirfe, éigríochta. Bunchéim.
Breischéim. Sárchéim. Coinnealg.

Comhréir: Abairt. Clásal. Frása. Géilleadh. Dul, gléas cainte. Rialaíonn. Réamhtheachtaí. Comhlánú. Rialacha. Earráid, dearmad. Barbarachas.
Miondealú: Ainmní. Cuspóir. Faisnéis. Príomhchlásal. Fóchlásal. Clásal coibhneasta, ainmfhoclach, aidiachtach, dobhriathartha, coinníollach, faomhach, aidhme, iarmhartach.
Foclóir: Focal iasachta. Fréamh, stoc, deireadh. Comhfhocal. Cor cainte. Leagan cainte. Iarmhír. Foirceann. Réimír. Fréamhú (focail). Comhchiallach. Comhainm. Frithchiallach. Timchaint. Athluaiteachas. Ársaíocht chainte. Nuafhocal. Béarlachas.

GRIAN
V. RÉALTA, SOLAS

Cuma agus córas: Meall na gréine; coróin na gréine. Ball gréine. Fáinne. Cúrsa na gréine. Grianstad. Na plainéid. Grianlá. Eirí, luí, dul faoi, turgbháil, na gréine; fuineadh gréine. Solas na gréine; ga gréine; teas, taitneamh, dealramh, loinnir. Gealán, scal ghréine. Faoi rás, faoi rothaí na gréine. Deiseal, tuathal. Spalpadh. Aiteall. Aoinle.
An ghrian agus an duine: Goin, béim ghréine. Grianghoradh, bolg le gréin, luí faoin ngrian. Grianaim. Dó gréine. Griandóite, grianbhruite, griandaite. Cultas na gréine, grianadhradh. Ar aghaidh, ar chúl na gréine. Deisiúr, ar dheisiúr na gréine; tuaithiúr. Grianán. Páiste gréine.

GRUAIG
V. FIONNADH

A cineál: Ceann gruaige, cúl gruaige, cúilín, folt, ciabhfholt, dos (gruaige), mothall, moing. Ruainne, ribe (gruaige). Fréamhacha. (Gruaig) chatach, chraobhach, chas, choirníneach, thiubh, dhualach, dhroimníneach, chaisníneach, cholgach, scáinte, sceadach, mhaolsceadach. Maol, maoile, maolcheannach; blagaid, blagadach; plait, plaiteach, plaiteachán, plait scafa. Giúnachán. Sail chnis; can. Cúl naoi ribe. Calbh, calbhach. Sconribeach. Scothach. Dual, trilse, coirnín, camóg, lúibín, trilseán, scuabfholt, slatfholt, stoth, stoithin.
Dath: Fionn, bán, rua, donn, dubh, liath, brocach, ciardhubh, órbhuí, fionnórga, bricliath.
A cúram: Réitím mo cheann; cuirim bail ar (mo ghruaig). Bearraim. Cóirím. Maolaím. Folcaim. Cíoraim. Scuabaim. Cuirim trilseán i (mo ghruaig). Cuirim cataíl i (mo ghruaig). Buantonnadh. Gruagaire, bearbóir. Corann. Peiriúic. Deimheas, siosúr. Scoiltim, cuirim stríoc i (mo ghruaig). Casurla. Ciafart.

GUIGH
V. IARR, REILIGIÚN

Iarraim: Guím (duine), guí. Iarraim. Éilím. Impím. Agraím. Aitim. Achainím. Sirim. Achainí; cuireadh; éileamh. Diansirim, síoriarraidh. Téim ar iontaoibh, ar mhuinín (duine). Ag tuineadh le (duine), tuineanta. Déanaim idirghuí, idirghabháil, eadráin. Impím as ucht Dé ort! Toghairim. Toghairm. Téim ar mo dhá ghlúin. Lorgaim (rud ar dhuine).
Iarraim ar Dhia: Guím, guí. Urnaí, paidir. Guím go dúthrachtach. Urnaí bhéil, urnaí mheanman. Machnamh, miúin, rinnfheitheamh, adhradh. Cleachtaí crábhaidh, ~ spioradálta. Agall. Ardú meanman. Deabhóid, cráifeacht, diagantacht. Naofacht; misteachas, misteach. Aireagal, stól urnaí, leabhar urnaí. Vóitín.
Paidreacha: Paidir an Tiarna, an Phaidir. An tÁivé Máiria. Fáilte an Aingil. An Paidrín, an Paidrín Páirteach, an Chóroin Mhuire. Altú roimh bhia, altú tar éis bia; an bia a altú. An Chré; Cré na nAspal, an Dáréag. Turas na Croise. Liodán; Liodán na Naomh. Gníomh creidimh, dóchais, carthanachta, dóláis. Tréan, nóibhéine. Na tráthanna, Leabhar na dTráthanna; teirt, seist, nóin, easparta, coimpléid, iarmhéirí. Portús. Lúireach Phádraig.

GUNNA
V. SAIGHDIÚIR
Gunnaí na linne seo: Raidhfil; raidhfil uathoibríoch, ~ piléarlainne, ~ snípéara, ~ fiaigh, ~ athchaite. Gránghunna. Piostal, rothphiostal, gunnán. Meaisínghunna. Gunna mór, habhatsar, moirtéar. Airtléire mhachaire. Ordanás. Lón lámhaigh, armlón. Arm tine.
Seanghunnaí: Arcabas, muscaed, cairbín, snapán.
Codanna: Bairille, béal, buta, glas, piléarlann, bolta, iris. Treoir, tultreoir, cúltreoir. Truicear, garda truicir. Urstoc.

IALLACH
V. FORÉIGEAN, NEART
Riachtanas: Cuirim iallach ar, d'iallach ar, faoi deara do, ceangal ar, faoi gheasa. Tugaim ort. Is éigean dom. Éilím ar. Fógraím ar (dhuine rud a dhéanamh). Ordaím. Riachtanas. Cumhacht na cinniúna. (Déanaim rud) in aghaidh mo thola, de m'ainneoin; go drogallach, mífhonnmhar.
Foréigean: Éigním, foréigním, fórsálaim. Déanaim cos ar bolg ar. Imrím ansmacht, anfhorlann, ar. Tíoránach, aintiarna. Ansmacht. Comhéigním. Tugaim drochíde, drochúsáid, do. Cuirim faoi chois, faoi smacht.
Sclábhaíocht: Daoirse, broid, moghsaine. Cuing na daoirse; srathair na hainnise. Géibheann, braighdeanas, príosúnacht. Pianseirbhís. Cuirim ceangal na gcúig gcaol ar.

IARNRÓD
Línte: Bóthar iarainn. Gréasán. Comhlacht. Mórlíne, iarnród caol. Iarnród cáblach. Ráille. Trasnán. Ballasta. Dúshraith. Port. Comhartha, bothán comharthaí. Taobhlach. Ardán. Droichead. Tollán. Ladhróga. Acomhal.
Rothra: Inneall, gualcharr, cóiste, carráiste. Rothra, bógaí. Céachta sneachta. Cóiste codlata. Carbad bia. Vaigín. Carr bagáiste. Carráiste tobac. Earrann. Traein luais. Scuaine (carráistí). Traein earraí.
Úsáid: Stáisiún. Stad. Feithealann. Oifig ticéad. Ticéad singil, fillte. Tráthchlár. Bialann. Freagracht traenach, traein fhreagrach. Traein a ribeadh.
Foireann: Máistir staisiúin, gíománach, tiománaí, garda, pointeálaí ticéad.

IARR
V. GUIGH
Iarraim: Déanaim iarratas ar (rud). Bheith san iarratas. Guím. Impím. Lorgaim. Éilím. Achainím. Agraím. Sirim. Déanaim iarratas do (chúis), bailím iarratais. Rud a thóraíocht. Déircínteacht. Mianaím. Achainí. Impí. Achairt.
Iarrthóir: Iarrthóireacht. Ag tnúth le (post). Uaillmhianach. Canbhasáil, diúgaireacht. Stocaireacht. Cuirim mé féin ar aghaidh. Téim san iomaíocht. Cluain, cluanaireacht.

IARTHAR
V. ÉIRE, GRIAN
Mar phríomhaird: Iartharach. Luí na gréine. Fuineadh gréine. Fia fuinidh. Fir fuinidh. Thiar, thiar thuaidh, thiar theas, etc. An Domhan Thiar. Í Breasail. Beag-Arainn. Tír Tairngire. Maigh Meall. Oileáin Iarthar Eorpa.

IASACHT
V. FIACHA
Cineálacha: Iasacht stáit, ~ morgáiste, ~ fadtéarma, ~ gan bhannaí. Banc, cumann, iasachtaí. Cumann foirgníochta. Comhar creidmheasa. Airleacan, fiacha, fuilleamh, banna, bintiúr, stoc agus scaireanna, caipiteal. Deontas, teannta airgid, fóirdheontas. Cíos, ligean, léas. Réamhíoc. Biseach, ús, gaimbín; ús simplí, ~ iolraithe. Cairde, creidmheas. Ar formáil.

Daoine: Iasachtaí, iasachtóir. Creidiúnaí, féichiúnaí, fiachóir. Fear gaimbín. Úsaire. Súmaire, creachaire, alpaire, amplachán. Féichiúnta, féichiúntacht. "Bíonn cosa crua ar chapall iasachta." Lucht formála.

IASC
V. AINMHÍ

An t-iasc: Ceann, gob, corp, geolbhach; eite, ~ droma, ~ tairr, ~ eireaballach; eireaball. Gainní, lanna; inní, cnámharlach; eochraí, lábán. Gilidín, cualarach. Sceitheann. Iasc abhann, farraige, cladaigh, grinnill, saillte, úr, sliogáin, órga. Breac, bradán, breac geal, liathán, liús, dallacán, giolla rua, samhnachán. Scadán, ronnach, mangach, ballán, trosc, colmóir, etc. Scaoth, cluiche. Bolg snámha.

Iascaireacht: Iascaireacht abhann, farraige, slaite. Flaidireacht. Tochardán. Gléas iascaigh. Slat, spóilín, roithleán, ruaim, ruaimneach, duán, cuileog, baoite, bolbóir. Trálaer, púcán (iascaigh), eangach, dorú, glinne, baoi; saighean, ~ tarraic, ~ trá. Coinnleoireacht, ga, sleá, camóg. Dornásc. Dol, dolaíocht. Sracadóireacht. Losna. Coraíocht. Seoráil.

IFREANN
V. DIABHAL, URCHÓID

Sa seansaol: Háidéas. Na Faichí Eilísiacha. Impireacht na Marbh. Taisí na marbh. Na Fúire; bandéithe an díoltais. Na Pairche; na Fáithe; bandéithe na cinniúna. Cárón, Ceirbearas. An Stiocs. Míonas, Radamantas. Tantalas, Siosafas. Seól. Poll tí liabáin.

Sa Chríostaíocht: Ifreann, ifreanda, ifreannach. Fíoríochtar ifrinn. Liombó. Purgadóir. Diabhal, deamhan, Sátan. Damnú, ~ síoraí. Purgadóireacht. Leorghníomh sa pheaca. Na pianta síoraí, pian na díobhála, pian na gcéadfaí. Tine ifrinn; an tine nach múchtar. Na damantaigh. Peiríocha.

IMEACHT
V. CUMA, GLUAISEACHT, SIÚIL, STAIDIÚIR

Gluaiseacht: Siúl. Máirseáil. Coisíocht. Rith. Snámhaíocht; ar na ceithre boinn. Ar bharraicíní na gcos. Bacaí. Tuisliú. Spágáil. Leifteánacht. Stangaireacht. Leisíneacht. Falaireacht. Máinneáil. Crúbadach. Truslógacht. Princeam. Céafráil. Pocléimneach. (Rithim) i mbéal mo chinn. Sodar. Cosa in airde. Tónacán. Imeacht liobarnach, maorga, barrthuisleach, mothaolach, driopásach, righin, céimleasc. Leagan siúil. Sipiléireacht. Buaiceáil.

Iompar: Cuma. Méin. Cruthaíocht. Dóigh. Gnaoi. Iompar. Stiúir. Staidiúir. Gotha. Geáitse, geáitseáil, geáitsíocht. Giúlán. Sobhéasa. Múineadh.

IMEALL
V. AMUIGH, TAOBH, TEORAINN

Teorainn: Teorainn, críoch, colbha, bruach. Leathimeall. Taobhlíne. Leataobh. Imeallbhord. Imeallchríoch. Gruaimhín. Corr. Imlíne.

Ornáid: Fráma. Ciumhais. Gruaimhín. Móinín bán. Frainse. Scothóga. Ciumhsóg. Cumhdach imill.

INIS
V. ABAIR, MÍNIGH, SCÉAL

Insint: Insím, aithrisím, ársaím, eachtraím. Scéal, eachtra, seanchas, béaloideas, traidisiún béil. Seachadaim. Tuairiscím, tuairisc. Ríomhaim. Scéal reatha, béadán, comhrá. Insteoir, scéalaí, seanchaí, tuairisceoir, aithriseoir. Scéalaíocht, eachtraíocht. Staróg.

I scríbhinn: Úrscéal, gearrscéal, fabhalscéal, fáthscéal, finscéal, allagóire. Stair, croinic, annála. Beathaisnéis, dírbheathaisnéis, faoistin, cuimhní cinn. Eipic. Tuarascáil. Cín lae, dialann. Miontuairiscí.

INTLEACHT
V. RÉASÚN, SMAOINIGH, SPIORAD

Acmhainn smaointe: Eagna chinn, éirim aigne, tuiscint, fadaraí. Réasún. Intleachtach, intleachtúil. Aos intleachta. Ciall, ciall chomónta, ciallmhar. Coincheap. Iomas. Aireachtáil. Breithiúnas. Meabhrú, machnamh. Teibiú. Ionduchtú, déaduchtú. Smaoineamh, samhlaíocht. Ardéirim. Tallann, tíolacadh, féith, bua. Idéanna. Idéalach.

Tuiscint: Tuigim, sothuigthe, intuigthe, tuisceanach. Airím, mothaím. Éargna, éargnaí. Déanaim amach. Bainim tátal as (rud). Míním, idirmhínim. Scaoilim, léim. Sracthuiscint.

Géire intinne: Léire intinne, grinneas smaointe, géarchúis. Doimhneacht smaointe. Aireag, airgtheach. Seiftiúlacht. Beartaím, beartach, beartaí. Réitím (castacht). Léargas. Stuaim, stuama, stuamacht. Iomas. Tuaileas. Éachtaint.

ÍOCHTARÁN
V. CEANNAIRE, ÍSEAL, SCLÁBHAÍ

Níos ísle: Fo-oifigeach. Íochtarán. Searbhónta, seirbhíseach, ionailt, cailín aimsire. Fostaí. Saoiste. Maor. Gíománach. Dáileamh. Scúille. Bheith faoi réir ag (duine). Umhlóid, seirbhís. Tánaisteachas.

Spleách: Sclábhaí, sclábhaíocht. Mogh, moghsaine. Daor, daoirse. Seirfeach, seirfeachas. Bheith faoi chuing na daoirse, na cleithe. Cleithiúnaí. Géillsineach. Spleáchas. Géillsine. Omós. Fear líse. Fear coimhdeachta. Sáilghiolla. Cliant, cliantacht. Dalta. Mionaoiseach.

Ionadaí: Fear ionaid. Leasuachtarán, leaschathaoirleach, leasrúnaí, leasrí, etc. Tánaiste, tánaisteach. Biocáire. Fochomhlacht. Easpag cúnta. Cúntóir.

IOMAÍOCHT
V. DÍOGRAIS, ÉAD, TROID

Daoine: Iomaitheoir, céile iomaíochta, céile comhraic, coimhlinteoir. Comhshuiríoch, comhchúirtéir. Iarrthóir. Éadmhaireacht.

Iomaíocht: Comórtas, coimhlint, comhrac, coinbhleacht. Cluiche. Díospóireacht. Aighneas. Conspóid, sáraíocht, argóint. Éad, formad, tnúth. Naimhdeas, eascairdeas. Fuath. Téim san iomaíocht le. Téim i gcoimhlint le. Téim in aighneas le. Tugaim dúshlán (duine). Cuirim troid ar (dhuine).

ÍOMHÁ
V. COMPARÁID

Éagsúil: Líníocht, caracatúr. Prionta, greanadóireacht, léaráid, maisiúchán. Scáthphictiúr, silhouette, fíoraí. Grianghraf, fótagraf. Scannán. Samhail bheannaithe.

Athléiriú ruda: Samhail, dealbh, portráid, dealbh bhrád, deilbhín, mionsamhail, riochtán, céirshamhail. Pictiúr, mionphictiúr, deannaireacht. Suaitheantas, samhaltán, siombail. Bréagshamhail, feitis. Macasamhail, cóip. Léarscáil, mapa.

Ealaín na híomháineachta: Línim, línítheoir. Dathaím, péinteálaim, deannaim. Maisím. Portráidí. Dathadóir, péintéir, deannaire. Dealbhaím, dealbhóir, dealbhóireacht. Múnlaím. Greanaim. Fótagrafaíocht. Scannánaíocht.

IOMLÁN

Iomláine: Iomlán, uile. Slán. Infinideach, éigríochta, gan teorainn, gan chuimse. Absalóideach. Eisiatach. Monaplacht. Uilechumhacht. Lán (i gcomhfhocail). Go huile is go hiomlán; amach is amach; ar fad. Sa tslánchruinne. Scun scan. Slánchúis.

Uimhríocht: Suimiú, suim, áireamh, lánsuim. Cách, gach duine, an uile dhuine. Coiteann, coiteann na bhfear. D'aonghuth. Uile-íoc. Ilchineálach, ildathach, ilchruthach, srl. Ilchodach, ilghnéitheach.

Uilíocht: I ngach áit, uileláithreach. Uilíoch. Ginearálta, ginearáltacht, ginearálú. Uile (i gcomhfhocail). Uilefheasach, uilechoiteann, uileghabhálach. Ciclipéid.

Caitliceach, caitliceacht, caitliceachas. Pandiachas, pandiach. Éacúiméineach, éacúiméineachas. Éaguimseach.

IONSAÍ
V. TROID

Cogadh: Fógraím cogadh. Fearaim cath. Téim ar an ionsaí, déanaim ionsaí ar. Fogha, amas, athionsaí, frithionsaí. Ionradh, imruathar. Ruaig, ruathar, ráig. Coinscleo. Luíochán, éirí slí. Foighdeán, séirse, sciuird reatha. Beaigniti a nascadh. Aer-ruathar. Cuid chaite. Easpaí.

Foréigean: Ionsaí agus slacairt; tromionsaí; mionionsaí; ionsaí mígheanasach. Iarraidh mharfach. Imrím an lámh dhearg ar (dhuine). Téim i ngleic le.

I gconspóid: Brúim aighneas ar (dhuine). Tugaim faoi (dhuine). Éilím ar (dhuine) faoi (rud). Ciapaim, clipim, cráim. Tugaim masla do. Bheith ag gearradh is ag feannadh ar (dhuine). Caithim an chloch le (duine). Milleán, cáineadh, locht. Cúisím. Casaim (rud) le (duine); caithim (rud) suas le (duine).

IONTAS
V. RÚNDIAMHAIR

Iontas: Ionadh, ardiontas, dubhiontas, mo sháith iontais, alltacht. Cuirim gáir, agall, éamh, asam. Preabaim, bíogaim, geitim, clisim. Uaibhéaltacht. Aisteach, aduain, éagoitianta, barrúil, áiféiseach. Gan choinne, (rud) nach bhfuil súil (leis). Neamhghnách. Éagsamhalta. Oscailt súl. Cuirim iontas, alltacht ar. Tagaim aniar aduaidh, as lár an aeir, ar. Mórmheas. Is mór liom.

Gairdeas: Scleondar, ollghairdeas. Tá sceitimíní orm le (rud). Táim faoi dhraíocht ag (rud). Scailéathan. Táim ar bís le (fiosracht, etc.). Míorúilt, éacht, rúndiamhair, eachtra. "An rud is annamh is iontach."

Mearbhall: Alltacht, scaoll, uafás. Dochreidte, uafásach, millteanach, fiánta, diabhalta, etc. *(mar uaschéim le haidiacht)*. Oscailt súl.

ÍSEAL
V. ÍOCHTARÁN, SUARACH.

Gníomh: Íslím; cromaim (mo cheann); ligim anuas (seol); stríocaim (bratach); leagaim. Laghdaím (praghas); maolaím (solas); bainim de (rud); caithim síos. Leacaím, bascaim, brúim. Claonaim, sméidim (mo cheann); feacaim (mo ghlúin); lúbaim (mo dhroim). Tumaim, báim, cuirim faoi uisce. Sceitheann (balla, aill). Titeann. Sléachtaim. Géillim. Tugann uaidh. Cúbaim fúm. Soiprím. Faonaim.

Ionad íseal: Ina luí, sínte. Ar chothrom na talún; idir dhá uisce. Domhain. Faoi thalamh, fomhuirí. Dúshraith, bunsraith, bun, bunús, tóin, íochtar. Siléar (tí); broinn (loinge); lusca (eaglaise); uaimh (thalún); grinneall (farraige); íochtar (gleanna). Cuas. Íochtarach.

Meanma íseal: Drochmhisneach, beaguchtach, éadóchas, lagar spride, domheanma, dobrón, lionn dubh. Traochadh. Cloíteacht. Suarach, táir, gránna. Suarachas, suaraíocht. Náire, náireach. Ceann faoi. Meath, cnaí, dul i léig, feoiteacht. Ainnise, ainnis. Anachain. Uirísleacht. Umhlóid. Umhlaíocht. Lúitéis, lútáil, lústar, plámás, súdaireacht, béal bán. Truaillím, táirim, tugaim béim síos do (dhuine). Féinísliú. Coimpléasc ísleachta. Anuasal.

ISTIGH
V. LÁR

Istigh: Croí, lár, ceartlár, croilár. Smior. Eithne. Broinn. Anam. Compal. Sanctóir. Taobh istigh. Laistigh. Intíre. Fóram inmheánach. Iniata. Insilte. Inbheirthe. Intreach. Inmheánach.

Toilleadh: Coinníonn. Cuimsíonn. Toilleadh, toillíocht. Teorainn, imlíne. Clúdach. Clós. Líonadh. Lánlíon. Lánán.

Isteach: Cuibhrím. Imtheorannaím. Iniaim. Ionchorpraím. Iompórtálaim, allmhairím. Tollaim, treaghdaim. Insíothlaíonn. Iontrálaim. Ionadachf.

ITH
V. DÍLEÁ, SÁSAIGH

Itheachán: Ocras, goile, ampla, flosc chun bia, airc, cíocras, gionach, suthaireacht. Cothú, beathú, tomhailt, tomhaltas. Ithim, alpaim, slogaim, placaim, caithim siar, smailcim, longaim. Díleá, comhshamhlú. Réim bia, aiste bia, reigimin. Troscadh, tréanas. Craos. Carbas. Bia, beatha, lón. Géarú goile, greadóg, anlann. Soláthar (bia); costadh. Cuid, béile, ciondáil, comhroinn. Cuibhreann. Tinneas bhéal an ghoile. Piocaireacht. Spidireacht. Aimirne, aimirneach. Teannsáith. Tarsann. Tomhaltóir. Cuid chothaithe.

Tugaim le hithe: Cothaím, beathaím, tálaim ar (leanbh), oilim, tugaim an chíoch do (leanbh). Tógaim (páiste). Soláthraím. Riaraim. Sásaím. Ramhraím.

Béilí: Proinn, céadphroinn, bricfeasta, lón, dinnéar, tae, suipéar. Colláid, raisín, pronnlach, scroid, smailc. Diocán, greim. Fleá, féasta, bainis, cóisir. Sáith; séire. Béile Chonáin. Fleá Bhricreann.

LÁ
V. AM, FÉILE, MAIDIN, TRÁTHNÓNA

Codanna: Breacadh lae, láchan, fáinne an lae. Maidin. Éirí na gréine. Camhaoir. I lár an lae ghil. Meán lae. Iarnóin. Tráthnóna. Luí na gréine. Nóin bheag agus deireadh an lae. Fuineadh gréine. Clapsholas. Titim na hoíche. Idir dhá dhorcha.

Laethanta ar leith: Lá féile. Domhnach agus dálach. Lá breithe. Lá dár saol. Lá saoire. Lá saoire bainc. Lá troscaidh agus tréanais. Lá an bhreithiúnais. Lá Philib an Chleite, Lá Sheoin Dic, ~ Thadhg na dTadhgann, ~ an tslígín. "Beidh lá eile ag an bPaorach". Lá Caille. Lá na coise tinne. Lá cróidhílis. Lá maitheasa. "Is leor do gach lá a chuid féin den trioblóid."

Dátaí: Dé Luain, Dé Máirt, Dé Céadaoin, Diardaoin, Dé hAoine, Dé Sathairn, Dé Domhnaigh. Sabóid. Caileann, Iodh, Nónta. Inniu, inné, amárach; arú inné, arú amárach, amainiris. Anóirthear, amanathar. Bigil. Oíche chinn féile.

Bainteach le lá: Féilire. Dáta; dátaím, dátáil. Dialann, cín lae. Leabhar na dtráthanna. Laethúil. Éarlamh an lae. Portús.

Tréimhsí laethanta: Bliain, bliain bhisigh. Mí. Seachtain. Ochtáibh, nóibhéine, tréan. Coicís. Naomhaí.

LAG

Sobhriste: Briosc, leochaileach; (duine) tréithlag. Aibrisc. Anbhann. Caol. Seang, slim. Meata. Éidreorach. Éadaingean. Creathach. Éislinneach.

Ó shláinte: Anbhann. Crólag. Cróilí. Téiglí. Easlán. Teolaí. Leochaileach. Meathshláinte, drochshláinte. Leice, coinbhreoite, meath-thinn. Meirbh, lagbhríoch. Lagar.

Lagaithe: Dulta i léig, i laige, in ísle bhrí. Lagbhrí, téiglíocht, marbhántacht, meirtne, spadántacht, leisce. Ainríocht, anchaoi. Coscartha, sáraithe amach, traochta, spíonta, tnáite, cloíte. Ídithe. Éagumasach. Críon caite.

Ó charachtar: (Duine) gan dochar. Neamhurchóideach. Lagspridiúil, lagmhisniúil, meata, cladhartha. Díomuach. Éidreorach, éadaingean, neamhchinnte. Faiteach, scáfar. Bréagnáire. Cladhaire, meatachán. Olartha. Failpéir. Blióg, blindeog.

LAGHDAIGH
V. ACHOIMRE, PRAGHAS

Laghdú tomhais: Giorraím, giortaím. Déanaim achoimre de; cuirim i suim; coimrím. Beagaím. Téann i (rud); crapann. Comhfháiscim, comhbhrúim. Dlúthaím. Conlaím. Traoithim. Caolaím. Folmhaím. Ciorraím. Bearraim, scamhaim, snoím. Creimim.

Laghdú méid: Tanaím, seangaím, caolaím. Ídím. Tugaim chun siúil. Leáim. Mionaím. Traoithim.

Laghdú praghais: Lascaine, lacáiste. Béaláiste, dúthracht. Díluacháil, dímheas. Easnamh. Lamhálaim, lamháil. Liúntas. Titeann (praghas).

Laghdú nirt: Lagaím. Maolaím. Éadromaím. Ligeann faoi (gaoth etc.). Ciúnaím, socraím, suaimhním. Síothlaíonn. Bogaim. Fuaraíonn. Tránn. Moillím. Traoithim. Fánaíonn.

LÁMH
V. BALL, EALAÍN, SCRÍOBH, TADHALL.

Mar bhall coirp: Deaslámh, deasóg, ciotóg, ciotach. Droim láimhe, bos, croí na boise, dearna. Dorn. Crág, crúb, lapa. Méara, ladhracha; ordóg, corrmhéar, méar thosaigh, ~ cholbha, ~ fhada, ~ láir, ~ an fháinne, ~ bheag; lúidín, ladhraicín. Rí. Ionga. Alt. Punt méire. Lámh na beannachta, na scéithe. Sciathán. Uillinn. Gualainn. Slinneán. Cuisle. Dóid, lámhdhóid.

Úsáid na lámh: Croithim lámh le (duine). Sínim mo lámh chuig (duine). Bualadh bos. Ag cuimilt boise de (dhuine). Sníomhaim mo bhosa. Cuirim mo lámha le chéile. Ardaím mo lámha. Tadhall. Mothaím. Muirním. Buailim; buailim dorn, leadóg, boiseog, smitín, ar, etc. Deaslámhaí. Dearnóireacht. Gliúmáil. Méaraíocht. Bagraím lámh ar.

LÁN
V. IOMLÁN

Ar a líonadh: Lán go béal. Ag cur thar maoil. (Miosúr) fuinte croite is ag cur thar maoil. Líon lán. Forlíonta. Lomlán. Lán go bruach. Pulctha. Lán go doras. Líonaim, pulcaim, stopaim. Dingim isteach i. Stuálaim.

Iomlán: Gealach lán. Faoi lán seoil. Lánchumhacht. Lánlogha. Lánchleithiúnas, lánchead, lánchosc, etc. Sa tslánchruinne, sa cheannsláine.

LÁR
V. ÁIT

Sa lár: (Áit) láir. Lár báire, croílár. Meán, meánach. Lárnach. Lárphointe, ceartlár. Láthair, ionad (léinn, etc.). Eithne. Áis. Anam. Croí. Íochtar. Inmheánach. Ionathar, meánach. Meáchanlár. Smior, smúsach. I lár baill. I gcnó mo chroí. Coirpéis.

LÁTHAIR
V. AM, ÁIT

I láthair: Láithreach, láithreacht. Ar an mball. Táim ann, anseo, ansin, ar fáil. Sna bólaí seo. Tagaim ar an láthair; taispeánaim mé féin. Cuirim (duine) in aithne. In aice láithreach. Gnáthaím, taithím. Uileláithreach, uileláithreacht. Táim i mo chaochóg ar cóisir. Ar na gaobhair. Freacnarcas. Os comhair, i bhfianaise, faoi bhráid, ar aghaidh, os coinne. Tagaim ar bráid.

Daoine i láthair: Lucht féachana, lucht éisteachta. Seallach. Fámaire. Rannpháirteach. Cuibhreann, cuibhreannach. Comhthionól, comhluadar. Comhdháil. Cumann. Gabhgaire.

Am i láthair: Anois, i láthair na huaire, lom láithreach, láithreach bonn, láithreach bonn baill. Lenár linn. An aois seo againne. Saol an lae inniu. Ar na saolta seo. Ar na saolta deireanacha. Inniu, an lá atá inniu ann. Comhaimseartha. Freacnairc. Beirim maol ar (dhuine). Maolabhrach. Ar ala na huaire. Gach ala.

LEABA
V. CODLADH, TROSCÁN

Déanamh: Ceann, bun, éadan, colbha, post, cosa, stoc, leapa.

Cóiriú: Éadach, línéadach, clúdach, cóiriú leapa. Tocht, tocht spriongaí, tuailme. Braillín, pluid, blaincéad, brat, scaraoid. Éadach tochta, clúdach tochta. Piliúr, adhairt, ceannadhairt. Cuilt, clúdach clúimh, clúmhán, fannchlúmhán. Tocht clúimh, cocháin, soip, tuí.

Cineálacha: Leaba shingil, dhúbailte, lánúine, dhruidte, théastair, shuíocháin. Péire leapacha. Leaba bheag, luascáin. Amóg, sráideog, sínteán, réleaba, tolg, dibheán, cliabhán. Soipín. Súsa, súisín.

LEABHAR

V. NUACHTAN, PÁIPÉAR

Cineálacha: Leabhar litríochta, clasaiceach, eolais, eolaíochta, ealaíne, crábhaidh. Ciclipéid, foclóir, sanasán. Foilseachán, iris, irisleabhar, leabhrán, bróisiúr, paimfléad. Saothar, mionsaothar, fascúl, imleabhar. Achomaireacht, coimre, suim. Albam, coidéacs, rolla, cuairsce. Treoirleabhar, atlas, almanag, féilire. Lámhleabhar, tráchtas, cúrsa, bunchúrsa, priméar. Cnuasach, díolaim, deascán, duanaire. Teaglaim. Leabhar aifrinn, leicseanáir, portús, leabhar na dtráth. Buntús. Uraiceacht. Aibítir. Miontosach. Meascra. Féilscríbhinn.

Codanna: Leathanach. Teideal. Clúdach. Bileog cheangail. Caibidil, paragraf, alt. Colún. Imeall, imeallach. Éirim. Réamhrá. Díonbhrollach, brollach. Tiomnú, toirbhirt, tíolacadh; eipeagraf. Téacs, comhthéacs, sliocht, idirshliocht. Innéacs, clár ábhair. Léaráid, tulmhaisiú, maisiúchán, greanadóireacht.

Foilsiú: Foilsím, foilsitheoir, foilsitheoireacht. Eagarthóir, cuirim in eagar. Cuirim amach, cur amach. Tugaim amach. Dáilim, dáiliúchán. Cló, clódóir, clódóireacht, cuirim i gcló. Inphrionta. Eagrán. Ceanglaím, ceangal. Cóipcheart, dleachta údair.

Dáiliúchán: Siopa leabhar. Leabharlann. Taispeántas. Catalóg. Eiseamláir. Sampla. Cinsireacht. Síntiús. Seilf, seastán, stalla. Leabhragán. Ga leabhair. Cuachadh.

LEACHT

V. ÓL, UISCE

Staid leachtach: Leacht, leachtach. Licéar. Lionn. Fliuch, fliuchras, fliche. Tais, taise, taisleach. Fraighfhliuchras. Silteach, silteacht. Uisce, uisciúil. Tálann; séideann. Deoir, braon. Sú, súlach.

Gluaiseacht leachtanna: Sníonn. Ritheann. Sileann. Slaodann. Úscann. Taisríonn. Síothlaíonn. Titeann braon ar bhraon. Deora anuas.

Leachtú: Leachtaíonn. Leánn. Déanann leacht. Comhleánn. Tuaslagann. Tuaslagán. Caolaím (le huisce); lagaím.

LEANBH

V. AOIS

Ginealach: Ginim; saolaím, tugaim ar an saol, beirim. Leanbh fir, ~ mná. Mac, iníon; ua, garmhac, gariníon. Nia, neacht. Leanbh thús teaghlaigh, dheireadh teaghlaigh. Cúpla. Leanbh dlisteanach, mídhlisteanach, tabhartha; páiste suirí; bastard. Leanbh tréigthe, tuilí. Dílleachta. Leanbh altrama, uchtleanbh. Oidhre, oidhre ginearálta, oidhre dlisteanach, léiroidhre. Mionaoiseach, lánaoiseach. Glúin, ginealach, sliocht. Atharthacht, máithreachas.

Sainfhocail: Páiste, tachrán, naí, naíonán, rud beag; gasúr, garsún, stócach, buachaill; gearrchaile, girseach, cailín. Lorán, pataire, somachán, napachán, miorcaí, bunóc, diúlcacht, piodarlán. "Níl muirín ná truillín air." "As béal naíonán agus leanaí deoil."

Cúram leanbh: Luí seoil, saolú. Bean ghlúine. Cnáimhseachas, cnáimhseoir. (Naíonán) nuabheirthe. Mairfeacht, breith anabaí. Ospidéal máithreachais. Leanbh diúil, cíche. Tugaim an chíoch do. Oilim. Bean altrama. Cuirim (leanbh) ar altramas, ar oiliúint. Buidéal (linbh). Bainim den chíoch, scoithim. Clúidín, faicín, prioslóir, cóitín, cóta fada (linbh), cóta baiste. Gobán súraic. Gligín. Bréagán. Gearradh, cur, na bhfiacal. Cliabhán. Naíolann, naíscoil. Bindealáin; creasa ceangail; giobail cheangail; pluideoga. Sciúlán.

LÉANN

V. EAGNA, EOLAS, SMAOINIGH

Feisteas an léinn: Foirceadal; teagasc. Teoiric, teoiriciúil. Eolaíocht, eolaíoch. Spéacláireacht. Prionsabail. Uraiceacht. Dlíthe. Modhanna. Taighde. Staidéar. Fionnachtain. Anailís, sintéis; téis; teoirim. Turgnamh. Hipitéis. Nóisean.

LÉANN

Doiciméad, cáipéis, scríbhinn. Leabharlann. Saotharlann. Acadamh. Ollscoil. Institiúid. Dámh. Cúrsa. Céim.

Léann i gcoitinne: Eolaíocht mhatamaiticiúil, fhisiceach, nádúrtha, leighis, shóisialta; dlí-eolaíocht. Litríocht, éigse, daonnachas; focleolaíocht, teangeolaíocht. Fealsamh, fealsúnacht. Diagaire, diagacht. An Sruithléann.

Léann pearsanta: Cultúr. Eolas. Saoi, saíocht. Éigeas. Breacléann, smeareolas, smeadráil. Saoithín, éigsín, fileoir. Cur amach. Léannta, oilte, eolach. Scolardach.

Daoine léannta: Eolaí, saineolaí, dochtúir, ollamh, fear léinn, saoi, éigeas, intleachtóir. Aos léinn, lucht léinn; aos eagna; an chliar. Tobar eolais, eagna. Lucht ardéirime. Aos intleachta.

LEATHAIM

Leagan amach: Spréim, scaraim, scaipim. Leagaim amach. Leathnaím. Fairsingím. Méadaím. Forbraím. Forleathnaím. Sínim amach (eití etc.).

Thar dhromchla: Smearaim. Srathnaím, cuirim i sraitheanna. Clúdaím le. Dóibeálaim, plastrálaim. Deannaim.

Sa timpeall: Forleathaim, craolaim, craobhscaoilim. Reicim, scaipim (scéal). Comhroinnim (eolas) le (daoine). Tarchuirim. Síolchur, propaganda. Bolscaireacht. Fógraíocht.

LÉIGH

V. LEABHAR, LITIR

Léamh: Aibítir. Ord aibítre. Modh léite. Litreacha, siollaí, focail. Litrím, litriú. Ag salmaireacht na litreacha. Fuaimním. Léim faoi m'anáil, os íseal, os ard, go bacach, go líofa. Urlabhra, roscaireacht. Scaoilim (nod, rúnscríbhinn). Soléite, inléite, doléite.

Léitheoireacht: Leabhar. Saothar. Leabharlann. Seomra, seastán, léitheoireachta. Déanaim staidéar ar. Cuirim i gcóimheas. Léim trí (leabhar). Tugaim ruaill trí (leabhar). Breathnaím (foclóir). Léim le fonn, le flosc, go hamplach. Caithim súil ar (leabhar). Athléim. Athscrúdaím. Léim profaí. Grinnléitheoireacht. Liachtain, liachtain aspal, soiscéil. Ceadaím (leabhar tagartha).

LEIGHEAS

V. GALAR

Lucht leighis: Dáimh leighis. Dochtúir. Mac léinn leighis. Lia. Máinlia. Tréidlia. Fiaclóir. Lia súl, ~ ban. Cnáimhseoir, cnáimhseach, bean ghlúine. Néareolaí, siciatraí. Saineolaí croí, srl. Cógaiseoir. Poitigéir. Cúipinéir. Fáthlia. Fisigeach, fisigeacht.

Dochtúireacht: Cliantacht; ceannaím cliantacht. Dochtúir ginearálta. Cleachtaim. Cuairt. Cóireálaim. Comhairle (dochtúra). Dochtúir comhairleach. Scrúdú, tátal, fáthmheas. Oideas. Cóir leighis. Cógas. Ospidéal, otharlann, clinic. Obráid. Dul faoi scian. Íoclann. Réim cógas. "A lia, leighis thú féin!"

Leigheas: Leigheasaim. Cóireálaim. Cuirim cóir leighis ar. Sábhálaim. Athbheoim. Míochaine. Cógaisíocht. Teiripe. Cúram. Reigimin. Maolaím (pian). Faoiseamh. Cneasaím. Piollaire. Purgóid. Gliostaire. Íoc, nimhíoc, uile-íoc. Suanchógas, sáimhríoch. Posóid. Aothú. Téarnamh. Fainnéirí. Urchosc. Biseach. Ga. Xghathú. Instealladh.

LÍNE

Céimseata: Dronlíne, cuarlíne, fiarlíne; líne ingearach, chothrománach, pharailéalach. Imlíne, taobhagán, ciorcal, ga, lárlíne, trastomhas, stua, tadhlaí, ais, parabóil. Ceartingearach.

Léirithe ina líne: Rang, sraith, ailíniú, raon, rian, réim. Colún, slabhra, eitre, feire. Líne chatha, brollach catha, fronta. Craobh ghinealaigh, sleachta. Snáithe (smaointe). Líne iarnróid, teileagraif, scríbhinne, cló.

LIOTÚIRGE
V. REILIGIÚN, SEARMANAS

Féilte: Féile bhliantúil, shollúnta, aistritheach. Comóradh. Sollúntas. Bigil. Ochtáibh. An Aidbhint, Nollaig, an Eipeafáine. An Carghas; an Inid; Céadaoin an Luaithrigh; Domhnach na Páise, na Pailme. An tSeachtain Mhór; Céadaoin an Bhraith. Tréan na Cásca; Déardaoin Mandála, Aoine an Chéasta, Domhnach Cásca. Mioncháisc. Domhnach Cincíse, na Tríonóide. Féile na Deascabhála, na Naomhshacraiminte. Lá Fhéile Muire na gCoinneal, Lá Fhéile Muire na Sanaise, Lá Fhéile Muire san Earrach, Lá Fhéile Muire Mór san Fhómhar. Féile na Naomh Uile. Lá na Marbh. Lá Fhéile Pádraig.

Gnásanna: Na tráthanna canónta; iarmhéirí, moladh, príomh, teirt, seist, nóin, easparta, coimpléid. Aifreann. Beannú na Naomhshacraiminte. Oifig na Marbh. Baisteadh, aithrí, comaoineach, ola na n-easlán, comhfhortú, cóineartú, ord coisricthe, pósadh. Seirbhís.

Leabhair: Na leabhair chanónta. An Bíobla. Na Soiscéil. Leicseanáir. Leabhar Aifrinn. Leabhar na nGnás. Portús. Leabhar na dtráth. Saltair. Ainteafanáir. Leabhar na hUrnaí Coitinne.

Nithe liotúirgeacha: Cultas. Ceiliúraim. Beannaím, beannacht. Uisce coisricthe. Seanmóir. Próisisiam. Coinnealbhá. Ceiliúraí. Acalaí. Cantaireacht, cantaireacht Ghréagóireach; claisceadal; salmaireacht. Iomann, duan, caintic.

LITIR
V. SCRÍOBH

Comhartha: Litir, carachtar. Cló. Máiascal, mionascal. Ceannlitir, túslitir, iniseal. Litir uingeach. Nod. Rúnscript. Monagram. Fíochán litreacha. Litrím. Léim. Scaoilim (nod). Aibítir. Guta. Consan. Aiceann; agúid, graif. Comhartha. Idéagram. Iaraiglif. Dingchruthach. Rúnscríbhinn Lochlannach. Ogham.

Teachtaireacht: Eipistil, nóta, focal, freagra. Ciorclán; imlitir (phápúil). Athscript. Tréadlitir. Litir aspalda. Bulla.

Post: Comhfhreagras. Malartú litreacha. Seoladh. Clúdach. Stampa. Seolaim, cuirim (litir) chuig. Litir chláraithe. Cárta poist; litirchárta. Teileagram, sreangscéal. Frainceálaim. Formhuirear. Seachadadh, bailiú. Oifig phoist; bosca, fear poist. Postas. Postálaim. Postluí, ar postluí. Postmharc. Cuirim (litir) sa phost. Seirbhís an phoist.

LITRÍOCHT
V. EALAÍN, LEABHAR, STÍL

Daoine: Scríbhneoir, údar. Breacaire (páipéir). Lucht litríochta, lucht éigse, aos dána. Duine liteartha. Stílí. Prósaire. File, banfhile; fileoir. Drámadóir. Staraí. Úrscéalaí, scéalaí, seanchaí. Fealsamh; morálaí. Conspóidí. Criticeoir. Paimfléadaí. Iriseoir. Croiniceoir. Fear léinn, ollamh. Aistritheoir. Tráchtaire. Teaglamaí. Gramadóir. Foclóirí. Saoithín.

Saothair: Téatar, dráma, traigéide, fronsa. Filíocht, dánta, saothar fileata. Aitheasc, seanmóir, óráid. Paimfléad. Conspóid. Stair, beathaisnéis, dírbheathaisnéis. Úrscéal, gearrscéal, nouvelle. Aiste. Critic liteartha. Comhfhreagras, eipistil. Duanaire. Iomramh. Fís. Morálaíocht. Paróideacht.

Cumadóireacht: Cumaim, ceapaim, cruthaím. Samhlaím. Inspioráid. Scríobhaim. Stíl. Eagraím. Teaglamaím. Cnuasaím. Doiciméad; nótaí. Ábhar; éirim (saothair). Plean. Suim; achoimre. Gníomhrú, plota, gluaiseacht, eipeasóid. Pearsana; idéanna; mothúcháin. Paisean, spéis, truamhéala. Insím, ársaím; déanaim cur síos ar, tuairiscím. Mínim, léirmhíním; pléim; déanaim ionramháil ar. Cóimeálaim. Spreagaim; cluanaim; meallaim. Aithris; bradaíl. Dreachaim.

Foirceadal: Reitric. Aeistéitic. Naoi mná deasa Pharnasais. Acadamh. Cumann liteartha. Na saorealaíona. Léann. Tráchtas, lámhleabhar, monagraf. Filíocht na scol. Daonnachas. Barócachas. Clasaiceas. Rómánsachas. Réalachas. Siombalachas. Osréalachas. Eigiallta.

LOGHA
V. AITHRÍ

Téarmaí eaglasta: Logha iomlán, páirteach, lánlogha. Iubhaile. Bliain logha, bliain bheannaithe. Pardún, maithiúnas (i bpeacaí), loghadh. Loghaíocht. Loghra, loghra na scaball, an Phaidrín. Nóibhéine. Tréan. Gnóthaím logha. Ciste na loghanna, na hEaglaise.

LONG
V. BÁD, FARRAIGE

Cineálacha: Long, soitheach, árthach; long cogaidh, chomhraic, thráchtála, cheannaigh, iompair, thrádála; long sheoil, innill. Long fhada, birling, libhearn, triréim. Gaileon, cearbhal, luamh. Frigéad, coirbhéad, cúrsóir, scriostóir, iompróir eitleán, fomhuireán. Rámhlong. Luasbhád. Scafa.

Sonraí: Foireann. Lasta, lucht. Cabhail, cíle, gob, tosach, tile, bord, deic, broinn, droichead. Deasbhord, bord clé; bord na heangaí, na sceathraí. An tslat. Snámh loinge. Toillíocht, tonnáiste. Leabhar loinge. Sliospholl. Lintéar. Poll an chladhaire. Stáid. marbhshruth.

Loingseoireacht: Bordálaim. Teacht le bord. Cuirim, téim, ar ancaire. Feistím. Cuirim chun farraige. Gabhaim, stríocaim, cuan, caladh, port. Cuirim ar bord. Luchtaím, díluchtaím. Scolaim ar (aird). Stiúraim. Píolóta. Coraintín. Dleachtanna calafoirt. Mairnéalacht. Muirbhealach. Ag tumadh is ag luascadh. Rachmall seoil. Fuireach calaidh.

LONRAIGH
V. CLOCH, SOLAS, TINE

Lonrú: Lonraíonn, lonradh, lonrach, lonrachas. Dealraíonn, dealramh. Soilsíonn. Taitníonn, taitneamh. Drithlíonn. Aibhlíonn. Ruithníonn. Loinnir. Crithloinnir. Glioscarnach. Drithle. Ruithne. Luisne. Gríos. Gile. Caoraíl. Breo. Cráindó. Faghairt. Ruaim. Lasadh. Deargadh. Niamh. Gléireán. Scal. Splanc.

Rudaí lonracha: Réalta. Grian. Gealach, ré, éasca. Dreige. Seoid. Diamant. Péarla. Néamhann. Cloch lómhar. Dath glé, gairéadach, spiagaí. Solas. Léas. Lampa. Lóchrann. Tóirse. Laindéar. Teannáil. Tine ghealáin; Seán na Gealaí; Liam na Sopóige. Lampróg. Cruan. Síoda. Sról. Criostal. Luan láith; naomhluan.

LORG
V. CUSPÓIR, FIOSRACH

Iarracht aimsithe: Lorgaim, cuirim lorg (ruda), cuardaím. Seilgim, fiachaim. Cuardaim, ransaím, siortaím (áit). Taiscéalaíocht, taiscéalaim. Sirtheoireacht. Póirseáil, gliúmáil, smúrthacht. Tóraíocht, tóraím. Cíorlálaim. Súr.

Iarracht eolais: Taighde. Fiosrach, fiosracht; caidéis, caidéiseach. Cuirim tuairisc (duine). Faighim eolas, faisnéis. Scrúdaím, scrúdú. Fiafraím. Cúistiúnacht. Fiosrúchán. Saibhseáil, grúntáil. Taiscéalaim. Lorg. Rian. Láithreog. Tuairisc; tásc ná tuairisc.

LUACHMHAR
V. PRAGHAS, TÁBHACHTACH, ÚSÁIDEACH

Rudaí luachmhara: Daor, costasach, costasúil. (Luach) domheasta, éaguimseach. Liaga lómhara, miotal uasal. Taisce, stór, ciste, maoin. Seoid; seoid chuimhne, ealaíne. Séad, fine, suirí. Cloch bhua. Péarla. Néamhann. Diamant. (Rud) neamhchoitianta, tearc. Ollásach. Ciste fionnta.

MADRA
V. AINMHÍ

An madra: Madra baineann, soith; coileán. Fionnadh; mosach, guaireach. Soc, smut, lapa, géaráin, srón, geolbhach; cluasa, maolchluasach, biorchluasach; súile, glórshúileach; eireaball, scioteireaballach.

Cúram: Galair: Hiodrafóibe, confadh, claimhe, conslaod. Soidhir. Conchró. Pórú, síolrú. Pórtheastas. Faoi adhall. Beireann. Cuain. Cúpláil. Coniall.

MADRA

Cineálacha: Madra caorach, seilge, dúiseachta, folaíochta, faire, loirg. Gadhar, cú, bastard. Madra broic, gearr; pointéir, spáinnéar; cú fola, faoil, cosanta. Conairt. Madraí na Féinne: Bran, Sceolang, Adhnuall, Ruag, Cian, Searc, etc. Dóbair ach ní dhearna. madra oilc, ~ confaidh.

Gníomhaíocht: Tafann, amhastrach. (Ligeann) sceamh, glam, uaill. Seilg, lorg, dúiseacht; cuireann stiúir air féin. Lútáil, lústar. Peithreadh. Sceamhaíl, gol. Drannann. Congheoin.

MAGADH
V. DROCHMHEAS, GÁIRE

Magadh: Scigireacht, ábhacht. Ag baint as, ag spochadh as (duine). Déanaim fonóid, scige, magadh, faoi. Déanaim ceap magaidh, ula mhagaidh, staicín áiféise, de. Caithim drochmheas ar. Tugaim péac faoi, sonc do (dhuine); cuirim ordóg mhagaidh i (nduine). Déanaim seitgháire faoi. Frimhagadh. Caracatúr, cartún. Áilteoireacht. Greann, ar son grinn. Gáir mhagaidh. Cleithmhagadh. Fochaid. Leithéis.

Íoróin: Íorónta. Searbhasach, searbhas; seanbhlas, niogóid. Aoir. Scigaithris, paróide. Barrúlacht. Buailim bob ar, imrím cleas ar. Amadán Aibreáin. Coilichín paor a dhéanamh de dhuine.

Neamhshuim: Táim beag beann ar; is beag liom; is cuma liom. Ní cúram mar mhagadh é. Neamhchúis.

MAHAMADACH

An Fáidh: Mahamad. An Heidrea (622 A.D.). An Corrán. An bhratach uaine. Fatima (a iníon). Ali (a chliamhain). Omar (a cheannaire airm). Bórach (a chapall).

An Creideamh: Ioslam, ioslamach. Allah. An Córán. Ramadán. Timpeallghearradh. Moslamach. An Aoine. Meice. An Cába; an chloch dhubh. Mosc; miontúr; callaire.

Pearsana: Muiftí. Séic. Múllah. Iomám. Haidí (oilithreach Mheice). Marabút (fear naofa).

MAIDE
V. TACA

Maidí: Slat, smachtín, cleith ailpín, bata draighin, bata siúil, bata croise, croisín, maide croise, cuaille, stáca, sáiteán, sail.

I gcruth maide: Maide mullaigh, maide briste, maide milis, maide gréine, maide corrach, maide rámha, maide stiúrach, maide mianaigh, maide leapa. Crann, feac (spáide), cos (scine), sáfach (tua). Maide éamainn.

MAIDIN
V. AM, LÁ

An mhaidin: Breacadh lae, fáinne an lae, camhaoir, bodhránacht an lae, maidneachan, éirí na gréine, láchan. Teacht dheirge an dá néal. Deargmhaidin. Eadra. Ar béal maidine. Le gairm na gcoileach; le giolcadh an éin, ~ an ghealbháin. (Éirí) leis an bhfuiseog, le fáinne na fuiseoige. Le moch na maidine. Mochdháil na maidine. Ar mochóirí. Scarthanach. Adhmhaidin.

Nithe na maidine: Iarmhéirí. Drúcht na maidine. Réalt na maidine. Clog dúisithe, preibe. Éirím. Táim i mo shuí. Codladh go headra. Céadphroinn, bricfeasta. Mochóirí, mochóir. Súil an lae. Fabhraí an lae.

MAIGHDEAN
V. GEANMNAÍ

Muire: An Mhaighdean Mhuire, An Mhaighdean Bheannaithe. Máthair Dé. Muire Ógh. (Mac) na hÓighe, na hEabhraí.

Féilte: An Toirbhirt, Lá Fhéile Muire na gCoinneal, Lá Fhéile Muire san Earrach, Lá Fhéile Muire mór san Fhómhar. An Deastógáil, an Ghiniúint gan Smál, Sanas an Aingil.

MAIGHDEAN 173 **MAITHIÚNAS**

Urnaithe: Fáilte an Aingil, an tÁivé, Magnificat, Memorare, Liodáin Mhuire. An Choróin Mhuire, an Paidrín, an Paidrín Páirteach, saltair Mhuire, oifig na Maighdine. An Scaball. Salve Regina.
Bean: Cailín, ógh, seanmhaighdean, ógbhean, ionailt. Maighdeanas, maighdeanúil. Dallán. Ainnir, bruinneall, bé, banóg. Maighdeanas a mhilleadh, a shárú. Geanmnaíocht. Ócht.

MAISIGH
V. CÓIRIÚ

Modh maisithe: Ornaím, oirneáladh, ornáid, ornáidíocht; maisiúchán. Maintíneacht, gúnadóireacht, seodóireacht, gruagaireacht. Cuirim bailchríoch ar. Cóirím; cuirim eagar ar, caoi ar. Bróidnéireacht. Snoíodóireacht; siséalú. Cruanadóireacht. Feistím; pointeálaim (mé féin), prapálaim (mé féin). Múnlaím. Bláthnaím. Cuirim comaoin ar. Cuirim anlann, tarsann, le (bia). Gléasaim. Éadaím. Inlím. Saothraím. Dathaím, deannaim. Géaraím (dath). Aiscím.
Ornáidí ealaíne: Colún, piléar, piolastar; ceannbhart, fríos, coirnis, fardoras. Stua, áirse, rinnstua, rósfhuinneog. Clogás, túr, spuaic. Mósáic, inghearradh, taipéis. Armas, suaitheantas, móitíf, cartús. Frainse, mabóg, scothóg, órshnáithe, siogairlín, ribín, cleití, curca, cnota, guailleog. Bratach, meirge, ribeog. Corda cuisligh. Greanadóireacht. Cabhraíocht. Oiriúintí.

MAITH
Moráltacht: An mhaith, ~ choiteann, ~ mhór, ~ is fearr. Maitheas. Suáilce. Luaíocht. Luach morálta. Eagna. Ionracas. Oineach. Soilíos. Cineáltas. Cneastacht. Mothálacht. Carthanacht. Dea-mhéin. Sonas, séan. Ádh.
Ó riail nó dlí: Dlíthiúil, dleathach, dlisteanach, reachtúil. Rialta, rialtacht. De réir na rialacha; de réir na rúibricí. Ceart. Cruinn, beacht. Bailí, bailíocht. Cóir. Ceartasach, ceartchreidmheach.
Barrchéim: Feabhas; ar fheabhas; thar cionn; sármhaith. Dearscnaitheach. Oirirc. Foirfe, foirfeacht. Iontach. Thar barr. Barr + *ginideach*: barr feabhais, barr áigh, barr bua, barr fiúntais, etc. Barraim.
Oiriúnacht: Oiriúnach, feiliúnach, fóirstineach, cuí. Tráthúil (focal); luiteach, tomhaisiúil (éadach). Caoithúil. Ionú. (Focal) ar shlí a ráite. Iomchuí; congruach. Dleacht. *Comhfhocail dar tús* in: Indéanta, indíolta. Luíonn (éadach) do (dhuine).
Caoi: Dea-bhail. Ar dhea-staid. Dea-riocht. Séanmhar. Sócúl, sócúlach, sócúlacht. Sáile. Sláinte, sláintiúil; folláin. Luachmhar. Téagar, téagartha. Úsáideach, úsáideacht. Ar fónamh. Sochar.
Saibhreas: Seilbh, sealúchas. Eastát, pearsanta, réadach. Maoin phearsanta, réadach, shaolta. Áitreabh. Méathras (talún); torthúlacht. Substaint, tathag, garr.

MAITHIÚNAS
V. DEARMAD, FABHAR, LOGHA

Pionós a chealú: Aspalóid. Éigiontaím; ligim saor; scaoilim saor; saoraim. Loghadh. Pardún ginearálta; litreacha maithiúnais. Ceathrú anama; tugaim, iarraim, ceathrú anama. Anacal. Malartaím (pionós ar phionós níos lú). Saoirse. Athshlánaím (duine). Ligim a bheo le (duine).
Cion a chealú: Dearmadaim (oilbhéim, aithis). Maithim (coir, cion); pardún. Trócaire, trua; déanaim trócaire ar (dhuine). Gan trua gan taise. Déanaim síocháin le (duine); déanaim athmhuinteartas le (duine); athmhuinteartas. Gan faltanas a chothú do (dhuine); gan olc a choimeád istigh do (dhuine). Fuascailt, fuascailteoir; slánaitheoir. Déanaim sásamh, cúiteamh, leorghníomh, i (gcion). Taithleach.

MANACH
V. REILIGIÚN

Cónaí: Mainistir, coinbhint; clabhstra. Prióireacht. Comhthionól. Máthairtheach. Díseart, cill, spidéal, díthreabh. Clochar. Bean rialta; cailleach. Seomra caibidle. Séipéal. Leabharlann. Garraí clabhstra. Cealla. Túr. Parlús, proinnteach, dortúr.

Riail: Manachas; manchaine. Díthreabhach. Saol rinnfheithimh, gníomhach. Ord; treas ord. Bráithreachas. Institiúid. Proibhinse. Ceanglaím in ord; téim isteach in ord. An aibíd, an cochall, an chaille, a ghabháil. Móid umhlaíochta, gheanmnaíochta, bhochtaineachta, tosta. Nóibhíseacht, nóibhíseach. Clabhsúr. Caibidil. Disciplín. Nuasachán. Achtáil agus teoir.

Éide: Aibíd, cochall, scaball, cuaráin. Caille, caidhp, gimpe. Éadach róin. Sursaing; corda.

Céimíocht: Ab, proibhinseal, gairdian, prióir. Máthairab. Uachtarán. Prócadóir, almsóir, spinséir, máistir aíonna, spidéiléir, póirtéir. Bráthair. Siúr. Céile Chríost.

Oird: Aibhistínigh, Beinidictigh, Capaisínigh, Cairmilítigh, Cartúisigh, Doiminicigh, Íosánaigh, Proinsiasaigh, Cistéirsigh. Bráithre Críostaí. Ord na Trócaire, na Toirbhearta. Céilí Dé.

MARAIGH
V. BÁS, TROID

Gníomh: Cuirim chun báis; básaím; tugaim bás (duine). Dúnmharaím. Leagaim ar lár. Coscraím. Déanaim ár, marfach, sléacht, ar (dhaoine). Díothaím, díscím. Scriosaim. Deachaím. Feallmharaím. Dícheannaim. Crochaim. Céasaim. Clochaim. Íobraím. Tachtaim. Feannaim. Múchaim, plúchaim. Scaoilim; lámhachaim. Sáim. Báim. Loiscim. Bascaim.

Marfóirí: Dúnmharfóir, feallmharfóir, murdaróir, céasadóir, crochadóir, nimhitheoir, scuad lámhaigh.

Ionaid mharaithe: Luíochán, éirí slí, in eadarnaí. Seamlas. Croch. Croch chéasta. Gilitín. Páirc an chatha. Airéine. Cathaoir leictreach. Seomra básaithe. Cillín an bháis. An stáca.

Marú: Ár, eirleach, sléacht, coscairt, ármhach, marfach. Maol marbh. Díofa.

MARC
V. COMHARTHA, FOLÁIREAMH

Rian: Lorg. Rian. Cló. Séala. Stampa. Bonn (ainmhí). Greanaim. Clóbhuailim. Priontálaim. Buailim (bonn). Séalaím. Stampálaim. Dingim. Fágaim lorg, rian, ar. Marcálaim. Brandálaim. Stiogmaí (naoimh). Colm, reang, fearb. Tatú. Stáid, marbhshruth. Eang. Ceó ramhar.

Treoir: Cuaille, méar eolais. Cuaille críche, teorann. Saighead. Comhartha. Suaitheantas. Bratach. Meirge. Libhré. Éide. Nod. Réiltín. Tagairt. Lipéad. Teideal. Tréith, saintréith. Déata. Cáilíocht. Uimhir, uimhriú, códuimhir. Marc. Treo-uillinn. Ponc, poncaíocht. Siombail. Figiúr. Spota.

Fógra: Fógra. Foláireamh, rabhadh. Tuar. Teir. Céalmhaine. Bagairt. Tátal. Airí.

MARGADH
V. PRAGHAS, TRÁCHTÁIL

Margaí: Aonach, faiche aonaigh. Ceant, seomra ceantála. Teach margaidh; cearnóg mhargaidh; ollmhargadh. Margadh dubh. Stocmhargadh, malartán stoic. Margadh airgid, eallaigh, olla, éisc, glasraí. "Margadh na saoire". Aonach fostaithe. Basár. Súc. Fóram. Agóra.

Lucht margaidh: Ceannaithe, mangairí, lucht stainníní, ocastóirí. Ocastóir stoic, bróicéir. Idirghabhálaí, basadóir. Callaire. Póirtéir. Ceantálaí.

Conradh: Margadh saor, daor. Margadh a shaoirsiú, a dhaoirsiú. Margadh seasmhach, malartach. Sladmhargadh. Cuachaim (praghas). Barr an mhargaidh.

MEÁCHAN

V. TOMHAS, TROM

Troime: Meáchan. Meánn. Meáchanlár. Imtharraingt. Sainmheáchan. Meáchan adamhach. Dlús. Trom, troime. Tromaím. Tromaíonn ar (rud). Domheáite. Ualach, lód, ultach. Lucht, lasta. Brúim síos. Meall, moll, toirt. Ballasta. Trom sifín. Péas (cleite, sifín, etc.). Tromachar (na fianaise).

Meáchain: Foireann mheáchan; meáchain agus tomhais. Caighdeán. Tromán. Tona, cileagram, gram, milleagram. Meáchan méadrach. Tonna, céadmeáchain, cloch, punt, unsa. Carat, gráinne. Meáchan mór, troí.

Rud a mheá: Meáim, meáchan. Meá, cuing, meá-inneall, meá Rómhánach, ainsiléad, stilliúr. Ollmheáchan, meáchan glan. Tonnáiste, toillíocht. Cóimheáchan, meáchan cothromaithe. Luchtaím.

MÉADAIGH

V. TUILLEADH

Tomhas: Fásaim. Cuirim le. Téim i méid, i méadaíocht. Cuirim fad le; fadaím. Sínim, síneadh. Ataim. Borradh; cuirim borradh faoi; tagann borradh faoi. Leathaim, leathnaím.

Cainníocht: Iolraím. Iomadaím. Méadaím faoi dhó, faoi thrí, etc. Dúblaím. Ardaím (praghas). Carnaim, cnuasaím, tiomsaím, bailím. Breisím, téim i mbreis. Séidim. Cuachaim (praghas).

Neart: Treisím. Aibhsím. Cuirim treise le; cuirim béim ar. Neartaím, athneartaím. Géaraím. Séidim faoi (dhuine).

Smaoineamh: Forbraím. Forlíonadh. Míním. Déanaim áibhéil. Cuirim dath, craiceann, ar (scéal).

MEÁN

V. CUMHACHT

Meán gnímh: Uirlis, acra, gléas. Deis. Inneall. Ionstraim. Ball acra, uirlise. Cur chuige. Cur i ngníomh. Cur i bhfeidhm. Modh, bealach, slí, oibre. Cleachtadh. Inlíocht. Córas. Cleas, seift. Oideas. Eochair. Teicníocht. Meicníocht, roth. Beart, beartaíocht. Acmhainn. Aireagán. Ábhar. Gaireas. Trealamh.

Cleas: Seift, beart. Cleas cogaidh. Clisteacht, oilteacht. Imeartas. Beartaíocht. Scéiméireacht. Caimiléireacht. Focal sa chúirt.

Idirghabháil: Feidhmeannach. Luamhán, fórsa luamháin. Buthal, borradh. Úsáidim. Téim i muinín, ar iontaoibh (ruda). Bainim leas as (rud).

MEARBHALL

V. EARRÁID

A léiriú i gcaint: Briotaireacht, trudaireacht, stadaireacht, snagaireacht. Téim in aimhréidh, in achrann, amú. Cuirim trína chéile. Caillim snáithe (mo chainte). Fágtar gan focal (mé). Siabhrán cainte. Boghaisíní.

San iompar: Bheith anonn is anall. Bheith míshuaimhneach, anacair. Cuirtear (duine) trína chéile, dá threoir. Baintear (duine) dá lúdracha. Baintear siar as (duine). Cotadh. Cúthaileacht. I mbroid. Anásta, amscaí. Aiféaltas, náire, ceann faoi. Bheith san fhaopach, idir dhá thine Bealtaine, i ngéibheann, ar bís, do mo bheophianadh. Corrach, corrthónach. Sionsa.

San intinn: Trína chéile, buartha, mearbhlach, mearaithe. Lagmhisneach, domheanma. Tá ciapóga orm. Cearthaí. Idir dhá chomhairle, braiteoireacht. Ar seachrán. Saobhadh céille. I ngalar na gcás. Faiteach. In amhras. Corrach, imníoch. Seachmall.

MEASARTHACHT

V. SÁSAIGH, SOCAIR

San iompar: Measartha. Srianaím, cuirim srian le. Coinním guaim, smacht orm féin. Araíonach, araíonacht. Stuama, stuamacht, stuaim. Féinsmacht. Cuirim suas do (rud), féindiúltú. Neamhspleáchas. Modhúlacht. Foighne, foighneach; fadfhulangach. Socair. Garúil. Cuibhiúlacht.

Morálta: Staonaim, staonadh. Tréanas. Measarthacht. Tíosach, coigilteach, spárálach. Staidéar, staidéarach; céillí. Beo ar an ngannchuid. Reigimin. Geanmnaí, geanmnaíocht. Bainistí, bainistíoch, bainistíocht.

I mbreithiúnas: Réasúnta, réasúntacht. Críonna, críonnacht. Eagna, eagnaí. Staidéarach. Aireach. Fadbhreathnaitheach; fadaraíonach. Cothrom, neamhchlaonta.

MEON
V. NÁDÚR, SLÁINTE

Staid nádúrtha: Méin, meanma. Carachtar. Coimpléasc. Dearcadh. Dúchas. Nádúr. Leithleachas. Saintréithe. Claonadh; tograch; luí. Mianach. Féinchúis.

Cineálacha: Séimh, socair; suaimhneach. Teasaí, tintrí. Fuarchúiseach, fuarspreosach. Leamh, liosta, spadánta. Faiteach, neirbhíseach. Aigeantach. Fuinniúil, borb. Ealaíonta. Féinspéiseach.

MIAN
V. DRÚIS, GÁ, TOIL

Fonn: Tothlaím, tothlú, tothlaíocht. Mianaím. Paisean, ainmhian. Dúil. Is áil liom. Tá dúil agam i (rud). Tnúth. Tá gá agam le (rud). Ocras, cíocras, airc, ampla; flosc. Tart, íota. Broid na colainne. Andúil.

Saint: Santach, santacht. Tnúth. Éad. Antlás. Cathú. Faire na faille.

Ainmhian: Ardaidhm, ardaidhmeannach. Luí, claonadh. Caitheamh (i ndiaidh ruda). Uaillmhian. Tnúthán. Ar bís. Intinn, aidhm. Éileamh. Meanmarc.

Dóchas: Ag súil, ag dréim, ag dúil. Ag fanacht, ag feitheamh, ag fuireach. Mífhoighneach. Is fada liom. Deifir, deabhadh, dithneas (le rud).

MILL
V. MARAIGH

Dochar: Loitim. Déanaim dochar, damáiste, díobháil, do. Díothaím. Scriosaim. Creachaim. Ídím. Sladaim. Bánaím. Déanaim léirscrios ar. Cuirim drochbhail, anchaoi, ar. Téann chun ainriochta. Cuirim ó mhaith. Creimim; creimeadh an ama. Sáraím. Sléacht. Cealaím.

Athrú chun donais: Truaillím. Truaillmheascaim. Táirim. Cuirim ó chuma, as a riocht, trí chéile, bunoscionn, ar mí-eagar, ó ócáid. Máchailím. Ciorraím. Meathann, seargann, feonn. Dul in olcas, in aois, i ndonas. Falsaím, camaim. Síogaíonn. Sleabhcann. Smálaím. Trochlaím. Truaim. Éillím.

Lofacht: Lobhann, morgann, dreonn. Géaraíonn (bainne). Bréan, bréanann. Corann (feoil); cortha. Éiríonn (uisce) marbh. Meirgíonn, déanann meirg. Orchra. Orchraíonn. Camhraíonn. Fíníonn.

MILLEÁN
V. PIONÓS

Casaoid: Lochtaím. Cuirim an locht, an milleán, ar. Iomardaím, iomardú, iomard. Aithisím, aithis. Dímheas ar, míthaitneamh do, míshástacht le. Damnaím. Séanaim. Cáinim. Déanaim gearán, cnáimhseáil, clamhsán, canrán, monabhar, drantán. Drannaim le (duine). Léim liosún do (dhuine). Déanaim agóid le. Téim ag áiteamh ar (dhuine). Díbhim. Spaillim. Táinseamh. Díspeagadh. Moladh meata.

Cúlchaint: Ithiomrá, béadán, magadh. Tarcaisním, déanaim beagán de. Cúlghearradh. Cuirim i leith, ~ síos do; ciontaím; inchoirím. Tarraingím míchlú, drochtheist ar. Náirím. Clúmhilleadh; scannal. Spíd, spídiúchán.

MIMHUININ
V. AIRE, AMHRAS

A aireachtáil: Drochiontaoibh. Amhras. Drochamhras. Táim san airdeall, ar m'fhaichill. Tagann múisiam orm (le duine). Ar eagla na heagla; ar fhaitíos na bhfaitíos. Géarchúis; gaois; críonnacht; fadaraí.

A spreagadh: Mífhabhar. Míchlú, drochtheist. Náirithe, faoi smál. Béim síos. Inamhrais, amhrastúil.

MINIC
V. MÓRÁN
Go minic: Go mion is go minic. Uaireanta. Scaití. Uair faoi seach, umá seach. Gach aon uair. Fiche uair. Go laethúil, gach uile lá. Coitianta. Gnáth, gnách. Ag síor (+ *ainm briathartha*). Ó am go ham. Gan stad. Go leanúnach, go seasta. Uair in aghaidh na huaire. Arís agus arís eile. "(Pardún) go dtí seacht n-uaire seachtód."
Aidiacht: Coitianta. Seasta. Leanúnach. Gnách. Is iondúil. Bithbhuan. Laethúil. Líonmhar, iomadúil. Gnáth (+ *ainmfhocal*). Féiltiúil. Tréimhsiúil.

MÍNIGH
V. ABAIR, CIALLAIGH, OIDEACHAS
Téacs: Tráchtaim, tráchtadh, tráchtaireacht. Idirmhínigh, idirmhíniú. Gluais, sanas. Bréagmhíniú. Grinnléitheoireacht. Míniúchán liteartha. Aistrím, aistriúchán; tiontaím, tiontú. Scaoilim (cód, nod). Léirmheas.
Idéanna: Réamhrá, brollach, díonbhrollach. Léirím. Léacht. Teagasc. Múinim. Sainím. Teoiric, teoiriciúil. Critic liteartha, criticeoir. Léirmhíniú, deifníd. Sainmhíním.
Fíricí: Cur síos. Tuairisc. Miontuairiscí. Tuarascáil. Sonraím, sonraíocht. Taispeánaim. Déaduchtú, ionduchtú. Conclúid.

MISNEACH
V. CROÍ, NEART
Misniúlacht: Crógacht, calmacht, coráiste, coráistiúlacht. Laochas, gaiscíocht, curatacht. Dánacht. Neamheagla. Dochloíteacht. Daingne, rúndaingne. Seasmhacht. Uchtach. Neamhchorrabhuais. Neart anama. Foirtile. Stóchas. Ugach. Díbhirce, díograis, dúthracht. Dásacht, dalbacht; meargántacht. "Níor mhór duit aigne láidir chun (rud a dhéanamh)". Éadan. Sotal, soibealtacht. Diongbháilteacht. Deiliús. Prapaireacht.
Daoine: Laoch, banlaoch; gaiscíoch, curadh. Fear gnímh. Óglach. Míle. Fear feidhme. "Faobhar, a Ghaillimh!"
Aidiachtaí: Cróga, calma, coráistiúil. Laochta, curata. Dána, neamheaglach. Dochloíte. Seasmhach. Stóch. Díbhirceach. Dásachtach. Diongbháilte. Meargánta. Sotalach. Móruchtúil. Anfhaitíosach. Luathbheartach.

MÓIN
V. DÓIGH, TINE
Saothrú: Bainim móin. Portach. Bachta. Sleán; sleán uchta; sleánadóir. Srathnú, spré, scaradh. Gróigean, athghróigean, clampa, cruach. Móin innill. Móinbhainteoir. Móinstaisiún. Móin fhuinte. Móin mheilte. Móincheart.
Limistéar: Caorán. Portach móna. Móinteán. Móinteach. Criathrach. Sliabh. Mín.
Móin: Fód móna. Dartán. Caorán. Dóideog. Grabhar, smúdar. Dúlagán. Scraith. Spairt, spadach, spadalach. Sprémhóin; móin bhán; móin dhubh, clochmhóin, fíormhóin. Giúsach; giúis phortaigh.

MOLADH
Moladh: Molaim, inmholta, moltach. Déanaim gaisce. Déanaim maíomh; maím. Déanaim mórtas. Adhmholaim, adhmholadh. Léirím, nochtaím (cáilíocht). Glacaim, aontaím (le plean); faomhaim. Cuidím le (moladh). Comhghairdeas, déanaim comhghairdeas le (duine). Ionracas. Bualadh bos. Gáir mholta.
Adhmholadh: Glóirím; tugaim glóir do. Ceiliúraim. Móraim. Molaim go hard na spéire. Diagaím, diagú. Beannaím. Canónaím; naomhainmním. Díonchruthú. Óráid adhlactha. Formholadh.
Plámás: Déanaim plámás, bladar, le (duine). Béal bán, lústar, lútáil. Déanaim lútáil. Cúirtéireacht. Déanaim suas le (duine). Slíomadóireacht. Slusaíocht. Spleá. Súdaireacht. Duine a chuimilt. Táthaireacht. Blindeog.

MONABHAR
V. FUAIM, GEARÁN
Fuaim dhoiléir: Monabhar. Cogarnaíl. Dordán. Seordán. Seabhrán. Crónán. Drantán. Osnaíl. Labhraím os íseal. Mungailt focal. Snagaireacht.
Míshástacht: Cúlchaint, cúlghearradh. Casaoid. Sciolladóireacht. Ag éileamh ar (dhuine).

MÓRÁN
V. CAINNÍOCHT
Cainníocht: Méid. Flúirse, raidhse, fairsingeacht. Tréan, neart. Iomad. Moll, carn, cnuasach. Saibhreas. Líon. Iomadúlacht. Iolarthacht. Corn na bhfuíoll. Bolg an tsoláthair.
Uimhir: Líonmhar. Dochomhairithe, do-áirithe, dochuntais. Cuid mhór; go leor; slua. Iolraíonn, iomadaíonn. Ar snámh le; beo le; dubh le; brata le. Il *(mar réimír)*.
Minicíocht: Áireamh. Liosta. Sraith. Slabhra. Réim. Scuaine, scuaidrín. Trilseán.

MOTHÚ
V. AIGNE, CROÍ, LITRÍOCHT
Acmhainn mhothaithe: Íogaireacht. Mothálacht. Sochorraitheacht. Goilliúnacht. Leochaileacht. Mothaím, airím, braithim. Aireachtáil, braistint. Maoithneachas, maoithneach. Grámhaireacht, ceanúlacht. Éisealacht.
Staid mhothaithe: Mothúchán. Meanma, meanma uasal, shuarach. Corraí. Bá, comhbhá. Seintimint. Daonnacht. Paisean. Dúthracht. Mearbhall. Cion, grá. Trua. Carthanacht. Gairdeas. Fuath. Éad. Tnúth. Formad. Fearg. Saint. Tarcaisne. Dúire croí.
Múscailt mothaithe: Teánn i bhfeidhm ar. Bogann. Corraíonn. Cuireann trí chéile. Mearaíonn. Cealgaim. Cuirim faoi dhraíocht. Spreagann. Adhnann. Gríosaíonn.

MUINÍN
V. ADMHAIGH, CAIRDEAS
Muinín: Iontaoibh. Trust, trustaim, intrusta. Inmhuinín. Tá muinín, iontaoibh, agam as. Téim i muinín (duine); táim ag brath ar (dhuine); téim ar iontaoibh (duine). Ligim mo rún le (duine). Gníomh, tairiscint muiníne. Creidim i (nduine), creidiúint, creidiúnacht. Dílseacht, dílseánach. Feall ar iontaoibh.
Féinmhuinín: Teann, muiníneach as féin, iontaobhach as féin. Dánacht. Údarás. Stuamacht. Éadan. Soibealtacht. Romhuiníneach. Sotalach. Stradúsach.

NÁDÚR
V. DOMHAN, PRIONSABAL
Teoiric an nádúir: Eolaíocht nádúrtha. Stair nádúrtha. Nádúraí. Ríocht ainmhí, phlandúil, mhianrach. Fisic, ceimic, bitheolaíocht. Iontais na cruinne. An dúlra. An cheathairdhúil. An Chruthaíocht. Cosmeolaíocht. Ábharachas. Pandiachas. Éabhlóid; rogha nádúrtha. Nádúrachas. An dlí nádúrtha.
Ginearálta: An nádúr. Dlithe an nádúir. Feiniméin nádúrtha. An chruinne. An domhan. An cosmas. Ábhar, ábhartha. Fórsaí fisiceacha. Réaltacht. Staid an nádúir. Ábhar amh.
Sain-nádúr: Nádúr diaga, daonna, ainmhíoch. Aicme, gné. Dúchas. Meon. Caractar. Instinn. Staid. Eisint. Struchtúr. Féiniúlacht. Mianach. Spiorad. Cineál.

NÁIRE
V. BOCHT, ÍSEAL
A haireachtáil: Ceann faoi. Cotadh. Aiféaltas. Doilíos. Aithreachas. Mairg. Aiféala. Scannal. Cúthaileacht. Uiríslceacht. Leisce. Bréagnáire. Folach na náire. Goradh grua. Tá náire orm. Baintear lasadh asam. Náire chroí. Deargnáire. Oilbhéim. Dínáire. Beagnáire.

Náirím: Náiriú. Cuirim náire ar; tugaim náire do. Bainim lasadh as. Tugaim masla do. Tugaim aithis do. Tugaim piolóid do. Táirim. Uiríslím. Easonóraím. Maslaím. Díblím ar. Cuirim míchlú ar. Tarcaisním. Oirbhire.

NAOMH
V. LIOTÚIRGE, REILIGIÚN

Naofacht: Naomh, San. Na fíréin. Clann an tsolais. Mairtíreach, tréadaí, dochtúir, maighdean; coinfeasóir, aspal. Éarlamh, naomhphátrún. Naomhluan. Glóir.

Cultas na naomh: Comóradh. Sollúntas. Coitiantacht na naomh. Féile, féilire. Canónú, naomhainmniú. Tiomnaím. Coisricim. Sanctóir. Turas. Oilithreacht. Martarlaig.

NATH
V. ABAIR

Eagna phobail: Nathán. Seanfhocal. Leathfhocal. Cor cainte. Seanrá. Oideam. Críonnacht na gciníocha. Glór an phobail. Nathaíocht, nathánach.

Caint ghonta: Nath. Alt creidimh. Soiléirse, aicsím. Mana. Dogma. Eipeagraf. Foirmle. Ginearálú. Inscríbhinn. Oracal. Paradacsa. Prionsabal. Proiceapta.

NÉAL
V. AIMSIR, BÁISTEACH

Néalta: Scamall. Ceo. Smúit. Néal carnach, ceathach, srathach. Bearradh caorach. (Néalta) ag carnadh, ag scaipeadh; néalta coscartha. Ceo deannaigh, púir dheataigh. Smúr (báistí).

Aimsir néaltach: (Spéir) dhorcha, scamallach, dhúnta, smúitiúil, ghruama, mhodartha. (Gealach, grian) faoi smúit, faoi néal. Gealán. Aiteall. Smúitím.

NEAMH
V. AINGEAL, DIA

Críostaí: Neamh; ar neamh. Na flaithis; sna flaithis; dul chun na bhflaitheas. Slí na fírinne; an saol atá le teacht. Thuas. Thall; an Teach Thall. Ríocht na bhFlaitheas; Ríocht Dé; Flaitheas Dé; Flaitheas na naomh. Parthas; Parthas na nGrást. Ar dheis Dé. An chathair neamhaí; cathair na glóire. Aingil, ardaingil, naoimh. Na fíréin. An eaglais chathréimeach. An ghlóir. An Deascabháil. An Deastógáil. An bheatha shíoraí.

Neamhchríostaí: Firmimint. Stua na spéire. An tAer. Na Machairí Eilísiacha. Úranas. Tír na nÓg; Máigh Meall. Oilimpeas; ambróise; neachtar. Parthas muslamach; huairí. Valhalla. Vailcírí. Na Grianbhrugha.

NEART
V. CUMHACHT, MÓRÁN, TIONSCAL

Corpartha: Láidir, tréan, neartmhar, urrúnta. Téagartha, daingean, déanta, crua. Scafánta. Rúpach. Fuinneamh, sracadh, spreacadh. Fireannacht. Lúth, lúfar. Tacúil, storrúil, suite. (Fear) i mbun a mhéide. Fathach fir. Chomh láidir le Cú Chulainn, le bun crainn, le capall. Téagar. Tathag.

Morálta: Misneach, misniúil. Calma, cróga. Diongbháilte, daingean. Righin, dobhogtha, seasmhach. Teacht aniar. Acmhainneach. Dochloíte, dothreascartha. Éagorrach.

Cumhacht: Fórsa. Éifeacht, éifeachtacht. Cumas. Dianas. déine. Foréigean. Údarás. Éigean. Dul i bhfeidhm. Uile-íoc.

NIGH

Cóiriú coirp: Ním (mé féin). Folcaim, craosfholcadh, folcadh béil, gruaige, etc. Folcadán, folcadán poiblí. Ionlaim; ionlach; ionnaltán. Cithfholcadh. Glanaim. Folcadh allais. Gargraiseadh. Gliostaire. Foltfholcadh. Spúinse, tuáille, fallaing fholctha. Seomra, tobán, dabhach folctha. Gallúnach; taos fiacla. Bos don urla, don éadan. Fothragaim.

Reiligiúnach: Íonghlanaim. Ionladh. Baistim, baisteadh. Folcadh na gcos. Diardaoin Mandála.

Níochán: Lá, tobán, bord, meaisín, teach níocháin. Ním. Gealaim. Tuaraim. Cuirim ar maos. Bruithim. Cuirim gallúnach faoi (éadach). Sruthlaím. Fáiscim; fáisceadán. Roithleán triomaithe.

NÓISEAN
V. SMAOINIGH

Neamhaireach: Nóisean. Tallann. Treall. Spadhar. Fachnaois. Meargánta. Dícheillí. Seafóideach. Éaganta. Ceann cipín. Ciúta. Guaig. Ráig reabhraidh. Taghd. Teidhe.

Meon athraitheach: Spadhrúil. Guagacht, guagach, guagaire. Taghdach. Teidheach. Taom buile. Racht feirge. Daol caointe. Míghnaoi. Míghiúmar.

Aistíl: Aisteach, aisteachas, aistíl. Ait, aiteacht. Corr. Ean corr. Corrmhéineach. Áibhéil, áibhéileach. Míchuibheasach. Guanach, guanacht. Seafóid, seafóideach. Bheith splanctha i ndiaidh (ruda, duine).

NUA
Bunstaid: Nua, úr, úrnua. Amach ón deil, ón tsnáthaid, as an bhfilleadh. Ina thús. Nuadhéanta, nuafhaiseanta, nua-aimseartha, nua-aoiseach, nuabheirthe, nuaghinte, etc. Slán, iomlán. Nús na talún, prímhid; céadtorthaí. Athnuaim. Athchóirím. "Fíon nua i seanseithí."

Le déanaí: Go nua. Déanach, deireanach. Le gairid. Ó chianaibh, ar na mallaibh. Nuafhocal. Nuasachán, nóibhíseach, earcach, fleascach. Láithreach, freacnairc, comhaimseartha. Nuálacht. Úrnua. Sainiúil. Tionscnaím.

Nuaíocht: Aireagán. Fionnachtain. Bunúil, bunúlacht. Aineoil. Neamhchoitianta, neamhghnách. Anaithnid. Gan iomrá. Aduain. Éagsúil. Nuacht, scéal nua.

NUACHT
V. ABAIR, NUACHTÁN, SCÉAL

Scéal úr: Nuacht. Scéal reatha. Béadán. Mionchomhrá. Cúlchaint. Ráfla, luaidreán, tuairisc; dúirse dáirse; scéal scéil; dúirt bean liom go ndúirt bean léi.

Eolas: Imeachtaí. Cúrsaí. Fíorais, fíricí. Tuairisc, tuairisceoir. Tuarascáil. Nuachtán, iris, iriseoir, iriseoireacht. Iris oifigiúil. Gaiseite. Teachtaireacht. Sreangscéal, teileagram. Áisíneacht. Seirbhís eolais. Comhroinnim (eolas). Scaipim. Dáilim. Cumarsáid; meáin chumarsáide.

NUACHTÁN
V. EOLAS, NUACHT, POBAL

Cineálacha: An preas. Iris nuachta. Gaiseite. Iris oifigiúil. Nuachtán airgeadais, spóirt. Foilseachán. Páipéar, nuachtán laethúil, seachtainiúil. Iris liteartha, eolaíochta, thionscail, phictiúr. Míosachán. Bliainiris.

Feidhmiú: Iriseoireacht. Eagarthóireacht. Riarachán. Stiúrthóir, eagarthóir, riarthóir. Iriseoir. Tuairisceoir, speisialta, coigríche, cogaidh. Croinicí. Léirmheastóir. Colúnaí. Grianghraf, cartún. Cinsireacht. Nuachtóir, nuachtóireacht. Nuachtghníomhaireacht. Nuachtlann. Nuachtánaí. Eagrán. Clólann.

Ábhar: Teideal. Leathanach. Ceannlíne. Alt. Colún. Eagarfhocal. Príomhalt. Alt eagarthóra. Nuachtánachas. Leathanach liteartha. Comhfhreagras. Tuairisc. Agallamh. Fógraí, fógraíocht. Crosfhocail. Colún tásc.

OBAIR
V. CÚRAM, FEIDHM, TUIRSE

Cineálacha: Saothar. Obair intleachta, láimhe, shaothrach. Obair ar thasc, ~ chonartha. Gairm. Ceird. Slí bheatha. Post. Feidhm, feidhmeannas. Fostú, fostaíocht. Daorobair, sclábhaíocht, callshaoth, dua; ag obair is ag luain; tiaráil, úspaireacht. Obair chrua, throm, mhaslach, anróiteach. Cúram, cúram gan chúiteamh. Crácamas. Pádóireacht. Pilibireáil. Spidireacht. Timireacht. Pónáiste. Seachobair. Útamáil. Úspaireacht. Sibiléireacht. Seoráil. Giúrnáil.

Oibrithe: I mbun, i gceann oibre. Na gairmeacha léannta. Státseirbhíseach. Mac léinn. Teicneoir. Teicneolaí. Oibrí, fostaí, printíseach, spailpín. Seirbhíseach, searbhónta, freastalaí. Feisteoir, fear cothabhála, ceardaí. Ceardlann, saotharlann, monarcha, muileann. Prólatáireacht.
Bainteach le hobair: Fostaím, fostóir. Dífhostaíocht, díomhaointeas. Marbhuain. Oibreacha poiblí. Pianseirbhís. Ceardchumann. Sóisialachas. An Lucht Oibre. Stailc. Ragobair. "Snáithe fada an táilliúra fhalsa". "Ualach ghiolla na leisce". Straidhn, stró, strus, callshaoth. Ionnús, treallús, déanfas. "Lilí an bháin, ní dhéanann saothar ná sníomh." Réim saoil.

OCRAS
V. ITH, TROSCADH

Fonn ite: Ampla, cíocras, flosc, airc, goile, gionach, craos. Amplóir, amplachán, ocrachán, tomhaltach, clamhaire, santachán, scloitéir, suthaire, craosaire. Sásamh; ceas. Stiúgtha le hocras.
Easnamh bia: Céalacan. Troscadh. Tréanas. Aiste bia, réim bia. Carghas. Gorta, ganntanas, gannchuid.

ÓG
V. AOIS, NUA

An óige: Aois linbh, naíonacht. Teacht in oirbheart. Óigeanta, óigeantacht. Dul in óige. Óige agus amaidí. Bláth na hóige. Drabhlás na hóige; baois na hóige.
Daoine: Ógra. Aos óg. Óganach, ógbhean. Macaomh, garsún, gasúr, stócach, buachaill, glas-stócach. Maicín, dailtín, maistín. Girseach, gearrchaile, cailín. Iníon. Mac, iníon léinn. Scorach. Malrach. Gearrbhodach.

OÍCHE
V. AM, DUBH

Staid oíche: Coim na hoíche, cróntráth, clapsholas, coineascar, titim na hoíche, dúchan na hoíche, dubh na hoíche, scáth na hoíche. Tráthanna na hoíche; i mí mharbh na hoíche; i lár na hoíche; meán oíche. Dorchacht oíche; dorchadas na hoíche; domhain na hoíche. Maidneachan, breacadh lae, maidin. Ag dul ó sholas; idir dhá sholas. Comhrac oíche is lae.
Bainteach le hoíche: Oíche ar neamhchodladh. Culaith, éadaí oíche; léine oíche, bairéad oíche. Codladh. Suansiúl. Faire oíche. Airneán. D'oíche; de shiúl oíche. Nochtraí. Cuirfiú. Féileacán oíche, leamhan. Sciathán leathair. Ulchabhán. Filiméala. Tuirne lín. Ruairí an mheán oíche. Scoraíocht. Bothántaíocht. Deabhaid. An choinneal airneáin a chaitheamh.

OIDEACHAS
V. ABAIR, EOLAS, SCOIL, TAISPEÁIN

Cineálacha: Oideachas ollscoile, liteartha, clasaiceach, eolaíoch, creidimh, saoránachta. Ardoideachas, meánoideachas, bunoideachas, ceardoideachas. Saoroideachas.
Teagasc: Múinim. Foirceadal. Oideolaíocht. Oide. Máistir. Máistreás. Ollamh. Múinteoir. Teagascóir. Saoithín. Cultúr. Disciplín. Modh. Eolas. Clár teagaisc. Tráthchlár. Cúrsa. Rang. Ceacht. Turgnamh. Scrúdú. Ullmhú. Múnlú. Míním. Léirím. Ceartaím. Cleachtaim, cleachtadh.
Saol na scoile: Scolaíocht. "Aoibhinn beatha an scoláire". Déanaim cúrsa. Foghlaim. Déanaim staidéar. Pulcaim mé féin. Éiríonn liom; teipeann orm (i scrúdú). Glacaim nótaí. Aiste, tráchtas. Cumaim; ceapadóireacht. Dóim an choinneal airneáin. Scoláire. Mac, iníon léinn. Deisceabal.

OIDHREACHT
V. GAOL, SEILBH

A bailiú: Athartha, atharthacht. Spré. Leagáid, ~ airgid, ~ ghinearálta, ~ iarmharach, ~ ionadúil, ~ shonrach. Comharbas, comharba. Uacht, tiomna.
Cultúrtha: Atharthacht, oidhreacht. Dúchas. Sinsearacht. Cultúr. Féiniúlacht. Traidisiún.

OIFIG
V. SAGART, SOCHAÍ, TROSCÁN
Oifigí: Oifig ghnó, rialtais, chomhlachta, chustaim, an phoist. Riarachán. Rúnaí, rúnaíocht. Ceap oifigí.
Daoine: Oifigeach. Maorlathas, maorlathach. Feidhmeannach. Státseirbhíseach. Rúnaí gníomhach, cúnta, príobháideach. Leasrúnaí. Oifigeach riaracháin, feidhmiúcháin, foirne, cléireachais. Cuntasóir. Cláraitheoir. Maoirseoir. Clóscríobhaí. Teachtaire. Cléireach comhdaithe.
Trealamh: Deasc, clóscríobhán. Gléas cóipeála. Iolraitheoir. Teileafón. Sínteán. Comhad; comhad pócach; treoirchartaí. Almóir comhad; cás comhad. Bior taiscthe. Fáiscín páipéir. Scian pháipéir. Tacóidí. Teirminéal ríomhaire. Ceap stampa, dúigh. Stampa dáta, ~ sínithe, ~ rubair.

OIFIGEACH
V. ARM, OIFIG, SAIGHDIÚIR
Catagóirí: Ceannasaíocht. Oifigeach ceannais, ~ Ard-Fhoirne, ~ foirne, ~ líne, ~ sóisearach, ~ foghlama. Fo-oifigeach. Mionoifigeach (cabhlaigh). Oifigeach coisithe, marcshlua, airtléire, innealtóireachta, eitlíochta. Oifigeach cabhlaigh, coimisiúnta. Dalta. Gearroifigeach.
Gráid: Ginearál, maorghinearál, leifteanantghinearál, coirnéal, ceannfort, captaen, leifteanant. Aimiréal, leasaimiréal; captaen, leifteanant.
Staid: Ar fianas. Cúltaca. Ar scor. Ar dícheangal. Ar neamhcheangal. Coimisiún. Postú. Ardú céime. Claíomh, guailleog, órshnáithe.

OIRIÚNACH
V. MAITH
Oiriúnach: Feiliúnach, fóirstineach. Feilim do; oirim do; téann, tagann, do; Déanann cúis, gnó. Oiriúnaím; cuirim in ord; cóirím; socraím; réitím. Cuirim in oiriúint. Titim isteach le (nós).
Am oiriúnach: Mitheas; is mithid. Tráthúil. Ionú. Faill. Uain. Deis. Caoi. (Focal) ar shlí (a ráite); (buille) ar shlí (a bhuailte), etc.

ÓL
V. SÁSAIGH, UISCE
Modh ólta: Ibhim. Slogaim; slogaim, caithim, siar. Diúgaim. Folmhaím (gloine). Blaisínteacht. Blaisim. Ailp, súimín, bolgam, scáilléad, slogóg, gáilleog, taoscán, scíobas, greagán. Craos, scloitéireacht. Diurnaím. Leadhbann siar. Ón mbaraille; ar a aghaidh, craorag. Uisce beatha. Craosól. Snáiteoireacht. Snáithim. Díneach. Póit, fuíoll póite.
Deoch alcólach: Biotáille; deoch mheisciúil. Fuisce, poitín, branda, ginéibhe. Licéar, greadóg, manglam, puins. Fíon, fíon dearg, geal, milis, íce. Beoir, pórtar, leann; leann dubh, ~ úll, ~ fraoigh, ~ piorra. Scailtín. Apsaint. Ceirtlis.
Neamhalcólach: Deoch insilte, insileadh. Cuirim (tae, luibh) ar tarraingt. Caife; caife dubh, bán; díchaiféineach. Tae; tae Síneach, Indiach, fíogadáin, teile, beirbhéine. Fíoruisce; uisce aeraithe, sóide, mianra.

OLA
V. DÓIGH, UNGADH
Cineálacha: *Plandúil:* Ola olóige, almóinne, aitil, bhí, chlóbh, eoclaipe, chnó talún, phailme, ráibe, cholsa, ricne, rois, róis.
Mianrach: Ola mhianra, ~ scealla; paraifín, artola, peitreal. Ola bhreosla, bhealaithe, threáiteach, innill, dhíosail. Nafta. Amhola.
Ainmhíoch: Ola éisc, ae troisc, mhíl mhóir, liamháin.
Táirgeadh: Olaréimse, tobar ola, caisire, deiric; tollaim, tolladóir; tancaer, olltancaer, scaglann, taiscumar, ardán ola, píblíne.

OLAGÓN

V. FULAINGT, GEARÁN

Pian: Ochlán, éagaoin, éagnach, acaoineadh, lógóireacht. Caoinim, caoineadh; caoi, gol, uaill chaointe, mairgneach, uaillghol. Osnaíl. Marbhna, tuireamh.

Míshástacht: Casaoid, clamhsán, banrán, monabhar, drantán, cnáimhseáil.

OLANN

V. ÉADACH

An olann: Olann caorach, ~ gabhair. Lomra. Olann bhriste. Olann camaill, ~ viciúna. Éadach, muileann, snáth olla. Abhras, snáithe, snáth, ceirtlín, íorna, gíomhán. Olann chadáis; olann chruach; lacharnach.

Táirgeadh: Lomaim (caora). Cíoraim. Spíonaim. Cardálaim. Sníomhaim. Tuirne. Coigeal. Siostal. Muileann, crann sníomhacháin. Fím, fíochán, fíodóir, fíodóireacht. Seol, garma; dlúth agus inneach. Dathaím, dathúchán; ruaimním, ruaim.

Éadach olla: Bréid, bréidín, báinín, ceanneasna, mustairt, gabairdín, saraiste, breacán, drugaid, mórleithead, raitín.

OLLSCOIL

V. OIDEACHAS, SCOIL

Mar institiúid: Ollscoil. Dámh na n-ealaíon, na heolaíochta, na diagachta, an dlí, an leighis, na hinnealltóireachta, na talmhaíochta, na tréidliachta, na hailtireachta. Scoil ardléinn, institiúid. Roinn, cathaoir, cúrsa, léacht, rang teagaisc, rang oidis. Máithreánacht, clárú, scrúdú. Tráchtas, cosaint tráchtais. Bronnadh céime. Comhghairm.

Foireann: Seansailéir, uachtarán, propast, cláraitheoir, ollamh, ceann roinne, déan, léachtóir, oide. Céimí, fochéimí. Fleascach. Comhalta.

Gráid: Baitsiléir, máistir, dochtúir. Céim, teastas. Céim oinigh. Céim onóracha.

ONÓIR

V. COINSIAS, UASAL, URRAIM

Dínit phearsanta: Onóir, oineach, fiúntas. Duine onórach, uasal. Cúrsa oinigh. Focal. Clú. Cáil. Urraim. Tugaim onóir do (dhuine). Uaisleacht. Scrupall. Meas. Urramach, measúil, fiúntach. Easonóir.

Gradam: Céim. Onóracha. Teideal oinigh. Ardghradam. Ardfheidhmeannas. Ardcháil. Údarás. Ceannas. Ardú céime. Gradam. Grád. Uaslathas. Cinseal. Plúr, scoth. Oireachas.

ÓR

V. AIRGEAD

An miotal: Ór loiscthe, teilgthe, tacair, bréige. Píosa, bonn, árthaí, cnap, fáinne, uinge, barra, óir. Ordhuille, órphlátáil.

Táirgeadh: Ceantar, láthair, mianach óir. Órthóraíocht; tochailt an óir. Deannach óir. Niteoir óir. Sirtheoir óir. Órcheardaí, gabha, óir. Órchloch. "Ór agus túis agus miorra."

ORD

V. MANACH, SACRAIMINT

Rang: In ord. Ord agus eagar. Cuirim, coinním in ord. Ord aibítre, uimhreacha, catha, máirseála, comharbais. Cuirim ar aon líne; ailíním. Treas, treas singil. Scuaine, sraoillín. Sraith. Slaod. Slabhra. Sloigín. Deilín (focal). Orduimhir; uimhriú. Uainíocht, sealaíocht, ailtéarnú. Gach ré seal. De réir a chéile. Ceann i ndiaidh an chinn eile. Siméadracht. Cúigín; táiplis. Tús, lár, deireadh. Ionadacht.

Eagraíocht: Cuirim in eagar; eagraím. Altaim, altadh. Leagaim amach. Modh, córas, sistéam, modh oibre. Rialaím, rialachán, rialta. Treoir. Disciplín. Comhordaím; cuirim comhord ar. Riaraim; comhréir. Dáilim; dáileadh. Foirgním, foirgníocht. Struchtúr. Comhthéacs. Réitím. Cóirím; cuirim cóir ar. Rangaím; acimím. Searnaim. Inlím. Sraithrannaím. Prapálaim. Rianúil. Seicheamh.

ORDÚ
V. CEANNAIGH
Ordú: Buanorduithe. Aithne. Leagan amach. Cosc, toirmeasc, cros. Athscript. Dlí. Proiceapta. Riail, rialachán. Reacht. Statúid. Na Deich nAitheanta. Urghaire. Parúl. Forógra. Foraithne. Treoir. Sainordú. Coimisiún; misean. Éileamh. Achainí. Cuireadh. Toghairm. Acht, achtachán. Smachtúil, smachtúlacht.

OSCAILT
V. ISTIGH
Oscailt: Stua, stuara, bá. Fuinneog, feineastar, sleasfhuinneog; poll lámhaigh, féachana. Póirse. Osclaím, leathaim. Ar leathfhoscailt. Ar faonoscailt.
Pasáiste: Bealach isteach, amach. Dorchla. Gailearaí. Tollán. Bearna. Doras. Comhla.
Poll: Uaimh, pluais, uachais, brocais, prochóg. Cráitéar. Scoilt, scáineadh, gág. Tochaltán. Log, logán. Díog. Duibheagán. Coire. Aill. Sistéal. Tobar. Mianach. Cairéal. Greallóg. Slodán. Sclaig. Bréifin.

OSPIDÉAL
V. CRÉACHT, LEIGHEAS
Forais: Ospidéal, spidéal. Ospidéal míleata, machaire, ceantair, contae, réigiúnach, máithreachais, fiabhrais, etc. Teach banaltrais, dídine. Dílleachtlann. Clinic. Íoclann. Otharlann. Sanatóir. Teach déirce, na mbocht.
Eagraíocht: Dochtúir, máinlia, raideolaí, banaltra, saineolaí, mátrún, almsóir. Barda, seomra, leaba, aireagal. Comhairle, cuairt, obráid. An Roinn Sláinte. Bord Sláinte. Ord banaltrachta.

ÓSTA
V. ÁITREABH
Teach: Ósta. Teach ósta. Ósta bóthair. Óstlann. Ostallán. Tábhairne. Beár. Teach itheacháin, proinnteach. Caife. Síbín. Teach leanna. Teach aíochta. Óstaíocht. Lóistín. Cuid oíche. Cóir chodlata. Brú, biatach.
Foireann: Óstóir, óstach. Óstlannaí. Tábhairneoir. Buachaill, cailín tábhairne; giolla tábhairne. Bainisteoir. Fáilteoir. Freastalaí. Cócaire. Giolla.
Cliaint: Cliantacht. Aíonna. Cuairteoir. Fámaire. Taithitheoir. Fanaim, stopaim. Cónaím. Caithim seal i. Cárta bia. Bille. Síneadh láimhe, séisín.
Sonraí: Seomra singil; dúbailte. Compord. Seomra folctha. Cócaireacht. Siléar. Seomra bia. Oifig fáiltithe. Ardaitheoir. Seirbhís, umhlóid. Seirbhís seomra.

PÁIPÉAR
V. NÚACHTÁN, SCRÍOBH
Táirgeadh: Muileann páipéir. Laíon adhmaid, ~ ceirteacha, ~ cocháin.
Úsáid: Páipéar scríbhneoireachta, litreacha, súite, líníochta, ealaíne, snasta. Páipéar clóite, pacála, donn, beartán. Páipéar gormchló, ríomhaire. Páipéar éimir, leithris. Páipéar scrúdaithe, vótála, ballóide. Páipéar aitheantais, eadóirseachta. Páipéar balla. Páipéar bán. Airgead páipéir.
Tomhas: Ceathrú, réam páipéir. Páipéar ceathairfhillte, ochtábhó, dódhéagmó.

PÁIRTEACH
V. CUMANN
Comhleas: Déanaim leas (duine); le leas (duine); is é mo leas (rud a dhéanamh). Cuirim spéis, suim i rud. Páirtí, ~ leasmhar; comhpháirtí. Comrádaí. Comhghleacaí, Comh- + *ainmfhocal*. Táim páirteach le (duine). I gcomhroinn. Scair, scairshealbhóir; stocshealbhóir. Tá (talamh, etc.) i gcomhar, i bpáirt, ag. Coiteann, i gcoitinne, coitinne. Comhar, dlúthchomhar; páirtíocht, dlúthpháirtíocht.
Cóimheon: D'aonghuth. Ar aon tuairim. Glacaim páirt (duine); téim i bpáirt (duine). Tá luí agam le. Cúl taca, cuiditheoir, ceithearnach. Bá, comhbhá, báúil. Comhghairdeas. Traoslaím. Páirtíneach.

Comhiarracht: Comhoibrím le. Téim i gcomhar le; déanaim (rud) i gcomhar le. Cuidím le, cabhraím le, cúnaím le. Tugaim lámh chuidithe do. Rannpháirteach. Comhcheilg.

PÁPA
V. EAGLAIS, REILIGIÚN

Pearsa: Biocáire Chríost. Patrarc coiteann. Easpag na Róimhe. Ard-Aoire. Comharba Pheadair. Seirbhíseach Dé. Athair Naofa. A Naofacht. Do-earráideacht. Fáinne an iascaire. Tiara. Casóg bhán. Cathaoir an Phápa. An Garda Eilvéiseach.

An Phápacht: Pontaifeacht. Suí Naofa. Tionól na gCairdinéal. Corónú. Eochracha Pheadair. Comhairle choiteann. Coingreagáid an Chreidimh, ~ an Chultais Dhiaga, etc. An Róta. An Eaglais Rómhánach. Aspalacht. Oidhreacht Pheadair. Stáit an Phápa. Stát na Vatacáine. Pingin Pheadair. Concordáid.

Gradaim phontaifiúla: Cairdinéal; Prionsaí na hEaglaise; an Phurpair; An Rúnaí Stáit. An Cairdinéal Camerlengo. Nuinteas, idirnuinteas, leagáid. Prótanótaire aspalda. Prealáid. Ridire pápúil.

Gníomhartha pápúla: Beannacht aspalda; beannacht urbi et orbi. Litir aspalda, imlitir. Canónú, naomhainmniú. Fógairt ex cathedra. Deifníd dhogmach. Eascoiteannú. Loghadh. Fógairt easpaig. Rós óir. Coinnealbhá.

PARLAIMINT
V. POLAITÍOCHT, VÓTÁIL

An tOireachtas: Dáil. Seanad. Taoiseach. Tánaiste. Ceann Comhairle. Páirtí polaitíochta. Príomh-Aoire. Teach Laighean. Teachta Dála. Seanadóir. Aire, stáit. Rúnaí parlaiminte. Rialtas. Córas an dá sheomra.

Thar lear: Parlaimint. Príomh-Aire. Comhairle na nAirí. Bundestag (Gearmáin). Chambre des Députés (Frainc). Cortes (Spáinn). Comhdháil (USA). Riksdag (Sualainn). Sejm (Polainn). Parlaimint na hEorpa.

Obair: Lánscor. Toghchán. Seisiún Dála. Bille. Díospóireacht. Ceist pharlaiminte, bhreise. Freasúra. Vótáil a éileamh. Líon gnó. Clabhsúr.

PEACA
V. AITHRÍ, URCHÓID

Cineálacha: Peaca marfach, solathach, an tSinsir, gnímh, na faillí; leannán peaca. Peaca do-mhaite. Na seacht gceannpheacaí marfacha: uabhar, saint, drúis, craos, tnúth, fearg, leisce. Peaca ábhartha, foirmiúil. Locht. Scannal. Duáilce. Peacaí coigilte.

Staid an pheaca: Peacach, peacach calctha. Déanaim peaca. Titim i bpeaca. Caillim an grásta. Salachar, láib, náire, an pheaca. Ligim mé féin i gcathú; géillim don chathú. An laige dhaonna. Seachránaí caorach. Brisim dlí Dé. Cuirim fearg ar Dhia. Easumhlaíocht. Buaireamh coinsiasa. Atitim i bpeaca. Aindiaganta. Sacrailéid. Diamhasla. Anam damanta. Urchóid, olc.

Aithrí: Sacraimint na haithrí. Faoistin; téim chuig faoistin; cuirim peaca i bhfaoistin. Aithríoch. Scrúdú coinsiasa. Cás coinsiasa. Oide faoistine. Croíbhrú, doilíos croí. Aithrí. Déanaim athmhuintearas le Dia. Déanaim leorghníomh i mo pheacaí. Maitheamh peacaí; maithiúnas na bpeacaí. Aspalóid. Caolagróireacht, caolagrach, caolagróir. Iarmhairtí an pheaca.

PEARSA
V. DUINE

Pearsa: Pearsa. Indibhid. Duine aonair. An gnáthdhuine. Duine fásta, aosaithe. Mo chomharsa. An pobal. Muintir na tíre. Duine uasal; bean uasal. Mac Uí Rudaí. Pearsa eaglaise. Na trí phearsa diaga. Pearsa den daonnacht.

Pearsantacht: Meon, carachtar, pearsanta. Rian pearsanta. Indibhidiúlacht. Céannacht. Féiniúlacht. Aitheantas. Bunúlacht. Féinspéis. Pearsantú. Pearsa mhorálta. Pearsantas.

PIONÓS
V. CEARTAIGH

Cineálacha: Pionós corpartha. Boiseog, leadóg, leiceadar. Tugaim an tslat do dhuine. Bualadh, sciúradh, léasadh, liúradh, leadradh, broicneáil. Sciúrsáil. Lascadh. Sraoilleadh. Rithim cúrsa na slat. Cuirim sa phiolóid, sna ceapa. Bís ordóg. An caipín pice. Leathchrochadh. Tarraingt faoin gcíle. Céasadh. Cantaoir. Pionós báis. Pionós achomair. Crochadh. Dícheannadh. Gilitín. Pionós an ghaid. Scuad lámhaigh. Príosún. Pianseirbhís. Deoraíocht. Díbirt. Cur as seilbh.

Cúrsaí pionóis: Gearraim, cuirim pionós ar; pionósaím. Smachtaím. Comhéigním. Dlí an díoltais. Éiric. Fíneáil. Déanaim sampla de. Damaistí pionósacha. Cuirim (sagart) as a éide. Gabhaim (duine); faoi ghlas. Baghcatáil. Eascoiteannú. Smachtbhanna. Breith, pianbhreith, fíorasc.

PLANDA
V. ARBHAR, CRANN

Codanna: Fréamh, bleibín, gas, snáithín, snamh, coirt, súlach. Dias, dealg, spíon, buinneán, péacán. Duille, bláth, seipeal, peiteal, pistil, staimín. Toradh, meas, bia, cloch, croí, síol, eithne. Teannóg. Bachlóg, beangán. Rúsc. Scamh. Scillig. Seamhar. Socfhréamh. Triopall. Triblid.

Fás plandaí: Luibh, lus, fásra, fiaile, luifearnach. Bliantóg, ilbhliantóg. Pailniú, ginidiú, péacadh. Sceitheann; cuireann bachlóga amach. Bláthaíonn; tagann i mbláth. Torthaíonn; tugann toradh. Aibíonn. Méadaíonn, iomadaíonn. Nódaím, nodú; beangán. Slapar. Croschineálach. Corrchineálach. Crann, tor, tom, tomóg, féar, brobh, seamaide, sifín. Luibheolaíocht.

PLÉISIÚR
V. ÁTHAS, CÉADFA, DRÚIS, SONAS

Caitheamh aimsire: Siamsa. Cuideachta. Sult; bainim sult as; déanaim sult do. Gairdeas, ollghairdeas. Déanaim gairdeas do. Spórt. Ábhacht. Aeraíocht. Aiteas. Áineas. Scléip. Meidhir. Gliondar. Lúcháir. Cuideachta bhreá. Bhí an-saol agam. Saol an mhadra bháin. Súgradh. Cluichíocht. Drabhlás. Spraoi. Fastaím.

Macnas: Sámhas. Sáile. Ainmhianta na colainne. Collaíocht. Pléisiúr na colainne. Áilíos. Lucht pléisiúir. Ainrianaí.

Sásamh: Lúcháir. Ríméad. Sonas. Sona sásta. Bheith ar do sháimhín só, do sháimhín suilt. Suairceas. Ollghairdeas. Bhí sceitimíní air. Tá sciatháin, eiteoga, faoina chroí. Bheith socair sásta. I mála an tsnátha ghil. Taitneamh.

POBAL
V. AICME, CINEÁL, POIBLÍ, TÍR

Na daoine: Eitneolaíocht. Eitneagrafaíocht. Déimeagrafaíocht. Cine, náisiún, treibh, treabhchas. Muintir na tíre. Náisiúnaigh, saoránaigh, comhthírigh. Eadóirsím, eadóirseacht. Dídhaoiním, bánaím (tír). Cearta daonna.

Aicmí: Lucht ceannais. Meánaicme. Lucht oibre. Prólatáireacht. An Chinsealacht. Aos eagna. Uasalaicme, uasaicme. An Tríú hEastát. "Uaisle is cléir is tuataigh". Buirgéiseacht. Uaisle is ísle. Géillsineach. Daor, saor. Na gnáthdhaoine. Na saibhre; na daibhre. Fear cothrom tíre.

An pobal: An stát. Comhluadar. Comhthionól. An coiteann. An phoblacht. Glór an phobail; tuairim an phobail. Reifreann. Pobalbhreith. An rud poblach.

POIBLÍ
V. COITIANTA, POBAL

Cur in iúl: Fógraím, fógra, fógraíocht. Foláireamh, rabhadh. Tugaim faisnéis do. (Fógraím) ó bharr na dtithe. Taispeánaim. Léirím. Mínim. Deirim. Bolscaireacht. Forleathaim (eolas). Scaipim. Craolaim. Craobhscaoilim. Nochtaim (cealg). Sceithim ar (dhuine). Tugaim (rud) chun solais. Scilim. Comhroinnim (eolas) le (daoine).

Eolas poiblí: Scéal reatha, luaidreán. Nochtann, scaipeann (scéal). Rún a chloisfidh tír; scéal a chloisfidh tír is a cheilfidh muintir. Ina sceith bhéil. (Scéal) atá i mbéal an phobail, atá curtha i bhfad. Iomrá, iomráiteach. Clú agus cáil. Seanchaite, comónta. Feiceálach. Oscailte. Coitianta. Aigne an phobail.

Foilsiú: Foilseachán, iris. Fógraíocht. (Fógraím) sna ceithre hairde. Callaire, callaireacht. Tugaim amach (leabhar). Poiblím. Leathnaím, reicim (nuacht). Cuirim in eagar. Iriseoireacht. Craolachán raidió.

Poiblíocht: Gníomhaireacht phoiblíochta, feidhmeannach poiblíochta. Tionscnamh a lainseáil. Preasagallamh. Adhmholaim. Déanaim bolscaireacht ar. Taispeántas. Sampla, samplóireacht. Taistealaí trachtála. Fógrán poiblí. Catalóg.

An pobal: Na daoine; na gnáthdhaoine. An choitiantacht. An phoiblíocht. An slua. Fámairí. Sráideoirí. Lucht féachana. Seallach. Finnéithe. Finné súl. Ag geáitseáil don slua. Fear cothrom tíre.

POLAITÍOCHT
V. PARLAIMINT, POBAL, VÓTÁIL.

Institiúidí: Pobal. Náisiún. Stát. Máthairthír, athartha. An Phoblacht. An Reachtas; an tOireachtas. Cumhacht reachtach, fheidhmitheach. Rialtas ionadaíochta; teachtaí. Bunreacht. Achtanna oireachtais. Dlíthe. Rialtas. Aire, aireacht. Comhairle airí. Comhairle Stáit. Saoránach. Cearta an duine. Státaire. "Le Céasar na nithe is le Céasar, le Dia na nithe is le Dia."

Córas: Daonlathas. Poblachtachas. Córas reachtúil, ionadaíochta. Uaslathas. Olagarcacht. Feodachas. Monarcacht. Uathlathas. Deachtóireacht. Tíorántacht. Réabhlóid. Ollsmachtachas.

Tuairimí: Radacachas. Liobrálachas. Marxachas. Cumannachas. Sóisialachas. Náisiúnachas. Idirnáisiúnachas. Sinn Féin. Parlaiminteachas. Páirtí polaitíochta. Eite dheas, chlé; an lár. Tromlach, mionlach. Freasúra. Aighneas. Iriseoireacht.

Polaitíocht eachtrach: An Roinn Gnóthaí Eachtracha. Taidhleoireacht, taidhleoir. Nóta, mála dioplómaitiúil. Ambasáid, leagáideacht; ambasadóir, leagáid. Idirbheartaíocht. Comhdháil. Conradh, ~ tráchtála. Na Náisiúin Aontaithe. An Comhphobal Eorpach. Comhaontú. Cúnant. Dréachtchonradh. Comhghnás taidhleoireachta.

PÓSADH
V. SACRAIMINT

Cleamhnas: Déanaim cleamhnas idir. Geallaim (m'iníon) do. Geallta, luaite. Gealltanas pósta. Tá lámh is focal idir (buachaill agus cailín). Idir dáil is pósadh. Cúirtéireacht; ag iarraidh mná. Cleamhnas maith; tá margadh maith déanta aici; is maith an aghaidh phósta é. Seanbhuachaill, seanchailín. Aontumhacht. Fáinne gealltanais. Spré. Téim ó chrích. Spéicéireacht. Nuachar.

An lánúin: Céile. Fear céile, bean chéile. Pósaim bean. Cuirtear (bean) i gcrích. Fear nuaphósta, brídeach. Cailín coimhdeachta; vaidhtéir; seasaim le. Lánúin nuaphósta, óg. Aonchéileachas, déchéileachas. Baintreach. Cearta an phósta, ceangal pósta, dualgas, pósta. Aontíos, lánúnas, céileachas. Bainis. Mí na meala.

Gaolta: Cliamhain, banchliamhain. Athair céile, máthair chéile.

Nósanna: Sacraimint an phósta. Beannacht an phósta. Pósadh a fhógairt. Dispeansáid. Bainis. Searmanas an phósta. Aifreann an phósta. Gnás an phósta. Dán pósta. Feisteas pósta. Cuairt mhíosa. Éirí amach. Cóisir infir.

Scaradh: Colscaradh. Scarann ó chéile. Tréigeann céile. Scaoileadh pósta. Adhaltranas. Mídhílseacht. Cucól. Aimhréití meoin. Dealú ó chuibhreann agus ó chaidreamh. Caoifeach. Idirscaradh.

PRAGHAS
V. CÚITEAMH, MARGADH, TRÁCHTÁIL

A mheas: Cuirim luach, praghas, ar. Meastachán. Measaim (rud) faoina luach. Saormheas. Luacháil. Meastóireacht. Fágaim praghas ar. Luach a shocrú. Luaim luach. Ráta, bróicéir, malairte. Breisluach. Coibhéis mhalairte. Urdail. Comard.

Praghasanna: Praghas mórdhíola, miondíola, glan, ceannaigh, an mhargaidh, díola, socraithe, saor-reaca. Costas. Luach. Sonra. Riar agus éileamh. Margáil. An difear a scoilteadh. Béaláiste. Lascaine, lacáiste. Ar an chéad chostas.

Praghas maith: Saorchonradh. Sladmhargadh. Isliú praghais; laghdú. Saor-reic. Earra saor-reaca, athláimhe. Saor, in aisce.

Praghas ard: As compás. Costasach, daor. (Caiteachas) creachta. Ard i luach. Ríluachmhar. (Ceannaím) ar ais nó ar éigean. Praghsanna a ardú. Duine a lomadh, a bhánú, a shailleadh. Bainim bearradh de (dhuine). Fáiscim an phingin dheireanach as (duine). Saoirsím.

Sainphraghsanna: Airgead fuascailte. Éiric. Eineachlann. Cíos dubh, cléire, tinteáin. Dúchíos. Dúmhál.

PRÁTA

An planda: Barr, bláth, gas. Prátaí luatha, malla, úra. Práta póir, sceallán. Práta seaca, gréine, odhar.

Plandáil: Ag cur prátaí. Iomairí, druileanna. Sluaistriú. Spraeáil. Ag baint prátaí. Riastáil. Cibeáil. Ainneor.

Cócaireacht: Práta bruite, rósta, cruinn, plúrach, brúite. Brúitín. Bacstaí. Arán prátaí. Cál ceanann. Maróg phrátaí, maróg na Samhna. Sceallóga. Brioscaí prátaí. Práta gáiriteach.

PRIONSABAL
V. NÁDÚR, NATH, TEOIRIC, TÚS

Bunús rudaí: Eilimintí. Ginidín. Adamh. Móilín. Suth. Síol. Cáithnín. Dúil. Nádúr na ndúl. Ábhar. Damhna. Comhábhar. Comhdhamhna. (Staid) bhunaidh. Substaint. Foshraith. Bunsraith, dúshraith. Eisint. Cúigiú damhna. Monad. Siocair, cionnsiocair, bunsiocair.

Bunús eolais: Bunphrionsabail. Uraiceacht. Céadtosach. Buntús. Miontosach. Bunús. Bunsraith. Fuaimint. Dlí. Riail. Soiléirse, aicsím. Postaláid. Teoiric, teoiriciúil. Sistéam, sistéamach.

PRÍOSÚN
V. COIR, PIONÓS

Príosúin: Carcair. Teach coinneála. Campa géibhinn. Long ghéibhinn. Beairic na bpéas. Stáisiún na ngardaí. Cillín, ceallóg. Faoi ghlas. Poll faire. Clós aclaíochta. Cill Mhaighneann. Muinseo. An Currach. Baile Choinnleora. Frongoch. An Cheis Fhada. Glais is geimhle. Faoi ghlas ag Gallaibh. Soithí príosúnachta.

Príosúnacht: Braighdeanas. Gabháil. Cuirim i bpríosún. Imtheorannú. Díbrím thar tír amach. Príosúnach, giall, braighdeanach, cime. Coirpeach. Príosúnach cogaidh. Bairdéir, banbhairdéir. Gobharnóir. Daorobair. Glais lámh. Geimhle. Braighdeanas aonair. Cuirim isteach mo chuid ama. Téarma príosúnachta. Eiseachadadh. Scaoilim saor. Fuascailt. Éalaím as príosún.

RADHARC
V. BREATHNAIGH, BREITH, CINNTEACHT, SOLAS, SÚIL

An céadfa: Amharc, amharc na súl. Fadradharcach, lagradharcach; giorra radhairc. Scáthshúilí. Feicim. Infheicthe, ris; i radharc; ar m'amharc. Léargas. Léas. Déanaim amach. Tugaim faoi deara. Tugaim i ngrinneas. Féachaim, breathnaím. Teileascóp. Micreascóp. Déshúiligh. Consaím.

Máchail: Dall, daille. Caoch. Fiarshúil. Dathdhaille. Caochspota. Mallachar radhairc. Claonamharc.
Feic: Amharc, radharc, radharc mara, tíre. Dreach tíre, tírdhreach. Bun na spéire; bun an aeir; fíor na spéire; léaslíne. Imradharc. Idir thú agus léas. Seallach. Finné súl. Raon radhairc, peirspeictíocht. Baoisceánta.

RÉALTA
V. GEALACH, GRIAN
Cineálacha: Réaltbhuíon. Bealach na Bó Finne. Stoidiaca. Rinn; reanna neimhe. Soilse na firmiminte. Pláinéad. Cóiméad. Satailít. Corpán spéire. Réalta sheasta, dhúbailte, eireabaill, mhongach, scuaibe, reatha.
An Stoidiaca: Reithe, Tarbh, Cúpla, Portán, Leon, Maighdean, Meá, Scairp, Saighdeoir, Gabhar, Uisceadóir, Éisc. Tuismeá.
Réaltbhuíonta: An Céacht; an Sealgaire; An Bhanlámh; Buaile an Bhodaigh; Slat an Rí; An Béar Mór; An Béar Beag; An Phléadach; Oiríon. Réalta an Mhadra; An Réalta Thuaidh; Na Réaltaí Treoracha. Réalta na maidine, na nóna.
Meafarach: Réalta eolais. Réalta scannán. Réalta na Mara.

RÉASÚN
V. CÚIS, INTLEACHT, SMAOINIGH
Cumas: Réasúnaíocht, cumas réasúnaíochta. Réasún. Tuiscint. Smaoineamh. Aigne. Intinn. Intleacht. Stuaim. Gaois. Breithiúnas. Aibíocht. Éargna. Coinsias. Meabhair. Ciall, ciall chomónta.
Gníomh: Fealsúnacht. Dialachtaic. Loighic. Réasúnaím. Pléim, plé. Prionsabal. Postaláid. Analach, analógach. Argóint, argónaim. Cruthaím, cruthú. Léirchruthaím, léirchruthú. Taispeánaim. Díospóireacht. Ionduchtú, déaduchtú. Infeirím. Idirdhealaím, idirdhealú. Bréagnaím (argóint). Conclúid. Tuigim as. (Rud atá) idir chámáin.
Tréithe: Ceartréasún. Eagna. Críonnacht. Beachtas breithiúnais. Ionracas, díríocht. Cruinneas. Fírinne, fírinneach. Léire intinne. Do-earráideacht. Intinn chiallmhar, aibí, chríonna, loighiciúil, shoilseach, stuama. Argóint réasúnta, loighiciúil, inchosanta, chreatúil, phrofach.
Lochtach: Míréasún. Éigiall, éigiallta. Chuaigh dá mheabhair; scar a chiall leis. As mo mheabhair; i mbarr mo chéille. Gan chiall ná réasún. Paradacsa, paradacsach. Ciorcal lochtach; ciorcal argóna; dul ar bhéala an réitigh. Míloighiciúil. Falsa, bréagach. Creatúil.

REILIGIÚN
V. CREID, DIA, SAGART
Staid anama: Creideamh. Deabhóid. Dúthracht. Crábhadh. Cráifeacht, cráifeach. Misteachas, misteach. Inspioráid. Adhradh, croíbhrú, altú, impí. Féindiúltú. Féinsmacht. Urnaí. Rinnfheitheamh. Naofacht. Spioradáltacht. Fíréantacht. Eagla an Tiarna. Creideamh, dóchas, carthanacht. Fanaiceacht. Éadulaingt. Baothchreideamh. Fimíneacht. Biogóideacht. Patuaire. Díreiligiún. Caoinfhulaingt.
Cleachtadh: Cultas. Deasghnátha. Searmanais. Gnásanna. Liotúirge. Cleachtadh creidimh. Oifig. Seirbhís. Rúndiamhra. Íobairt. Sagartacht. Disciplín. Cleachtadh crábhaidh. Cúrsa spioradálta. Dea-oibreacha. Eaglais, teampall, séipéal, teach an phobail.
Dogma: Creideamh. Cré. Bunalt creidimh. Caiticiosma, caiticiosta, caiticéis, caiticeitic. Teagasc críostaí. Dlí Dé. An seanreacht; an nuareacht. Bíobla. Soiscéal. Tiomna Nua. Comhairle, comhairle choiteann. Ceartchreideamh. Eiriceacht, eiriceach. Diagacht. Foilsiú diaga. Eascoiteannú, coinnealbhá. Siosma.
Daoine: An chléir. Pápa, easpag, sagart, ministir. Fíréan, creidmheach. Aspal, mairtíreach, naomh, deisceabal, caiticiúmanach. Soiscéalaí.

REILIGIÚN

Reiligiúin: Íoladhradh. Tótamas. Diachas. Dias. Aondiachas. Ildiachas. Págánachas. Hiondúchas. Búdachas. Giúdachas. Ioslam. Críostaíocht. Caitliceachas. Protastúnachas. Preispitéireachas. Anglacánachas. Meitidisteachas. Sainaicme creidimh; sainchreideamh.

REITRIC
V. CAINT, LITRÍOCHT, STÍL

Mar ealaín: Reitric, reitricí, reitriciúil. Óráidíocht, óráidí, óráid. Éifeacht cainte; deis an bhéil; solabhartha. Rosc, roscaireacht. Aighne, treabhann. Bladhmann. Roillimint. Radamandádaíocht. Ruthag cainte. Urlabhra. Friotal. Rithim. Treise. Titim chainte. Truamhéala. Díbhirce. Deismireacht. Deaschaint. Ornáideachas. Aibhsíonn.

An urlabhra: Cumadóireacht. Argóinteacht. Léireasc. Comparáid. Deifnid. Áireamh. Samhlaoid. Cruthúnais. Plé. Pléadáil. Aitheasc. Áitiú, áiteoireacht. Dígeann túis, deiridh. Seoraí (cainte). Ailléidím.

Fíoracha: Meafar, íoróin, meatainime. Allagóire. Tagairt.

Tróip chainte: Meititéis. Uaim. Coimriú. Tobscor.

Tróip chomhréire: Focalbhá. Séagma. Inbhéartú. Pléanasma. Freasúra focal. Athrá. Siléipse. Eilipse. Einniad.

Tróip smaointe: Fritéis. Apastróf. Uaillbhreas. Ceastóireacht. Áireamh. Fionraíocht. Tostaíl. Trasnaíl. Mallachtach. Timchaint. Urtheilgean. Liotóid. Toghairm. Géilleadh. Féincheartú, etc.

RIACHTANACH
V. GÁ

Gá: Riachtanas. Tábhachtach. Bunúsach. Caoithiúil. Oiriúnach. Nach féidir déanamh dá uireasa. Gátar, géarghá. Práinn. Cruóg. Éigeandáil. Úsáideach. Dóthain. Go leor. Tá gá le (rud). Bithriachtanech.

Oibleagáid: Oibleagáideach. Éigeantach. (Gnó) dualgais. Ní foláir (rud a dhéanamh). Is éigean (rud a dhéanamh). Ba cheart go; ba chóir go. Dosheachanta; (rud) gan dul as. Cinniúint, cinniúnach. Ordú. Do-athraithe. Mortabháil, muirear, freagrach, dualgas.

RIAIL
V. DLÍ, GRAMADACH, MANACH, TEOIRIC

Prionsabail: Riail ghinearálta, sainriail. Rialacha iompair. Proiceaptaí. Canóin; cuspa; modh. Cód, códaím; foirmle, foirmlím. Orduithe; treoir; leagan amach. Deasghnáth; comhghnás; foirmiúlacht; foirmiúlachas. Modheolaíocht; córas; sistéam, sistéamach. Slí oibre; nós imeachta; oideas. Reigimin; aiste bia. Gnás; liotúirge. Caoi; meán; bealach. Miosúr.

Eagar: Eagraíocht. Polasaí. Riail; rialachán. Rialtacht, rialta. Norm, normálta. Bun-nós; dlíthe; statúidí. Disciplín. Rialtas, rialaím. Ord, ordaím. Caighdeán, caighdeánaím. Óraice. Follúnaim.

In éadan rialach: Neamhrialtacht, neamhrialta; mírialtacht, mírialta. Mínormálta. Aimhrialtacht, aimhrialta. Mí-ord; mí-eagar. Gan disciplín; gan smacht. Neamhspleáchas, neamhspleách. Eisceacht, eisceachtúil. Míréir.

RITH
V. CAPALL, COS, IMEACHT, TAPA

Rith duine: Rithim sna featha fásaigh, an méid atá i mo chorp, i mbarr reatha, an méid atá i mo chosa. Ligim mé féin chun reatha; téim i muinín reatha. Tugaim sciuird, ruthag, rúid, ruathar, rúchladh. Deifir, deabhadh, téirim,

Spóirt: Rás, rásaíocht san réidh; léimrás, bacrás. Rás capall, rás idir dhá phointe; rás carranna, rás rothar; geallta báid; rás cúnna, rás carbad. Ráschúrsa. Raon cúnna.

Ainmhithe: Sodar; ar sodar; ar cosa in áirde; bogshodar; ar léim lúith; agus srianta scaoilte.

ROGHA
V. FOIRFE

Cinneadh: Toghaim, toghadh, togha, togha agus rogha. Déanaim rogha de. Taobhaím le (páirtí). Socraím le. Ainmním. Molaim, moladh.

Tosaíocht: Tús áite, tosach, tosaíocht, fabhar. Glacaim (rud) de rogha ar (rud eile). Tugaim tosaíocht do. Is fearr liom. Roghnaím. Gabhaim chugam (gairm). Téim le (cúis). Tugaim dúshlán (duine). Tá luí agam le; tá bá agam le. Soitheach tofa. Peata. Ceanán. Leannán. Gradam ómóis. "Tá mé ar an vóta leis sin".

Rangú: Togha, togha agus rogha, scoth, plúr. Sleachta tofa; díolaim, deascán, teaglaim, cnuasach. Eicléicteachas. Aithním. Tugaim rud i ngrinneas.

ROINN
V. CUID, REITRIC

Polaitiúil: Cúige, contae, barúntacht, buirgcheantar, toghlach, dáilcheantar, focheantar. Deoise, fairche, déanacht, paróiste. Treibh, tuath, oireacht. Aicme, teaghlach, sliocht. Páirtí.

Liteartha: Gníomh, radharc. Leabhar, imleabhar. Rann (de dhán fada). Caibidil, alt, paragraf, colún. Sliocht, eipeasóid, mír. Cineál, genre.

Rudaí: Urrann. Rannóg. Rannán. Cill. Cuid, píosa, giota, blogh, blúire. Móilín, adamh. Páirt, scair. Slisne, teascán, gearradh.

RÚN
V. CEIL, RÚNDIAMHAIR

Rud rúnda: Diamhair. Rúndiamhair. Mistéir. Dúfhocal, dúthomhas. Sicréid. Coinníoll ceilte. I modh rúin. Dúrún. Faoin duilleog.

Gníomh rúnda: Uisce faoi thalamh. Caimiléireacht. Calaois. Faoi láimh. Faoi choim. Cloch sa mhuinchille. Gan fhios. Faoi cheilt. (Gníomh) folaigh, rúin. Go fáilí. Os íseal. Cogar mogar. Déanaim gáire faoi m'fhiacail; sclogadh gáire. Litir gan ainm. (Breithiúnas) i gcúirt iata. Faoi shéala na faoistine.

Rún a scaoileadh: Sceithim, scilim. Insím i modh rúin. "Scéal a chloisfeas tír is a cheilfeas muintir". "Scéal rúin agus fios ag triúr air". Sceitheadh (rúin).

RÚNDIAMHAIR
V. REILIGIÚN, RÚN, SEARMANAS

Searmanas rúnda: Ligim isteach, glacaim isteach (i gcumann). Mistéir. Deasghnáth. Gnás. Ionghlanadh. Móid. Miotas. Rúnpháirtí, rúnpháirteach. Oirdéal. Eacstais. Riastradh.

Rud rúnda: Rún. Rúndiamhair. Diamhair, diamhracht. Dothuigthe. Ceileantas; ceileatram. Dochuimsithe. Doilfe.

Osnádúrtha: Draíocht. Oracal, aitheascal. Taispeánadh. Séansún. Rúndíamhra críostaí: Ionchollú, Fuascailt, Slánú, Tríonóid.

SÁBHÁIL
V. CABHAIR, CAOMHNAIGH, LEIGHEAS

Sábháil: Tarrthálaim. Sábhálaim beo duine. Sábhálaim ar (dhainséar). Cosnaím ar. Slánaím. Caomhnaím. Fuasclaím. Saoraim. Athcheannaím. Teasargaim. Slánú, Slánaitheoir, Meisia. Cuirim ar lámh shábhála. Leigheasaim. Ó bhaol. Tugaim na sála, an t-anam, liom. Imím slán. Éalaím.

Ar muir: Bád, baoi, crios, tug, gléasra tarrthála. Tarrthálas.

SACRAIMINT
V. REILIGIÚN

Gnás creidimh: Sacraimint, sacraimintiúil. Comhartha sofheicthe. Tobar grásta; foinse grásta. Siombail shacráilte. Na seacht sacraimintí. Baisteadh. Cóineartú. Aithrí. Eocairist. Sacraimint na nEaslán. Ord Coisricthe. Pósadh. Ábhar. Foirm. Éifeacht. An Naomhshacraimint. An Ola Dhéanach.

Mineastráil: Tugaim na sacraimintí do (dhuine). Sacraimint a thíolacadh. Carachtar. Baistim. Umar baiste. Cóineartaím. Criosma. Ola na nEaslán.

SACRAIMINT

Oirním, oirniú. Pósaim. Eistim faoistin (duine). Tugaim Comaoineach do. Lón anama. Sacrálaim. Coisricim. Leagan na lámh. Beannacht an phósta.
Glacadh: Sacraimint a ghlacadh. Staid na ngrást. Dul faoi lámh easpaig. Freastal ar na sacraimintí. Dualgas na Cásca.

SAGART
V. EAGLAIS, LIOTÚIRGE, REILIGIÚN

Sagairt: Pearsa eaglaise; cléireach, cléireach coirneach; sagart paróiste, cúnta, mór, óg. Séiplíneach, sagart méise. Sagart pobail, oird, crábhaidh; misinéir. Prealáid, canónach, ard-deaganach. Pastúireacht, pastúireach.
An t-ord: An chléir. An mhinistreacht. Gairm chrábhaidh. Misean. Carachtar. Sagartacht. Ceiliúraim (rúndiamhra). Beathúnas (cille), beinifís. Brisim sagart. Curim (sagart) as éide, ó chóta. Caithim díom an cóta. Oirním, oirniú. Coirním, corann. Coisricim. Móroird, mionoird. Mac-chléireach, ábhar sagairt. Portús, oifig. Na trátha a rá; portús a léamh.
Éide: Casóg, sútán. Miocht, léine aifrinn, ailb, stoil, casal, cóip, sursaing, crios.

SAIBHIR
V. AICME, AIRGEAD

Saibhreas: Lear, lab, na múrtha, mám (airgid). Oidhreacht. Sealúchas. Stoic agus scaranna. Fuilleamh. Maoin. Rachmas. Ioncam. Ór, airgead, nótaí bainc. Stór. Ciste. Taisce. Sparán. Próca óir. Toice.
Daoine: Milliúnaí. Toicí. Lucht airgid. Na bodaigh mhóra. Rachmasaí. Airgeadaí. Sprionlóir. Fear gaimbín. Úsaire.
Rudaí: (Bia, talamh) saibhir, séasúrach, méith. (Bia) oiltiúil. Uabhar (fáis).

SAIGHDIÚIR
V. ARM

Eagraíocht: Seirbhís mhíleata. Earcú, earcach. Coinscríobhadh. Liostálaim. Óglach. Seansaighdiúir. Athshaighdiúir. Tréigtheoir. Slógadh. Amhas. Óglaigh na hÉireann. Fórsa Cosanta Áitiúil. Cúltaca. Míliste. Coisithe. Marcshlua. Airtléire. Aerarm. Saighdiúir singil. Fo-oifigeach.
Saol saighdiúra: Cath, cathlán. Garastún. Campa. Complacht. Cogaíocht. Feachtas. Inlíocht. Cuibhreann, ceaintín. Garda. Patról. Saoire. Ar scor.
Trealamh: Éide. Ionar. Caipín. Cafarr. Loirgneáin. Crios cartús. Cóta mór. Cába.

SÁINN
V. CLEAS, DAINSÉAR, SEILG

Do dhaoine: Sás, gaiste, paintéar. Cleas; feall ar iontaoibh; éirí slí; eadarnaí; luíochán. Bobghaiste. Mianach; log mianach. Uisce faoi thalamh. Cor. Cúbláil. Seift. Beartaíocht. Teanntaím. Cuirim gaiste, etc. Beartaím (scéim). Tagaim aniar aduaidh ar, as lár an aeir, ar.
D'ainmhithe: Sás (éin); cliabhán. Sáinn eangach. Líon (seilge, iascaigh). Dol. Glae glas. Scáthán. Cuilpháipéar. Clais ghafa.

SAINT
V. SAIBHIR

Daoine: Sprionlóir, truailleachán, santachán, cíocrachán. Amplóir, antlachán. Tnúthánaí. Suarachán, gortachán, ceachaire. Úsaire, fear gaimbín. Coigleoir. Duine sprionlaithe, santach, cíocrach, amplach, antlásach, ceachartha, gortach, cnuaisciúnach, barainneach, greamastúil.
Saint: Santacht. Ampla. Antlás. Ceacharthacht. Cnuaisciúin. Barainn. Bainistí.
Gníomhaíocht: Déanaim stór. Coiglím. Cruinním, cnuasaím. Cuirim i dtaisce; taiscim. An lao óir. Sparán teann. Bainim teilgean as (rud).

SALACH
V. CAC

Salachar: Brocamas, bréantas, bréine, sailíocht, (rud) broghach. Otrach, fearadh, cac, aoileach, bualtrach. Láib, lábán, puiteach, clábar, pluda, lathach. Dríodar,

dramhaíl, cosamar. Bealadh. Súiche. Meirg. Broghaíl. Lodarthacht. Cáidheadas. Cainniúr.
Rudaí salacha: Brocais. Camra. Séarach. Prochóg. Carn aoiligh. Críonach. Múnlach. Broghach. Brocach. Cáidheach. Bréan. Lofa. Rodta. Fíniúch.
Daoine: Brocachán. Broghchán. Salaitheoir. Sraoill, sraoilleog. Ceamach. Slapaire. Gob i gcac.
Gníomhaíocht: Salaím. Lodraím. Smálaím. Truaillím. Trochlaím. Teimhlím. Brocaim.

SAMHLAÍOCHT
V. AIGNE, INTLEACHT, SMAOINIGH

Acmhainn: Samhlaíocht, íomháineacht; bua na samhlaíochta. Samhlaíocht shaibhir, thorthúil, sheachránach, fhánach, aibí. Idéalachas. Airde meanman. Fantaisíocht. Éirim aigne; ardéirim, tallann, tíolacadh. Inspioráid, tinfeadh. Aireag. Fiuchadh foinn.
Cineálacha: Samhlaím, samhlaíoch, insamhlaithe. Coincheapaim, coincheap. Cuirim i gcás. Beartaím, tionscnaím; plean, beart, seift. Teoiric. Hipitéis. Aisling, aislingeacht; taibhreamh, taibhriúil. Speabhraíd, ciméara. Cumraíocht, ficsean. Caisleáin óir. Seachmall, léaspáin, dallach dubh. Fís, taispeánadh. Taibhsítear dom. Tuaileas. Finscéal. Bruadar.

SAOIRSE
V. CEADAIGH, FURASTA, TOIL

Gluaiseacht: Saoráil, saoráid; saoráideach. Cead mo chinn; ar mo chomhairle féin. Éasca, réidh, aclaí, líofa, scaoilte, scailleagánta. Scaoilim saor. Éalaím. Saorthrádáil. Cead, lánchead; ceadmhach.
Carachtar: (Gníomhú) go saorálach, go deonach. Neamhspleách. Oscailte, réidh; réchúiseach, neamhchorrabhuaiseach; macánta, neamhbhalbh; teanntásach. Toilghnústa. Toiliúil. Dána. Spontáineach. Ad libitum. Motu proprio. Gan nósúlacht. Déanaim buannaíocht ar (dhuine).
Indibhidiúil: Saoirse coinsiasa, creidimh, an phreasa, cruinnithe, oibre. Díolúine, díolúnas. Saoirse shealadach, faoi fhaire. Saoránach. Habeas corpus. Saorfhear.
Polaitíocht: Flaitheas an phobail. Cearta an duine, ~ daonna, ~ an tsaoránaigh. Neamhspleáchas. Díolúine. Poblacht, poblachtach. Cogadh na saoirse. Daonlathas, daonlathach. Liobrálachas. Sóisialachas. Ainriantacht. Neart gan cheart. Flaithiúnas. Féinreacht.
Smaoineamh: Saorthoil. Saoirse smaointe, coinsiasa, tuairimíochta. Saorintinneacht. Pribhléid pharlaiminte; díolúine labhartha.

SAOLÚ
V. LEANBH

Máithreachas: Iompar clainne. Tréimhse iompair. Torrach; trom (ar leanbh). Toircheas. Tuismím, tuismeadh. Ospidéal máithreachais. Adhascaid.
Saolú linbh: Tinneas clainne; luí seoil. Bean seoil. Leaba luí seoil. Arraingeacha. Breith anabaí. Saolaítear (leanbh) do (bhean). Mairfeacht, anabaíocht. Ginmhilleadh, toghluasacht. Saothar. Srincne. Slánú.
Ealaín saolaithe: Bean chabhrach, ghlúine. Cnáimhseach, cnáimhseoir, cnáimhseachas. Lia ban; liacht bhan. Páiste a thabhairt ó bhean; saolaíonn (banaltra) leanbh do (bhean). Teanchair. Fiabhras seoil.

SÁRAIGH
V. IONSAÍ, NEART

Dlí etc.: Brisim (dlí, aithne). Sáraím, sáraitheoir. Peacaím, ciontaím. Déanaim faillí (i ndualgas). Easumhlaíocht. Maolú dlí. Bainim ó cheart (duine). Tugaim mionn éithigh, fianaise bhréige. Mídhílseacht.
Éigean: Déanaim éigean ar (dhuine). Éigean mná, banéigean. Éigním. Ionsaí mígheanasach. Tugaim drochúsáid, drochíde, do (dhuine). Imrím éigneach, anfhorlann, ar (dhuine). Foréigean. Anlathas.

SÁSAIGH
V. BRONNTANAS, ITH

Ocras, tart: Tugaim le hithe do (dhuine). Beathaím. Cothaím. Coiscim (ocras, tart). Múchaim (tart). Ithim mo sháith, mo dhóthain, thar mo sháith. Déanaim craos. Sacaim, pulcaim (duine le bia). Sáithím. Riaraim (ar ocras, ar thart). (Bia) cothúil. Lónaím. Brú, biatach. Béile Chonáin. Costadh agus cóiriú. Brú, biatach.

Ginearálta: Tugaim sásamh do. Sásaím. Comhlíonaim rud le duine. Cúiteamh. Leorghníomh. Cuirim mo thoil le (rud). Gar. "Tá sé mar a d'iarrfadh do bhéal é a bheith".

Dóthanacht: Anlucht. Masmas. Sách. Ar meisce. Subhachas. Súgach. Caochta. Dallta. Braon maith ar bord. Ar stealladh na ngrást. Oltach. Ar meisce agus mí-iomprach. Ceas. Múisc.

SCAIRD
V. SNIGH

Leacht: Báisteach. Fearaim, fearthainn. Scairdeán. Foinse, fuarán, tobar. Doirtim. Steallaim, steall. Spreachall. Scuaideáil. Insteallaim, instealladh. Brúchtaim. Úscaim. Sceitheann. Buinníonn. Caidéal. Steallaire. Insteallaire. Teilgeoir uisce. Scairdire. Seadráil. Eisileadh.

Diúracáin: Balaistíocht. Arm tine, arm teilgin. Bogha, crann tabhaill, tabhall. Scaoilim (saighead, urchar). Ga, gáinne, bonsach. Urchar. Pléascann. Ga a ligean. Diúracán a lainseáil.

Cineálacha: Scaipim. Lainseálaim. Teilgim. Spréim. Síolchur. Brúim. Caithim. Radaim. Ruthag, sciuird, sciotán, áladh, téirim, ruathar. Eisiachtain. Fearadh.

SCAR
V. CUID, BRIS, TEORAINN

Roinnt: Roinnim. Dealaím. Idirdhealaím. Foroinnim. Cuid, roinn, codán. Aicme, aicmiú. Miondealaím. Scoiltim. Scáinim. Gearraim ina dhá chuid. Déanaim dhá leath de. Déroinnim. Deighlim. Déscaradh. Gabhlaíonn.

Dícheangal: Deighlim, deighilt. Críochdheighilt. Críochaím. Teorainn. Cloch chríche. Scair. Urrann. Aonraím. Leithlisím. Cuirim i leataobh. Scoithim. Scoirim. Scaipim. Dícheanglaím. Díthiomsaím. Scarúnachas. Siosma. Idirscoirim. Deachraím.

Scaradh pósta: Scaradh pósta ó dhlí. Ordú scartha. Idirscaraim, idirscaradh. Colscaradh. Aimhréití meoin. Tréigim (céile), tréigean. Baintreachas.

SCATA
V. ARM

Míleata: Arm, rannán, cathlán, reisimint, scuadrún, complacht, gasra, buíon. Díorma. Colún. Léigiún. Mílíste. Cipe. Tascar.

Daoine: Pobal, treibh, muintir. Slua, daoscar, baicle, plód. Scuaine, scuaidrín. Cruinniú, dáil, comhdháil, tionól, comhthionól, comhluadar, cuibhreann. Coiteann. Sochaí. Mórshiúl, próisisiam, tascar. Grúpa, dream, drong, gasra, buíon, díorma, bailiúchán. Rang, líne. Cumann, comhlacht, cuallacht, compántas, cónaidhm. Ceardchumann, páirtí, comhbhráithreachas. Sealbhán. Conlán. Gasráil. Meitheal.

Ainmhithe: Tréad. Táin. Graí. Conairt. Saithe, scaoth. Ealta. Scoil, báire, ráth, páirc (éisc). Scuaine (lachan). Scata (géanna). Nead (seangán). Ál. Cuain (coileán).

SCÉAL
V. BRÉAG, INIS

Liteartha: Úrscéal, ~ grá, ~ eachtraíochta, ~ idéanna, ~ síceolaíochta. Roman à clefs; roman à tiroirs. Bildungsroman. Roman à these. Úrscéalaí, úrscéalaíocht. Úrscéal stairiúil, tuairisciúil, béascna, seachránaíochta. Gearrscéal. Fabhalscéal, fáthscéal, finscéal. Allagóire. Miotas.

Scéalta: Eachtra. Staróg. Strambán. Scéal mhadra na n-ocht gcos. Scéal grinn. Scéal fada ar an anró. Síscéal. Scéalaíocht, eachtraíocht, staraíocht. Scéal scéil. Scéal ó Shamhain go Bealtaine. Scéilín. Anacdóid.

SCIAN
Sceana: Scian bhoird, phóca, chistine, spólta, mháinliachta, nódaithe, pháipéir. Scian cháis, dhruidte. Altán, meilit, scine. Lansa. Miodóg. Daigéar. Bóidicín. Rásúr. Scian coise duibhe. Sceanra. Píobánsclárach. Uirceann.
Bainteach: Cos. Lann. Faobhar. Faobhraím. Cuirim faobhar ar. Cloch fhaobhair. Tugaim chun béil. Cuirim béal i (scian). Bainim an béal as (scian). Líomhaim. Cloch líofa. Roth líofa. Liabró; cloch liabrón. Líomhadóir. Scianchlár. Sciantaca. Meilim (scian).

SCÍTH
V. STAD
Scíth: Scíste. Ligim scíth; déanaim suaimhneas; glacaim sos. Socracht. Ar mo shuaimhneas; ar mo sháimhín. Stadaim den obair. D'anáil a tharraingt. Déanaim moill. Stopaim tamall. Faoi chónaí; dul faoi chónaí. Searraim mé féin. Do chosa a shíneadh. Tú féin a chruinniú. Codladh. Suan. Scíth nóna. Faoiseamh, osna faoisimh.
Fóillíocht: Laethanta saoire. Saoire. Domhnach; lá saoire; scíth an Domhnaigh. Éirím as (post). Téim amach ar pinsean. Ar scor. Díomhaoin, dífhostaithe. Leisciúlacht. Neamart, faillí. Caitheamh aimsire. Siamsa. Dibheirsean. Scíth intinne. Súgradh, sult, spórt. Am fóillíochta. Fastaím.

SCLÁBHAÍ
V. ÍOCHTARÁN, UMHAL
Sclábhaíocht: Daoirse, broid, moghsaine. Cuirim i ndaoirse, etc. Ceannaí daor. Soitheach daor. Trádáil daor. Margadh daor. Rámhlonga. Braighdeanas. Meirse.
Sclábhaithe: Daor, mogh. Cime, braighdeanach. Seirfeach. Daor iomraimh. Coillteán. Héalóta. Sclábhaíocht. Sclábhánta.
Fuascailt: Saoradh. Daonuascailt, daonuasclóir. Lámhscaoilim, lámhscaoileadh.

SCOIL
V. LÉANN, OIDEACHAS, OLLSCOIL
An córas: Ollscoil. Institiúid ardléinn. Oideachas an treas leibhéil. Meánoideachas. Bunoideachas. Ceardoideachas. Gairmoideachas. Dámha ealaíon, diagachta, dlí, leighis, eolaíochta, etc. Scoil an Léinn Cheiltigh, na Fisice Cosmaí. Meánscoil. Scoil phobail, chuimsitheach. Ceardscoil. Gairmscoil. Coiste gairmoideachais. Bunscoil. Bainisteoir. Naíonra. Coláiste traenála, oideachais. Roinn an Oideachais. An tÚdarás um Ard-Oideachas. Gaelscoil.
Lucht scoile: Ollamh. Léachtóir. Meánmhúinteoir. Oide scoile. Foireann teagaisc. Aos léinn; mac léinn, iníon léinn. Scoláire. Dallarán.
Saol na scoile: Ranganna. Staidéar. Ceacht. Obair bhaile. Léacht. Aiste. Ceartúcháin. Scrúduithe. Scoláireacht. Duais. Teistiméireacht. Ardteist; meánteist. Uachtarán. Ardmháistir. Máistreás na scoileanna. Seomra ranga, staidéir. Dortúr. Bialann, proinnteach. Áras gleacaíochta. Páirc imeartha. Clós scoile. Rostram. Ardán. Deasc. Bord. Binse. Clár dubh. Éide scoile.

SCRÍOBH
V. CUM, LITIR
Eilimintí: Aibítir. Litreacha. Ceannlitir. Bloclitreacha. Litreacha ceangailte. Carachtair. Comharthaí. Noda. Iairiglif. Scríbhneoireacht dhingchruthach. Poncaíocht. Aiceann. Síneadh fada. Uaschamóga. Camóg, leathstad, idirstad, lánstad, fleiscín. Comhartha ceiste, uaillbhreasa.
Cineálacha: Clóscríobh. Peannaireacht. Scríbhinn. Scríobh soléite, inléite, doléite; scrábadh, scríobáil. Script ghaelach, ghotach, iodálach, arabach, eabhrach, shíneach. Scríbhneoireacht chomhchruinn, reatha. Luathscríbhneoireacht. Idéagraf.

SCRÍOBH

Ábhar: Dúch. Dúchán. Culaith, cás, bloc, bord, páipéar scríbhneoireachta. Cóipleabhar. Rolla. Meamram. Pár. Praitinn. Párpháipéar. Peann, tobair, gránbhiorach, luaidhe. Pionsail. Cailc. Scláta, cláirín. Bioróir pionsail. Peann cleite. Páipéar súite. Clóscríobhán.
Scríbhinní: Achtanna, achtacháin. Cairt. Doiciméad. Dintiúr. Múnúint. Lámhscríbhinn. Conradh. Cúnant. Dréacht. Cóip. Miontuairiscí. Saothar litríochta. Leabhar. Paimfléad. Cuimhní cinn. Litir. Eipistil. Iarscríbhinn. Nóta. Fógra, forógra. Inscríbhinn. Clochscríbhinn. Teideal. Lipéad. Cáipéis.
Lucht scríofa: Scríbhneoir. Scríobhaí. Fear léinn. Údar. Rúnaí. Comhfhreagróir. Nótaire poiblí. Luathscríobhaí. Closcríobhaí. Falsaitheoir. Peannaire. Breacaire páipéir. Cóipeálaí.
Gníomh scríofa: Peannaireacht. Breacaim; breacaim síos, ar pháipéar. Cuirim i scríbhinn. Lámh; lámh mhaith scríbhneoireachta. Scríobh ó dheachtú. Cóipeáil. Athscríobh. Brionnú (cáipéise). Greanaim (scríbhinn) i. Nótálaim. Poncaím. Síním. Ceartaím. Scriosaim (focal). Bainim amach (focal). Litrím, litriú. Lapsus calami. Currente calamo.

SCRÚDAIGH
V. CEIST, FIOSRACH, LORG, OIDEACHAS

Scrúdú ceiste: Déanaim staidéar ar. Leagaim m'intinn ar. Téim isteach (go domhain) i. Breathnaím. Iniúchaim. Cíoraim. Criathraím. Meáim. Athbhreithním. Téim siar ar. Deimhním (scéal). Déanaim saibhseáil, grúntáil ar (cheist). Mionscrúdaím. Deanaim taighde ar. Spíonaim. Déanaim léirmheas ar. Pléim. Measaim. Déanaim machnamh ar. Cruinním (amharc ar rud).
Scrúdú scoile: Bord scrúdaithe. Scrúdaitheoir. Coiste scrúdaithe. Scrúdú céime, ardteistiméireachta, méanteistiméireachta, teastais. Páipéar scrúdaithe. Ceist. Freagra. Éiríonn liom (i scrúdú); teipeann orm.

SEACHAIN
V. TEITH

Teacht slán: Téim ó (dhainséar). Éalaím ó. Imím ar. Seachnaím. Éalaím as. Teithim. Saoraim mé féin ar. Bealach éalaithe. Leithscéal. Coiscéim i leataobh.
Ar iomrall: Coiscim (buille). Téim i leataobh ó. Fágaim i leataobh. Coinním amach. Imghabháil.
Airdeall: Seachnaím mé féin. Táim san airdeall. Aire duit! Tabhair do d'aire! Téim i mbannaí ar. Caomhnaím. Déanaim faichill ar. Díonaim. Locaim. Coiglím. Cosnaím mé féin. Tagaim thart ar (dheacracht).

SEAN
Aois: Téim in aois, aosaím, aosta, aostacht. Seanaois, cnagaois. "Tá na géaráin curtha go maith aige". "Tá a shaol caite faoin úim aige". Nóin bheag a shaoil; in earr a shaoil; i ndeireadh a shaoil agus a laethanta thall. Saolach. Fadsaolaí. Chomh sean leis an gceo, leis na cnoic. "Tá aois chapall na gcomharsan aige".
Daoine: Seandaoine, daoine aosta. Aostach. Seanfhondúir. Seanfhear, seanbhean. Seanóir, seanórtha. Sinsear. Seanduine liath. Cailleach. Seanriadaire. Seanchnámh.
Cuma: Liath; ag liathadh; chomh liath leis an iolar. Siúl de choiscéim mhall, siúl chorrach. Roc; aghaidh rocach. Seargtha, cranda, críon, díblí. Mantach. Crom, dronnach. Caoch. Bodhar.
Rudaí: Ársa, seanda, seanaimseartha, seanchaite. Seandacht. As dáta. Seandálaíocht. Seanghnéitheach. Cianaosta. Céadraí. An seansaol; an seanreacht. Anallód. Riamh anall.

SEANMÓIR
V. ASPAL, REITRIC

Seanmóireacht: Crannóg. Téastar. Fuaimchlár. Puilpid. Spalpadh ón gcrannóg. Lucht éisteachta; pobal éisteachta. Na fíréin. Tugaim seanmóir. Ag

soiscéalaíocht; ag síolú an chreidimh. Spreagaim, brostaím, tugaim (daoine chun creidimh). Aspalacht. "Glór ag éamh san fhásach".
An t-aitheasc: Briathar diaga. Arán ó neamh. Seanmóir, homaile. Teagasc críostaí; caiticiosma. Sraith seanmóirí: misean, cúrsa spioradálta, carghas.
Seanmóirithe: Aspal. Misinéir. Ord na bPréisdiúirí. Ministir.

SEARMANAS
V. LIOTÚIRGE, POIBLÍ, REILIGIÚN
Reiligiún: Sollúntacht. Oifig dhiaga. Seirbhís. Gnásanna (na sacraimintí). Aifreann. An Chomaoineach Naofa. Liotúirge; féile liotúirgeach. Beannú na Naomhshacraiminte. Easparta. Turas na Croise. Nóibhéine. Próisisiam. Ceiliúraim, ceiliúradh. Coisreacan. Oirniú. Toghairm. Coinnealbhá. Ungadh. Timpeallghearradh. Íonghlanadh.
Sibhialta: Féile phoiblí, náisiúnta. Iubhaile. Insealbhú. Comóradh céad bliain. Mórshiúl. Léirbhreithniú míleata. Cuirtéis, sailbhe. Féiltiú. Óráid. Banna ceoil.

SÉASÚR
V. AIMSIR, AM, AOIS
Ginearálta: Tráth. Tréimhse. Ionú. Séasúrach. Grianstad. Eacaineacht. Cátaoir, cátaoir timpire; aimsir chátaoireach. Séasúr na curadóireachta, an fhómhair, an fhiaigh, an iascaigh. Séasúr an sceite, an ghoir, na cúplála.
Earrach: An séasúr úr. Athnuachan. Earrachúil. Bláthanna an earraigh. Fáinleog.
Samhradh: Samhrata. Séasúr an teasa. Brothall samhraidh. Samhraím. Fámaire.
Fómhar: Séasúr an tórraimh. Féasta an tarlaithe. Gealach na gcoinleach. Fómhar na ngéanna.
Geimhreadh: Geimhriúil. Dúluachair, dúlaíocht. Geimhreachas. Geamhoíche. Lón geimhridh. Geimhríonn.

SEILBH
V. ÁITREABH, CUMHACHT
Sealbhaíocht: Tá (rud) agam. Sealbhaím. Teachtaim. Coinním, coimeádaim. Áitím; cónaím i (dteach). Tionacht. Buaine sealbhaíochta. Sealúchas. Tiarna; tiarna na dúiche, talún. Máistir. Sealbhóir. Úinéir. Dílseánach. Tionónta. Áititheoir.
Dlíthiúil: Seilbh ghlan, láithreach, dhealraitheach, inchiallaithe, chodarsnach. Teideal sealbhach. Ruíleas. Seisín. Feo-úinéireacht. Feo simplí. Teideal suiteora. Gníomhais teidil. Cadastar; cadastrach.
Díshealbhú: Cuirim as seilbh. Díolaim. Coimhthím. Ligim uaim. Bainim seilbh de (dhuine). Forghabhaim. Coigistím.

SEILG
V. LORG
Le cúnna: Lucht seilge. Tionól seilge. Conairt. Máistir conairte. Maor laisce. Adharc shealgaireachta. Dúiche seilge. Sealgaireacht sionnach, fia. Madra, gadhar, seilge (fiaigh). Sealgaire. Capall seilge (fiaigh). Bheith chun fiaigh. Liú (seilge); tailé hó; uaill conairte.
Le gunnaí: Fianbhoth. Cró folaigh. Foghlaeir, foghlaeireacht. Déanaim rúscadh, saibhseáil, ar (scrobarnach). Rúscaire. Bata (lámhaigh). Madra fiaigh, spáinnéar, pointéir, madra loirg. Tá stiúir ar an mhadra. Géim. Péire (éan). Mála seilge.
Le gléasanna: Gaiste, dol, sás, sáinn, líon. Éan cluana. Glae glas. Glao cluana. Póitseáil.

SEOL
V. LONG
Seolta: Éadach, iomlán éadaigh. Seol cinn, tosaigh, mór, deiridh, bairr, cleithe, spreoide, stagh, doininne, gaoithe móire. Spionacar. Seolta ó bhord. Seol gearr, giortach.

Rigín: Culaith loinge. Culaithirt. Rigín mór, bairr, uachtair, seasta. Seoltrioc. Scód, stagh, ~ mór; igín. háilléar. Slat seoil, giordán, leathshlat, crann cinn, crann spreoide. Téad tíre, lainnéar, ribíní. Frídeoir, rotháin.

Seoltóireacht: Crochaim, tógaim, ardaím, seolta. Tá an seol déanta. Bordáil, tornáil. Islím, leagaim, seolta. Giortaím seolta. Coinním bád i ngar don ghaoth, suas i súil na gaoithe. An seol a lomadh isteach, a chaitheamh thart. Cur, dul, chun na gaoithe. Dul lom ar an ghaoth. Baint den ghaoth.

Seoltóireacht: Cúrsa a chur i seol, a cheangal, a scaoileadh. Dul i gcúrsaí. Ag gearradh na gaoithe. Ag briseadh, ag scoilteadh na farraige. Leagaim (bád) anuas ón ghaoth. Tugaim lánscód do (bhád). Plúchann (bád bád eile). Stríocaim na seolta. Bainim an ghaoth de (bhád). Luí, titim, faoin ghaoth.

Codanna seoil: Naprún, cluas, leithead, píce, píobán, trót. Seolbhrat.

SEOMRA
V. LEABA, TEACH

I dteach: Forsheomra. Seomra bia, leapa, codlata, folctha, gléasta, suí, súgartha, staidéir, cótaí, scíthe, fáiltithe. Ionlann.

Seomraí eile: Seomra comhairle, fearas, scoile, dorcha, éisteachta, dlí, stóir, feithimh etc.

Cineálacha: Árasán. Oifig. Cábán (loinge). Clóiséad. Seoimrín. Leithreas. Cillín. Forhalla (amharclainne). Aireagal. Almóir. Gailearaí. Grianán. Eardhamh. Póicéad. Gairéad. Dortúr. Parlús. Bialann. Salón. Póirse. Proinnteach.

SIMPLÍ
V. AMAIDEACH, FURASTA, MEASARTHACHT

Ina dhéanamh: Corpán simplí. Adamh. Móilín. Monad. Eilimint. Príomhúil, bunúsach. Doroinnte. Doscaoilte. Uimhir phríomha. Simplím, simpliúchán. Abairt shimplí; cothromóid shimplí; conradh; suimiú, ús simplí. Singil.

I meon: Saonta, soineanta. Ionraic. Gan dochar. Neamhurchóideach. Cneasta. Macánta. Oscailte. Neamhbhalbh, díreach. Mánla, lách. Mothaolach. Simpleoir, simpleoireacht.

SÍN
V. FADA, MÉADAIGH

I leithead: Osclaím. Scaraim amach. Leathnaím amach. Leathaim. Scaoilim (seol, bratach le gaoth). Spréim, sínim (eití). Tuaraim (éadach). Mínim.

I bhfad: Sínim amach. Cuirim fad le. Bainim fad as. Fadaím. Insínte, insínteacht. Sínim (ar leaba); téim a luí; déanaim únfairt. Rang, líne, ré. Searraim (géag). Traostaim.

SIOC
V. AIMSIR, FUAR

Éifeacht fuachta: Siocann. Sioc bán, geal, liath; sioc dubh, talún. Siocán. Reonn, oighríonn. Reoite, oighreata, sioctha. Sneachta, cloch shneachta, flichshneachta, flichne. Ag cur seaca, sneachta. Siocúil, siocúlacht. Sioc-cheo. Cuisne, cuisneach. Cuisníonn. Flichreo. Fuachtán, fochma. Siocdhó, siocdhóite. Fuarthanach, fuairnimh, eanglach. Gága, gágach. Oighear, oigheartha.

Oighear: Leac oighir. Bruach oighir. Oighear síobáin, leacach. Oighearshruth. Oighearmhá. Cnoc oighir. Oighearaois. Coinlín reo, briogadán, birín seaca, reodóg. Maidhm sneachta.

Úsáid an oighir: Cuisniú. Cuisneoir. Bosca oighir. Teach oighir. Bia a choimeád. Fionnuarú. Reoiteog. Oighearstópa. Reoán. Cuirim reoán ar (cháca); oighrím (deoch). Soirbéad. Oighear-rinc. Haca oighir. Scátáil. Sciáil. Sleamhnán, carr sleamhnáin. Liathróidí sneachta. Fear sneachta.

SÍOCHÁIN
V. BREITHEAMH, MAITHIÚNAS

Idir stáit: Sos cogaidh, lámhaigh. Géillim; géillim ar choinníollacha, gan chomha. Ligim m'airm uaim, ar lár. Déanaim síocháin. Fódóireacht. Comhráite síochána. Conradh síochána. Coinbhinsiún. Airteagail. Conradh a shíniú, a dhaingniú. Dí-armáil. Díshlógadh. Fuarchogadh.

Eagrú síochána: Comhdháil shíochána. Dáil chomhairle. Comhaontú. Dréachtchonradh. Cúnant. An tsíocháin a chur ar bun, a dhaingniú, a neartú. Tugaim (tír) chun síochána. Neodrach, neodracht, neodraím. Síochánachas, síochánaí. Conradh na Náisiún. Eagraíocht na Náisiún Aontaithe.

Idir dhaoine: Aontú. Ar aon aigne, intinn, fhocal, tuairim. D'aon taobh, d'aon leith. D'aon ghuth. Tagann chun réitigh. Réiteach, socrú. Comhshocraíocht. Athmhuintearas; déanaim athmhuintearas le (duine). Cairdeas, muintearas. Bheith go maith dá chéile; bheith mór le chéile; go sítheach grách dá chéile; réiteach go maith le chéile. Sítheach sóch. Suaimhneas, síth, sáimhe, ciúnas. An saol ina chalm. Síochánta.

SÍOL

Síol: Pór. Sílne. Seamhan. Ginidín. Gráinne. Suth. Caithríonn. Ginidíonn, péacann. Fásann. Sliocht, clann, gin, síolaicme. Síolraím ó (dhuine, etc.). Síolrach. Pórghlan.

Síolchur: Ag cur síl. Síolaím, síoladóir, síolaí. Póraím. Curadóireacht. Síolán. Leathaim síol. Seamhnán. Séasúr na curadóireachta. Ceapach síl. Síol arbhair. Prátaí síl.

SIOPA
V. MARGADH

Foireann: Siopadóir. Fear gnó, gnóthadóir. Trádálaí, tráchtálaí. Bainisteoir. Fostaí. Freastalaí. Giolla, buachaill, cailín, maor, cigire, bleachtaire siopa. Díoltóir. Airgeadóir; cléireach airgid. Miondíoltóir, mórdhíoltóir. Custaiméir. Cliant, cliantacht. Custaiméireacht. Ceannaitheoir.

Eagraíocht: Teach gnó, ~ siopa, ~ tráchtála. Comhlacht. Úinéir. Brainse. Gníomhaireacht. Stainnín, seastán, both. Cuntar. Cás taispeána. Taispeántas (earraí). Éadan siopa; clár siopa. Stór, stóras. Comhla (fuinneoige); cuirtín iarainn. Earraí. Díolachán. Ceannaíocht. Stoc. Trácht. Saor-reic. Fógraíocht. Clisiúnas. Díol ar cairde.

SIÚIL
V. COS, IMEACHT

Lucht siúil: Siúlóir. Siúlóidí. Reathaí. Spaisteoir. Spailpín. Fánaí. Loiceadóir. Coisí. Taistealaí. Cuairteoir. Fámaire. Suansiúlaí.

Imeacht: Céim, coiscéim. Abhóg, truslóg. Péirseálaim. De shiúl na gcos. Siúl ar comhchéim. Mearchéim. Sodar. Máirseáil, ~ pharáide; mallmháirseáil, mearmháirseáil, máirseáil ar sodar. Spaisteoireacht, fálróid. Bacadaíl. Tuisliú, stangaireacht. Bocléimneach. Leifteánacht, spágáil. Téaltaím, ar na barraicíní, ar bharr na méar. Céimleasc. Maoscail. Bogshodar. Buaicéail. Sipiléireacht.

Áit siúil: Sráid, bóthar, cosán, conair, siúlóid, pasáiste, clabhstra, stuara.

SLAGHDÁN
V. ANÁIL, FUAR, SRÓN

An staid: Tá slaghdán orm. Tolgaim slaghdán. Slaghdánach. Slaghdán trom. Slaghdán teaspaigh, sa cheann. Fuacht, faighim fuacht. Ulpóg, ulpóg a thógáil. Fliú. Niúmóine. Triuch. Catarra.

A chomharthaí: Casachtach. Taom, racht, casachtaí. Déanaim casacht. Casacht thirim, bhog. Piachán, slócht, ciach, ciachán. Cársán. "Tá sceach i mo scornach". Réama, ronna, smugairle. Smaois, smaoiseach. Smuga, smugach. Séidim mo shrón. Sraoth. Déanaim, ligim sraoth. Sraothartach. Sram, sramshúileach. Crannseile. Plúchta le slaghdán.

SLÁINTE
V. LEIGHEAS, MAITH, NEART

Sláinte: Drochshláinte, easláinte. Sláinte an bhradáin. Coimpléasc, coimpléasc capaill. Táim go maith, go dona; tá an tsláinte go maith agam. Breacshláinte.

Galar, aicíd, tinneas; meath-thinneas. Ag amharc, ag breathnú, go maith. Lí. Snua breá, ~ na hóige. Cneas, cneas úr, naíonda. I mbarr na sláinte. Sláintiúil, folláin, scafánta, rúpach, crua, teann, urrúnta, téagartha, seamhrach, corpacmhainneach. Snúúil, snúúlacht. Anfholláin.

Athshláinte: Biseach. Téarnamh. Tagaim chugam féin; bisím. "Táim ar mo sheanléim arís". Táim ar fainnéirí. Cuirim suas meáchan. Aothú.

Sláinteachas: Sláinteolaíocht. Díghalraím, dighalrán. Frithsheipteach. Sanatóir. Saol folláin. Urchosc, urchoscach. Coraintín.

SLIABH
V. ARD

Cineálacha: Sliabhraon, sliabhchóras. Bunchnoic (sléibhe). Cnoc, droim, ard, ardán, tulach, muine, carnán, cruach, binn, maolán, maolchnoc, ros, dumhach, méile, mala, maoil. Bolcán. Móraid.

Mionsonraí: Spoir. Slios. Ucht. Learg. Fána. Adharc. Binn. Mullach. Barr. Aill. Mám. Com. Círín. Scairp. Alt, altán. Gleann, gleanntán. Log, logán. Mín. Caorán. Corr.

SMAOINIGH
V. AIGNE, INTLEACHT, NATH, RÉASÚN, TUAIRIM

Foinsí smaoinimh: Acmhainní na haigne. Intleacht. Intinn. Iomas. An réasún. Tuiscint. Breithiúnas. Loighic. Comhcheangal smaointe. Samhlaíocht. Cuimhne, meabhair. Meon. Instinní. Coinsiastacht. Fochoinsiasta.

Gníomh smaointe: Smaoiním, smaointeach, smaointeoir. Bheith tógtha suas le do smaointe. Coincheapaim, coincheap. Machnaím, machnamh. Déanaim staidéar ar. Glacaim staidéar le. Leagaim m'intinn ar. Meabhraím. Léirsmaoinigh. Samhlaím. Tugaim buille faoi thuairim. Réasúnaím, réasúnaíocht. Spéacláireacht. Cuirim, faighim, eolas ar. Tuigim. Airím, braithim. Cuimhním ar. Tugaim chun cuimhne. Ionduchtú, déaduchtú. Anailís, anailísím. Sintéis. Sruthmhachnamh. Dícheall machnaimh, ~ meabhrach.

Smaointe: Smaoineamh. Idé. Idéal, idéalachas. Idé-eolaíocht. Idéanna morálta, teibí, coincréiteacha, ginearálta, inbheirthe. Leannán smaoinimh. Idée fixe. Nóisean. Coincheap. Imprisean. Braistint. Tuaileas. Tátal. Intinn. Tionscnamh. Tograím. Toimhde. Aisling. Cathú. Drochamhras.

Tuairim: Tuairimíocht. Barúil. Smaointe. Nathanna. Oideam. Meabhraím. Breithiúnas. Creidim. Measaim. Ceapaim. Sílim. Dearcadh. Teoiric. Córas (smaointe). In athfhéachaint.

SNÁMH
V. UISCE

Chun snámha: Buille snámha, bang, oscar. Snámh brollaigh, uchta, droma, madra, féileacáin, taoibh, smigín, géillín. Snámh abhann. Linn snámha. Eite (éisc); eite droma, tairr, eireaballach. Sciatháin snámha.

Ag snámh: Snámh toinne; folcadh farraige. Gnáthóg snámha. Culaith, caipín, fallaing, bothán, bríste shnámha. Snámhóir. Tumaim, tumadóir. Onfais. Thar a bhaint (san uisce). Snámh an duine mhairbh, na cloiche bró, an éisc. Crampa. Báim, bá.

Ar snámh: Snámh idir dhá uisce. Snámhach, snámhacht. Snámhán. Snámhraic. Crios tarrthála. Baoi. Rafta. Slaod. Tagaim ar uachtar. Ar gabhalshnámh.

SNAS
V. GLAN

Déanaim mín: Míním. Líomhaim. Réitím. Slíocaim. Bainim amach (roic). Glanaim (míchothroime). Plánálaim. Snaím, scamhaim le plána (le locar). Cuirim bailchríoch ar.

Déanaim lonrach: Snasaim. Cuirim snas, gléas, loinnir, i (rud). Sciúraim. Sciomraím. Slíobaim.

SNEACHTA
V. AIMSIR, BÁN, SIOC

An sneachta: Sneachtúil, sneachtúlacht. Brúcht, duartan, titim sneachta. Calóga, cáithníní, lóipíní. Sneachta síoraí (na sléibhte). Sneachta na haon oíche. Sneachta na bliana anuraidh. Sneachta síobtha, séidte. Ráth, muc sneachta. Síobadh sneachta. Carnadh sneachta. Coscraíonn, coscairt. Maidhm shneachta. Ag plúchadh sneachta. Cáitheadh sneachta. Stoirm shneachta. Brachán sneachta.
Bainteach: Flichshneachta. Cloch shneachta. Céachta sneachta. Fear sneachta; bróga sneachta; sleamhnán sneachta; liathróid sneachta. Daille sneachta; scáile sneachta. Airde síorshneachta. (Bóthar) dúnta ag an sneachta. Plúirín sneachta.

SNIGH
V. ABHAINN, SCAIRD, UISCE

Go treán: Sruth, sruthán, sruthchúrsa. Sreabh. Uisce reatha. Abhainn. Caise. Tuile. Díle. Feacht. Cúlsruth. Cláideach. Cumar, comhrac. Cartann. Tuilíonn, sceitheann (thar bruacha). Ritheann. Frasa. Eas. Slaod. Ineasclann.
Go réidh: Sníonn. Úscann. Canáil, clais, deán, silteán, gáitéar. Píobán, sconna, buacaire, spiogóid. Sileann, tránn; sceitear, ligtear amach. Braon anuas; deoir anuas. Leacht, silteach. Titeann braon ar bhraon. (Balla) ag déanamh uisce. Driogann. Fraighfhliuchras.

SNUA
V. AGHAIDH

Dath na haghaidhe: Snua. Lí. Dathúlacht. Drochshnua. Dreach. Craiceann. Luisne. Báine. Lasaim, deargaim. Caillim mo shnua. Iompaíonn an lí ionam. Lí an bháis. Gríosghrua. Ar dhath na lile is an róis.
Aidiachtaí: Daite, griandaite, crón, ciar, mílítheach, bán, bánghnéitheach, drochshnuach, snúúil, glansnuach, bláfar, donn, síondaite, solasta, buí, círíneach, lasta, luisniúil, dearg, fuileachtach, múscaí, ruamanta.

SOCAIR
V. FARRAIGE, MEASARTHACHT, SCÍTH

Ciúnas anama: Suaimhneas, síth, síocháin, sáimhe, socracht. Sástacht. Géilliúlacht. Séimhe. Leisce, aimhleisce. Fuarchúis. Neamhchúis.
Ciúnas dúlra: Calm, téigle. Spéir ghlan. Síothlú stoirme. Ciúnas na hoíche. Socrú gaoithe. Soineann. "Cothú na doininne soineann na hoíche."
Féinsmacht: Fuarchúis, fuarspreosaí. Crógacht. Seasmhacht. Diongbháilteacht. Stuamacht. Tromchúis. Measarthacht. Críonnacht. Cothromas. Foighne. Fadfhulaingt. Guaim. Neamhspleáchas.

SOCHAÍ
V. AICME, COITIANTA, CUMANN, POBAL

Coiteann sóisialta: Cumann sóisialta. Sibhialtacht. Cultúr. Caidreamh sóisialta, cairdeas, cuideachta, comhluadar, coiteann, pobal. Bráithreachas. Comrádaíocht. Náisiún. Aicmí. Stát. Teaghlach. Grúpa. Cumann. Conradh. Comhaltas. Compántas. Conlán. Cruinniú, bailiúchán. Tionól, comhthionól. Cumann lúthchleas, liteartha, polaitíochta, carthanachta.
Saol galánta: An ghalántacht. An uasaicme. Na daoine móra; na bodaigh mhóra. Cúirialtacht, cúirialta. Cuannacht, cuanna. Cúirtéireacht. Sodar i ndiaidh na n-uasal. Cuireadh. Cur in aithne. Fáiltiú. Bál. Cuairt. Coinne. Deibiútant. Teacht amach. Club. Ciorcal. Coirm ceoil. An chinsealacht.
Saol an léinn: Acadamh, acadúil. Institiúid. Acadamh na hÉireann. An Institiúid Ardléinn. Coláiste na Máinlianna. Coláiste na Lianna. Comhalta. Ollscoil.
Saol polaitiúil: Oireachtas. Dáil Éireann. Seanad Éireann. Comhaireacht. An Chomhairle Stáit. Comhairle chontae. Parlaimint Thuaisceart Éireann. Páirtí, comhairle cheantair, cumann. Saeclárach.

SOCHAÍ   SOLAS

Reiligiún: Eaglais. Cliarlathas. Comhairle na nEaspag. Teach na nEaspag (Eaglais na hÉireann). Sionad. An Tionól Preisbitéireach. Sionagóg. Caibidil (cléire). Beistrí. Coiteann creidimh.

Saol gnó: Conradh. Comhlacht. Comhshnaidhm. Cuideachta, ~ chairte, theoranta, phoiblí, chomhstoic, chorpraithe, shealbhaíochta, thrádála, phríobháideach. Bunchuideachta, fochuideachta. Comharchumann. Gnólacht. Bord stiúrthóirí. Stiúrthóir bainistíochta. Rúnaí. Cruinniú cinn bliana. Cruinniú reachtúil. Líon gnó. Oifig, príomhoifig, fo-oifig. Ciste cúltaca. Comhardú, clár comhardaithe. Cuntas sochair agus dochair. Cumann lucht tráchtála. An Banc Ceannais. Clár na gCuideachtaí. Ceardchumann. An Malartán Stoic. Comhdháil na gCeardchumann.

SOCHAR
V. BUA, SAIBHIR, SONAS

Teacht isteach: Tairbhe. Ioncam. Biseach. Ús. Gaimbín. Fuilleamh. Díbhinn. Toradh. Tuarastal. Luach saothair. Táirgí. Fómhar, tórramh. Bainim leas as. Do bheatha a shaothrú, a bhaint as. Tagaim i dtír ar (rud).

Brabús: Brabach. Buntáiste. Somhaoin. Proifid. Éadáil. Creach. Déanaim gnó. Airgead taisce. Coigilteas. Stór a chruinniú, a dhéanamh. Maoin. Rachmas. Torchaire.

Leas: Tairbhíonn do. Tairbhím de (rud). Tuillim. Tabhaím. Gnóthaím. Saothraím. Cosnaím. Cuirim (rud) chun sochair.

SOCHRAID
V. BÁS

An bás: An marbh; na mairbh. (Ainm) nach maireann. Corp, corpán. Marbhán. Tórramh, faire. Ordóg an bháis. Marbhfháisc. Balsamú. Taisléine. Cónra. Sochraid. Adhlacadh. Cuirtear (i dtalamh). Cróchar. Catafalc. Deimhniú báis. Clárú báis. Glaoch ola, airteagal. Tásc.

Sochraid: Tórramh. Adhlacóir. Os cionn cláir. Cróchar. Catafalc. Eileatram. Cóiste marbh. Taiséadach. Bláthfhleasc. Cárta Aifrinn. Gléas tórraimh. Searmanas comórtha. Ofrálacha. Comhairí, comhairíoch. Sochraideach. An friothálamh déanach.

Searmanais: Seirbhís bháis. Oifig na marbh. Aifreann na marbh; aifreann éagnairce. Cliath coinneal. Aspalóid. Beannú na huaighe. Creidhill an bháis. Aifreann cuimhneacháin. Cuimhneachán míosa.

Adhlacadh: Reilig. Uaigh. Tuama. Lusca. Másailéam. Séipéal adhlactha. Uaimh. Leacht, cloch chuimhne. Feart. Leac. Feartlaoi. Cros. Crann iúir, cufróige. Inscríbhinn. Créamadh, créamatóir. Próca luaithrigh. Luaithreach na marbh. Ula.

Dobrón: Teach báis. Éide bhróin. Banda bróin; sípris. Bratach i lár crainn. Airm aisiompaithe, ar ardú. Colún tásc.

SOGHNÍOMH
V. BRONNTANAS, MAITH

Intinn: Carthanacht. Cineáltas. Féile, flaithiúlacht; mórchroí, móraigeantacht. Bá, dea-chroí. Dúthracht. Trócaire. Trua, taise. Mánlacht, múinteacht. Sobhéasach. Cuidiúil, Garúil.

Lucht soghnímh: Soghníomhach. Coimirceoir. Pátrún. Dáileoir, roinnteoir. Déirceach, almsóir. Bronntóir, deontóir. Carthanach, dea-chroíoch, fial, flaithiúil, garúil, oibleagáideach, cuidiúil.

Soghníomhartha: Déirc, almsa. Bronntanas, féirín, tabhartas. Gar. Síneadh láimhe, séisín. Comaoin. Cineáltas. Dea-oibreacha. Soilíos. Déanaim rud ar (dhuine). Cabhair, cuidiú, cúnamh. Coimirce. Garchabhair. Tacaíocht. Grásta.

SOLAS
V. LONRAIGH, MAIDIN, TINE

Imeartas solais: Léas. Léaró. Léar. Fannléas. Drithle. Dealramh. Loinnir. Ruithne. Gealán. Ga. Laom. Scáil. Méarnáil. Gile. Splanc, bladhm. Lonraíonn.

SOLAS

Dallraíonn. Soilsíonn. Maidneachan. Na Saighneáin. Fáinne solais, gealaí, an lae, ó thuaidh, bán. Tuar ceatha. Spéirghealach. Clapsholas. Crónachan.

Foinsí solais: Grian, gealach, réalta, rinn, dreige, caor thine. Tine, lasair, tintreach. Lampa, lóchrann, crann solais, tóirse, teannáil, ceannsolas, teilgeoir. Coinneal, bolgán leictreach, srutsholas. Tonnta solais, gealbhruthaíl, dóchán, gathanna gréine. Fosfar, tine ghealáin, lampróg. Lampa doininne. Laiscín.

Gluaiseacht solais: Scaipeadh, réscaipeadh, athraonadh, sraonadh, cruinniú, gathú, spré. Polarú, frithchaitheamh, spréachadh, aibhliú, preabarnach, eitilt, gléireán, crithloinnir, raithne, drithliú, glioscarnach. Luas an tsolais.

Aidiachtaí: Glé, gléigeal, gléineach, dalltach, lonrach, dallraitheach, drithleach. Fann, scaipthe; lagsholas, marbhsholas.

Solas intinne: Soiléir, soiléire. Léirim. léiriú. Soiléas. (Stíl) shoiléasta. Cuirim i léire. Caithim léas ar (cheist). "Faoi léas an mhéid atá ráite". Soilsím. Réalta eolais. Lóchrann, crann solais. Tugaim léargas do (dhuine) ar (rud).

SONAS
V. ÁTHAS, MAITH, PLÉISIÚR

Dea-bhail: Sómas, sáimhríocht (choirp), sócúl, sócúlacht. Saol an mhadra bháin. Ar mhuin na muice. Saol na bhfuíoll. In ordú maith. Compord, compordach. Taitneamh. Sásamh. Leacanta. Seascair. Teolaí. Cluthar.

Ádh: An t-ádh, an rath. Ámharach. Séan. Beangán, sciorta den ádh. Conách. Amhantar, amhantrach. Éadáil. "Tá an t-ádh liom". "Tá rith an ráis liom". "Rugadh an rath leis".

Rathúlacht: Buntáiste. Sochar. Brabach. Titeann amach go maith. Dea-thoradh. Tagann bláth ar. Éiríonn le. Ritheann le. Rathúnas, rathúlacht. Bheith go maith as, ina shuí go te. "Rug an bhó agam".

Áthas: Pléisiúr. Aoibhneas. Draíocht. Gliondar. Ríméad. Lúcháir. Sástacht. Suaimhneas. Mí na meala. Meidhir. Tógáil croí. Sult. Suairceas. Soirbheas. Soirbhíochas. Suáilce. Néal áthais, aoibhnis. Gealgháireach. Loinnir ina grua le haoibh. Somheanma.

SPÉIS
V. GRÁ, SCÉAL

Aire: Tarraingím aire, aird. Spreagaim spéis, suim. Téim i bhfeidhm ar (dhuine). Taitním le. Imrím cluain ar. Cuirim faoi dhraíocht. Corraím. Bogaim. Meallaim. Caithis, caithiseach. Bá, comhbhá. Trua. Cúram. Imní. Buairt. Dúil. Fiosracht. Cuirim (rud) san áireamh.

Leas: Leas. Buntáiste. Brabús. Fónamh. Riachtanas. Gá. Tábhacht. Táim páirteach i (rud). Is mór liom (rud). Tá meas agam ar.

SPIORAD
V. INTLEACHT, NÁDÚR, SMAOINIGH, TAIBHSE

Anam: Substaint neamhchorpartha, neamhábhartha, neamhbhásmhar. Prionsabal na beatha. Nádúr síceach, oscéadfaíoch, spioradálta. Eisileadh diaga. Einteilicíocht. Beith shimplí, dhofheicthe, dhobhraite.

Teoiricí: Síceolaíocht. Spioradáltacht. Spioradachas. Ábharachas. Éabhlóideachas. Meitifisic. Anamachas. Moráltacht, morálaí. Neamhbhásmhaireacht an anama. Athionchollú. Anamimirce.

Cumhachtaí: Smaoineamh. Intleacht. Breithiúnas. Tuiscint. Réasún. Coinsias. Toil, saorthoil. Croí. Mothúcháin. Carachtar. Instinn. Toighis. Samhlaíocht. Meabhair, cuimhne. Tallann, tíolacthaí, buanna, idéanna, smaointe; idéalach.

Claonta spioraid: Idéalachas. Doimhneas. Ardmhian. Móraigeantacht, mórintinn, mórchroí. Géire, géarchúis, grinneas. Machnamh. Neart. Eargna. Íogaireacht. Dearscnaitheacht. Beogacht.

SPLEÁCHAS
V. UMHAL
Fearann: Spleáchríoch. Coilíneacht. Coimirceas. Tiarnas. Sealúchas. Fostát. Fobhaile. Bruachbhaile. Cúltír. Cúlchríoch. Tionóntacht. Macstát. Fostát.
Faoi smacht: Táim spleách ar. Táim i dtuilleamaí (duine). Táim ag brath ar. "Tá ár gcuid ar Dhia". Spleáchas, tuilleamaí. Cleithiúnas, cleithiúnach, cleithiúnaí. Faoi dhlínse; faoi urlámhas. Umhal, umhlaíocht. Géillsineach. Íochtarán. Sáilghiolla. Fear leanúna, coimhdeachta, tionlacain. Foshuiteach, coinníollach.
Coimhdeacht: Cúntach. Comhlánú. Forlíonadh. Farasbarr, fuílleach, barraíocht. Feisteas; trealamh; bagáiste; maisiúchán; cóisir, coimhdeacht. Tosca; mionsonraí; saintréithe. Idiraisnéis; scéal thairis, seachmall; breachnú; eadarlúid; eipeasóid; eachtra. Aguisín; ornáid; leabú. Ullmhúchán; réamhbheart, réamhimeacht, réamhdhréacht. Hors d'oeuvre; tarsann; anlann.
Toradh: Iarmhairt, iarsma. Iarbheart. Réamhthéarma agus iarthéarma. Éifeacht. Forbairt, forás. Síneadh, fadú. Coibhneas, coibhneasta. Leantach, iarmhartach. Comhar, páirtíocht.

SPREAG
V. CÚIS, GLAOIGH, MOTHÚ
Gníomh: Cuirim i ngníomh, ar siúl. Gníomhachtaím. Corraím. Gluaisim. Tionscnaím. Cuirim ar bun. Gríosaím. Áitím. Cogadh a fhógairt. Laibhín. Ag tathant ar (dhuine). Éilím ar. Cuirim dlús le. Tugaim in éifeacht.
Mothú: Corraím. Bogaim. Suaithim. Músclaím, dúisím. Tógaim. Cothaím. Fadaím faoi (mhioscais, etc.). Brostaím. Misním. Brúim. Séidim faoi.
Mian: Géaraím (goile, etc.). Fadaím faoi. Gríosaím. Feargaím. Cuirim faobhar ar. Luathaím. Lasaim, adhnaim. Scaoilim (liom féin).
Gríosú: Tugaim dúshlán (duine). Buairim. Beoim. Cuirim cathú ar.

SPRIONLÓIR
V. SAIBHIR
Daoine: Truailleachán. Sprionlaithe, ceachartha; gortach, gortachán; suarach, suarachán. Fear gaimbín. Úsaire. Amplachán. Amhas. Súmaire. Ceachaire. Santachán. Glacsam. Glac a bhfaighir. Péisteánach.
Saint: Santacht. Dúil san ór. Barainn. Sprionlaitheacht. Gortaíl. Greamastúlacht. Suarachas. Cnuaisciúin. Cíocras. Ampla. Truailleachas. An-ghar dó féin. Antlásach. Docht.
Gníomhaíocht: Ag carnadh airgid. Ag déanamh stóir. Ag cruinniú píosaí. Bánaím, lomaim (daoine).

SRÓN
V. BOLADH
Gnéithe: Gaosán, geanc, cromóg, smúchail, smuilc, soc, smut, caincín. Smuga, smaois, smugairle. Polláirí. Droichead, caol. Srónchuas.
Gníomhaíocht: Bolaím de (rud). Faighim boladh; cuirim boladh. Bolaíocht. Smúrthacht. Sróinínteacht. Srónaíl. Smugaíl. Smaoisíl. Labhairt trí do shrón. Do shrón a shéideadh. Srannaim, srannfach. Sraothartach. Caithim snaoisín.
Meafarach: Cuirim cor i mo shrón chuig (duine). Sáim mo shrón i (ngnó). Leanaim mo shrón. Bhain sé an tsrón díom. Níor bhain mé mo mhéar de mo shrón go.

STAD
Gluaiseacht: Stopaim. Cuirim stad, stop, deireadh, críoch le; ~ clabhsúr ar. Teanntaím. Fágaim (duine) ina staic. Cuirim bac le. Coiscim. Sáinním. Cuirim srian le, smacht ar, cúl ar. Smachtaím. Bainim siar as. Ciorraím na sciatháin ar (dhuine). Dambálaim.
In áit na mbonn: Stopaim. Lonnaím. Fódaím mé féin (in áit). Fanaim. Tuirlingim. Campálaim. Páirceálaim, locaim. Déanaim cónaí, bun, fos. Bheith i bhfostú, feistithe, fréamhaithe.

Áiteacha: Stad. Loca. Stáisiún. Cónaí. Leaba ancaire. Ród. Teorainn.

STAID
V. BEITH, FOIRM, SLÁINTE

Modh beithe: Dea-staid, drochstaid. Caoi, dóigh. Modh. Cáilíocht. Staid na ngrást. Beith, eiseadh. Réaltacht. Tréithre. Meon. Coimpléasc. Nádúr. Eisint.
Suíomh: Ord. Eagar. In am is i dtráth. Tosca. Cinniúint. Coinníoll. Slí bheatha, gairm bheatha. Aicme shóisialta. Céim.

STAIDIÚIR
V. IMEACHT, STAID

Staidiúir: Suíomh, stiúir. Staid. Seasamh. Tuiní. Cuirim staidiúir ar. Deasaím. Suím. Ar suíochán. Ina shuí. Ar a thóin. Cromtha, cúbtha, ar a chromada, ar a ghogaide, gróigthe. Sínte, ina luí. Sínte béal faoi; sléachtadh. Ina sheasamh; ina cholgsheasamh; ceann in airde. Ar a ghlúine. Ar a uillinneacha. A dhroim le (balla, etc.). Ar leathuillinn. Ar leathghlúin. Leathmhaing, leathcheann, leathchúl, leathghualainn, leathluí, leathshliasaid. I gceann a chos. I gcois dá leith. Sleabhctha. Soiprithe. Ar a cheithre boinn. Agus péire uilleannacha air. Dronn. Ucht. Tul i dtul. Bun os cionn. Droim ar ais. Ar mo chraodó. Ar scaradh gabhail.
Gluaiseacht choirp: Suím. Luím. Sínim mé féin. Searraim mé féin. Éirím i mo sheasamh. Cromaim. Cúbaim. Gróigim mé féin. Sléachtaim. Soiprím mé féin. Lúbaim mo dhroim. Feacaim mo ghlúin. Cuirim gothaí orm féin. Déanaim geáitsí, comharthaí. Bagraím (méar, lámh). Iomlasc, únfairt. Sraonaim liom; sracaim liom. Ag siúl; ag snámh, ag snámhaíocht; ag crúbadach; ag rith. Deasaím mé féin. Conlaím mé féin. Lonnaím. Cuirim leis orm féin.
Cruthaíocht: Iompar, imeacht, dóigh. Méin. Cuma, dreach, cosúlacht. Siúl, coisíocht. Gné. Gotha. Béasa. Teacht i láthair. Cineál. Liobarnacht, liopastacht, amscaíocht, tuathalacht, ciotachas. Cuma ghalánta, éasca, ligthe, mhuiníneach, teann, mhothaolach. Rím m'ucht. Galamaisíocht. Beagthábhacht. Mórchúis. mórluachacht. Béal-leata. Leagan breá, uasal. Réimiúil.

STAIR
V. LITRÍOCHT, SCÉAL

Eolaíocht: Fealsúnacht na staire. Critic stairiúil. Pailéagrafaíocht. Eipeagrafaíocht. Cartlann. Seandálaíocht. Focleolaíocht. Cróineolaíocht. Eitneagrafaíocht, eitneolaíocht. Moneolaíocht. Polaitíocht. Eacnamaíocht pholaitiúil. Séadchomharthaí. Fíricí. Tarluithe. Sibhialtacht. Cultúr. Béascna.
Foirmeacha: Saothar staire. Lámhleabhar. Annála. Croinicí. Tuairiscí. Cuimhní cinn. Tráchtaireacht. Beathaisnéis. Dírbheathaisnéis. Scéalta. Seanchas. Finscéalta. Béaloideas. Traidisiúin. Miotais. Oireas. Nuachtáin, irisí, paimfléid.
Daoine: Staraí. Seanchaí. Annálaí. Croiniceoir. Beathaisnéisí. Scéalaí. Oiriseach. Cartlannaí. Seandálaí. Ollamh le seanchas. Cúram na fírinne. Cothromas, cothrom na Féinne. Athbheochan an tseanama.
Cineálacha: Réamhstair. Seanstair. Stair na Meánaoise. Nua-stair. Stair na linne seo. Stair náisiúnta, uilechoiteann, eaglasta. Stair naofa. Stair an tslánaithe. Beathaí na naomh. Mairtíreolaíocht.

STÍL
V. EALAÍN, LITRÍOCHT, REITRIC

Eilimintí: Teanga. Foclóir, stór focal. Urlabhra. Canúint. Abairt. Roscadh. Ciúta. Leagan cainte, cor cainte. Ton. Liriceacht. Gluaiseacht. Díbhirce. Díograis. Croíúlacht. Anam. Beocht. Spreacadh. Cosúlacht. Smaoineamh. Toighis. Aibíocht aigne. Rithim. Comhcheol. Ord. Cóimeáil. Tróip. Fíoracha. Íomhánna, íomhára. Inleog. Teilgean.
Cineálacha: Acadúil. Teagascach. Drámata. Coiméideach. Roscach. Reitriciúil. Fileata. Tuairisciúil. Clasaiceach. Rómánsach. Nua-aimseartha. Sean-aimseartha.

Buanna: Bunúil, bunúlacht. Pearsanta. Uasal. Cuanna. Cúirialta. Oirirc. Fuinniúil. Bríomhar. Urrúnta. Miotalach. Féitheach. Nádúrtha. Éasca. Líofa. Saoráideach. Simplí. Soléite. Soiléir. Coincréiteach. Glinn. Gléghlan. Cruinn, beacht. Faobhrach. Gonta. Géar. Connail. Gasta. Pictiúrtha. Ceolmhar. Armónach. Lasánta. Dathannach. Fiosúil. Ailléideach. Uaibhreach.
Lochtanna: Bladhmannach. Foclach, mórfhoclach. Gáifeach. Forcamásach. Móiréiseach. Stalcánta. Fadálach. Lodartha. Oiltiúil. Súchaite. Suarach. Tirim. Lom. Tanaí. Bogúrach. Prósach. Sleamchúiseach. Doiléir. Mantach, bearnach. Garbh. Barbartha. Cnapánach. Lábánta. Otair.

STRÓIC
V. BRIS
Ina chodanna: Stróicim ó chéile. Stollaim. Sraoillim. Roisim. Sracaim. Stiallaim. Réabaim. Gearraim. Roinnim. Deighlim, dealaím. Stoithim. Brisim. Caithim, caite. Cifleoga, ceirteacha, giobail, bratóga. Téann chun ainriochta. Anchaoi. Cantálaim.
Scoradh: Lascaim. Scríobaim. Roisim. Scamhaim. Gránaím. Scoraim.

SUÁILCE
V. MAITH, GEANMNAÍ
Cineálacha: Suáilcí diaga: Creideamh, Dóchas, Carthanacht. Suáilcí bunúsacha: Críonnacht, Ceart, Neart, Measarthacht.
Bainteach: Suáilceach. Morálta, moráltacht. Coinsias, coinsiasach. Críonnacht, críonna. Naofa, naofacht. Geanmnaíocht. Féinsmacht. Moirtniú. Dea-shampla. Eiseamláireach. Dea-bheathach. Macántacht.

SUARACH
V. ÍSEAL, NÁIRE
Suaraíocht: Suarachas. Suaraíonn. Táir, táire. Gránna. Náireach, náire. Ainnis, ainnise. Truaillí, truaillíocht. Fánach, fánaíocht. Beagthábhacht, beagthábhachtach. Gortach. Sprionlaithe. Salach, broghach, brocach. Díblí, díblíocht.
Daoine: Neamhdhuine. Duine gan iomrá. Daoscar, gramaisc, scroblach, luspairt. Anuasal. Suarachán. Ainniseoir. Truaill. Gortachán. Sprionlóir. Bithiúnach. Rógaire. Dríodar na ndaoine. Donán, donaire, donaisín. Raispín.
Leamh: Táiríseal. Cloíte. Cladhartha. Éidreorach. Gan éifeacht. Seanchaite. Sclábhánta. Slíbhín.

SÚIL
V. AGHAIDH, BREATHNAIGH, DÓCHAS, RADHARC
Déanamh: Meall, mogall. Logall, log. Gealacán. Inteachán, imreasc. Mac imrisc. Reitine. Néaróg radhairc. Caipín. Fabhra. Mala. Deora. Tonn. Braoi. Súile cruinne, móra, beaga; caolsúileach, bolgshúileach; leathdhruidte; scéanshúileach, portshúileach, cránshúileach. Friochanta. Gleorach..
Gluaiseacht: Osclaím; dúnaim, mo shúile. Leagaim fabhra. Ardaím, íslím mo shúile. Casaim mo shúile i leataobh. Súilfhéachaint. Féachaint faoi d'fhabhraí ar (dhuine). Leagaim súil ar. Casaim mo shúile timpeall. Caithim súil thar. Amharcaim idir an dá shúil ar. Bainim lán mo shúl as. Cuirim mo shúile trí. Caochaim, sméidim (súil). Cuirim grainc orm. Muc ar gach mala agam. Súil na glasóige a chaitheamh. Tógaim amas ar. Cuirim bior ar mo shúile. Tagann coinnle ar mo shúile. Crapaim mo mhalaí. Gleoireann (súil). Catsúil.
Radharc: Feicim. Féachaim, amharcaim, breathnaím. Amharc na súl; radharc, raon, súl. Dall, daille. Caoch. Fiarshúileach. Gearr-radharc. Dathdhaille, daltúnachas. Hipeirmeatróipe. Súil fhiata, mhillte, teaspaigh.
Bainteach: Súil-lia. Dochtúir súl. Oftailmeolaí. Radharceolaí. Iomrall radhairc. Spéaclaí. Leathspéacla. Déshúiligh. Micreascóp. Teileascóp. Gloine, gloiní, gloine formhéadaithe. Fionn. Séideadh fola. Sleamhnán. Fáinní faoi na súile.

Crúb ghé. Súil dhearg, shreangach, ruaimneach, shramach, shilteach. "Súil ghabha i ndiaidh táirne." "Súil Uí Dhúda le hArd na Rí." Sramaí.

SUÍOCHÁN
Cineálacha: Binse. Forma. Cathaoir; cathaoir uilleach, shúgáin, luascáin, rothaí, othair, shócúil, bhog. Stól, ~ coise, ~ pianó. Saoisteog. Tolg, dibheán, leaba shuíocháin. Seas, tochta, suíóg. Stalla. Suíochán bairille, fillte. Cathaoir dheice. Suíochán seirce.

TÁBHACHTACH
V. CUR I gCÉILL, FEABHAS, TROMCHÚIS
Daoine: Duine mór, mór le rá, ceannasach, iomráiteach, cumhachtach. Maithe agus móruaisle. Lucht ceannais. Na húdaráis. An Chinsealacht. Lucht rialtais. Na boic; na bodaigh mhóra. Na huachtaráin. Toicí. Duine bunúsach, úimléideach. Curadh. Cíoná. Ceann treorach, comhairle, ócáide, etc. Ceannaire, ceannasaí, cinnire. Togha agus rogha na tíre. Ardfheidhmeannach, ardcheann, ardtiarna, etc.
Rudaí: Gnóthaí móra. Gnó stáit. Gnó práinneach. Mórbheartas, mórthionscnamh. Mír mhullaigh. Pointe lárnach, suntasach. Na príomhairde. Na bunuimhreacha. Na suáilcí bunúsacha. Lár, bun, bunús, bunsraith. Croí ceiste. Bun agus barr (scéil). Sméar mhullaigh. Buaic, barr. Bunsmaoineamh. Bunreacht. Cloch choirnéil. Taca. Eochair. Inse. Maighdeog. Ardbhaile, ardchathair.
Tábhacht: Ardchéim, ardrang, barrchéimíocht. Ceannas. Barr feabhais. Mórgacht. Cumhacht. Neart. Údarás. Tionchar. Creidiúint. Muinín. Tromchúis. Práinn. Riachtanas. Mórluachacht. Cuid suntais. Trombhrí. Úimléid.

TACA
V. BUN, COSAIN
Tacú: Tacaíocht, tacúil, tacúlacht. Cúl taca, báire, cosanta, daortha, toraic, dídine. Suím (rud). Daingním. Neartaím. Dlúthaím. Athneartaím. Cuirim taca le. Maide mullaigh.
Tacaí: Dúshraith, bunsraith, bun, bunús. Taca crochta. Balla cuibhrithe, balla taca. Spalla. Maide ceangail, ~ taca, ~ trasna. Creat, creatlach. Stagh. Colún. Piléar, piléar balla. Seastán. Trípéad. Teannta, teanntán.

TADHALL
V. CÉADFA, LÁMH
Teagmháil: Teagmhaím le. Mothaím. Greamaím do. Teannaim le. Fanaim dlúth le. Comhthadhall. Sárthadhall. Tadhlaíocht, tadhlaí. Teorantach le; taobh le; buailte le; ag síneadh le. Dingim isteach le. Cuimlím do.
Tadhall láimhe: Leagaim lámh, méar, ar. Láimhsím, láimhseáil, láimhdeachas. Inláimhsithe, inbhraite. Tadhlach. Bainim do. Lámhaím. Glacaireacht. Glacamas lámh. Ionramháil. Méaraíocht. Méarnáil, gliúmáil, póirseáil. Fuinim. Suaithim. Dornálaim. Muirním. Diurnaím. Ainlím. Artabháil.

TAIBHSE
V. DRAÍOCHT, TAISPEÁIN
Taibhsí: Sprid. Scáil. Taise. Síofra. Neach. Crócharnaid. Cóiste bodhar. Mua. Peata deamhain. Anamacha na marbh. Anamimirce. Anamacha fáin. Fantaise. Long sí. Anchúinse. Taispeánadh. Samhail. Arracht. Ginias.
Speabhraíd: ~ Meascán mearaí. Fís. Aisling. Taibhreamh. Tromluí. Baothaibhse. Seachmall. Uafáis na hoíche. Fís oíche, bhréige. Teach siúil. Sonra. Uaigneach. Uasal. Aearachtúil. Diamhair.

TAISPEÁIN
V. FÍOR, POIBLÍ
Fágaim ris: Tugaim i láthair, tugaim os comhair; cuirim ar taispeáint. Nochtaim. Foilseánaim. Scaraim amach. Spréim. Leathnaím amach. Léirím. Cuirim i gcéill. Taispeántas. Sampla. Taispeánadh.

Teagasc: Múinim. Teagasc. Foirceadal. Cruthaím, léirchruthaím; cruthúnas. Foilsím. Forleathaim. Tuairiscím. Taisealbhaim.

TAISTEAL
Turais: Lucht taistil. Gníomhaireacht taistil. Taistealaí, taistealaí tráchtála. Aistear, turas. Turas gnó, taiscéalaíochta, aeraíochta, farraige, tionlactha. Turasóir, cuairteoir, fámaire; turasóireacht. Cúrsa taistil; ceann cúrsa. Maraíocht. Dul thar farraige. Imirce, imirceoir. Oilithreach, oilithreacht. Saorthuras. Cúrsáil. Camchuairt. Fiaire feá. Ascnaíonn. Cóngar, aicearra. Turas in aisce; turas góidrisc. Aistríonn. Iomlatóir.
Ullmhú: Fáil faoi réir. Do mhálaí a phacáil. Ticéad; ticéad singil, fillte. Pasport, pas coimirce. Seiceanna taistil. Bagáiste. Treoirleabhar. Léarscáil. Cúrsa taistil. Culaith thaistil. Geábh. Fanaim, stopaim.

TAITHIGH
V. CAIRDEAS, COIBHNEAS
Ag lorg ceana: Cara. Comrádaí. Compánach. Déanaim mór le (duine). Ceangal cairdis. Ag fosaíocht le (duine). Muintearas a dhéanamh le (duine). Ag cúirtéireacht. Ag suirí. Ag cliúsaíocht. Ag spallaíocht. Ag giolamas. Cuirim caidreamh ar; déanaim caidreamh le.
Ag lorg coibhnis: Taithím. Bheith i gcoibhneas le. Dul i dteagmháil le. Lucht aitheantais. Cothaím le (duine). Gnáthaím. Cuirim aithne ar. Cuirim in aithne do. Cuideachta. Tugaim cuairt ar. Fáiltím roimh.

TALMHAÍOCHT
V. ARBHAR, MÓIN, PRÁTA
Eacnamaíocht: Saothrú na talún. Oibrím (talamh). Curaíocht. Féarach. Comhar. Meitheal. Comharchumann. Feirmeoir, feirmeoireacht, feirm. Talmhaíocht. Gairneoireacht. Garraíodóireacht mhargaidh. Táirgim. Tiarna talún; tionónta; ruíleas. Gabháltas. Taispeántas talmhaíochta.
An talamh: Talamh créafóige, gairbhéil, gainimh, domasaí, méith, éadrom. Príomhthalamh. Gort, páirc, cuibhreann, mainnear, garraí, gairdín, ceapach, cathróg. Branar. Móinéar. Uainíocht bharraí. Talamh bán. Ithir.
Saothrú: Míntíriú. Sileadh, draenáil. Leasú. Scraithim. Romhraím. Treabhaim. Fuirsim. Céachta, seisreach. Cliath fhuirste. Tarracóir. Clais, eitre, díog. Iomaire. Síolchur. Béiteáil. Grafadh.

TANAÍ
V. BEAG, LAG
Gan tiús: Tanaí, tanaíocht. Cúng, cúinge, cúngach. Mín, míne. Fíneálta, fíneáltacht. Caol, caoile. Seang, seangacht. Slim, slime. Leabhair, leabhaireacht. Seangchomach. Scailleagánta. Lom. Trua. Tairteolach. Snáithne, snáithín. Ribe. Scannán. Sreabhann. Duille, duilleog. Lann. Eaglann.
Beag: Bídeach. Mion. Dothadhaill. Dofheicthe. Do-bhraite. Blúire. Grabhróg. Ruainne. Stiall. Slis, slisne, slisín. Scamh.
Lag: Leochaileach, Fann, Anbhann. Aifrisc. Fron. Craicneach. Cnámhach. Mílítheach. Éadrom. Éidreorach.

TAOBH
V. ÁIT, TADHALL
Cuid thaobhach: Slios. Cliathán. Sliasaid. Leataobh. Eite. Taobhroinn. Imeall. Corr. Bruach. Leathimeall. Taobhlíne.
Céimseata: Uillinn. Taobhagán. Polagán. Polaihéadrán. Déshleasach, tríshleasach, ceathairshleasach. (Triantán) comhshleasach, comhchosach.
Taobh le chéile: I ngar do; in aice le; ag síneadh le; de chois. Teorantach le. Cóngarach. Comhthreomhar. Teagmháil. Tadhlaíocht.
Treo: Taobh na gaoithe. Na ceithre hairde. Ar chlé, ar dheis; tuathal, deiseal; bord na sceathraí, deasbhord. Lastall, lasmuigh, laistigh, laistiar, lastuaidh. Ar gach taobh. Ó thaobh na dtaobhann. Ar chúl, ar aghaidh.

Dromchla: Sleasán. Gné. Fraigh. Ceann nó cláirseach! Clár. Painéal. Cur (brící, etc.). "Bíonn trí dheasú ar gach cloch".

TAPA
V. IMEACHT

I ngníomh: Luath, mear, beo, sciobtha. Grod, prap, giorraisc, pras. Gníomhach. Brostaím. Dícheall, dícheallach. Dúthracht, díograis. Sna featha fásaigh; an méid a bhí ina chraiceann, ~ ina chorp; chomh tiubh géar agus is féidir; chomh luath agus is féidir. Gasta. Líofa. Éasca. Díbhirce. Tobainne. Oirchill. Clisteacht. Meargánta.

Deifir: Deifrím, déanaim deifir; brostaím; cuirim dlús le (hobair). Deabhadh. Dithneas. Greadaim liom, chun siúil. Práinn. Go moch; go luath. Mochóirí. Anabaí. Prímhid; nús na talún. Déanaim snáithe den bhóthar.

Láithreach: Ar an toirt; ar an bpointe; in áit na mbonn; láithreach bonn baill. Sula bhfad. I bhfaiteadh na súl. Go tobann. Gan mhoill. Aniar aduaidh. Imeacht bog te. As lár an aeir. Ar iompú boise. D'urchar neimhe. Breith ar an uain ar an urla.

TARLAIGH
V. NUACHT, GNÍOMH, TORADH, TOSCA

Rud a tharlaíonn: Tarlú, tarlóg. Fíoras, fíric. Cás. Gníomh. Taisme, tionóisc. Teagmhas. Imeachtaí. Tosca, imthosca, cúinsí. Cúrsaí. Réamhshampla, fasach. Toradh. Rath, conách; tubaiste. Cora crua an tsaoil. Tagann i gcrích. Dígeann.

Go taismeach: Trí sheans; de thaisme; le barr áidh. Mar bharr ar an donas. Seans. Cinniúint. Teagmhas. Dánta an tsaoil. Beangán den ádh; sciorta den ádh. Ócáid. Comhtharlú, comhtheagmhas. Brúscán (carranna). Teagmhasach. Cásúil.

Sraith imeachtaí: Eachtra. Le himeacht aimsire. Eipeasóid. Radharc. Críochbheart. Úrscéal, gearrscéal. Stair. Eipic. Traigéide, coiméide. Éigeandáil. Aothú. Seicheamh.

TARRAING
V. LÍNE, TÓG

Le dua: Tarraingím, tarraingt. Sracaim. Streachlaím. Sraonaim. Sraoillim. Scuabaim liom. Ag strácáil. Meallaim chugam. Bainim fad as; cuirim chun fadála. Tarraingím amach. Sínim. Rím. Tarlaím. Tarraingím ar cheann téide. Locaim. Aomann. Aslaíonn. Aslach.

Baint amach: Tarraingím amach. Stoithim. Tarraingím siar, ar ais; aistarraingt. Bainim as. Blím (scéal as duine). Crúim. Sracaireacht. Peasghadaí. Ardaím liom. Tógaim.

TEACH
V. AILTIREACHT, GAOL, MANACH, SEOMRA

Tithe: Áitreabh. Áras. Foirgneamh. Ceap (tithe). Cónaí, sainchónaí, teach cónaithe. Baile. Dídean. Tearmann. Díseart. Teachín. Bothán. Buaile. Cábán. Cró. Both. Bráca. Puball. Pálás. Caisleán. Mainéar. Teach spéire. Teach mór. Teach cathrach, tuaithe. *Seanchónaithe:* Dún. Ráth. Lios. Craobh. Teach túir. Úirín. Mainteach. Púirín. Ballóg, fothrach, cealarach.

Codanna: Urlár, ~ talún. Staighre. Léibheann (cheann staighre). Áiléar. Seomra. Cistin. Fuinneog. Doras. Aghaidh. Urla. Balcóin. Lochtán. Dorchla. Pasáiste. Póirse. Díon. Gáitéar. Fánphíobán. Balla. Fraigh. Síleáil. Teallach. Tinteán. Camra. Camrachán. Fuanacht, tuí, scláta, leacán. Leac an dorais. Tairseach na fuinneoige. Fóir. Leithreas, ionlann.

TEAS
V. AIMSIR, DIOGRAIS, GRÁ, TINE

Teocht: Ardteocht. Brothall. Teas marfach, spalltach, tais, tirim. Teochrios. Aeráid the, thrópaiceach, theochreasach. Samhradh, samhrata. Goin ghréine. Teas na gréine. Sireacó. Cóch teasa. Bruth báistí. Bruith-theas. Teocht na fola.

Fiabhras. Teas fola. Allas. Gríos. Athlasadh. Séideadh. Gor. Goradh. Bruth. Gríosghoradh. Bogthe, alabhog, bláithbhog, patuar.

Téamh: Tine. Tinteán, teallach, iarta, ciseán tine. Sorn. Téamh lárnach. Foirnéis. Radaitheoir. Bruithim. Gríoscaim. Róstaim. Friochaim. Teach téacháin.

Teas anama: Teas ceana. Teasghrá. Teasaíocht. Teaspach. Paisean. Díograis, dúthracht, díbhirce. Fiuchadh foinn, feirge. Lasadh mianta, intinne. Bruth is borradh. Bruithean.

TEITH
V. TRÉIG, TROID

Teitheadh: Teifeach. Seachnaím. Dul ar do sheachaint, ar do choimeád. Tugaim do na boinn é. Imeacht chun scaoill. Maidhm chatha. Líonrith. Anbhá. Rithim ó (chontúirt). Seachantach. Ruaigim. Díbrím. Cuirim an tóir ar.

Éalú: Éalaím ó, as. Imím ar. Tagaim slán ó. Cuirim cor ar (dhuine); tugaim cor do. Téaltaím liom. Ceiliúraim. Imeacht gan chead gan cheiliúradh. Ag dul i bpoill is i bprochóga. Cleas éalaithe. Cúis súl.

Tréigean: Fágaim (áit, duine). Imím ó. Déanaim imirce. Tréigtheoir. Tadhg an dá thaobh. Cúlaím. Ligim (rud) uaim.

TEOIRIC
V. CÓRAS, PRIONSABAL, SAMHLAÍOCHT

I gcodarsnacht le cleachtadh: Teoiric, teoiriciúil. Sistéam, sistéamach; córas. Suim teagaisc, ~ foirceadail. Prionsabal. Postaláid. Riail. Foirmle. Teoirim. Coincheap. Plean. Tionscnamh. Idé. Idéal. Idé-eolaíocht. Spéacláireacht. Útóipe, útóipeach. Hipitéis, hipitéiseach. Samhlaíocht, samhalta. Rinnfheitheamh. Meabhraíocht. Aisling, aislingeacht. Achtáil agus teoir.

TEORAINN
V. IMEALL

Teorainn achair: Tús. Deireadh. Críoch. Imeall. Taobh. Colbha. Bruach. Leathimeall. Taobhlíne. Imeallbhord. Imeallchríoch. Gruaimhín. Imlíne. Cuairt. Foirceann, ceann. Barr. Earr. Mullach. Eireaball. Corr. Buaic. Dígeann. Uachtar. Íochtar. Tosach. Éadan.

Teorainn fearainn: Críocha. Cloch, líne theorann. Críochaím, críochú. Imill. Imeallchríocha. Claí (custaim). Múr. Páil. Críochdheighilt. Crioslaím.

Teorainn méide: Cuirim teorainn le. Teorannaím. Cuirim téarma le (ham). Cuimse. Cailc. Leagaim amach, socraím teorainn. Maolaím. Cuirim srian le. Measartha, measarthacht. Íosmhéid, íosluach. Uasmhéid, uasluach. Éigríoch.

TIMPEALL
V. CAS, CIORCAL

Gluaiseacht: Casadh, casadh timpeall, imchasadh. Rothlaím, rothlú. Imrothlaím. Cor. Cuairt. Cúrsa. Rothlam. Guairdeall. Guairneán. Leathchasadh. Fiodrince. Luascadh.

Rudaí a chasann: Roth. Rótar. Tuirbín. Dineamó. Muileann. Bró. Coileach gaoithe. Guairneán rósta. Caiseal. Deil. Caschlár. Maighdeog. Lián. Bís. Tochard. Sclóin. Sí gaoithe. Cuaranfa. Cuarbhuille. Cuilithe. Coire guairdill, ~ guairnéain. Iomghaoth. Cuaifeach. Glinnfhearas.

TINE
V. DÓIGH, GUNNA, LONRAIGH, SOLAS, TEAS

Lasadh: Lasaim. Fadaím. Adhnaim. Cuirim síos (tine). Adhantaí. Lasán. Cipín solais. Lastóir. Bosca spoinc. Cloch thine, breochloch. Brosna, connadh. Breosla. Cual. Tine a phriocadh, a chorraí. Lasóg a chur i (rud). Boilg. Priocaire. Sluasaid. Tlú. Iarainn tine. Ursal.

Gléasanna: Tinteán, teallach, iarta. Foirnéis. Sorn, sornóg. Ciseán tine. Lóchrann, tóirse. Trilseán. Maiste. Teannáil. Teilgeoir lasrach. Séidlampa. Créamatóir. Loisceoir. Ceárta.

Éifeacht tine: Dónn. Loisceann. Bruitheann. Dóchán. Dóiteán. Bruithním. Cailcíním. Téann. Atéann. Gorann. Téamh, goradh. Cócaireacht. Róstann. Gríoscann. Friochann. Fiuchann. Poncloscadh. Sádráil. Cnádaíonn.

Gnéithe tine: Lasair, bladhaire, bladhm. Splanc, laom, caor, caoraíl. Ar scoite lasrach. Aibhleog, gríos, gríosach. Gual. Luaith, luaithreach. Luaithghríosach. Gríosóg, spréach, spréachóg, aithinne, drithle, drithleog, splaideog, crithir. Smól, smeachóid, sméaróid. Beochán tine, bladhmsach thine, meath-thine. Marbhthine. Craos tine. Tine bhruite. Tine chnámh, rabhaidh, chreasa, ghealáin, shionnaigh, Ghréagach, Fhéile Eoin, ifrinn. Tine ealaíne. Cnádú.

Múchadh: Briogáid, múchtóir, buicéad, píobán, inneall, fear dóiteáin, druil dóiteáin. Dóiteán a mhúchadh, a smachtú. Gásphúicín. Tua. Dréimire. Árachas. Toit. Deatach. Toitcheo. Múch. Scaird.

TIONCHAR
V. ÁITIGH, ASTRALAÍOCHT, CUMHACHT, GNÍOMH

Gníomh: Téim i bhfeidhm ar, i gcion ar. Cuirim anáil faoi (dhuine). Fágann lorg, rian ar (rud). Oibríonn ar. Tá tarraingt agam ar. Cuirim cluain ar. Meallaim. Ionramhálaim. Múnlaím. Foirmím. Modhnaím. Mionathraím. Imríonn ar. Cuireann isteach ar. Maolaíonn. Scrúdann. Goilleann ar. Súil mhillte, drochshúil. Cuirim draíocht ar; fágaim faoi dhraíocht. Pláinéad a bheith anuas ort. Iomard.

Údarás: Bheith faoi bhos (duine); bheith ar a mhian ag (duine). Lámh in uachtar. Urlámh. Ceannas. Cumhacht. Tiarnas. Barrachas. Treoraím, treoir. Cinnirim, cinnireacht. Deachtaím, deachtú. Tábhacht. Creidiúint. Caithis. Imeaglú. Bagairt. Spreagaim. Sampla súl. Stiúraim. Lúbaim (duine).

Áiteamh: Áitím, áititheach. Cuirim (rud) ina luí ar (dhuine); cuirim ar a shúile do (dhuine). Léirím do. Meallaim, cluanaim. Meabhlaím. Caithis. Draíocht. Dallraím. Tugaim (duine) liom, ar mo thaobh. Cuirim brú ar (dhuine). Misním. Tinfeadh, inspioráid. Comhairlím. Molaim (rud) do (dhuine). Tugaim leid do (dhuine). Músclaím (smaoineamh). Allabhrach. Stocántacht.

TIONSCAL
V. OBAIR, TRÁCHTÁIL

Cineálacha: Earnáil phoiblí, phríobháideach. Olltionscal, mórthionscal, miontionscal. Tionscal príomhúil, tánaisteach, treasach. Tionscal trom, éadrom, baile. Tionscal déantúsaíochta, seirbhíse. Tionscal leictreonach, peitriceimiceach, turasóireachta, talmhaíochta, déiríochta, innealtóireachta. Tionscal ardfhostaíochta, tinteáin.

Obair thionsclaíoch: Amhábhar. Foireann. Teicneolaí. Teicneoir. Innealtóir. Oibrí, oibrí oilte, oibrí láimhe. Monarcha. Muileann. Oibreacha. Ceardlann. Innealra. Uirlisí. Mianach. Teilgcheárta. Foirnéis. Ceárta. Muileann sníomhacháin. Grúdlann. Drioglann. Scaglann. Tionsclaíocht. Fiontar. Déantús. Táirgíocht. Déantóireacht.

Bainteach: Eacnamaíocht, eacnamaíocht pholaitiúil. Caipiteal. Pleanáil. Malartú. Caomhnú, caomhnaitheacht. Saorthrádáil. Meathlú. Boilsciú. Infheistíocht, suncáil. Taighde agus forbairt. Fionnachtain; aireagán. Paitinn, paitinním. Taispeántas. Aonach trádála. Ceardchumainn. Reachtaíocht shóisialta. Fostaíocht, dífhostaíocht. Bord stiúrthóirí. Clár comhardaithe. Leachtú. Féimheacht, clisiúnas.

TIONSCNAMH
V. TOIL

Intinn: Beartaím. Tionscnaím. Leagaim amach. Tá rún agam. Tá sé ar intinn agam. Is mian liom. Meabhraím (scéim, etc.). Smaoiním ar; cuimhním ar. Ag aimsiú ar (rud a dhéanamh). Tá de chuspóir agam. Uaillmhian. Samhlaím (rud). Aisling. Caisleáin óir. Ciméara.

Plean: Tionscnamh. Tionscadal. Socraím. Réitím. Beartaíocht. Beartas. Polasaí. Imeartas. Scéiméireacht. Réamhbheartaím. Comhcheilg. Teoiric. Córas. Creatlach. Dearadh. Cuspa.

Socrú: Socraím. Cinnim ar. Cinntím. Foirceannaim. Tá mé meáite ar. Tugaim faoi. Gabhaim orm; glacaim orm. Téim i mbun. Cuirim i gcrích. Tagaim ar athchomhairle.

TÍR
V. ÁIT, ÉIRE, POBAL

Fearann: Dinnseanchas. Dúiche. Ceantar. Críoch. Réigiún. Crios. Cúlchríoch. Áit. Ionad. Timpeallacht. Comharsanacht. Sna bólaí seo. Láthair. Tírdhreach. Tuath. Réimse. Talamh. Ithir. Cré. Aeráid. Spéartha. Muintir na tíre. Pobal. Áitreabhaigh. Cine. Bunstoc. Dúchasach. Fód dúchais. Fine griain.

Dúchas: Tír dúchais. Máthairthír. Athartha. Tírghrá, tírghráthóir. Náisiún, náisiúnta, náisiúnaí, náisiúntacht. Féiniúlacht. Sainiúlacht. Sainthréithe. Cultúr. Sibhialtacht. Comhthíreach. Comhshaoránach. Saoránaíocht. Na cúig cúigí. Ceithre farraigí na hÉireann. Críochdheighilt.

Riarachán: Stát. Rialtas. Poblacht. Ríocht. Cúige. Contae. Barúntacht. Paróiste. Deoise. Cathair. Ardchathair. Baile. Buirg, buirgéis. Buirgcheantar. Sráidbhaile. Gráig. Clochán.

Baint leis an gcóigríoch: Idirnáisiúnta, idirnáisiúnachas. Deoraí, deoraíocht. Ionnarbadh, díbirt. Imirce, eisimirce, inimirce. Téim thar lear. Ag gabháil idir dhá dtír, thar sáile, thar tír amach. Cumha. Coilíneacht, coilíneach. Eadoirsím, eadoirsiú. Comhshamhlaím, comhshamhlú. Tugaim chun tíreachais. Allmhairím; onnmhairím. Gael agus Gall; gallda.

TIT
V. ÍSEAL, LAGHDAIGH

Titim dhuine: Titim go talamh, anuas, ar lár, i gceann mo chos, ar mhullach mo chinn, i ndiaidh mo mhullaigh, i ndiaidh mo chúil. Sleamhnaím, sciorraim. Baintear de mo chothrom mé. Síntear ó lúb ladhar mé. Brisim mo mhuineál. Tagaim anuas ar mo chosa. Imíonn na cosa uaim. Tuislím. Baintear stangadh, leagadh, tuisle, asam. Turnamh, ísliú, meath. An galar titimeach. Ascar.

Titim ruda: Tugann uaidh. Titeann ar a chéile. Íslíonn. Sleabhcann. Turnamh. Maidhm thalún, shléibhe, shneachta. Eas. Titim na hoíche.

Leagadh: Leagaim ar lár, caithim chun talaimh. Sínim. Cuirim cor cuisle i (nduine). Bainim tuisle as (duine). Cloím. Coscraím.

TIUBH
V. TROM

Tiubh: Domhain. Trom. Crua. Cruánach. Tathagach. Dochaite.

Téachta: Téachta. Calctha. Ramhar. Cnap, cnapán, cnapach. Gruth. Criostalaithe. Sioctha. Téachtán.

Dlúth: Dlúth. Dúr. Plúchta. Teimhneach. Modartha. Tiubhaithe.

Righin: Righin. Stalcánta. Stalcann. Stalc. Prácás. Brútam. Praiseach. Brachán. Leite. Stobhach. Puiteach. Láib. Lábán. Dóib. Dríodar. Moirt. Spairt.

TOBANN

Go tobann: Gan choinne. Go grod. Go prap. I bhfaiteadh na súl; le prapadh na súl. De phreab. De gheit. De sciotán. Giorraisc. Gairgeach. Meargánta. Luathbheartach. Ar bhuille boise. Gan fhios. De phlimp, de phléasc, de phleist.

Rudaí tobanna: Cith. Cóch. Spéirling. Splanc. Caor thine. Tubaiste. Maidhm thalún, shléibhe, shneachta. Crith talún. Geit. Preab. Bíog. Pléasc. Racht. Taom. Taghd. Tallann. Spadhar. Teidhe. Ruaig. Tolgán. Ciúta. Sonc. Sáiteán. Priocadh. Bruth.

Gníomh tobann: Ionsaí. Fogha. Ruaig. Tugaim faoi (dhuine). Ruathar. Teacht aniar aduaidh, as lár an aeir ar (dhuine). Stadaim in áit na mbonn. Tapaigean.

TOBANN — TOIRMISC

Tosca tobanna: Ar an toirt. Láithreach, láithreach bonn, láithreach bonn baill. In áit na mbonn. Ar an bpointe. Faoi dheifir. Go práinneach, dithneasach, deabhach. (Beirim ar dhuine) ar a neamhaire, ar a mhíthapa. Mar bhuailfeá do dhá bhois ar a chéile.

TODHCHAÍ
V. AM, BRIATHAR, CINNIÚINT

Am le teacht: Amárach. Arú amárach. (An bhliain, etc.) seo chugainn. Uaidh seo amach. Faoi cheann (míosa, etc.); i gceann (míosa, etc.). Go ceann (míosa, etc.). Sula bhfad; roimh i bhfad; go gairid. Cuirim ar athlá, ar atráth; cuirim siar. Cairde. Cinniúint. An rud atá i ndán dúinn. An tsíoraíocht. An saol eile. An bheatha shuthain.

Daoine: An dream a thiocfaidh inár ndiaidh. Na glúine nár saolaíodh fós. Clann; clann ár gclainne. Sliocht; sliocht ár sleachta. Comharba. Oidhrí.

Mar idé: (Rud a bhfuil) súil, tnúth, dréim, leis. Féidearthacht. Tomhaisim. Tuaraim. Tairngrím. Geallaim. Bagraím. Fógraím. Ullmhaím. Dul chun cinn. Forbairt. Forás. Prógras. Eascairt.

TÓG

Gabhaim: Gabhaim seilbh ar. Beirim greim ar. Tapaím. Snapaim. Aimsím. Cuirim lámh ar. Greamaím. Teanntaím. Ceapaim. Cuachaim. Beartaím. Láimhsím. Oibrím. Téann i bhfostú i (rud). Teanchair. Pionsúr. Greamaire.

Glacaim: Tógaim chugam. Cuirim chugam. Glacaim chugam. Déanaim mo chuid féin de. Dílsím. Sealbhaím. Comhshamhlaím. Slogaim. Tomhlaím. Ólaim. Ithim. Alpaim. Tolgaim (galar). Glacaim orm. Tarraingím as. Uchtaím (leanbh).

Cruinním: Bailím, bailiúchán. Fómhar. Tórramh. Bainim. Piocaim. Stoithim. Cnuasaím. Deascaim. Diasraím. Díolaimím. Cnuasach trá; cnuasach mara agus tíre.

Le foréigean: Roisim. Stróicim. Sracaim as. Ardaím liom. Díshealbhaím (duine). Cuirim as seilbh. Coigistím. Déanaim ionradh ar. Gabhaim (dún, etc.). Creachaim. Sladaim. Gabhaim (duine) ina phríosúnach. Déanaim éigean ar.

Go fáilí: Cuirim ceal i (rud). Goidim. Cluicheáil. Siolpaireacht. Spochaim (pócaí); peasghadaí. Sliopaim.

TOIL
V. SAOIRSE, MIAN, ORDÚ, GRÁ

Toiliú: Toilím. Is mian liom. Tá fúm. Saorthoil. Toil dheona. Meath-thoiliú. Udarás, údarásach. Tograím, togradh. Déanaim rún. Cuirim romham (rud a dhéanamh). Plean. Tionscnamh. Beart. Geallúint. Intinn. Cinnim. Socraím.

Aontú: Tugaim mo thoil do (rud). Glacaim le (rud). Toilím le (rud). Dea-thoil. Dea-mhéin. Dea-ghuí. Dea-chroí. Carthanacht. (Déanaim rud) faoi chroí mór maith. Toilteanach, toilteanas, toilíocht. Saorálach.

Claonadh: Bara. Mian. Dúil. Fonn. Cíocras. Santaím. Tnúthán. Géilliúlacht. Luí (le rud). Togracht. Gairm. Cumas. Eascaíocht. Pláinéad. Tugtha do (rud); scafa chun (ruda). Toilghnústa.

Cion: Grá. Dáimh. Fabhar. Bá, comhbhá. Toighis. Mealladh. Miangas. Tá claon agam le. Paisean. Ainmhian.

Drochrún: Drochaigne. Droch-chroí. Easumhlaíocht. Naimhdeas. Faltanas. Mícheansacht. Ceannairceacht. Stalcacht. Eiteachas. Diúltú, droimdhiúltú. Bodhaire Uí Laoire. Drochintinn. Mailís, mioscais, drochfhuadar. "Mí-rún mór na nGall." Cóir máireach.

TOIRMISC
V. ÉAGÓIR

Toirmeasc: Crosaim. Toirmiscim, toirmeasc. Urghaire. Damnaím, damnú. Fógraím. Eisiaim, eisiamh. Coinnealbhá. Déanaim baghcat ar. Eascoiteannú.

Constaic: Coiscim, cosc. Bacaim, bac. Stopaim; cuirim stop le. Urchoillim (mothú). Tagaim roimh (dhuine). Éadulaingt. Cuirim faoi chois; smachtaím; brúim fúm. Cuirim ar fionraí. Cuirim (sagart) ó chóta.
In aghaidh dlí: Aindleathach. Neamhdhlíthiúil. Neamhdhlisteanach. Neamhcheadaithe. Calaois. Caimiléireacht.

TOIRTIÚIL
V. MEÁCHAN, TIUBH
Ó chorp: Mór, méid. Ramhar, raimhre. Toirtiúlacht. Beathaithe. Téagartha. Cruinnbhallach. Bolgach, marógach, peasánach. Feolmhar. Corpanta.
Galrach: Ata. Borrtha. Bolgadh. Spuaic. Neascóid. Borrfhaireog. Borrchroí. Fiafhás. Sceachaill. Gúta. Iorpais. Siad.
Éirí toirtiúil: Méadaíonn. Atann. Borrann. Bolgann. Séideann. Leathann. Leathnaíonn. Foircheasacht.

TOMHAS
V. MEÁCHAN, GLUAISEACHT
Cineálacha méid: Cailibre. Toilleadh. Cearnóg. Imlíne, imlíne comhairde. Céim. Miosúr. Achar. Tiús. Spás. Leithead. Fad. Fórsa. Formáid. Airde. Toirt. Meáchan. Mais. Doimhneacht. Cainníocht. Teocht. Dromchla. Luach. "Tomhas maith, fuinte, craite, cruachta." Toise.
Gléasanna meáchain agus tomhais: Gléasanna mionchruinne. Meá. Ainsiléad. Compás. Riail. Bacart. Réise. Cailpéar. Treoir. Scála.
Seantomhais: Orlach. Troigh. Slat. Péirse. Stáid. Míle. Feá. Acra. Galún. Cárt. Pionta. Punt. Unsa. Tonna. Céad meáchain. Réise. Banlámh. Cnáimhrí.

TORADH
V. PLANDA, SPLEÁCHAS
Toradh gnímh: Baineann amach cuspóir. Éiríonn leis. Tá toradh air. Téann i gcion, i bhfeidhm. Sroicheann (cuspóir). Cuirim i bhfeidhm, i ngníomh. Eifeacht, éifeachtach, éifeachtacht. Tagann i dtreis. Tagann de bharr, de thoradh. Iarmhairt. Fuíoll. Iarsma. Deasca. Iardraí.
Toradh argóinte: Iarmhairt, iarbheart. Comhthoradh. Analach. Conclúid. Déaduchtú. Ionduchtú. Infeireas. Tátal.

TORANN
V. FUAIM, GÁIR, POIBLÍ
Daoine: Monabhar. Gleo. Callán. Ruaille buaille. Clisiam, clismirt. Clampar. Tamhach táisc. Glóraíl. Furú. Fuile faile. Screadaíl. Scréachaíl. Scairteach. Gárthaíl. Cneadach. Gáróid. Ochlán. Éagaoin. Osnaíl. Smeacharnach. Olagón. Gol. Caoineadh. Ceol. Feadaíl. Crónán. Brúchtaíl. Broim. Srann. Sraoth. Méanfach. Glóraíl bhoilg.
Ainmhithe: Seitreach. Géimneach. Gnúsachtach. Gocarsach. Grágarsach. Búiríl. Tafann. (*d'ainmhí ar leith, v. sub* GÁIR).
Rudaí: Fothram. Tormán. Pléasc. Cling. Plimp. Slaparnach. Siosarnach. Gliúrascnach. Criongán. Díoscán. Siabhrán. Sianaíl. Dord. Crónán. Seamsán. Seordán. Sianán. Siúrsán. Bíogarnach. Bloscarnach. Cnagarnach. Dreistearnach. Fluparnach. Siollfarnach. Ruchtáil. Plabaireacht. Búirthíl etc.

TOSCA
V. AM, TARLAIGH
Fíricí breise: Cúrsaí. Tosca. Imthosca. Cúinsí. Sonra imthoisceach. Cúinse ar leith, teagmhasach. Cúinsí maolaitheacha, méadaitheacha. Fáltais, dálaí. Saintréithe. Tarluithe. Eipeasóidí. Tosca gramadaí: am, áit, caoi, coinníoll, cúis, etc.
Coimpléasc fíricí: Comhtheagmhas. Comhtharlú. Sníomh. Staid. Cás. Dánta an tsaoil. Faill, deis, ionú, caoi, áiméar. Práinn; cás práinneach. Imeacht aimsire. Faire na faille. Céim, céim chrua, géarchéim.

Fíricí gan choinne: Taisme, timpist. Seans. Fiontar. Eachtra. Ócáid. Beangán den ádh.

TOST
V. CEOL, RÚN

Gan labhairt: Fanaim i mo thost. Bheith tostach. Dúranta. Balbh, bailbhe, balbhán. Bodhar agus balbh. Mím, mímeoir, mímeoireacht. Caillim mo theanga. Tostaíl. Béal marbh, dúnta, gan smid. Cuirim (duine) ina thost. Cuirim glas béil ar; cuirim gobán i mbéal (duine). Dún, druid, éist do bhéal, do chlab! Fuist! Go réidh! Eist!

Rún: Ceilim. Coinním ceilte. Ní ligim (scéal) thar m'anáil. Buailim fiacail ar. Buailim cos ar (scannal). Suan na muice bradaí.

Easpa torainn: Ciúnas. Calm. Síocháin. Tost. Go fáilí. Tostóir (do ghunna, inneall).

TRÁCHTÁIL
V. CEANNAIGH, MARGADH, SIOPA

Cineálacha: Mórdhíol; miondíol. Monaplacht. Inmheánach. Eachtrach. Idirnáisiúnta. Marsantachas.

Daoine: Tráchtálaí. Ceannaí. Fear gnó. Trádálaí. Siopadóir. Mórdhíoltóir; miondíoltóir. Mangaire. Gáinneálaí. Ocastóir. Margálaí. Stiúrthóir. Bainisteoir. Cuntasóir. Fostaí. Feidhmeannach. Taistealaí. Marsanta.

Eagraíocht: Siopa. Aonach. Margadh. Malartán. Corparáid. Cumann lucht tráchtála. Táirgíocht. Tionscal. Monarcha. Oifig. Poiblíocht. Fógraíocht. Catalóg. Eolaire. Seachadadh. Iompar. Táillí calaidh.

Déanamh gnó: Banc. Cliantacht. Ceannach. Díolachán. Trácht. Riar agus éileamh. Coimisiún. Samplaí. Ráta bainc, úis, malairte. Íoc ar seachadadh. Creidmheas.

Airgeadas: Caipiteal. Comhardú; clár comhardaithe. Cuntasaíocht. Creidmheas. Creidiúnaí; féichiúnaí. Cuntas reatha. Láimhdeachas. Sochar agus dochar. Cáin. Clisiúnas; féimheacht. Leachtú. Glacadóir.

TRÁTHNÓNA
V. AM, OÍCHE

Nóiméid den tráthnóna: Iarnóin. An nóin bheag agus deireadh an lae. Cróntráth. Clapsholas. Coineascar. Idir dhá sholas. Crónachan. Fuineadh gréine; luí na gréine. An ghrian ag maolú siar. Titim na hoíche. Dorchadas. Contráth. Idir dall is dorchadas. Iarlaom.

Rudaí an tráthnóna: Tráthnóna; easparta; coimpléid. Cuirfiú. Suipéar. Saranáid. Airneán. Céilí. Faire. An réalta nóna. Comhsholas. Contráth.

TRÉIG
V. TEITH

Diúltú: Cuirim suas do (rud). Diúltaím. Séanaim. Féindiúltú. Féinsmacht. Faillí. Mainneachtain. Faighim réidh le (rud). Caithim i leataobh.

Scaradh: Scaraim. Dealaím. Imím. Fágaim, fágaim slán ag. Ceiliúraim. Tugaim mo chúl le.

Creideamh: Séanaim (creideamh). Eiriceach, eiriceacht. Séantóir, tréigtheoir. Siosmach.

Teaghlach: Colscaradh. Idirscaradh. Scaradh pósta; ordú scartha. Mídhílseacht. Adhaltranas. Leanbh tréigthe; dílleachta.

Ionad: Tréigtheoir (airm). Déanaim feall; feallaire. Teithim. Aslonnaím. Díthreabh. (Áitreabh) maol. Ballóg.

TREORAIGH
V. COMHAIRLE, ORDÚ

I dtreo áirithe: Seolaim. Tugaim chun. Stiúraim. Treoraím. Giollaím. Cinnirim. Tugaim ar iall liom. Tarraingím. Meallaim. Gluaisim. Spreagaim chun. Compás. Na ceithre hairde. Cathaoir. Treoíocht. Casaim i leith. Iompaím. Claonaim. Aimsím, dírím (gunna, etc.). Tiomáinim. Diallaim ó.

Coimhdeacht: Treoraí, treoraím. Bean choimhdeachta; aingeal, lucht, coimhdeachta. Déanaim coimhdeacht ar (dhuine). Madra coimhdeachta. Tugaim (duine) liom ar ghreim láimhe. Cuirim (duine) ar an mbealach. Reachtaire. Cinnire. Aoire. Tiománaí. Tréadaí. Ara. Píolóta. Srianta. Stiúir. Roth stiúrtha. Lámha (rothair). Luamhán stiúrtha. Teannáil. Solas tráchta. Rabhchán. Comhartha. Cuaille eolais. Cloch mhíle. Fógra. Saighead. An dall ag giollacht an daill.

Ceannas: Ceannasaí. Ceannaire, ceannaireacht. Rialaím, rialtóir. Gobharnóir. Uachtarán. Táim i gceannas ar; táim i mbun, i bhfeighil (ruda). Rialtas. Polasaí. Polaitíocht. Straitéis. Beartaíocht.

Riar: Riarachán. Stiúrthóir, stiúrthóireacht. Riarthóir, riarthóireacht. Reachtaire, reachtaireacht. Bainisteoir, bainisteoireacht; bainistreás. Prócadóir. Stíobhard. Maor. Athmháistir. Coimeádaí. Oide.

Treoir mhorálta: Comhairle; cuirim comhairle ar; comhairlím. Tugaim rabhadh, foláireamh do. Cuirim (duine) ar a aire. Cuirim cathú ar. Spreagaim. Meallaim, cealgaim. Múinim, teagascaim. Tá tionchar agam ar. Oilim, múnlaím, foirmím. Oide coinsiasa. Sampla, eiseamláir. Siocair, ceannfháth. Claonadh.

TRIAIL

Ginearálta: Turgnamh, turgnamhach. Féachaint. Tástáil. Promhadh. Dearbháil. Scuaidreamh. Scrúdaim. Déanaim grúntáil, saibhseáil, ar. Ceistím (mo choinsias). Scrúdaím, scrúdú. Blaisim. Fíoraím, deimhním. Caighdeán, critéar, slat tomhais. Breithiúnas Dé; an Breithiúnas Deireanach; Lá Bhreithe Dé; Lá an Luain. Oirdéal. Aimsir phrofa. Printíseacht. Nóibhíseacht. Téarma tástála.

Iarracht: Tugaim iarracht. Tugaim faoi. Féachaim le. Iarraidh. Sceitse. Sracléaráid. Buille faoi thuairim. Iarracht bhacach, chaoch; póirseáil. Téim i bhfiontar, in amhantar, i bpriacal, sa seans.

TROID

V. BUAIL, COGADH, IOMAÍOCHT

Cogadh: Comhrac. Coimheascar. Tachar. Ionsaí. Ionradh. Ruathar, foighdeán, séirse. Scirmis. Cath, cath riartha. Gráscar lámh. Coinbhleacht. Troidim; cuirim troid ar. Fearaim cath ar; cuirim cath ar; buailim cath ar. Brisim cath ar. Tugaim cath cothrom. Troid le faobhar. Straitéis. Beartaíocht. Inlíocht. Láthair chogaidh. Ord catha. Machaire catha; ármhá; páirc an áir. Comhraiceoir, trodaí; neamhchomhraiceoir. Namhaid. Comhrac go himirt anama. Bua. Briseadh. Caithréim. Cosaint. Maidhm chatha. Raon maidhme. Teitheadh. Scíontachán. Fágálach. Líonrith, anbhá, scaoll. Ár, sléacht, coscairt. Cath fuilteach, gan trócaire, go deireadh, gan anacal, gan cheathrú anama. Sraonadh.

Troid: Dúshlán. Saighdeadh, gríosú. Céile comhraic. Troid le doirne teo. Bruíon. Griolsa. Cambús. Comhrac bréige. Geamhthroid. Racán. Gleo. Cuil troda. Seasaim an fód. Téim i gcoimhlint nirt le (duine). Cuirim gotha troda orm féin. Dul i ndeabhaidh lainne le (duine). Scliúchas.

Conspóid: Cointinn. Argóint. Sáraíocht. Díospóireacht. Iomaíocht. Freasúra. Achrann. Aighneas. Imreas. Comórtas. Deabhaidh.

TROIGH

V. BALL, COS

Duine:ˉ Troigh. Cos. Na baill fhorimeallacha. Méar, ordóg, ladhraicín, lúidín coise. Ladhar; ladhar mhór, bheag. Droim na coise. Trácht na coise. Murnán, rúitín. Sáil. Bonn. Seir. Ionga. Spág. Trup, trostal.

Ainmhí: Crúb (capaill, bó, cait, leoin, éin, portáin). Crúibín (muice, caorach). Crúbán. Cos. Crúca, crúcán. Ladhar (gliomaigh). Crág (éin); crágán. Ingne. Gríobh (seabhaic). Crúbscoilte. Cos-scamallach.

Galair: Fadharcán. Criogán. Spuaic. Callas. Buinneán. Pachaille. Spadchos, leifteán, clabhca. Cam reilige. Ionga i bhfeoil. Súil chirce. Cosliacht, coslia.

TROM

V. MEÁCHAN

Meáchan: Troime. Tromachar. Trom-mheáchan. Ualaím, luchtaím. Ualach. Lucht. Lasta. Meáchan. Lód. Ultach. Dlúth, tiubh, mór, crua. Osar. Hoibín host. Tradualach.

Goilleadh: Goilleann ar. Treascraíonn. Brúnn, brúite. Tromualach. Forualach. (Trom) thar acmhainn (duine). (Bia) tromchroíoch. Tromas. Tónáiste.

Neamh-éasca: Spadánta. Otair. Anásta. Ciotach. Ciotrúnta. Amscaí. Maolaigeanta. Mallintinneach. Dallintinneach. Bómánta. Dobhránta. Garbh. Garg.

TROMCHÚIS

V. SOCAIR, TÁBHACHTACH

Fírinneach: Stuaim, stuama, stuamacht. Foras, forasta, forastacht. Sollúnta, sollúntacht. Tábhacht. Tromaí, tromaíocht. Maorga, maorgacht. Dínit, dínitiúil. Dúnárasach, dúnárasacht. Smaointeach. Fealsúnta. Socair. Críonna. Tostach. Buartha, tógtha suas, gafa. Dáiríre, dáiríreacht. Teacht i leaba an dáiríre le (rud).

Bréige: Fuarchúis, fuarchúiseach. Fuarspreasach, fuarspreasaí. Mórchúis, mórchúiseach. Mórluachach, mórluachacht. Eirí in airde. Postúlacht. Saoithín, saoithíneacht. Ceartaiseach, ceartaiseacht. Nathánach. Leithead.

TROSCADH

V. AITHRÍ, OCRAS

Creideamh: Troscadh agus tréanas. Moirtniú. Féinsmachtú. Lá troscaidh. Abstanaid. Troscadh tréanach. Carghas. Troscadh an anama. Cátair timpire. Bigil. Purgadóir Phádraig. Turas an Oileáin. Dispeansáid. Troscadh a dhéanamh. Ramadán. Ióm Ciopúr. Féinchránas.

Gan bhia: Céalacan. Aiste bia. Reigimin. Gorta. An Gorta Mór; Blianta an Drochshaoil. Ocras. Ganntanas. Gannchothú. Gannchuid. An féar gorta. Tá gorta orm. Pronnlach. Colláid. Gannlón.

TROSCÁN

V. OIFIG, MAISIGH

Feisteas tí: Troscán. Trioc. Trealamh. Ball troscáin. Foireann troscáin. Feisteas oifige; ~ cistine; ~ seomra leapa, etc. Gléasaim (teach, seomra). Feistím. Cuirim troscán i (dteach). Infear; cóisir infir. Aistrím (troscán, cónaí). Caibinéadaire. Cumhdaitheoir. Seandacht; ceannaí seandachtaí. Stíl.

Baill ar leith: Almóir. Vardrús. Cupard. Cornchlár. Bord scríbhneoireachta. Cófra; ~ éadaigh. Bracóg. Clár maiseacháin. Bord imeartha. Suíochán. Cathaoir uilleann. Binse. Leaba. Tolg. Taipéis. Cuisíní. Scáthán. Clog, orláiste. Lóchrann. Coinnleoir. Fiondar. Folach tine. Slata teallaigh. Matal.

Codanna troscáin: Bileog (boird). Uillinn (cathaoireach). Stuáil. Inleagan, inghearradh, cabhraíocht. Painéal. Cos. Troigh; ~ chrúb is meall, etc. Doirsín. Comhla. Roithíní. Glas. Tarraiceán. Droim (cathaoireach).

Ábhair: Adhmad. Dair. Mahagaine. Gallchnó. Rósadhmad. Éabann. Fáibhile. Leathar. Rón. Éadach. Plaisteach. Miotal.

TRUA

V. MOTHÚ, CARTHANACHT, SOGHNÍOMH

Abhar trua: Ina dhíol trua. Cuirim trua ar (dhuine). Coscrann (rud) an croí i (nduine). Baineann deora as (duine). Corraím, gluaisim (duine) chun trua. Bogaim. Téann (rud) go croí i (nduine). Agraim trócaire. Téim i muinín trócaire (duine). Ochlán, éagaoineadh, olagón. Tuireamh, caoineadh.

Trua a ghlacadh: Tá trua agam do. Glacaim trua do; glacann trua do (dhuine) mé. Trua agus taise. Taise don trua. Truach, truachroíoch. Dea-chroí, dea-chroíoch. Cásaím. Tagaim i gcabhair ar. Carthanacht, carthanach; déirciúil, grádiaúil. Nádúr. Trócaire. Daonnacht.

TUAIRIM
V. CAINT, BREITH, POLAITÍOCHT, CÁIL

Tuairim: Barúil, tuairim a thabhairt de (rud). Is é mo thuairim, mo bharúil go. Táim barúlach go. Smaoineamh. Idé. Ciall. Brí. Dearcadh. Comhairle. Comhairleoir. Ceadaím (duine). Tátal. Bolscaireacht. Propaganda. Bheith ar aon intinn le (duine) faoi (rud).

Teagasc: Foirceadal. Téis. Córas smaointe. Scoil. Tuairim pholaitiúil. Polasaí. Clár (reachtaíochta). Páirtí. Tuairim reiligiúnda. Creideamh. Eaglais. Dearbhú creidimh. Seict. Admhaím (creideamh, tuairim).

Breith: Breithiúnas. Paradacsa. Réamhbhreith. Aigne an phobail. Scéal reatha; ráfla, luaidreán. Náire shaolta. Bréagnáire. Tuairim dhealraitheach. Luacháil. Meas.

TUILLEADH
V. FEABHAS, MÉADAIGH

Cuntas: Cuirim le. Suimím. Fuílleach. Difríocht. Athnuachan. Et cetera. Ardú (praghas). Mar bharr ar. Gnóthaím. Sochar, brabús. Breis. Breis luacha.

De bhreis: Farasbarr. Barr. Barraíocht. Iomarca. Anbharr. Thar cuimse. Thar fóir. Thar barr. Thar an ghnách. Neamhghnách. Mínormálta. Téim thar fóir, etc. Tá an barr agam ar. Sáraím. Cuireann thar maoil. (Tomhas) "fuinte, croite is ag cur thar maoil". Tugaim tomhas a láimhe agus tuilleadh do (dhuine). Déanaim áibhéil. Tugaim buntáiste do. Rólíonaim. Róluchtaím. (Punt agus) corradh; corradh le (seachtain, etc.). (Trí mhí agus) lá le háireamh.

Méadú: Méadaím. Sínim. Fadaím. Ataim. Borraim. Iolraím. Breisím. Iomadaíonn. Leathnaím, leathaim. Fásann. Dul chun cinn. Forbairt. Athneartú.

Níos airde: Breischéim. Barrchéim, barrchéimíocht. Barr feabhais. Ceannas. Ardchéim. An chuid is fearr. Uasmhéid. Nec plus ultra. Oirirceas. Róchéimíocht. Sáraím. Bainim tosach de; ~ barr feabhais de. Scoithim. Beirim bua ar. Tromlach vótaí. Mórchuid. Osdaonna. Osnádúrtha. Osréalta. Tá ceannas, smacht agam ar. Rialaím. Aicmí ceannais. Cinseal, cinsealacht. Pribhléid. Fabhar. Tosaíocht. Buntáiste. Anbharr. Mó sa mhó.

TUIRSE
V. FULAINGT, LAG

Fisiceach: Tuirse, tuirseach, tuirsiúil, tuirsím. Coirim. Traochaim. Sáraím amach. Tnáithim. Tnáite, traochta, cortha, spíonta, seangaithe. Cloím, cloíte. Snoite. Caite, caolaithe. Leisce. Spadántacht. Marbhántacht. Corthacht. Crom (faoi ualach). Rite as anáil. Bheith i ndeireadh na péice. A anáil i mbarr a ghoib.

Aigne: Tuirse aigne, intinne. (Aigne) spíonta. Stró, róstró, callshaoth, straidhn. Aimnéise; díth cuimhne; cailliúint cuimhne. Fadáil. Cian. Leamhas. Crá. Strambán. Ceas. Tá mé dubh dóite de. Drochmhisneach. Dobrón. Domheanma. Lagar (spride). "Is maith stró, ach ní maith róstró."

Obair thuirsiúil: (Obair) chrua, mhaslach, throm. Saothar, dua. Sclábhaíocht. Daorobair. Pianseirbhís. Moghsaine. Saol crua. Ag obair is ag luain. Ag cur allas na gcnámh. As allas a mhalaí.

TÚS
V. TIONSCNAMH

Tosú: Tosaím. Tosach. Tosaíocht. Tús áite. Pointe imeachta. Prionsabal. Bunús. Teacht i réim, in inmhe, in aois fir, i gcoróin, i seilbh. Earrach. Maidin. Óige. Cruthaíonn. Fabhraíonn. Aibíonn. Fasach. Réamhtheachtaí. Foinse. Fréamh. Prímhid, nús. Réamhimeachtaí. Ionadacht.

Teacht ann: Breith. Saolú. Bunús. Cliabhán. Síol. Gas. Suth. Teacht i radharc. Nochtann. Éiríonn. Buinníonn. Fásann. Péacann. Geamhraíonn. Bláthaíonn. Teacht i mbláth. Dúchas, dúchasach.

Cur ar siúl: Cuirim tús le. Bunaím. Tionscnaím. Osclaím. Scaoilim. Bainim an ceann de (chomhrá). Fostaím (giar). Teilgim. Láinseálaim. Tionscantach, treallúsach. Cruthaím. Cuirim ar bun. Cuirim chun tosaigh ar (dhuine). Cuirim an dlí ar (dhuine). Cuirim (comhcheilg) ina suí. Giniúint. Toirchím. Toircheas. Ullmhaigh, ullmhúchán.
Tabhairt faoi: Tugaim faoi. Téim i mbun (ruda). Téim i bhfiontar le. Déanaim iarracht ar. Triailim. Buille faoi thuairim. Tástálaim. Tosaitheoir. Nóibhíseach. Núíosach. Earcach. Printíseach.
Oscailt: Réitím (bealach). Tugaim an chéad chéim. Osclaím (séasúr seilge, etc.). Cuirim fáilte roimh. Insealbhú. Seoladh. Réamhrá. Brollach. Teideal. Prológ. Iontróid. Réamhcheol; réamhdhréacht. Réamhscéal. Réamhimeachtaí. Ionadacht.

UACHT
V. BRONNTANAS, CONRADH, OIDHREACHT
Cineálacha: Tiomna. Uacht féinscríofa, dhual, neamhdhual, bháis, chaillte.
Riar: Uachtaím. Tiomnaím. Cuirim de láimh. Sannaím. Cuirim (maoin) in ainm (duine). Aistrím. Déanaim m'uacht. Diúscairt. Cuirim as oidhreacht. Fágaim le huacht. Oidhreacht, leagáid; lab. Tiomnacht, tiomnacht charthanach. Dearlacaim, dearlacadh, dearlaic. Fondúireacht. Clásal. Códaisíl. Oidhreachtán.
Daoine: Tiomnóir; díthiomnóir. Tiomnach; díthiomnach. Uachtóir. Oidhre. Comhoidhre. Léiroidhre. Corpoidhrí. Oidhre ginearálta, teagmhasach. Leagáidí. Seiceadóir.

UASAL
V. ARD, ONÓIR
Ó shliocht: Ginealach. Géaga ginealaigh; craobh ghinealaigh; craobh choibhneasa. Géag den uaisle. Fréamh teaghlaigh. Ríora. Treibh uasal; fíorthreibh. Mórtas cine.
Uasaicme: Na huaisle. Maithe agus móruaisle. Mórgacht. Tiarna. Flaith. Ridire, ridireacht; ord ridireachta. Cúirt, cúirteoir. Cúirialta, cúirialtacht. Olagarcacht. Na bodaigh mhóra; na boic mhóra. Paitríoch. Uirrí. An chinsealacht. Scothaicme.
Ó chroí: Uaisleacht anama. Uaisleacht ó nádúr. Mórchroíoch. Flaithiúlacht, féile. Oineach. Onórach. Dínit. Mórtas. Oirirceas. Dearscnaitheacht. Móraigeantacht.
Ó chuma: Galántacht. Maorgacht. Taibhseacht. Grástúlacht. Teacht i láthair. Cosúlacht. Mustar. Poimp. Ardnós. Mórchúis. Stáidbhean.

UBH
An ubh: Blaosc. Buíocán. Gealacán. Scannán. Ubh fhia, bogán, bogóg. Ubh ghlugair. Eochraí (éisc); eochróg. Céir (ghliomaigh, phortáin).
Táirgeadh: Ubhsceitheadh. Beireann, breith. Gor, gorann. Ligeann amach. Ál, éillín.
Cócaireacht: Ubh bhruite, bheirithe, scallta, scrofa, bhogbhruite, chruabhruite, fhriochta. Uibheagán. Bleathach uibhe. Maonáis uibhe. Ubh úr. Púdar ubh. Buailteoir ubh; greadtóir ubh; orláiste ubh. Spúnóg uibhe. Ubhchupán.

UIMHIR
V. CAINNÍOCHT, MÓRÁN
Uimhríocht: Uimhir theibí, réadach, chothrom, chorr, ilchodach. Uimhir phríomha; bunuimhir, orduimhir. Uimhriú, uimhriúil. Calcalas. Comhéifeacht. Aonad. Nialas, Náid. Figiúirí rómhánacha, arabacha. Deachúil. Codán.
Cuntas: Comhaireamh. Áireamh. Uimhrím. Cuntaisim. Staidreamh, staitistic. Líon. Foireann. Cainníocht. Candam. Méid. Suim. Iomlán. Ráta. Luach. Cáin. Meastachán. Táille. Ríomhaim. Measaim. Meáim.
Iolracht: Líon, líonmhar. Éirím. Beagán, mórán; mórchuid. Do-áirithe. Slua. Ollslua. Iomad. Plód. Iomadúlacht. Il- *(i gcomhfhocail)*. Éigríoch. Tromlach, mionlach. Líon gnó. Móramh, mionramh. Uimhir ghramadaí; uimhir uatha, iolra, dhéach.

UIRÍSEAL
V. NÁIRE

Uirísleacht: Uiríseal. Umhal, umhlaíocht; umhlóid; umhalchroíoch. Mánla, ceansa, séimh, caoin, mín. Modhúil. Cúlánta. Cúthail, cúthaileacht. Cotadh. Féindiúltach. Géilliúil. Ómósach, ómós. Urraim. Miondaoine. Beagthábhachtach.

Uirísliú: Íslím. Náirím. Táirim. Bacaim (duine). Sáraím. Tugaim náire (duine); tugaim náire do (dhuine); cuirim náire ar (dhuine); bainim a náire as (duine); bainim a náire dhearg as (duine); bainim lasadh (náire) as. Bainim (duine) dá threoir. Táiríseal. Suarach. Sclábhánta.

UIRLIS
Uirlisí: Gléas. Uirlis. Ionstraim. Acra. Ball acra; ball uirlise. Gaireas. Áis. Trealamh (saoir). Culaith shaoirse; culaith cheirde. Fearais. Gléasra. Cóir oibre. Uirlis inneallach.

Uirlisí ar leith: Ainsiléad. Bacart. Bís. Casúr. Compás. Deimheas. Gimléad. Inneoin. Láí. Líomhán. Locar. Luamhán. Meana. Ord. Scian. Siséal. Sleán. Sluasaid. Snáthaid. Spád. Tál. Tarathar. Toireasc. Tua. Bíomal agus bior. Treifid.

Codanna uirlise: Crann, feac (spáide, etc.). Cos (casúir, scine, etc.). Sáfach (tua). Lámh. Cluas. Lann. Faobhar. Bior. Rinn. Drad (bíse). Ladhar (casúir). Béalmhír (tarathair). Beibheal. Fiarfhaobhar.

UISCE
Staideanna: Uisce. Dobhar. Tonn. Uisce reatha, marbh, bodhar. Feacht. Sáile. Fíoruisce. Uisce goirt, milis. Sruth, sruthán. Abhainn. Caise. Cláideach. Tuile. Caislín. Sileán. Uiscechlár. Tobar. Loch, lochán. Linn. Poll. Greallóg. Eas. Scairdeán. Uisce faoi thalamh. Fuarán. Foinse. Tiobraid. Géasar. Uisce lonnaithe. Eanach. Seascann. Riasc. Bogach. Corrach. Turlach. Aigéan. Farraige. Cuan. Taoide. Báisteach. Fearthainn. Drúcht. Ceo. Díle. Balcadh. Gal. Braon. Deoir. Taisleach. Fraighfhliuchras. Leacht. Glaise.

Ionramháil: Taiscumar. Damba. Baráiste. Stopallán. Sistéal. Tobar. Canáil, canálú. Uiscebhealach. Uiscerian. Umar capall. Dabhach níocháin. Linn snámha. Uisceadán. Folcadán. Doirteal. Buidéal. Crúsca, crúiscín. Caraf. Feadán. Siofón. Sconna. Buacaire. Spiogóid. Scagaire. Hiodrant. Camra.

Úsáid: Ól; uiscí inólta; uisce mianra. Taoscadh. Uisciú. Scagadh. Aimridiú. Níochán; ionladh. Baisteadh. Uisce coisricthe. Caolú. Uiscealach. Tumadh. Bá. Onfais. Idir dhá uisce. Folcadh. Snámh. Bruith. Fiuchadh. Téamh. Muileann uisce. Orláiste uisce. Tuirbín. Stáisiún cumhachta hidrileictreach.

ULLMHAIGH
V. ORD, TÚS

Roimh ré: Beartaím, réamhbheartaím. Déanaim mo dhícheall chun (rud a dhéanamh). Eagraím. Forbraím. Comhcheilg. Inlím. Bia, a réiteach, a ghiollacht; ullmhóid. Bealach a réiteach. Idirbheartaíocht. Réamhfhiosrú. Cuirim (trioblóid) ina suí.

Déanamh réidh: Réitím. Ullmhaím. Tiargáil. Téisclim. Ullmhúchán. Cuirim in ord. Cuirim eagar ar. Cóirím. Leagaim amach. Prapálaim. Gléasaim. Feistím. Grafaim (talamh). Cócaireacht.

Cur ar siúl: Bheith i riocht, ar do dheis (rud a dhéanamh). Tugaim faoi. Tosaím. Tionscnaím. Cuirim tús le. Scaoilim. Osclaím (cruinniú). Réamhrá. Réamhimeachtaí. Seoladh, lainseáil.

UMHAL
V. BUA

Ordú a leanúint: Umhlaíocht. Géillim do. Déanaim rud ar (dhuine). Comhlíonaim (ordú). Cuirim ordú i gcrích. Táim umhal do (dhlí). Freagraím (glaoch). Disciplín. Smacht.

Bheith in íochtar: Bheith faoi réir (duine). Íochtarán, íochtaránacht. Bheith spleách ar; bheith ag brath ar. Feidhmeannach. Teachta. Misidear. Seirbhíseach. Bheith faoi bhos (duine), faoi smacht. Géillsineach. Sclábhaíocht. Timire.
Géilleadh: Géilliúlacht. Uiríslecht. Lagaíonn. Meathlaíonn. Loiceann. Lúbann. Tugaim isteach do. Tugaim éisteacht do. Ceansa. Somhúinte. Solúbtha. Bréagnáire. Ró-ómós. Lodraím.

UNGADH
V. OLA, SACRAIMINT
Bealú: Bealaím. Ola bhealaithe. Íle. Cuirim ola ar, faoi. Bealadh. Cuirim bealadh faoi (inneall). Olaím.
Smearadh: Cuirim brat (ola, etc.) ar. Smearaim (le hola, etc.). Balsam; balsam na manach. Fabhairt. Ungadh. Bogfholcadh. Uinnimint. Cosmaid. Smeadrálaim. Cuimilt. Slíocadh. Suathaireacht. Snas, snasaim. Céir.
Coisreacan: Coisricim. Sácrálaim. Ungadh. An Ola Dhéanach. Ola choisricthe. Criosma. Ola na n-easlán; ola na gcaiticiúmanach. Sacraimint. Baisteadh. Cóineartú, comhfhortú. Ord coisricthe. Criosmadh. Ungthach an Tiarna. An Críost. Meisia.

URCHÓID
V. ANACHAIN, PEACA
Olc: Truailliú, truaillím, truaillithe, truaillíocht. Damnú. Diabhlaíocht. Drochbheatha. Drochaigeantacht, droch-chroí. Drochfhuil. Drochfhuadar. Drochimeacht. Drochiompar. Drochrún. Coir, coiriúlacht. Peaca, peacach. Duáilce. Drochdheoir. Smál. Locht. Anachain. Droch-chor. Drochrath. Aingí.
I bhfocail: Cúlghearradh. Béadán. Searbhas, searbhasach. Drochbhéal, drochchaint, drochtheanga. Mailíseach, mioscaiseach. Nimhneach. Niogóideach. Géar. Faobhrach. Spídiúchán. Ithiomrá, cúlchaint. Clúmhilleadh.
I ngníomh: Ionsaím. Cruáil, cruálach. Borb. Brúidiúil. Danartha. Díoltas, díoltasach. Coirpeach. Meirleach. Sladaí. Robálaí. Fealltóir. Tréatúir. Beag de mhaith. Cúl le rath. Dochar. Drochíde, ainíde. Drochbheart. Neamart, faillí. Drochshampla. Scannal. Ainbhéas. Anghnás.
I gcarachtar: Olc, mioscais, mailís. Drochaigne, droch-chroí, drochmhéin, drocháisc. Drochdhuine, drochrud, drochairteagal. Drochmhianach. Slíomadóir. Caimiléir. Gangaid. Faltanas. "Tá an nimh san fheoil aige dom". "Tá an diabhal istigh ann". Olcas. Mí-rún. Scabhaitéir. Laofachán. Éadruach.

URRAIM
V. NÁIRE, ONÓIR, UASAL
A spreagadh: Téim i bhfeidhm ar (dhuine); téim i gcion ar. Maorgacht. Teacht i láthair. Uaisleacht. Grástúlacht. Naofa. Beannaithe. Sácráilte. Coisricthe. Uasal. Cásach. Oirmhinneach. Urramach. Tearmann.
A léiriú: Meas. Ómós. Urraim. Modh. Dea-bhéas. Múineadh. Tá meas, ardmheas, agam ar. Tugaim onóir do. Mórmheas.
Comharthaí: Cúirtéis. Beannaím do (dhuine). Ullmhaím do (dhuine). Nochtaim mo cheann; bainim díom mo cheannbheart. Feacaim glúin. Téim ar mo ghlúine. Pógaim lámh, cosa (duine). Cultas (na naomh). Adhradh. Umhlóid. Sléachtaim.

ÚSÁIDEACH
V. MAITH, RIACHTANACH, SOCHAR
Inúsáidte: Inoibrithe. Soláimhsithe. Áisiúil, sásta, acrach, conláisteach. "Déanfaidh sin cúis, an gnó". Riachtanach. Éigeantach. Tábhachtach. Bailí, bailíocht. Úimléideach. Eirigéis.
Buntáisteach: Tairbheach. Sochrach. Somhaoineach. Éadálach. Brabús, proifid. Torthúil. Luachmhar. Bisiúil. Téann chun sochair do, chun tairbhe do. Déanaim leas do, maitheas do. Tagaim i dtír ar. Bainim sochar as. Saothraím.

Garúil: Cuidím, cabhraím, le. Cúnamh. Gar. Déanaim rud ar (dhuine). Déanann áis do. Oibleagáideach. Dea-intinneach. Fabhrach. Éifeachtach. Críochnúil. Fóinteach.

VÓTÁIL

V. POLAITÍOCHT, ROGHA

Bainteach le vótaí: Toghchán, toghchánaíocht, toghlach. Feachtas toghchánaíochta. Toghdóir. Reifreann; olltoghchán, fothoghchán. Toghchóras. Ceart vótálaí. Vótálaí. Seachvótáil. Iarrthóir. Intofa. Rithim (mar iarrthóir). Vótáil chomhchoiteann. Saoránach. Cruinniú poiblí. Bolscaireacht. Beartas; clár oibre; polasaí. Pobalbhreith.

Vótáil: Vótaíocht. Páipéar, ionad, both, vótála. Scrúdan; oifigeach scrúdain. Cárta vótála. Dáilcheantar. Vótálaim (ar son, in aghaidh); tugaim vóta, guth. Guthaíocht. Staonaim (ó vótáil). Ionadaíocht chionmhar. Vóta millte. Cuóta.

Toradh vótála: Toradh. Tromlach, mionlach. D'aon ghuth. Scrúdan a dhéanamh (ar vótaí). An toradh a fhógairt. Toghadh.